智慧的阶梯

中国少儿智慧宝典

马　飞　主　编
马向宇
刘小玲　副主编

金盾出版社

内容提要

本书告诉你许多充满艰辛和智慧的名人经典故事，也有令你大开眼界的世界奇观和未解之谜，还有那些富于启迪智慧的幽默笑话、谜语、谚语、歇后语等。它将带你进入广阔的知识天地和充满智慧的空间，以趣激思，以趣促学，以丰富课外来充实课内。力求培养热爱学习和聪明睿智的头脑，从整体上提高你的素质。

本书是你智慧的阶梯！

图书在版编目(CIP)数据

中国少儿智慧宝典/马飞主编—北京：金盾出版社，2008.8
(智慧的阶梯)
ISBN 978-7-5082-5029-8

Ⅰ.中… Ⅱ.马… Ⅲ.儿童文学-作品综合集-世界 Ⅳ.I18

中国版本图书馆 CIP 数据核字(2008)第 028047 号

金盾出版社出版、总发行
北京太平路 5 号(地铁万寿路站往南)
邮政编码：100036 电话：68214039 83219215
传真：68276683 网址：www.jdcbs.cn
封面印刷：北京 2207 工厂
正文印刷：北京华正印刷有限公司
装订：北京华正印刷有限公司
各地新华书店经销

开本：850×1168 1/32 印张：17 字数：468 千字
2008 年 8 月第 1 版第 1 次印刷
印数：1—10000 册 定价：32.00 元

作者简介

主编在大学讲堂上

马飞，二十世纪六十年代出生于陕西榆林市，大学本科毕业，曾任多家报刊的特约撰稿人、专栏主持人、编辑、记者。长期致力于中小学生数学素质的开发，以及展示数学魅力和数学之美的研究，引领助学读物科普化的新潮流。已在国家级、省级报刊上发表文章近千篇，出版专著二十余本。省市报纸、电台、电视台曾多次报道其先进事迹，名字和学术业绩已被收入《世界名人录》。

近期出版的专著有《初中数学解题思维窍门》(金盾出版社 2005.9)、《初中数学策略开放题集锦》(金盾出版社 2006.3)、《历届希望杯全国数学邀请赛试题(初一)》(气象出版社 2006.1)、《初中数学解题易错点剖析》(金盾出版社 2007.3)、《初中数学学习方法宝典》(金盾出版社 2007.10)、《小学数学解题思维窍门》(金盾出版社 2007.4)、《小学数学学习方法宝典》(金盾出版社 2008.1)、《小学数学妙题巧解 200 例》(金盾出版社 2008.4)、《小学生喜爱的自然数趣闻》(金盾出版社 2008.3)等。

马飞主编不仅在数学王国硕果累累，而且在文学方面也显露锋芒，他创作的小说《三尺讲台》已在《长篇小说》杂志(2008·3)上发表。

马向宇，女，二十世纪八十年代出生于榆林市，现在西安外国语大学就读。

刘小玲，女，二十世纪六十年代出生于榆林市，高级教师，曾在省级以上报刊上发表文章三十多篇，其中一篇获榆林市自然科学优秀论文一等奖。

前　言

如果你愿意抽暇看一看本书的前言、目录，相信你一定会对本书产生浓厚的兴趣，或许你的学习，生活道路从此将发生改变……

少年儿童是祖国的未来，而未来社会最需要的是掌握贯通各方面知识的"复合型"人才。你眼前的这本书，就是顺应这一需要而编写的。希望它能带你进入广阔的知识天地和充满智慧的空间，让你在浏览中得到启发，受到激励，渐渐培养起自己浓厚的学习兴趣和聪明睿智的头脑。

这里有浅显易懂的科学知识，有令你眼界大开的世界奇观和自然界趣闻，有吸引你去思索的一个个未解之谜，有充满艰辛和智慧的中外名人故事，有科学家发明发现的伟大瞬间，有古老的传说和经典寓言，还有笑话、谜语、谚语、歇后语、脑筋急转弯等。这些能让你获得许多生动有趣的知识，使你的大脑不间断地进行操练，在一个个兴奋和惊喜的精彩瞬间，受到丰富的启迪。你将会感到自己的头脑容量变大了，思想境界开阔了，变得聪明了，有智慧了！还会让你精神上得到鼓舞、振奋和享受，带给你会心的微笑。

“没有那个年龄该有的智慧，就有那个年龄该有的一切痛苦”。这句至理名言也道出了智慧在一个人成长历程中是多么的重要啊！

少年儿童们，世界是你们的，21世纪是你们的。我们希望本书能成为你们的好伙伴，在你们的头脑中燃起智慧的火焰，能成为你们茁壮成长的“灵丹妙药”。

站在我的肩上，你会得到更多！

在编写过程中，曾参阅一些有关资料。值此书出版之际，向所有致力于少儿智慧研究与开发的前辈，致以深深的谢意！

目 录

5. 读书——成功路上让你有崇高的精神境界／(84)

6. 科学——集合人类优秀子孙献出的毕生精力／(128)

9. 笑话——减缓压抑让你美好岁月在愉快中度过／(211)

10. 奥秘——世界奇妙激发人们不断探索的愿望／(250)

11. 奇观——大自然恩赐让你大开眼界流连忘返／(272)

附录 雄奇壮美——让你知道大千世界更多知识／(491)

1. 太　空

——人类数千年梦想开创历史新纪元

人类对神秘的太空充满着好奇与幻想，总希望在某一天能进入太空，到星星月亮上看个究竟。这个延续了数千年的人类幻想，终于有一天……

“嫦娥”一号

我国第一颗绕月探测卫星——“嫦娥”一号，于2007年10月24日晚发射成功，并进入预定地球轨道。这是中华民族在探索太空的伟大征程中迈出的新的一步，开创了我国航天史上的多项第一。

——第一次探测月球。“嫦娥”一号卫星是我国首次开展对地球以外天体进行探测的飞行器，主要任务是携带有效载荷进入环月轨道对月球进行科学探测。

——第一次突破地球近地轨道。月球距离地球的平均距离为38万公里，从地球到达月球轨道至少需要10次较大的轨道控制，而“神舟”六号飞船仅需要3次左右的轨道控制。

——第一次为月球“画像”，真正用立体相机来获得月球三维影像。我国这次绕月探测工程的4个科学目标中，第一个科学目标即为获取月球的三维影像，而至今国际上还没有覆盖月球全球的三维照片。

——第一次探测月球表面元素。这次绕月探测工程的一项重要科学目标，是分析月球表面有用元素及物质类型的含量和分布，对月球表面有开发利用和研究价值的元素含量与分布进行探测。我国将在美国探测的5种元素的基础上，再增加9种，共探测14种元素的分布。

——第一次利用微波辐射计探测月壤厚度及其分布。虽然以前对月探测也曾做过月壤厚度的测量，包括实地的测量，但真正对全月球月壤厚度的测量，目前还没有实现。

——第一次在航天器的测控中引入天文测量手段。我国目前的测控站只能支持近地航天器的测控，还没有专门的深空测控站，因此在绕月探测工程中引入了天文手段以补充现有航天测控网不足的方案。用于观测恒星的大型射电望远镜，将在“嫦娥”一号卫星测控任务中发挥重要作用。

——第一次利用国际联网对航天器进行深控。欧洲空间局的库鲁站、新诺舍站、马斯帕拉马斯 3 个测控站，以及智利的 CEE 测控站，将采用国际通用的传输协议对“嫦娥”一号卫星提供测控支持。

“神舟”五号载人飞船升空

2003 年 10 月 15 日上午，我国的“神舟”五号载人飞船的升空进入了倒计时。

“……5,4,3,2,1,点火!”9 时整，火箭托举着“神舟”五号载人飞船腾空而起，直冲苍穹。乘坐飞船的航天员杨利伟开始了中华民族的飞天之旅。“神舟”太空一往返，让五千年梦想成真！中华民族是最早产生飞天梦想的伟大民族——明代的万户，在人类历史上第一个用火箭进行升空飞行试验，为探索空间飞行献出了宝贵的生命。

“神舟”五号在离地球 344 千米高的轨道上飞行 14 圈后，准备返航。先是飞船在轨道上呈 90 度转弯，然后轨道舱与返回舱分离，轨道舱继续在轨道上进行对地探测，返回舱和推进舱再转 90 度，朝与原来的飞行相反的方向喷气，起到减速作用，并开始脱离原来的轨道，进行无动力飞行，飞行至距地面 100 千米时，进入大气层。由于飞船与大气剧烈摩擦，在飞船四周产生了一个等离子壳，使飞船中断了与外界的一切联系。当飞船到达距地面 10 千米时，便打开降落伞盖，抛出两具引导伞和一具减速伞，24 秒钟后，主降伞打开，使飞船的下降速度减到每秒 10 米左右。当飞船离地面

1.2米左右时，缓冲发动机开始向地面喷火，进一步减速，确保飞船顺利返回地面。

随着英雄宇航员杨利伟乘坐我国自行设计的载人飞船安全返回地面，中国成为继俄美之后第三个将宇航员送上太空的航天大国。

中国第一次载人飞船发射成功后，世界许多国家纷纷发表声明表示祝贺。美国有专家认为："中国载人飞船升空的成功，将是中国航天长征路上一块十分重要的踏脚石。"

"东方红"1号

月亮不停地围绕地球运行，它是地球的天然卫星。人造地球卫星则是人工制造并发射到太空中围绕地球运行的物体。

1957年10月4日，苏联发射了人类第一颗人造地球卫星。此后又有十几个国家发射人造地球卫星，总数有几千颗。中国于1970年4月24日发射了第一颗人造地球卫星"东方红"1号，它是由中国独立研制、发射的。到现在中国已发射了十几颗人造地球卫星，而且还为别的国家发射卫星，在这一领域中国已经处于世界前列。

军事侦察卫星

军事侦察卫星又称"间谍卫星"，它是专门为搜集各国的军事情报而设置的。由于目前国际上对太空领域还没有法律约束，没有军事侦察卫星的国家只能眼睁睁地看着这些卫星飞过自己的头顶而束手无策。各国在研制军事侦察卫星时都投入了很大的人力物力，其“火眼金睛”的分辨率也最高。到目前为止，军事侦察卫星可以将地球表面上 0.3 米的物体“看”得一清二楚，在众多的人造地球卫星中首屈一指。如美国的军事侦察卫星在海湾战争中大显身手，它可以清楚地“看”到地面上的军用汽车和坦克等。

地球通信卫星

现代高科技手段使得我们这个地球变成了一个小小的村庄。当我们学习一天，在茶余饭后欣赏那五彩缤纷的电视节目时，你可知道这里面有通信卫星的功劳。而现代的战争更离不开通信卫星，它是现代化战争中不可缺少的“耳目”。

导航测量卫星

如果你手中拿着一台 GPS 测量仪时，只需轻轻一按，您身处的方位、高度、经纬度等信息即刻可以显示出来。GPS 即全球定位系统，是美国国防部投巨资研制出来的第二代军民两用卫星导航系统。利用该系统，在地球表面的任何地方、任何天气条件下都可以知道自己所在的全球坐标系统中的准确位置，以及移动物体的准确航向和航速。

地球资源卫星

地球资源卫星是用于地球上的土地资源、海洋资源、林业资源、矿产资源、水利资源等诸多与人类经济活动密切相关的各类资源的勘测，它还兼有环境监测、农作物估产、农林病虫害的预测预报、城乡建设规划、工程选址、公路铁路选线，以及测绘和环境保护等多种功能。把地球资源卫星运用到发展国民经济中可以起到“多、快、好、省”的作用，达到事半功倍的效果。

水资源卫星

水是最宝贵的自然财富，没有了水就没有生命。这里所说的是维系生命的水，指的是淡水。地球上水资源非常丰富，地球表面有3/4被水覆盖着，但是真正能为人类饮用的淡水只占0.34%。地球上曾经有许多地区，淡水藏在地下未被发现而被误认为是缺水区，直到人造卫星上天后，才找到了它们，从而揭开了水资源利用史上新的一页。

美国的地球资源探测卫星多次飞越夏威夷群岛的上空，用遥感仪拍摄了这个岛区的照片。照片中显示，某些岛屿沿海处的温度辐射比周围要低10℃。根据照片所示的坐标点做实地勘探，人们有了惊奇的发现，那里竟是地下淡水的入海处。就这样，卫星为夏威夷群岛一下子就找到了200多处地下淡水源，从而实现了岛上居民饮用新鲜淡水的愿望。卫星为非洲赛内加尔河流域的干旱沙漠拍了许多照片，发现河流附近的干旱沙漠中有许多小黑点和小黑条，经分析推断，这可能是地下水源。后来根据照片显示的坐标位置去开发，果然找到了地下水源。地球资源探测卫星用同样方法，在西非的撒哈拉大沙漠中央找到了巨大的水源，还帮助久旱的埃赛俄比亚找到了700多处淡水资源……

世界上有许多淡水来源于高山冰雪的融化。美国西部有一个城市用融化的高山冰川的雪水发电，每年收入高达100万美元。为了更有效地利用雪水，需要定期测算冰雪的总量。因为冰雪覆盖处的高山幽谷，人实在难以抵达；若靠地面或飞机遥测，不仅花钱多，耗时也很长。而借助人造卫星的遥感设备，就能较快地测出高山冰雪的精确体积，算出融化后雪水的总量。

在未来的社会里，人类正面临着淡水资源缺乏的严重危机。借助人造卫星的遥感设备，人类可进一步探测地球上甚至其他星球上可能存在的尚未被发现的淡水资源。

科学实验卫星

我们知道，地球有大气层的包围，有地球重力的吸引，使很多科学实验无法进行或受到影响。当脱离了地球，在太空中进行实验时却发生了奇迹：在地面上无法做成的实验成功了；在地球上“不合群”的金属元素“握手言和”了；粮食或蔬菜的种子在太空中转几圈，在原种植条件不变的情况下却可以多打粮食多收菜等。还有一系列的不解之谜，有待于我们进一步去探索、去研究。

气象卫星

每天晚上新闻联播后，当你在电视上观看天气预报时，解说员首先给你讲解的是一幅由蓝色的海、绿色的大地和白色的云系组成的画面。这幅画面就是太空中的气象卫星观测到的全国范围内的云雨分布情况。

卫星云图的获取是通过气象卫星家族中的两位亲兄弟——静止气象卫星和极轨气象卫星完成的。静止气象卫星又称地球同步气象卫星，它落户于赤道地区上空的 36000 公里的高度上。一颗这种相对地球静止的卫星，可以观测到地球面积的 1/4。

极轨卫星沿着一条固定的轨道，不停地围绕地球奔跑。它只用1.5—2小时就可以绕地球一周。它相对太阳是同步的，又跨越地球的两极，人们就称它为近极地太阳同步气象卫星，简称极轨卫星。

极轨卫星虽然具有通过围绕地球运动获得全球范围观测资料的能力，但是它对同一地区观测时间间隔长，而且同一地区在不同的观测时间处于云图中不同的相对位置，给分析同一系统的云系演变带来了困难。如果将极轨气象卫星和静止气象卫星配合使用，就可得到较理想的观测结果。

气象卫星是利用无线电波将资料发送到地面接收站。当地面接收站收到卫星送回的资料后，使用计算机的彩色处理技术，根据计算机已分出的云、地和海的数据在计算机屏幕上涂上颜色，就成了电视上的卫星云图。气象卫星是新型的空间技术和气象遥感技术结合的产物。

月球探测卫星

绕月探测作为探月工程的重要组成部分，近期已有包括美国、欧空局、日本等都先后发射了月球探测卫星。

“克莱门汀”号月球探测器是美国于1994年发射的，虽然其主要任务是试验“星球大战”计划研制的仪器，但在科学上取得了丰富成果，借探测月球、小行星1620及空间环境，验证了敏感器及航天器技术。

“月球勘探者”月球探测器，美国于1998年发射，这是美国“阿波罗”计划结束后发射的第一个专用月球探测器，开始了美国新一轮的月球探测计划。“月球勘探者”采用了一些低成本飞行器设计，结构较简单，它提供了月面一些重点地区的大量基础性数据，所得数据比“克莱门汀”探测器详细得多。

“智慧1”月球探测器，欧空局于2003年9月发射，绕地球螺旋式飞行后于2004年11月到达月球，2005年3月步入绕月工作轨道。按最初的计划，“智慧1”绕月球运行6个月，后来任务被延长1年，它是世界上第一个综合利用太阳能电推进系统和月球引力的空间探测器。

“辉夜姬”(月亮女神)月球探测器是日本于2007年9月14日发射的，包括主轨道器和两颗子卫星在内，探测卫星搭载了14种高精度仪器，将承担研究月球起源和演变的全月球高精度观测，承担研究未来月球利用和载人探测的可能性，承担开发未来月球探测技术等多个科学目标。

火箭是中国人发明的

早在《魏略》中就有郝昭射“火箭”来抵挡诸葛亮进攻的记载。那时的“火箭”是在弓箭上加了可燃的物质，射向敌方，使其着火、燃烧。到了北宋初年，才发明了利用火药推动力发射的火箭。这就是在普通的箭杆上加一个起喷气作用的火药筒，点燃火药后，由于向后喷气，使火药筒带着箭头向前飞行。

后来的火箭技术发展很快，有一种叫“神火飞鸦”的火箭，它的箭筒像只大鸟，腹内装上火药，鸟嘴上钻一个小孔，安装导火线。施放时，先点燃导火线，使火药燃烧，将大鸟送至百余丈的高空，而它着地时起火，可以焚烧敌人的营垒。

到了明代，还有一种多级火箭，一次能发射几支、十几支乃至上百支箭头，如五虎出穴箭、小五虎箭、四十九矢飞廉箭、长蛇破敌箭、百虎齐奔箭等。这些多级火箭就是现代多级火箭的前身。

明代茅元仪《武备志》中记载了一种叫“火龙出水”的火箭，表明我国的火箭技术达到了更高的水平。这种“火龙”以一根大竹筒作龙身,前面装有木雕的龙头,后面装有木雕的龙尾,前后各缚有两只火箭筒,用来推动龙身前进。这是第一级火箭。在龙腹内也装有数支火箭,用引火药线从龙头上引出来,火箭引燃后可直接杀伤敌人。这是第二级火箭。在进行水战时,将4支第一级运载飞箭的引火药线合在一起,在离水面三四尺处点火,火箭能在水面上飞二三里远。第一级运载火箭一燃烧完,就自动引燃龙腹内的第二级火箭,火箭从龙口内飞出来,焚烧敌人的船只。这是世界上最古老的二级火箭。

现代航天技术中,人造卫星的升空,宇宙飞船在太空翱翔,都离不开火箭技术。正是因为有了中国人最早发明的火箭,发展到今天,才使得茫茫太空变得如此辉煌、灿烂。

“长征”火箭

我国从1956年开始现代火箭研制工作,目前共有“长征”一号、“长征”二号、“长征”三号、“长征”四号4类12种国产型号,形成了具有中国特色的“长征”运载火箭大家族。

“长征”一号

“长征”一号运载火箭是一种三级火箭,主要用于发射近地轨道小型有效载荷。1970年4月24日,“长征”一号运载火箭成功地将“东方红”一号卫星送入预定轨道。“长征”一号D运载火箭是“长征”一号火箭的改进型,可以发射各种低轨道卫星,并已投入商业发射。

“长征”二号

“长征”二号运载火箭是一种两级火箭,是中国航天运载器的基础型号。1975年11月26日,“长征”二号火箭完成了中国第一颗返回式卫星发射任务。

改进型“长征”二号C火箭，采用了大推力液体火箭发动机，近地轨道的运载能力增加到2.4吨，火箭的可靠性也大大提高。

“长征”二号D是一种两级液体火箭，主要是在“长征”二号火箭的基础上采取增加推进剂加注量和增大起飞推力的方法。

“长征”二号E捆绑火箭，是以加长型“长征”二号C为芯级，并在第一级周围捆绑4个液体助推器组成的低轨道两级液体推进剂火箭。经适当适应性修改后，还可以用来发射小型载人飞船。

“长征”三号

“长征”三号运载火箭是在“长征”二号基础上于1984年研制成功的，增加的第三级采用低温高能液氢、液氧发动机。

“长征”三号A火箭主要运载地球同步转移轨道的有效载荷，也可以运载低轨道、极轨道或逃逸轨道的有效载荷。

“长征”三号B火箭是在“长征”三号A和“长征”二号E的基础上研制的大型三级液体捆绑火箭。主要任务是发射地球同步转移轨道的重型卫星，也可进行轻型卫星的一箭多星发射或发射其他轨道的卫星。

“长征”三号C是在“长征”三号B的基础上，减少了两个助推器并取消了助推器上的尾翼。其主要任务是发射地球同步转移轨道的有效载荷，可以进行一箭多星发射或发射其他轨道的卫星。

“长征”四号

“长征”四号系列运载火箭包括“风暴”一号、“长征”四号、“长征”四号A、“长征”四号B等火箭。

“风暴”一号为两级液体火箭，主要用于发射低轨道卫星，并成功完成一箭三星的发射任务。

“长征”四号是在“风暴”一号基础上研制的三级常规运载火箭，作为发射地球同步转移轨道卫星运载火箭的另一方案，其后改型为“长征”四号A，用于发射太阳同步轨道卫星。

“长征”四号 B 主要用于发射太阳同步轨道的对地观察应用卫星。

由于“嫦娥”一号卫星是目前我国所发射的卫星中到达地最远的一颗，对火箭的推力以及姿态控制都提出了更高要求，经专家们对“长征”系列火箭严格的可行性分析。最终选定了运载能力较强、发射成功率最高的“长征”三号甲运载火箭承担了这次发射。

圆太空飞行之梦

1961 年 4 月 12 日，前苏联宇航员加加林乘坐“东方”一号宇宙飞船进入了茫茫太空，轰动了全世界，加加林也成为人类第一位进入太空的使者。

后来，他们又研制了“上升”号和“联盟”号飞船。美国人获悉苏联人上了太空后，奋起直追，迅速研制成“水星”号、“双子星座”号、“阿波罗”号等载人飞船。载人飞船的功绩是有目共睹的，它使人类登上月球成为可能。

如今，人类已研制了多种载人飞船。按照乘坐人员来分，有单人式和多人式，加加林乘坐的“东方”1 号属于单人式飞船，而美国研制的首次登月使用的“阿波罗”11 号则可载 3 名乘员，属于多人式飞船。如果按照运行的范围来分，有卫星式载人飞船和登月载人飞船。

载人飞船是由乘员返回座舱、轨道舱、服务舱、对接舱和应急救生装置等组成。登月飞船还有登月舱。返回座舱是飞船的最重要的部分，相当于飞机的驾驶舱，整个飞船的起飞、上升、进入轨道飞行和返回地面的过程都由宇航员在这里操纵。而轨道舱要在飞船进入轨道后才发挥作用。服务舱的作用是对飞船进行服务保障，里面安装着推进系统、电源和气源等。对接舱是用来与空间站和其他航天器进行对接的舱座。

1997年8月，俄罗斯为修复“和平”号空间站的故障和接回在空间站上工作半年之久的宇航员，发射了“联盟”TM—26进入太空，通过对接舱与“和平”号空间站对接，把宇航员接回，并再送两名宇航员进入空间站，接替他们的前任的工作。对接舱装有气闸舱，打开闸门，宇航员可以由此走出空间站，在太空行走。苏联宇航员列昂诺夫是世界上太空行走的第一人。

1965年3月18日，列昂诺夫乘“上升”2号飞船进入空间轨道，他离开飞船5米远，停留20分钟左右，还进行了舱外摄影。后来有人问他在太空行走时有什么感觉，他回答说：“好像在群星之间游泳。”这种充满诗意的旅行该是多么令人羡慕啊！不过，在太空稍不留神就会出事故，这可不是闹着玩的。这时，没有人会来救护你，全靠自己救自己。于是，科学家又发明了应急救生装备，在遇到紧急情况时，应急救生装备可以让宇航员安全返回地面或是转移到其他航天器上去。1983年9月28日，苏联发射的“联盟”T10号载人飞船，发动机正在点火时突然出现异常。幸亏应急救生装备开始工作，将载人飞船拉离火箭。火箭爆炸了，飞船却安全降落在4千米之外的地方，两名宇航员得以生还。

可以进太空的人

自从前苏联航天员加加林首航太空之后，进入太空的地球人已达200余人次，他们当中除了职业航天员外，还有去太空做科学实验和特殊作业的科学家、工程师和实验技术专家，以及进入太空的旅游者。他们都是要经过严格的选拔和特殊的训练才能进入太空。

众所周知，外层空间的环境是恶劣的，真空、低寒、高温、失重和辐射等，都不适宜地球人的生存。因此进入太空必须在地面上建成载人航天器（飞船、航天站、航天飞机），以造成与地面相类似的生活环境，即使这样，狭小的生活环境、噪声、振动、重力加速度、温度的变化和太空中的失重环境以及变幻莫测的意外情况，仍会对人体产生不利影响。就“太空噪声”来说，航天器运行时所产生的噪声有两种：一种是航天器动力系统的噪声，另一种是航天器通过稠密大气层时缘气涡所造成的空气动力噪声。这两种噪声在航天器发射起飞、上升、返回和动力飞行阶段一直伴随着。载人飞船噪声的总声压在起飞后大约60秒时达到最大值，飞船外部声压可达156分贝，飞船舱内声压可达125分贝。只有当航天器进入轨道运动时，由于周围没有大气传声，外界噪声才会消失。要在这样的条件下完成复杂而特殊的工作，所有人员必须经过严格选拔和训练，才可以进入太空。对于职业航天员的要求则更高，需经过多层次选拔。有人称他们是用大量金钱和先进科学技术塑造出来的现代社会的“模特儿”。

那么具备什么条件的人才能进入太空呢？根据俄美等国选拔航天员的标准及航天实际需要，首先要有健壮的身体，以耐受各种恶劣环境条件；其次要有良好的心理品质，以掌握复杂的操作技能和应付意外事件；有较高的文化程度，以接受航天及科学知识训练，并进一步探索航天之谜；此外还要有崇高的献身精神，以适应航天探险活动。

美国从1959年开始选拔职业航天员，现已选拔10余批。先是从有1500小时以上飞行经验的军用飞机驾驶员中选拔，身体要符合国家一级标准，年龄在40岁以下，身高不超过1.8米。俄罗斯选拔职业航天员的条件与美国相似。中国是继俄美之后，第三个将宇航员送上太空的航天大国，选拔航天员的标准与上述差不多。

选中的航天员必须经过一系列的特殊训练。训练项目包括提高人体对特殊环境的适应能力、航天科学知识的学习，还有特殊任务的专项训练，这些训练均在地面模拟训练器和环境模拟设备中进行。

到太空旅游

若干年后，单单在地球上旅游的人们已感到不过瘾了。于是，太空旅游便应运而生了。

美国的有关部门为此还特地编写了一本小册子，详细介绍了这一太空旅游项目的全部内容，其中对乘坐宇宙飞船进行的太空旅游做了详尽描述，尤其对人在失重条件下的美妙感受极尽渲染，充满了诱惑。

据介绍，在太空飞行过程中，游客可以亲眼证实“地球是圆的”这一古老的学说。甚至你还可以用自己的摄像机将这一美好的景观拍摄下来，再带回到地上人间，以便今后坐在自己的家中，随时都可以尽情欣赏距地面100千米的高空鸟瞰地球的情景。

编写者在这本小册子中还许诺，每位游客在进行太空游览时，都能得到一个靠近舷窗的坐位，以便更好地观赏“外面的世界”。飞船上设施齐全，餐厅、卫生间应有尽有，而且服务周到，游人除了可以将所拍摄的影像带走之外，还可将自己遨游太空时穿过的宇航服带回家里，以留作纪念呢。

这样的太空旅游够不够刺激？你想不想尝试一下呢？

太空植物

早在1975年，前苏联科学家就在“礼炮”——4号飞船上进行了一次试验。他们试着在飞船里播种了小麦种子，观察植物能否在太空中生长。刚开始的时候，情况良好，没几天就发芽了，比地球上要快得多。15天后，麦秆就长到了30多厘米高，科学家们高兴极了。但后来的情况却急转直下，小麦开始乱长，不仅没有抽穗结实，枝叶也变得枯黄，半死不活的，像生了什么病。他们又用豆角、黄瓜等植物做同样的试验，结果都失败了。

科学家经过反复研究，终于找出了原因。原来是失重在作怪。植物像人一样，在进入太空后，也会产生失重的情况。为了克服失重问题，科学家对太空植物进行电击，终于获得了成功。在“礼炮”——4号飞船的特殊菜园中，生长出了各式的蔬菜，长势喜人。

太空植物的栽培成功，使宇航员吃上了自己种植的新鲜蔬菜。更重要的是，植物的光合作用，为全封闭的飞船提供了大量的新鲜氧气，使今后长距离载人飞行成为可能。

太空植物不只局限于飞船中。不久前，美国科学家用掺了月球尘土的土壤种莴苣，结果长出的莴苣比普通的要大好几倍，而且味道也一样。

未来太空奇观

在未来的岁月里，地球人可以到太空去生活、工作，并创造出许多奇观。

太空月球村　美国政府在1984年1月就已批准20年内拨款110亿美元修建月球村。按照这一计划，首先在月球上制造人工生态环境，利用月球岩石、土壤中的氢元素和氧元素合成水，提高月球表面的温度，然后再建成绿化带和居住区。计划到2050年移民10万人到第一座“月球村”去，届时地球人将成为广寒宫的新主人，月球将成为地球的“郊区”。

太空监狱　美国为了解决监狱中的犯人过多的问题，计划到太空建造监狱，把一些要犯、重犯送到太空去服刑。首批到太空去服刑的犯人可能要从事繁重而又艰苦的劳动，加快宇宙基地的开发，减少开发费用。让犯人到太空服刑主要的优点是：警方既能够控制重犯人，又勿需剥夺犯人的自由，同时又使他们与社会之间形成最严格的隔离。

太空旅馆 日本的清水企业集团，计划在距离地面 450 千米的轨道上建一座有 64 个房间的旅馆，可接纳 100 位客人。太空旅馆除了窗外的奇景外，客房内的生活设备与地面旅馆并无差异。旅馆底部设有对接窗口，上部的倒三角形窗是休息大厅，另外设有可容纳 100 人吃饭的餐厅。旅馆的中心部分设计成一个开放的游乐场，度假的人要在这里尝试失重的滋味，体验太空漫步和其他太空运动的乐趣。预计到 2020 年，太空旅馆正式开张营业。

太空双月争辉 法国科学家为纪念艾菲尔铁塔落成 100 周年，设计了一个“太空光环”。这个周长 24 千米、直径 7.6 千米的圆球上面，镶嵌着 100 个直径 6 米的反射太阳光很强的球体。每个球体看上去像个发光的轮胎，不管在什么位置，都有 1/4 的球面向着太阳，反射发光。各个球体的光晕重合在一起，便形成了无间断的光环，从地球上看，光环就像一轮十五的月亮。届时天空将出现双月争辉的奇观。

载人月球飞船

在诸多的航天器中，最引人注意的是载人月球飞船。载人月球飞船是用巨大的运载火箭发射上天的，运载火箭共有三级，月球飞船装在顶部，连同应急救生舱，整个火箭的总长度约 110 米，第一级火箭的总推力约 3500 吨，有 5 台液体火箭发动机，推进剂由煤油和液氧组成。第二级也是液体火箭，也有 5 台火箭发动机，总推力 520 吨，推进剂是液氧和液氢。第三级火箭只有一台液氢液氧火箭发动机。

载人月球飞船装载三个航天员，其中两人直接登上月球，另一个人在环绕月球的轨道上飞行，等候两名航天员的归来。航天员在月球上行走，跳跃，乘月球车采集标本、拍摄照片、安置科研设备，对月球进行探索。第一只载人月球飞船从离地到登月，再返回地球在海上溅落，一共只花了 8 天 3 小时多一点，比在地球上乘轮船横渡太平洋所需时间还短得多。

人类不但乘月球飞船登上了月球，还用行星探测器，对太阳系中其他的行星进行了探测，1962 年开始发射金星探测器；1964 年开始发射火星探测器；1972 年向木星发射了探测器。同年美国发射的“先驱者”10 号携带一块送给太空智慧生物的礼物——一块刻有图案的镀金铝片，于 1973 年 12 月 3 日飞过木星，以后将成为第一个脱离太阳系的人造天体。

再造一个月亮

当今社会能源日趋短缺，所以节约能源，开发和利用能源成为人们永远关注的话题。大家知道，为了夜间的照明，全世界每天要耗费大量宝贵的能源，这在能源十分宝贵的今天，无疑是一个沉重的负担。然而，即使在漫漫长夜，太阳也并未休息，仍然在无休止地将自己的光和热毫不吝惜地散发到空间，而我们地球得到的仅仅是它总辐射量的二十亿分之一，就是这微不足道的一点点，就足以使我们的地球充满生机了。遗憾的是，地球上总有一半人处于黑夜之中。有科学家提出，能不能再造一个月亮，将太阳光反射到地球上来，让夜晚也明亮些呢？

俄罗斯的科学家们为了把某些地区的黑夜变成白天，1999 年

2月4日，俄罗斯“进步”号宇宙飞船曾把一面直径22米的太阳光反射镜，放置在距地球1550～5530千米的轨道上。这项命名为“旗帜”的科学试验，将利用这个“人造月亮”实现人工照明太空化。它不仅可以为俄罗斯北部一些城市或大型建筑工地照明，还能把阳光聚集到宇宙飞船的太阳能帆板上，为宇宙飞船提供动力。这种可以照亮30平方千米地面的反射镜，其光亮程度相当于月光最亮时的7倍，可以把整个城市照得如同白昼。当然，这种耗资巨大的试验也绝不是一笔赔本的买卖，据初步计算，这种可以为5个莫斯科照明的“人造月亮”，其投资用5年之内节约的电力就能收回来了。可惜发射后由于镜面与天线缠住，无法打开而失败。

法国的一些建筑师更是突发奇想，要把一件名为“光环”的人造宇宙艺术品送上太空。这个“光环”实际上是一个直径约7米，上面镶嵌有100颗高反光性能圆球的巨大橡胶圈。升空前，这个重达500千克的“光环”被压缩成一个10米的包裹，由欧洲“阿里亚娜”火箭送入距地面800千米的空中轨道。

美国人也不甘落后，为了让自己的“人造月亮”在太空占有一席之地，早在20世纪80年代初，美国宇航局的米勒等人就提出了一个“人造月亮”方案。它实际上也是一面直径1千米的巨型反射镜，若把12面这样大而且镜面光洁度极高的反射镜连接起来，其亮度抵得上10个满月时的月亮。

神秘卫星

那是在1988年，在地球轨道上，美国和前苏联几乎是在同一时间发现了一颗来历不明的卫星。起初，前苏联以为这颗卫星是美国发射的，而美国也以为是前苏联发射的。后来，双方经过外交接触，才明白这颗卫星都不是对方发射的。他们又询问了中国、法国、德国等几个能够发射卫星的国家，这几个国家也否认卫星是自己的。

地球轨道上怎么会突然多出了一颗卫星？美国和前苏联都表示要查明它的来历，世界上的200多位科学家也加入到了调查的行列。

这颗神秘的卫星比地球上所发射的任何卫星都要大出许多，外观像一颗巨大的钻石。经探测，它的表面有很强的磁场保护。卫星里面有极为先进的探测仪器，可以分析和扫描地球上的每一样东西；它还具有强大的发报设备，可以随时把收集的资料发回到遥远的基地。一些科学家论断，这颗神秘的卫星一定是从其他星球上发射过来的。法国天文学家佐治·米拉博士说："有理由相信，这颗我们从没有见过的卫星来自另一个世界。迹象表明，它是旅行了很长时间才来到地球轨道的。据初步估计，它大概已有5万年的历史了。"

至今，这颗卫星还是留给科学家的一个艰巨课题。

火星上的金字塔

1976年的一天，美国"海盗"1号飞船发回了一张火星表面的照片：在一座高山上，耸立着一块巨大的、五官俱全的人面石像。石像从头顶到下巴之间，有16公里长，面颊的宽度达14公里，石像的面孔很像埃及的狮身人面像，它仰视天空，像是在凝神静思。在人面石像对面约9公里的地方，还有4座类似金字塔的、对称排列的建筑物。

开始，科学家认为这不过是自然侵蚀的结果，或者是自然光线构成的图像。后来他们用精密仪器对照片进行分析，发现人面石像有非常对称的眼睛，并且还有瞳孔！进一步地研究，又有了许多惊人的发现：火星上的石像不止一座，而是有许多座，并且连眼睛、鼻子、嘴巴，甚至头发都能看得很清楚。金字塔也有许多座，同时还能看到类似城市废墟的遗迹。科学家估计，这些石像和金字塔已经有50万年的历史了，那时火星上具备生物生存的条件。

根据“海盗”1号传回的资料，科学家推测，在很久以前，火星曾有过一段辉煌的时期，上面生存着各种各样的生物。后来，大概是遇上了什么大灾难，就像地球上的恐龙一样，一下子就消失了。

神秘的火星标语

1990年3月27日，一艘由前苏联发往火星的无人太空船正在进行探测任务。突然，它拍摄到了一个警告标语，接着便与控制中心中断了一切联系。

这个警告标语是用英文写的，内容是“离开”。从无线电传回的照片上看，标语好像是依着巨型山石雕刻出来的，至少有半英里长，75米宽。石块的表面非常光滑，可能是用激光切割成的。太空专家波索夫发表自己的观点，认为这个警告显然是针对地球人的，“我想那一定是由于我们派出的火星太空船太多，影响了火星上生物的安宁，所以他们便发出这个警告，叫我们离开。”

波索夫博士还透露说，他们最初派出太空船的时候，一切还都很顺利。但当它把那个写有“离开”的警告标语传回地球后，便神秘地失踪了。太空船是被火星生物摧毁了，还是暂时被他们扣押了，一时还不能肯定。他幽默地说：“今后我们在探测火星的时候，应该先用无线电与那些火星人联络上，然后再派人到他们的星球上去，与他们建立外交关系。这样做的话，他们或许会接受的。我们现在能够做的，就是希望那艘太空船重新出现，讲述它的奇遇。”

被外星人偷走的岛屿

从1987年开始，人们陆续发现，南太平洋上的一些小岛神秘地失踪了。在以后的三年时间里，共大约丢失了45～60个海岛。这些岛屿面积很小，没有名称，也没有人居住，所以没有人知道它们到哪里去了。

美国的一位地质学家提出了一个惊人的论断：这些海岛是被外星人偷去了！

他说，外星人每年都要从南太平洋偷走15～20个小岛，目的是为了进行科学研究。他们把小岛完整地偷走后，可以不断地取得地球上的土样、动植物、昆虫和微生物标本，以便对地球进行更深入地研究。

飞　碟

1947年6月24日，美国爱达荷州一个叫凯纳斯的企业家，驾驶着私人飞机在华盛顿州的纳亚山上空飞行时，突然看见九个圆盘形的东西从他眼前飞过，形状很像盛菜用的碟子。每个会飞行的碟子直径有30多米，一闪一闪地发着光，速度非常快。后来，人们就用“飞碟”来称呼它。科学家用UFO来指它，意思是“不明飞行物”。

飞碟并非近代才出现，凯纳斯并不是第一个发现飞碟的人，在古代史料的记载中，就已经有了关于飞碟的材料。只是有了这一次的最新发现，才重又燃起了人们对飞碟的关注。几十年来，有关发现飞碟的报告就有数万件，而且每年都在增加。

最先研究飞碟的国家是美国，曾经在 1952 年和 1966 年两次成立科学家小组，对飞碟进行专门研究。起初他们以为飞碟是哪个国家新研制的秘密武器，决定对飞碟进行全面地调查和秘密研究。一次，空军上尉曼德尔在驾驶侦察机追踪不明飞行物时，造成了机毁人亡的悲惨下场。这更促使美国人要把飞碟弄个清楚。后来，他们又怀疑飞碟是外星人所为，但却拿不出确凿的证据来。

不但美国政府在研究飞碟，许多国家和民间组织也都在研究。其中最著名的是“美国飞碟联合俱乐部”，它有 3000 多名会员，有 50 多个国家的特别代表。他们用电脑收集、储存了几乎所有的 UFO 目击报告，资料丰富、齐全。在我国，1981 年时，创刊了《飞碟探索》，为中国的广大 UFO 探索者提供了一块园地。

根据目击报告，飞碟的形状多种多样，但以扁圆形的为最多，另外还有球形、环形、长条形、陀螺形、草帽形等。最多一致的描述是，飞碟是由金属材料制造的，能反射光线。多数人看到的飞碟都喷射出火焰，颜色有红色、蓝色、黄色和白色等。在飞行时，它的速度能够惊人地快，也可以惊人地慢，可以像直升飞机一样悬在空中。它还能毫不费劲地直角转弯、反向飞行、垂直升降、中断人们的无线电通信……当然，它有时也把人吸入飞碟中。

尽管有关飞碟的报告不计其数，但至今没有谁能拿出确凿的实物证据来。因此，有人认为，飞碟不过是人们的一种“幻觉”，目击者不是患有梦游症，就是神经不健全。也有人不客气地认定，所谓目击报告，不过是一些人的恶作剧罢了。相当一部分人认为，飞碟可能就是流星、气球、降落伞、鸟类、球状闪电、海市蜃楼等给人造成的错觉。

《美国国际报》声称，谁能第一个用摄影证明飞碟的存在，将被奖励 100 万美元。谁能成为这个幸运儿呢？

2. 智　慧

——胜过银子高于黄金让你素质整体提高

多少年来，一些充满智慧、充满哲理、给人以丰富启迪的小故事，深受正在接受哺育、正在成长的广大少年儿童的喜爱。这些快餐式的小故事，已成为少年儿童自己的心灵鸡汤……

细节决定成败

有一个小伙子来到了一家公司应聘，他获准后走进了总经理办公室。一到里面，他看到地板上有一张废纸片，立即弯腰将它拾起，随即轻轻地放进废纸篓里。尔后，他又走到总经理办公桌前面，作了自我介绍。

“很好，小伙子，您已经被录用了。”总经理瞧着他颇感意外的眼神，微笑着说：“您前面有三位求职者，他们的文化程度都比你高，可他们两只眼只盯着大事，对不经意的小事却视而不见。我之所以录用您，是因您能拾起我特意丢在地板上的废纸。”

这个小伙子名叫福特，进了这家公司后，敬业奉献，卓有建树，后来当上了董事长，成了美国的“汽车大王”。

点悟　拾废纸这件小事体现了福特认真负责的优秀品质和一丝不苟的敬业精神，结果以小见大，获取了信赖。

可见，细节并不是无关轻重的细枝末节，而是生命中的基本粒子，所以我们不应该对那些细小的事情不屑一顾。应当知道，细节反映一个人的心理品质，细节影响性格特点，细节体现品味差异，细节决定胜负成败。还应当明白，细节包含有海洋般的智慧，能折射出人性的光辉。要成就我们的丰功伟业，离不开从小处着眼，将小事做精。这样，才能在当前求精细化的时代中，建功立业，稳操胜券。

逆向思维

美国的一位老人打算寄存价值50多万美元的一大堆证券，可他问过了好几家金库，他们保险箱的租金都很昂贵。于是老人动了脑筋,打算用这些证券做抵押到银行借贷1美元,曲线地达到寄存这些证券的目的。

这是阳光灿烂的一天,他来到纽约的一家银行申请贷款。

"我想借1美元,可以吗?"

"当然可以,只要有抵押,再多些也无妨的。"

老人打开皮包,拿出那些股票、债券等,放在经理的办公桌上,说:"总共值50多万美元,够了吧?"

"当然!当然!不过,你真的借1美元吗?"

"是的,就1美元。"

"那么年息为6%,只要您按时付出利息,到期我们退给您抵押品。"

老人办完手续,拿了借来的1美元准备离开银行,一直冷眼旁观的行长心存疑惑地追上前去问个究竟。老人便将自己的打算如实相告,行长听了,半天说不上话来。

点悟 这位老人通过逆向思维跨越了"正常"思路不能解决的障碍,利用"反常"的做法达到了"正常"的目的。逆向思维是数学解题中重要的思维方法,如果大家在解题中有了逆向思维的习惯,思路会豁然开朗,往往可以收到意想不到的效果。

对手

日本的北海道特产一种味道珍奇的鳗鱼,海边渔村的许多渔民都以捕捞鳗鱼为生。鳗鱼的生命力非常脆弱,一旦离开深海区,要不了半天就会全部死亡。奇怪的是有一位老渔民,天天出海捕捞鳗鱼,返回岸边后,他的鳗鱼总是活蹦乱跳的。而其他人家全是死的。由于鲜活的鳗鱼价格要比死亡的鳗鱼几乎贵出一倍以上,所以没几年工夫，老渔民一家便成了远近闻名的富翁。那些周围的渔民虽然做着同样的生意，却一直只能维持简单的温饱。是什么原因呢？老渔民在临终之时把秘诀传授给了儿子。原来，老渔民使鳗鱼不死的秘诀就是在整仓的鳗鱼中，放进几条叫狗鱼的杂鱼。鳗鱼与狗鱼非但不是同类，还是出名的“对头”，几条势单力薄的狗鱼遇到成群的对手，便惊慌地在鳗鱼堆里四处乱窜，这样一来，反而倒把满满一仓死气沉沉的鳗鱼全给激活了。

点悟　一种动物如果没有对手，就会变得死气沉沉。同样，一个人没有对手，那他就会甘于平庸，养成惰性，最终导致庸碌无为。有了对手才会有危机感，才会有竞争力。有了对手，你便不得不发愤图强，不得不革故鼎新，不得不锐意进取，否则，就只有等着被吞并，被替代，被淘汰。

一只天堂鸟

瑞典有个富豪人家生下了一个女儿。然而不久，孩子突然患了一种无法解释的瘫痪症，丧失了走路的能力。

一次，女孩和家人一起乘船旅行。船长的太太给女孩讲了船上有只“天堂鸟”，女孩被这只鸟的描述迷住了，多么想亲眼看一看啊！于是保姆把孩子留在甲板上，自己去找船长。然而，女孩却耐不住性子了，她要求船上的服务生立即带她去看看天堂鸟。这时，奇迹发生了，女孩因为过度地渴望，竟忘我地拉住服务生的手，慢慢地走了起来。从此，女孩的病便痊愈了。

也许是由于有了童年时代忘我地战胜了疾病的经历，女孩长大后，又忘我地投入文学创作中，最后成为第一位荣获诺贝尔文学奖的女性——茜尔玛·拉格萝芙。

点悟　忘我是走向成功的一条捷径，因为在这种境界中，人常会超越自身的束缚，释放出最大的能量。

以退为进

一只狼在路上遇见一只羊，狼说："我要吃了你"。

"狼先生，你要吃了我，我非常高兴。不过，我可不是一般的软弱无力的羊，我的力量之大，足以战胜一头牛呢。不信，你可让我试试。"狼哪里肯相信？于是，它找来一头力大无比的公牛，把它们关在一间屋子里，让它们搏斗。

令狼大为吃惊的是，从门内昂首阔步走出的不是那头高大健壮的牛，而是那只矮小瘦弱的羊！那头牛呢，则躺在屋中有进气儿没出气儿啦，它头上的犄角已经折断，满头鲜血淋淋。狼忙上去追问原因。

"我每次鼓足力气向羊冲去时，它都是灵巧地一闪，而我则硬生生地撞在石头墙上，我越扑空越生气，越生气越撞了自己；而它呢，越躲越灵巧，越闪退越得意，我就在它的得意和我的暴怒中受了重伤。"牛老老实实地向狼交了底。

"喔！狡猾的羊，原来它是以退避为进击呢，我得赶快抓住它！"

狼出门找羊，然而哪里还找得到呢？

点悟　退避有时候是一种最好的进击。

不接受的谩骂

在一段时间里,有一位智者经常遭到一个人的谩骂。对此,他总是心平气和,缄默不语。

有一次,当这个人骂累了以后,智者微笑着问:“我的朋友,当一个人送东西给别人,别人不接受,那么,这个东西是属于谁的?”

这个人不假思索:“当然是送东西的人自己的了。”

智者说:“那就是了。到今天为止,你一直在骂我,如果我不接受你的谩骂,那么谩骂又属于谁呢?”这个人为之一怔,哑口无言。

从此,他再也不敢谩骂智者了。

点悟　对待恶意的诽谤和谩骂,不理睬就是最有效的还击。

麦当劳的奇迹

克罗克干了二十余年业务员,但业绩平平。这一年克罗克遇见了一家快餐厅老板——麦当劳兄弟。他们的快餐厅效率至上、服务快捷、没有浪费、干净整齐。

克罗克决心购买麦当劳快餐厅的经销权,他摸清了麦当劳兄弟有舒适的家,又有恋家的心态。在他的诱导下,麦当劳兄弟的决心终于动摇了,他们接受了克罗克的建议,让克罗克终于得到了朝思暮想的“麦当劳餐厅”名称的所有权。

克罗克是以270万美元的代价从麦当劳兄弟手中把餐厅的商标、版权、模式、金色拱门和麦当劳名称统统“据为己有”的。此后,克罗克的麦当劳公司迅速壮大。到如今,经过几十年的奋斗,麦当劳在全世界开设的分店已经超过一万五千家，克罗克拥有的财产达到三亿多美元，确立了他在全世界快餐业的霸主地位。现在麦当劳总部的办公室里，仍然悬挂着克罗克的座右铭：只有毅力和决心才是无所不能的。座右铭的标题是“坚持”。

点悟 麦当劳是世界的麦当劳，因为它向世人昭示出不向命运屈服、顽强拼搏的精神。

比尔·盖茨的神话

早在1973年，英国利物浦市有个叫科莱特的青年，考入了美国哈佛大学，常和他坐在一起听课的是个18岁的美国小伙子。大学二年级那年，这位小伙子和科莱特商议，一起退学，去开发32Bit财务软件。然而，科莱特却委婉地拒绝了，因为他觉得不学完大学的全部课程是不可能进行Bit财务软件开发的。

到了1992年，科莱特拿到了计算机Bit的博士后学位，而那个美国小伙子的个人资产在这一年则仅次于华尔街大亨巴菲特，达到65亿美元，成为美国第二富豪。1995年科莱特认为自己已具备足够的学识，可以研究和开发32Bit财务软件了，而那位小伙子则已绕过Bit系统，开发Eit财务软件，它比Bit快1500倍，并且在两周内占领了全球市场，这一年他成了世界首富，一个代表着成功和财富的名字——比尔·盖茨也随之传遍了全球的每一个角落。

点悟 行动不一定每次都带来幸运，但坐而不行，一定无任何幸运而言。

伟大的想法

有个男孩的父母希望自己的儿子能成为一位体面的医生。可是,男孩读到高中便被计算机迷住了,整天鼓弄着一台当时十分落后的苹果机,还经常把计算机的主板拆下又装上。

父母很伤心,告诉孩子,你应该用功念书,否则根本无法立足社会。不久,男孩子终于按照父母的意愿考入了一所医科大学,可是他只对电脑感兴趣。第一个学期快要结束的时候,他告诉他的父母,他要退学,父母很遗憾地同意他退学。

他组建了自己的公司,打出了自己的品牌。第二年,公司顺利地发行了股票,他拥有了1800万美元资金,那年他才23岁。

十年后,他创下类似于比尔·盖茨般的神话,拥有资产达43亿美元。他就是美国戴尔公司总裁迈克尔·戴尔。

点悟　每个奇迹的背后开始时总是始于一种伟大的想法。或许没有人知道今天的一个想法将会走多远,但是,请你不要怀疑,只要沉下心来,努力去做,让心中的杂音寂静,你就会听见它们就在不远处,而且触手可及。

虚构的钓鱼故事

这是阳光灿烂的一天,英国著名作家狄更斯坐在江边垂钓,一个陌生人走到他的面前问道:“怎么,您在钓鱼?”“是啊,”狄更斯随口回答,“今天运气真糟,这时候了,还不见一条呢。可是昨天也是在这里,我钓了15条呢!”“是这样吗?”那人说,“可是您知道我是谁吗？我是专门管这段江面的，这儿禁止钓鱼！”说着，他从口袋里掏出发票本，要记名罚款。狄更斯连忙反问：“您知道我是谁吗？我是专门负责虚构故事的，虚构故事是作家的职业，所以，不能罚我的款！”

无一不晓

那天，萧伯纳应邀参加了一个热闹非凡的晚宴。席间有位青年在大文豪面前滔滔不绝地吹嘘自己的天才，好像自己天南海北样样通晓，大有不可一世的气概。起初，萧伯纳缄口不言，洗耳恭听。后来，愈听愈觉得不是滋味。最后，他终于忍不住了，便开口说道：“年轻的朋友，只要我们两人联合起来，世界上的事情就无一不晓了。”那人惊愕地说：“未必如此吧！”萧伯纳说：“怎么不是，你是这样地精通世界万物，不过，尚有一点欠缺，就是不知夸夸其谈会使丰盛的佳肴也变得淡而无味，而我刚好明了这一点，咱俩合起来，岂不是无一不晓了吗？”

恩惠与怨恨

阿里有一次和吉伯、马沙两位朋友一起旅行。三人行经一处山谷时，马沙失足滑落，幸而吉伯拼命拉他，才将他救起。马沙于是在附近的大石头上刻下了：“某年某月某日，吉伯救了马沙一命。”

三人继续走了几天，来到一处河边，吉伯跟马沙为一件小事吵起来了。吉伯一气之下打了马沙一耳光。马沙跑到沙滩上写下：“某年某月某日，吉伯打了马沙一耳光。”

当他们旅游回来之后，阿里好奇地问马沙为什么要把吉伯救他的事在石头上刻下，将吉伯打他的事写在沙滩上？马沙回答：“我永远都感激吉伯救我，至于他打我的事，我会随着沙滩上字迹的消失，而忘得一干二净。”

点悟　记住别人对我们的恩惠，洗去我们对别人的怨恨，只有这样，在人生的旅程中才能自由翱翔。

经验怎么样

有一年，有个登山队要攀登一座雪峰，还想把足迹留在峰顶上。于是，这个登山队开始了登山前的准备，把食品、药品及其他登山器材都备齐了。这时，有位专家提醒说，别忘了多带几根钢针，因为在高寒的雪山上面，燃气炉的喷嘴极易堵塞，需要用钢针疏通。一位老登山队员负责带钢针，他并没有听从专家的忠告，而是只带了一根。因为凭着自己的经验，他认为有一根钢针已经足够了，要轻装上阵。

遗憾的是，这支登山队最终也没有能把脚印留在山顶上，登山队员一个也没有回来。问题在哪里呢？就出在钢针上。那根钢针在使用时，不慎崩断了，由于仅仅带了一根钢针，燃气炉无法使用，队员们断了饮食，最后全部陷入了绝境。

点悟　人生而言，经验确实是一笔财富。但是，笃信自己的经验，对他人的劝告不加选择地一概拒绝，完全凭自己的经验办事，有时非但不会成功，反而会把事情办得更糟，甚至会因此造成无法挽回的损失。失败的原因常常有两种，一种是因为经验不足，另一种则是因为经验太多。拥有经验而又懂得如何利用经验的人才是真正的智者。

跨栏者

从前有个人，相貌奇丑，他到了街上，许多行人都要掉头对他多看一眼。他从不修饰，到死都不在乎衣着。窄窄的黑裤子，伞套似的上衣，加上高顶窄边的大礼帽，仿佛要故意衬托出他那瘦长条似的个子。他走路姿势难看，双手不停地晃来荡去。

他是小地方的人，直到临终，甚至已经身任高职，仍然不穿外衣就去开门，仍戴手套去歌剧院。他总是讲不得体的笑话，往往在公众场合忽然忧郁起来，不言不语。无论在什么地方——法院、讲坛、国会、农庄、甚至于他自己家里——他都处处显得不得其所。

他不但出身贫贱，而且身世低微，母亲是私生子。他一生都对这些缺点非常敏感。

没人出身比他更低；没人比他升得更高。

他后来任美国总统，他就是林肯。

点悟　人往往因为早期的弱点而使他们奋力以求获得成就。这就仿佛有个栏，栏越高，跳得也越高。从上面的小故事中我们还可以体会到，磨难是培养伟大心志的保姆，唯有这个冷酷的保姆才会不停地推动着摇篮，培养一个勇敢、刚强的孩子。

善与恶

主人养了两只狗，一只性善，一只性恶。主人不喜欢恶狗，常常让它饿着肚子。一日家里来了飞贼，善狗见了飞贼不但不咬，反而欢呼雀跃;恶狗却不管来人是谁,见之就咬,因此咬了坏人,而意外立功,受到了主人嘉奖。

这以后,恶狗自恃功高,见人就咬,见肉就夺,甚至咬红了眼,连主人也一起咬了。这时主人才发狠心,要将之处以绞刑。但在行刑时,主人又突然改变了主意,因为他担心,如果将来还有用得着它的时候呢?

点悟 这也许是恶人至今尚留人间的道理。

跳蚤的高度

这是一种用跳蚤表演的小马戏。

在一个没盖的器皿内,几只跳蚤一起蹦跳着,每只每次都跳同样的高度。你绝不用担心它们会跳出器皿,跳到你身上。你可能会惊奇:为什么这些跳蚤会把蹦跳的高度控制得如此一致呢?

这是训练的结果。跳蚤的训练场是一个比表演场地稍低一点的器皿,上面却盖了一块玻璃。开始,这些跳蚤都拼命地想跳出器皿,奋力去跳,结果总是撞到玻璃上。这样训练了一段时间后,它们就保持了同样的跳的高度。即使拿走玻璃盖板,它们也不会跳出去,因为过去的经验已经使跳蚤形成了条件反射。

点悟 人也能变成这样。如果过去的几次不成功使你认定了自己不能成功,那么你可能永远会是一个如跳蚤般的失败者。

但如果你并不放弃远大的理想,每一次都全力以赴去做呢?你一定会越来越接近成功,要知道,人生其实是没有玻璃盖子的。

横穿沙漠的僧人

在一片茫茫沙漠的两边，有两个村庄。要到达对面的村庄，如果绕过沙漠走，至少需要马不停蹄地走上二十多天；如果横穿沙漠，那么只需要三天就能抵达。但横穿沙漠实在太危险了，许多人试图横穿却无一生还。于是，大家在两个村子之间的沙漠插满了路标。

一年夏天，村里来了一个僧人，他坚持要一个人到对面的村庄化缘去。大家告诉他说："你经过沙漠之路的时候，遇到要倒的路标一定要向下再插深些，遇到就要被湮没的路标，一定要将它向上拔一拔。"

僧人点头答应了，然后上了路。当遇到一些就要被沙尘彻底湮没的路标，僧人这样想："反正我就走这一次，湮没就湮没吧。"

但就在僧人走到沙漠深处时，蓦然间飞沙走石，许多路标被湮没在厚厚的流沙里，还有一些路标被风暴卷走了。僧人再也走不出这大沙漠了。在气息奄奄的那一刻，僧人十分懊悔，如果自己能按照大家吩咐的那样做，那么即使没有了进路，还拥有一条平平安安的退路啊！

点悟 僧人虽然后悔得迟了，但我们还来得及。应当明白，给别人留条路，其实就是给自己留条路。

醉酒者

这里说的是一个醉酒者，他走出酒店时，天色已经很晚了，便踉踉跄跄地寻找着回家的路。

他看见一条弯弯曲曲的路，就醉醺醺地朝前走，忽然，“咚”的一声，一个硬邦邦的东西碰着了他的头，碰得他两眼直冒金星。他朝后退了两步，抬头一看，原来是一块路标，上面写着“此路不通”。

醉酒者眨眨眼，定定神，又糊里糊涂走了一会儿。没过多少时间，他又是不小心“咚！”地把头碰得生疼。原来，他又来到了这块标牌前。然而醉酒者并不知道。

他摸摸头上碰出的疙瘩，稳了稳神，又继续走路。走着走着，头还是被“咚！”地一声碰疼了。他朝后退了几步，抬头一看，是一块路标，上面写着“此路不通”。“天哪，我被围住啦！”醉酒者绝望地喊道。

点悟 世上之人，如醉酒者的实在太多。他们只知道自己多次碰壁，以为无路可走了，然而却不知道自己走的是同一条不通之路。

好文章是改出来的

五十年代，我国著名作家赵树理住在山西一个农民家里体验生活。有一天，这家里的一个小学生告诉他村里发生的一件好人好事，他听了十分高兴，就对这个小学生说：“小李，你把那件事写个稿子好不好？”小李说：“我文化低，怕写不了。”“你写吧，试试看，万一不行，我帮帮你。”赵树理说。于是第二天，小李把稿子写出来了。赵树理看后说：“你再改一改，明天给我。”第四天，小李把稿子改好了，赵树理看了一遍后说：“我看你会写，再改一遍后给我。”第五天小李改好，赵树理看了后微微一笑说：“你改得有门路，再改一遍好吗？”小李应声而去。第六天，赵树理看了后夸奖说：“小李，你有写文章的耐性。好,再改一遍。”

第七天,小李第五次改好了,赵树理看了满意地说:“好,弄个信封,把它寄到《山西农民报》去。”小李照办了。回来后对赵树理说:“您光叫我改一改,您是大作家,有那么多写作经验,为什么不给我讲一讲呢?”赵树理笑着说:“我的经验只有两个字,一个是耐字,一个是改字。你那稿子改了五遍,每遍我都看了。你会改,有耐性。这样,你不是把我的真经学去了吗?”小李这才恍然大悟。

点悟 大作家赵树理指导小李写作的故事说明,写作成功的秘诀,一是要有耐性,二是要能不断地修改。俗话说,“好文章是改出来的”。实际上,修改的过程就是作者思想认识提高的过程,也是作品趋于完善的过程。一篇作品初稿写出来,肯定存在一些不足的地方,经过反复的修改和锤炼,才能达到完善的地步。试想,一个作者写出来的文章,连自己都不想多看一遍,怎能让读者有兴趣看呢?

刷墙与吃苹果

马克·吐温小时候因为逃学,被妈妈罚去刷围墙。围墙很高很长,把刷子蘸上白浆,刷了几下,刷过的部分和没刷的相比,就像一滴墨水掉在一个球场上,他灰心丧气地坐了下来。

马克·吐温的一个伙伴罗伯特走来,嘴里啃着一只松脆多汁的大苹果,引得马克·吐温直流口水。突然,他十分认真地刷起墙来,每刷一下都要打量一下效果,活像大画家在修改作品。“我要去游泳。”罗伯特说,“不过我知道你去不了,你得干活,是吧?”

“什么? 你说这叫干活?”马克·吐温叫起来,“要说这叫干活,那它正合我的胃口,哪个小孩子能天天刷墙玩呀?”他卖力地刷着,一举一动都显得特别快乐，让罗伯特看得入了迷，连苹果也不那么有味道了。“嘿，让我来刷刷看”。“我不能把活儿交给别人。”马克·吐温拒绝了。“我把苹果核给你。”罗伯特开始恳求。“我倒愿意，不过……”“我把这个苹果给你！”小马克·吐温终于把刷子交给了罗伯特，坐在阴凉里吃起苹果来，看罗伯特为这得来不易的权利努力刷着。

一个又一个男孩想留下来试试刷墙。马克·吐温为此收到了不少交换物。

点悟 这个故事从某种意义上反映了马克·吐温的智慧，但也说明了这样一个道理，好奇心很容易使人误入歧途。

足下工夫

有位刚退休的老人买了一间简陋的房子，刚住下不久就有三个调皮的小孩开始在附近踢垃圾桶闹着玩，发出了难听的噪音。

老人受不了这些噪音，但他出去却说：“我喜欢看你们玩得这样高兴，如果你们每天都来踢垃圾桶，我给你们每人一块钱。”

这三个孩子很高兴，更加起劲地表演“足下工夫”，过了三天，老人忧愁地说：“通货膨胀减少了我的收入，从明天起，只能给你们每人五毛钱了。”

三个小孩不乐意了，但还是接受了老人的钱，每天继续去踢垃圾桶。一个星期后，老人又对他们说：“最近没有收到养老金支票，对不起，每天只能给两毛了。”

“两毛钱？”一个小孩脸色发青，气急败坏地说：“我们才不会为小小的两毛钱在这里撒野呢，不干了！”

此后，老人过上了安静的日子。

点悟 面对三个顽皮小孩，老人没有指责，因为他知道那样做不仅是不解决问题，小孩们还会闹得更凶。他的超级思维，使得问题在不经意中解决了。这也说明了一个道理，人的智慧往往从苦难中得来。

六法郎门票

法国19世纪的多产作家大仲马，虽然稿酬不少，却常常手头拮据，还欠了不少债务。为了还债，他不得不以极快的速度进行写作。

有一段时间，恰逢法国互利也剧院生意萧条，剧院上座率直线下降，观众寥寥无几。剧院虽然想尽千方百计招徕观众，但一点儿也没有兴旺起来的迹象。于是，大家想起了大名鼎鼎的作家大仲马。

他们双方经过权衡，商定：大仲马七天后交给剧院一部可以产生轰动效应的剧本，剧本演出26场必须能使剧院收入超过六万法郎，而剧院则付给大仲马一万法郎的高额稿酬。

一周之后，大仲马将剧本交给了剧院经理，经过排练，剧本一上演就轰动了。演出26场后结束时，收入大大超过了六万法郎。这个剧院经理贪得无厌，他对前来领稿酬的大仲马说："尊敬的大仲马先生，我们很为你遗憾，刚才本院财务部报来的26场票房收入，刚好比六万法郎差一点，只有五万九千九百九十七法郎。"

大仲马知道，已经放进这个经理口袋里的钱难得再把它掏出来。他没说一句话，干脆地转过身去，走出办公室，来到了售票处，购买了六法郎的门票。他又来到经理办公室，把六法郎门票举到经理眼前，慢条斯理地说："尊敬的经理先生，这下您的收入该超过六万法郎了吧？"

经理瞪大眼睛，望着大仲马和他手中的六法郎门票，感到无可奈何，哑口无言了，只好如数付给了稿酬。

抱鸡上讲台

陶行知是我国著名教育家。有一次，他在武汉大学挟着一个皮包走上讲台，未曾开言，就从皮包里抓出一只活蹦乱跳的大公鸡，并从包里掏出一把米。陶行知按住鸡头逼它吃米，又掰开鸡嘴，把米粒硬塞进去，鸡就是不吃。后来把鸡放开，自己后退，大公鸡便从容低头吃了起来。陶先生开口道："先生强迫学生学习，把知识硬灌给他，他是不情愿学的；如果让他自由地学习，充分发挥他的主观能动性，效果一定会好得多！"台下顿时爆发出一阵热烈的掌声。

一只波斯猫

苏联卫国战争期间，苏军某部侦察员奉命日夜观察敌军的行动。有一段日子，侦察员发现，连续许多天上午，总有一只波斯猫在敌人阵地一间看似平常的屋顶上晒太阳。而波斯猫既然是家猫，侦察员也就立刻断定，能在战时把波斯猫带进阵地的肯定是高级军官，波斯猫总在这间屋顶上晒太阳，就说明高级军官住在这儿！而既然他们住在这，这里就很可能是敌军的高级指挥所。于是建议炮兵炮击这间屋子，两炮之后，敌军指挥所果然被摧毁了。

十减一等于多少

有一天，一家公司派人去招聘大学毕业生。面试时出了这样一道算术题：十减一等于多少？

所有的应试者都开动脑筋，有人神神秘秘地向身旁的人说：“你想让它等于多少？”还有的人自作聪明地说：“十减一等于九，那是消费；十减一等于十二，那是经营；十减一等于十五，那是贸易；十减一等于二十，那是金融；十减一等于一百，那是贿赂。”

全场只有一个应试者回答等于九。回答时，他还有点犹犹豫豫。问他为什么，这位应试者说：“我怕照实说，会显得自己很愚蠢，智商低。”然后，他又小声地补充了一句，“对获得一份好工作来说，诚实可能是这个世界上最没用的武器”。

然而，这个诚实的应试者最后被录用了。

这家用人单位的理由是什么呢？

点悟 不要把复杂的问题看得过于简单，也不要把简单的问题看得过于复杂。

怎样让线变短

有一位搏击手自以为技艺高超，在比赛中一定可以夺得冠军。但结果却出乎意料，在最后的决赛中，他遇到了一个实力相当的对手，双方都竭尽全力出招攻击。当搏击到了中途，这位搏击手意识到，自己竟然找不到对方招式中的破绽，而对方的攻击却往往能够突破自己防守中的漏洞，因而失去了冠军的奖杯。

比赛结束后，他愤愤不平地找到自己的师父，一招一式地将对方和他搏击的过程，再次演练给师父看，请求师父帮他找出对方招式中的破绽，并表示决心根据这些破绽，苦练出足以攻克对方的新招，在下次比赛时，打倒对方，夺回冠军的奖杯。

师父笑而不语，在地面上画了一条线，随后要求他在不能擦掉这条线的情况下，设法让这条线变短。

搏击手百思不得其解，最后，他无可奈何地放弃了思考，转向师父请教让线变短的办法。

师父还是不语，却在原先那道线的旁边，又画了一道更长的线。两线相比，原先的那道线，变得短了许多。

师父开口道："夺得冠军的关键，不仅仅在于如何攻击对方的弱点，正如地上的长短线一样，只有你自己变得更强、对方就如原先的那条线似的，相比之下变得较短了。如何使自己更强，才是你需要苦练的根本。"

点悟 在夺取成功的道路上，有无数的坎坷与障碍需要我们去跨越、去征服，有无数对手需要我们去搏击。比较有效的两种途径是：

一是侧重攻击对手的薄弱环节。正如故事中的那位搏击手，欲找出对方破绽，给予致命的一击，用最直接、最锐利的技术或技巧，快速解决问题。

二是全面增强自身实力。就是故事中那位师父所提供的方法，更注重在知识上、智慧上、实力上使自己加倍地成长，变得更加成熟，变得更加强大，使许多问题不攻自破，迎刃而解。

一个奇异的想法

内尔纳是法国著名的作家,他一生创作了许多有轰动效应的小说和剧本,在法国影剧史上的地位非常显赫。内尔纳的勤奋众人皆知,他的机智更是让人惊奇。

有一次,法国的一家报纸进行了一次有奖智力竞赛,其中的一道题是这样的:如果法国最大的博物馆卢浮宫失火了,当时的情况是只允许抢救一幅画,你会抢救哪一幅?

卢浮宫被誉为世界第一美术殿堂,藏品总量达数十万件,若步行逐一欣赏,则路程全长在六十公里以上。仅是卢浮宫的绘画馆就有三十五个展厅,两千两百多件展品,所收藏的绘画作品之全、之珍贵,是世界上其他任何博物馆所无法比拟的。其中达·芬奇的《蒙娜丽莎》和《最后的晚餐》,安格尔的《泉》,米勒的《拾穗者》,雷诺阿的《煎饼磨房的舞会》……都是非常著名的绝世珍品。

面对这么多价值连城的名作,还真不知道应该先抢救哪一幅画。所以,不难想到报社收到的答案肯定是五花八门的。评委们看了十分为难,因为这些答案各有各的道理,很难说谁一定回答得比别人高明。

突然,有个评委拆开了内尔纳寄来的信一看,就惊喜地喊道:“这就是最佳答案!”

内尔纳在信中写道:“我会抢救离出口最近的那幅画。”

点悟 卢浮宫稀世珍宝多得数不清,如果时间允许,自然是能抢救出越多越好。但是一旦失火了,你没有时间东挑西选,最有效、最机智的办法是抢救出离出口最近的那幅画。

这真是一个奇异的想法!

聚光线抢救母亲

如果有人讲这样一个故事:从前有一个孩子,喜欢观察和思考问题。他有一次看见母鸡孵小鸡,也要亲自试一试,居然小心翼翼地趴在鸡蛋上学老母鸡……他就是闻名世界的大发明家爱迪生。

有一天傍晚,爱迪生从“实验室”回来,看见妈妈躺在床上,脸上冒着豆大的汗珠,床边站着一位医生。

“妈妈,你怎么啦?”爱迪生扑到妈妈身上问。医生说:“你妈妈得了急性阑尾炎,最好马上动手术。”可是,爱迪生家里很穷,没有钱让母亲住院。医生答应在家里动手术,并做起了准备工作。

爱迪生帮着打扫破旧的屋子,喷洒消毒药水。等到这些事做完之后,天色已经很暗了。

医生突然说:“我开刀时看不清楚,会出乱子的。”

爱迪生马上说:“医生,我多点几支蜡烛,为您举近些,光线就够了。”

医生摇摇头说:“不行啊,孩子,万一蜡烛油滴到伤口上,就麻烦了。再说,靠几支蜡烛,做手术时,光线还是不够啊,你母亲需要立即动手术,得赶紧想办法。”

望着妈妈脸上痛苦的神情,爱迪生急得眼泪很快掉出来了。他想,要是能把光线聚到一块儿多好啊!

忽然,爱迪生想起白天和小朋友一块儿玩破镜子片的情景。有个小朋友不知从哪儿弄到一块镜子碎片,成了他们的宝贝。他们拿着镜子碎片照来照去,反射出来的阳光在墙上不停地晃动,连黑暗的角落都照得通亮,反光照在人脸上的时候连眼睛都睁不开。想到这里,爱迪生顿时兴奋起来。

于是,他把大衣柜的镜子拆了下来,又跑到小伙伴家里借了三面大镜子、一些蜡烛和油灯。回到家里，他把镜子调节好角度，使四面镜子反射出的灯光聚在一起，光线既充足，又柔和。

医生望着这刚布置起来的“手术室”，惊呆了。

手术进行得非常顺利，妈妈解除了病痛。

点悟 这件事对少年爱迪生影响太大了，他立志要用自己的勤奋和智慧，照亮全世界。他的宏愿终于实现了。长大以后，经过6000多次试验，终于发明了“世界之光”——电灯。

宝珠吞到肚子里

伍子胥是春秋战国时期楚国贤臣伍奢的儿子。楚平王即位后，让伍奢任太师，辅助太子建。后来，楚平王听信谗言，想废除太子建。伍奢直言相劝，却被楚平王杀害了。

父亲的冤死，伍子胥悲痛万分。他与太子建密谋，一定要惩除奸臣，维护国家的安定，并为父亲报仇。没想到走漏风声，太子建被杀害了，匆忙中伍子胥只好逃离楚国。

伍子胥乔装打扮，一路上历经艰险。这一天到了昭关，却被关吏识破，抓了起来。

伍子胥望着得意的关吏，灵机一动，计上心头。他慢腾腾地对关吏说：“大人，您知道大王为什么要抓我吗？那都是因为我有一颗天下罕见的宝珠啊！我愿意把它献给大王，可是半路上弄丢了。想抓我抓得正好，这下我就可以说宝珠被您抢去，吞到肚子里了。到时，我俩在大王面前对质，大王为了找到宝珠，不把您剖膛开肚、一节节肠子翻个遍才怪呢！”

关吏一听，顿时胆战心惊，只好放伍子胥出了昭关。

树洞中取球

北宋时期有位著名宰相文颜博，在他很小的时候非常喜欢踢皮球。

一天，文颜博与小伙伴们在打谷场上踢球，大家踢来踢去，踢的正高兴的时候，不知谁一脚将皮球踢进一棵老树的洞里去了。

人们都跑过去围在树洞前，只见树洞里面黑糊糊的，不知道有多深。

一个小伙伴卷起袖子，将小手伸进树洞里，在里面一个劲地掏呀摸呀的。可是他一无所获，因为树洞实在太深了。另一个小伙伴拿来长长的竹竿，往洞里探着，可是树洞里弯弯曲曲的，竹竿无法探到洞底。

大家正着急时，在一旁想了一会儿的文颜博突然对大家说："有办法了！我们回家拿桶和盆去打些水来，然后灌到这个树洞里，皮球就会浮上来。"

众人听后齐声叫好，随即开始行动。不一会儿，树洞里灌满了水，皮球果真浮到洞口了。

文博拿起球，又和小朋友们高高兴兴地一起踢球去了。

时钟的指针

第二次世界大战期间，德国军队占领了法国首都巴黎后，法国地下抵抗组织派出机敏的女战士安妮，设法到掌管德军绝密文件的德军参谋长家中去窃取文件。

安妮装扮成女仆，进入了德军参谋长汉森的家中，不失时机地悄悄打探消息。几天后，安妮终于了解到，所有的绝密文件都放在书房的保险柜里。

然而保险柜的密码，只有参谋长一个人知道。如果没有密码，根本无法打开保险柜。安妮这样想："汉森年纪大了，记性不好，一定会把密码记在笔记本上或别的什么地方。"

一天深夜，安妮溜进了书房，在书房的各个地方寻找，都没有找到密码。时间一分一秒地过去了，安妮非常着急，抬头看了看墙上的挂钟，钟上的时间引起了她的注意。夜已经很深了，挂钟的指针却一动不动地指着6点39分15秒，安妮灵机一动："63915，这会不会是保险柜的密码呢？"她兴奋地走到保险柜前，按照这几个数字，转动密码锁，只听见"嗒"的一声，保险柜的门开了！安妮迅速地用微型照相机把文件拍了下来，出色地完成了任务。

身后有匹狼

在一次马拉松比赛中，有一位名不见经传的年轻人一举夺得了冠军，并且打破了世界纪录。

当时，他冲过终点后，新闻记者蜂拥而至，团团围住他，都不停地提问："你是如何取得这么好的成绩的？"年轻的冠军喘着粗气对大家说："因为，因为我的身后有一匹狼。"迎着记者们惊讶的探询的目光，他继续说：

"早在三年前，我开始长跑。训练基地的四周是崇山峻岭，每天清晨两三点钟，教练就让我起床，在山岭间训练，可是我尽了最大的努力，进步却一直不快。"他滔滔不绝地说：

"有一天清晨，我在训练途中，忽然听见身后传来狼的叫声，开始是零星的几声，似乎还很遥远。但很快就急促起来，而且感觉到就在我的身后，我知道有一匹狼盯上我了，我甚至不敢回头，没命地奔跑着。不料,我那天训练的成绩好极了。后来教练问我原因,我说我听见了狼的叫声。

教练意味深长地说,原来不是你不行,而是你的身后缺少一匹狼。后来我才知道,那天清晨根本就没有狼,我听见的狼叫声,是教练装出来的。从那以后,每次训练时,我都想象着身后有一匹狼,结果成绩突飞猛进。今天,当我参加这场比赛时,我依然想象我的身后有一匹狼,所以我成功了。"

点悟 有时候,将我们送上领奖台的,不是我们的朋友,而恰恰是我们的敌人。

能者言高明

年羹尧是清朝名将,他善于用兵,也很凶残。

有一次,年羹尧率兵收复了北疆一座边城,俘虏了敌方三个小官。他踱着方步,慢条斯理地对其中第一个人说:"你猜本官是想杀你呢,还是不想杀你?"那人回答说:"大将军胸怀开阔,慈悲为本,不会杀我。"说完连连磕头。

"呸!什么胸怀开阔,慈悲为本,我是刀剑为本!"说着,年羹尧令手下把他推出去斩了。

接着,年羹尧又问第二个人。第二个人梗着脖颈说:"要杀要剐随你便!老子二十年后又是一条好汉。"年羹尧笑道:"好!我成全你,是条汉子!"第二个人又被推出去斩了。

第三个人是个幕客,就是为别人出主意的人。当年羹尧问他时,他说:"晚生很难判断。"年羹尧一听觉得有点意思,就说:"如果本官杀你呢?"幕客回答说:"那是将军之威!"年羹尧又问:"如果不杀呢?"幕客答道:"那就不失将军之德!请将军定夺。"

年羹尧佩服幕客的机智，不仅放了他，还拿了酒给他压惊。

点悟 话有三说，能者言高。

铁道游击队

采访是获取写作材料的重要途径，但仅凭采访来写文章是远远不够的。创作了《铁道游击队》的作家知侠，曾有过一段颇有兴味的经历。那是1943年夏天，山东军区召开全省战斗英雄和支前模范大会，知侠在这次大会上认识并采访了被评为甲级英雄的铁道游击队的代表徐广田，听他介绍了铁道游击队的许多英雄事迹，十分感动。知侠从小生活在铁路上，十分熟悉铁路生活，于是，英模大会之后，他将采访的材料整理出来，写成了章回体小说《铁道队》，在解放区的《山东文艺》上连载，受到了读者的热烈欢迎，但同时也收到了来自战斗在前线的铁道游击队的一封信。

他们说："像徐广田这样的英雄人物，铁道游击队还有一些，因为对敌斗争任务比较紧张，他们只能派徐广田一个人去参加英模会，如果能够到他们那里去，和他们一道生活一段时间，对他们的战斗生活作各方面的了解，一定比现在写得更好。"这封信给知侠极大的震动，他深感到自己在从事写作上有点过于草率，仅根据一点采访材料，而未到实际斗争生活中作进一步深入的了解，凭一时的热情就忽忙动笔、匆匆发表出去，太不慎重了，心里感到十分不安和惭愧。这封信实际上是一种婉转的批评，他连忙停止了《铁道游击队》的写作，而且停止了连载，立即赶到鲁南的铁道游击队中深入生活去了。他和铁道游击队队员们生活了一个时期，收到了极大的效益，认识并深深地热爱这支传奇性的英雄部队的干部和战士，不仅获取了极丰富的创作素材，而且有了真切的感受，产生了强烈的创作欲望，终于完成了这部优秀长篇小说的创作。后来，又改编成电影，得到了全国广大观众的好评。

点悟　创作的成功，不在于侥幸和取巧，而在于扎扎实实的劳作。

狂人的原型

鲁迅先生的白话小说《狂人日记》最初发表在1918年5月15日《新青年》第4卷第5期。这篇小说的诞生还有一段耐人寻味的背景。

鲁迅有个姨表弟，名叫阮久荪。1916年10月得了神经病，整天说有人要谋害他，于是逃到北京来找鲁迅。阮久荪在北京西河沿客栈落下脚，又说要害他的人已经追踪而来，连着换了几个房间，仍然惊恐不安。后来，鲁迅把他接到自己居住的“绍兴会馆”里。谁知次日一早，他就来敲鲁迅的门，大声地喊着“今天要被拉去杀头”的疯话，鲁迅急忙把他送进池田医院去治疗。

这件事鲁迅印象很深，让他有了创作的冲动。在小说酝酿过程中，他受到俄国著名作家果戈理的小说《狂人日记》的启发，决定也写一篇《狂人日记》，借狂人之口，愤怒地诅咒旧世界，巧妙地呼喊出真理的声音。于是，对阮久荪的原型进行了彻底的改造，成功地塑造出了“狂人”的鲜明形象，使之成为具备进攻性格的反封建的民主战士。

点悟　这种只借用事物的一端，而进行深化改造的写作方法，是值得人们借鉴的。

奇异的笔记

有一回,赵树理的女儿出于好奇,想看看一个作家的笔记里记些什么。她偷偷打开父亲的笔记,愣住了,只见上面写着:“1.返销粮:指标到户、分期付款和凭证领粮。节约用粮:应做重点户的具体工作。重灾区应抓生活,促生产——以生产自救为中心。管好储备粮,要先备种子。2.水源问题:自给队——要将水充分用起来;半自给队——多费点劲引水上山;缺水队——滴水不弄,种一亩算一亩……”

不妄下结论

巴尔扎克是法国的名人。一天,一位白发苍苍的老妇,请他看看写作文的孩子的资质如何,今后在文学上有否发展前途。巴尔扎克认真地读了作文说:“请恕我直言,这孩子的资质太差,今后断难有所成就。”说完,他又问老妇人:“这孩子是您的什么人?”老妇人说:“巴尔扎克先生,您的记性太差了,怎么连自己小时候的笔迹也认不出来了?”巴尔扎克听了一呆,仔细端详一下,才认出这妇人正是他读小学的老师。原来,这位老师仍然在关心、教育已经成了名的当年学生。从此,巴尔扎克改掉了妄下结论的缺点。

不抛弃时间

儒勒·凡尔纳(1828—1905)是法国著名的科幻作家。他的作品如《格兰特船长的女儿》、《海底两万里》、《神秘岛》等,故事生动,文笔也流畅。然而,更令人敬佩的是,他一生竟写了 104 部科学幻想小说,约有八百万字。数量之多,令人吃惊。凡尔纳每天要伏案工作十二个小时以上,只有在吃饭时才停一会儿。妻子担心丈夫的健康会变坏,劝他:“你写的书已经很多了,何必还抓得那么紧呢?”凡尔纳回答说:“因为我牢牢记住了莎士比亚的一句话:‘放弃时间的人,时间也会放弃他。’”

马路成“大学”

列夫·托尔斯泰每天要花不少的时间在基铺马路上散步。有人觉得奇怪:这样的大作家,哪有这么多空闲时间散步呢? 于是,问他什么道理。托尔斯泰回答:“我这是在上大学。”原来,托尔斯泰在散步时无论遇到什么人,都要找他们攀谈、聊天,并且把听到的一切,随时记在随身携带的笔记本上。日积月累,他的笔记本上记下了许许多多的资料,成为他写作时取之不尽的素材仓库。后来,托尔斯泰的作品被认为是反映当时俄国社会的“一面镜子”,这绝不是偶然的。

“一只脚”写作

美国作家海明威是诺贝尔奖金获得者。他的作品,文体简练,内容惊险动人,寓意深刻。这些特色的形成是与他惊心动魄而富有传奇色彩的经历分不开的。他参加过长期的军事活动,多次死里逃生。有一次,医生在他的身上竟取出炮弹片和子弹头 227 块。这样经历的人写文章当然会有他的特色。海明威写文章时是站着的。这固然和他长期以来的紧张军旅生活有密切的关系,但更重要的是，他觉得时间十分珍贵，决不能容忍自己写空话和废话，因此他给自己作了这样的写作规矩。不但如此，他站的时候只用一只脚，真是奇人奇事。海明威就是以这种独特的写作方式，保证自己用最严肃、最认真的态度来写作。

无标点稿子

19世纪，德国作家奥多尔·冯达诺在柏林当一家刊物的编辑。每天，他要处理大量的稿件。有一次，他收到了一个青年作者寄给他的几首诗稿和一封信。这些诗稿都写得拙劣，而且也都没有标点符号。作者在信中自诩文才不凡，还说："我对标点是不大在乎的，请您自己填上吧。"冯达诺觉得既好气又好笑，很快退了稿，并在退稿信中写道："下次来稿，请光寄些标点来吧，诗由我自己来填好了。"

用脚写文章

爱尔兰作家克思斯蒂·布朗生于贫家，在襁褓中就患了某种瘫痪症，到五岁时还不会说话、走路。一天，母亲惊喜地看到他用左脚趾来取妹妹写字用的粉笔，在地上勾画起来，就教他说话和用左脚写字。小布朗爱读狄更斯的作品，逐渐培养了对文学的爱好，打下了写作的基础。他学会了用左脚写字、画画。这位身残志坚的青年以惊人的毅力坚持写作。21岁时，他写出了自传体小说《我的左脚》。后来，这位非凡的青年作家在他短暂的一生中，用左脚创作了五部小说、三部诗集，使他跻身于爱尔兰有名的小说家、诗人的行列。他的小说《生不逢辰》获得了在十五个国家出版和拍摄成影片的殊荣。

3. 名　言

——前人经验是少年儿童茁壮成长的“灵丹妙药”

人生需要安慰，需要鼓励，需要帮助，我们何不寻求一点前人的经验，何不将这些宝贵的经验作为自己的座右铭呢？

这里精选了一些名人的至理名言，献给正在成长的你们，能对你们有所启迪吗？

理 想

人的理想与志向往往和他的能力成正比。

——塞·约翰生[英]

每一个人,每一个民族都有自己美的理想。

——司汤达[法]

没有伟大的愿望,就没有伟大的天才。

——巴尔扎克[法]

抽象的理想必须变成具体的观念;这样虽然少了美,却更有用;它缩小了,可是变得更好了。

——雨果[法]

生活中,没有理想的人是可怜的人。

——屠格涅夫[俄]

理想是指路明星。没有理想,就没有坚定的方向;而没有方向,就没有生活。

——托尔斯泰[俄]

一个人的理想越崇高,生活越纯洁。

——伏尼契[爱尔兰]

一种理想就是一种力量。

——罗曼·罗兰[法]

当大自然剥夺了人类用四肢爬行的能力时,又给了他一根拐杖,这就是理想。

——高尔基[苏联]

人需要理想,但是需要符合自然的,而不是超自然的理想。

——列宁[苏联]

理想是人生的太阳。

——德莱塞[美]

伟大的灵魂与普通的灵魂相比,不在于它情欲小,道德多,而在于它有伟大的抱负。

——罗休夫树[法]

理想必须要人们去实现它。这就不但需要决心和勇气,而且需要知识。

——吴玉章

如果追求过多,并且斤斤计较细枝末节,就易陷于糊涂。

——歌德[德]

人生最大的快乐不在于占有什么,而在于追求什么的过程。

——班廷[加拿大]

没有追求的人,必然是怠惰的。

——维纳[美]

立志

一个人的幸运的造成主要还是在他自己手里,所以诗人说,“人人都可以成为自己的幸运的建筑师。”

——培根[英]

人应该经常保持一种怀有希望、愉快、明朗、朝气勃蓬的精神状态,从事一些对身心有益的学问的思考——如阅读历史、格言或观察自然。

——培根[英]

有信心的人,可以化渺小为伟大,化平庸为神奇。

——萧伯纳[爱尔兰]

只有把抱怨环境的感情化为上进的力量,才是成功的保证。

——罗曼·罗兰[法]

走你的路,让人家去说吧。

——但丁[意]

一切阻力都会被坚强的决心所征服。一个人一旦确立了自己的目标,就不应再动摇为之奋斗的决心。

——达·芬奇[意]

才 智

天生我材必有用。

——李白[唐]

人能尽其才则百事兴。

——孙中山

事业上最需要的是创造性人才。

——邹韬奋

凡是伟大的天才都带有疯狂的特征。

——亚里士多德[古希腊]

天才是在毫无先例的情形下,正确行动的才能——第一个正确做事情的力量。

——赫伯特[英]

精神的浩瀚、想象的活跃和心灵的勤奋就是天才。

——狄德罗[法]

耐性是天才必不可少的素质之一。

——迪斯累里[英]

逆境使天才脱颖而出,顺境会埋没天才。

——贺拉斯[古罗马]

天才不经教育，就好比银矿没有得到开采。

——富兰克林［美］

假如你有天赋，勤奋会使它变得更有价值；假如你没有天赋，勤奋可以弥补它的不足。

——雷诺兹［英］

天才是百分之一的灵感加上百分之九十九的汗水。

——爱迪生［美］

世界上没有天才，天才是用劳动换来的。

——童第周

不是要找寻十全十美的人才，而是要发现并运用每个人的优点。

——松下幸之助［日］

一切才能都要靠知识来营养，这样才会有施展才能的力量。

——歌德［德］

才能本身并无光泽，只有在运用中才发出光彩。

——谢德林［俄］

才能来自独创性。独创性是思维、观察理解和判断的一种独特的方式。

——莫泊桑［法］

才能就是相信自己，相信自己的力量。

——高尔基［苏联］

在毫无才智的人看来，才智是看不见的东西。

——叔本华［德］

知人者智，自知者明。

——老子［春秋］

愈学习、愈发现自己的无知。

——笛卡儿［法］

无知的真正特点是：虚荣、骄矜和傲慢。

——巴特勒［英］

每一个研究人类灾难史的人可以确信，世界大部分的不幸都来自无知。

——爱尔维修［法］

无知会使智慧缺乏食粮而萎缩。

——爱尔维修［法］

最可怕的事莫过于无知而行动。

——歌德［德］

智慧的标志是审时度势之后再择机行事。

——荷马［古希腊］

智慧有三果：一是思虑周到，二是语言适当，三是行为公正。

——德漠克里特［古希腊］

智慧不仅仅存在于知识中，而且还存在于运用知识的能力中。

——亚里士多德［古希腊］

智慧是对一切事物及产生这些事物的原因的领悟。

——西塞罗［古罗马］

人的智慧就是快乐的源泉。

——薄伽丘［意］

死记硬背可以学到科学，但学不到智慧。

——斯特恩［英］

世界上没有再比智慧更令人敬仰的东西了。

——爱尔维修［法］

智慧之翼最坚硬的羽毛就是牢记过去的愚蠢。

——柯勒律治［英］

鸟有翅膀飞到天空，人没有翅膀，但凭着智慧和肌肉的力量也能飞到天上去。

——茹科夫斯基［俄］

观察与经验和谐地应用到生活上就是智慧。

——冈察洛夫［俄］

智慧因为用得过度而毁坏得不多，大多都是因为不用才生锈。

——鲍乌维［美］

没有智慧的头脑，就像没有蜡烛的灯笼。

——托尔斯泰［俄］

智慧比知识更重要，恰如想象力比知识更重要。

——赵鑫珊

心　态

知识是一种快乐，而好奇则是知识的萌芽。

——培根［英］

对于伟大和有天赋的人来说，好奇心是第一个也是最后一个激情。

——塞·约翰生［英］

人类最原始、最单纯的感情就是好奇心。

——博克［英］

好奇心是学者的第一美德。

——居里夫人［法］

缺乏智慧的幻想会产生怪物，与智慧结合的幻想是艺术之母和奇迹之源。

——戈雅［西班牙］

壮观存在于人们的幻想之中。

——霍芬斯坦［美］

人在痛苦时最伤心的事莫过于回顾昔日的幸福。

——缪塞［法］

回顾往日苦，更觉今日甜。

——波洛克［美］

质疑是迈向哲理的第一步。

——狄德罗[法]

质疑是通向决断的途径。

——弗·夸尔斯[英]

恐惧容易使人往最坏的方面想。

——昆图斯[古希腊]

恐惧是粉碎人类个性最可怕的敌人。

——培根[英]

虽然我们的恐惧常常是毫无根据的，但它却会引起真正的痛苦。

——席勒[德]

恐惧是世界上最摧折人心的一种情绪。

——罗斯福[美]

对危险的惧怕要比危险本身可怕一万倍。

——笛福[英]

我们唯一应该惧怕的东西就是恐惧自身。

——罗斯福[美]

自尊心是一种美德，是促使一个人不断向上发展的一种原动力。

——毛姆[英]

自尊心是进步之母，自贱心是堕落之源，故自尊心不可无，自贱心不可有。

——邹韬奋

自信是从事大事业所必须具备的素质。

——塞·约翰生[英]

自信心与自尊心是相辅相成的，没有自尊心的人，绝不会有自信心。

——毛姆[英]

谁自重，谁也会得到尊重。

——巴尔扎克[法]

学　习

人类所需要的知识有三：理论、实用和鉴别。

——亚里士多德[古希腊]

知识就是力量。

——培根[英]

知识贵在质，不在量。

——莎士比亚[英]

知识使好人更好，使歹人更歹。

——富勒[美]

知识，只有知识，才能使人成为自由的人和伟大的人。

——皮萨列夫[俄]

知识，只有当它靠积极的思维得来而不是凭记忆得来的时候，才是真正的知识。

——托尔斯泰[俄]

知识的奇特就在于：谁真正渴求它，谁就往往能够得到它。

——杰弗利斯[英]

学会学习的人，是非常幸福的人。

——米南德[古希腊]

学习能达到你所希望的境界。

——戴维斯[美]

多观察、多经历、多研究是学习中的三大栋梁。

——迪斯累里[英]

谁知道如何学习，谁就有丰富的知识。

——亚当斯[英]

知道如何活用知识最重要，知道知识的来龙去脉次之，拥有知识再次之。

——霍夫曼斯塔尔[奥地利]

我没有什么特别的才能，不过喜欢刨根儿问底儿地追究问题罢了。

——爱因斯坦[美]

我扑在书籍上，像饥饿的人扑在面包上一样。

——高尔基[苏联]

练习是最好的教师。

——贺拉斯[古罗马]

如果你从肯定开始，必将以问题告终；如果从问题开始，则将以肯定结束。

——培根[英]

思 考

这个世界对思考的人而言是喜剧，对感觉的人而言是悲剧。

——沃尔波尔[英]

读书而不思考，等于吃饭而不消化。

——波尔克[英]

一个能思考的人，才真正是一个力量无边的人。

——巴尔扎克[法]

世界上什么工作最难最苦？思考问题。

——爱默生[美]

地球上最美的花朵是思维着的精神。

——恩格斯[德]

思考可以构成一座桥，让我们通向新知识。

——普朗克[德]

敏而好学，不耻下问。

——孔子[春秋]

金字塔是用一块块石头砌成的。

——莎士比亚[英]

知识的积累是一步一步的，而不是一跳一跳的。

——麦考莱[英]

言 行

语言是生活的化身。

——德漠克里特[古希腊]

对人来说，语言是治愈烦恼的医生，因为唯有它才具有治愈灵魂的不可思议的力量。而且古代贤人就把语言称之为“妙药”。

——米南德[古希腊]

语言是思想的外衣。

——塞·约翰生[英]

语言是一座城市，每个人都为这座城市的建筑增添了砖瓦。

——爱默生[美]

明确的语言取决于明确的思想。

——福楼拜[法]

语言的判断力、准确性与规则存在于语言的使用之中。

——贺拉斯[古罗马]

人比动物高贵的地方就在于他有说话的能力，如果他把这种能力用得不当，就会比动物更低下。

——萨迪[波斯]

内容丰富的言辞就像闪闪发光的珠子。真正的聪明睿智却是言辞简短的。

——培根[英]

说话的态度如同所说的事情一样重要，因为大多数人只求对方说话中听，而不去思考事情的本质。

——切斯特菲尔德[英]

能触及灵魂深处，医治百病的乐曲是热诚而亲切的言语。

——爱默生[美]

说话喋喋不休，满口胡言是一个人智力不健全的表现。

——沃·白哲特[美]

千言万语也不及一件事迹留下的印象那么深刻。

——易卜生[挪威]

思想上的错误会引起语言上的错误，言论上的错误会引起行动上的错误。

——皮萨列夫[俄]

每个人都知道，把语言化为行动，比把行动化为语言困难得多。

——高尔基[苏联]

思想和语言是枝叶而已，行动才是果实。

——丘吉尔[英]

言必信，行必果。

——孔子[春秋]

不要想到什么就说什么，凡事必须三思而行。

——莎士比亚[英]

惜　时

抓住那似水年华，抓住，抓住！

——贺拉斯[古罗马]

放弃时间的人，时间也会放弃他。

——莎士比亚[英]

时间是伟大的作者，她能写出未来的结局。

——卓别林[英]

在一切与生活俱来的天然赠品中，时间最宝贵。

——歌德[德]

人拥有的东西没有比光阴更贵重、更有价值了，所以千万不要把你今天所做的事拖延到明天去做。

——贝多芬[德]

时间就是生命，时间就是金钱。

——富兰克林[美]

没有一种不幸可与失掉时间相比了。

——屠格涅夫[俄]

浪费别人的时间是谋财害命，浪费自己的时间则是慢性自杀。

——列宁[苏联]

4. 榜　样

——民族精英让你焕发出无穷精神力量

一个民族、一个阶级、一个时代，需要有一批活生生的人物来代表它的本色、形象和风貌。我们中华民族，无产阶级领导的革命运动，中国的伟大建设事业中，也产生了和产生着自己的这种人物……

杨利伟圆中国人飞天梦

杨利伟1965年出生于辽宁绥中县，1983年6月入伍。他1987年毕业于空军第八飞行学院，历任空军航空兵某师飞行员、中队长，曾飞过歼击机、强击机等机型，安全飞行1350小时，被评为一级飞行员。1996年起参加航天员选拔，1998年1月正式成为我国首批航天员。经过五年的艰苦训练，他完成了基础理论、航天环境适应性、专业技术等8大类几十个科目的训练任务，以优异的成绩通过了航天员专业技术考核，光荣地被选拔为我国首次载人航天飞行首飞梯队成员，并最终从众多候选者中脱颖而出，成为我国首位登上太空的宇航员。

面对如振动、冲击、噪声、失重、超重、宇宙辐射、高真空、昼夜节律变化、剧烈的温度变化等恶劣的太空环境，杨利伟承受的超负荷心理、工作压力可想而知。这些环境因素会导致心血管系统功能紊乱、骨骼与肌肉结构和功能变化、睡眠周期紊乱、航天运动病、情感抑郁等一系列生物医学和心理方面的问题。此外，杨利伟更需要面对一旦发射失败可能会失去生命的危险。

但是，载负着中华民族千年的“飞天梦想”，这位中国人民的首位“太空使者”，还是凭借自身超人的素质和勇气，最终出色地完成了自己的神圣使命。

一飞冲天，千年梦圆。随着杨利伟的成功返航，中国一跃成为世界载人航天俱乐部的第三个成员，中国和平利用太空的舞台从此更加广阔。杨利伟以自己的壮举和英姿，赢得了国人的尊敬，也让全世界为之瞩目。

有媒体曾经这样报道：

那一夜我们仰望星空，或许会感觉到他注视地球的眼睛。当

他在太空中飞翔，当他仔细倾听太空的寂静，当他重返地球踏上祖国的土地，一个民族千年的梦想已经实现。作为中华飞天第一人，他的名字注定要被历史铭记。

杨利伟现任中国航天员科研训练中心副主任，中国人民解放军航天员大队特级航天员，已荣获“航天英雄”、“中国十大杰出青年”等荣誉称号。

陈景润少年立大志

希尔伯特(David Hilbert，1862－1943)是二十世纪贡献最大的数学家之一，他在1900年巴黎数学家大会上发表的轰动世界的演讲中，开门见山地指出：“揭开隐藏着未来的面纱，看一看今后科学的进步和在未来世纪中发展的秘密，谁不高兴呢?”接着提出了二十三个尚待解决的著名问题。大半个世纪过去了，希尔伯特提出的二十三个问题已有不少被解决，但第八个问题虽经众多数学家的艰苦努力，至今仍未获得最后解决。这便是举世闻名的哥德巴赫猜想：任何不小于6的偶数都可以表为两个奇素数之和。代号为“1＋1”。

1966年，我国著名的数学家陈景润在对筛法作了新的重要改进之后，终于证明了“一个大偶数可以表为一个素数及一个不超过两个素数的乘积之和。”代号为“1＋2”。他的这一成果在世界数学界引起了强烈反响，他的证明被誉为“筛法理论的光辉顶点”，并被称为“陈氏定理”。

陈景润1933年出生于福建省的一个普通家庭里，父亲是个邮政局的职员，母亲一共生了十二个孩子，可是只活了六个，陈景润排行老三。父母终日辛劳，顾不上疼他，爱他，再加上战乱，给陈景润幼小的心灵里留下了创伤。他性格孤僻，个子矮小，但读书却是

勤学好问非常刻苦的。他曾说:“我读书不只满足于读懂,而是要把读懂的东西背得滚瓜烂熟,熟能生巧嘛!”为了深入探求知识,他总是利用下课后老师散步或放学的路上,跟老师一边走,一边请教数学问题。正如他自己所说:“只要是谈论数学,我就滔滔不绝,不再沉默寡言了。”

有一次数学课上,老师向他和同学们讲了“哥德巴赫猜想”的难题,并且说“自然科学的皇后是数学,数学的皇冠是数论,哥德巴赫猜想则是皇冠上的一颗明珠。”这些话深深地打动了陈景润的心,他立志要为摘取这颗明珠而努力奋斗。但由于生活所迫,陈景润就在此时不得不中途辍学了。

一九五〇年,福州解放了,党和政府给了陈景润重新学习的机会,使他有幸考进了厦门大学数学物理系。一九五三年,他以优异的成绩提前毕业,分配到北京一所重点中学当教师。后来被调回厦门大学任图书馆管理员。这对胸怀大志的陈景润来说是个绝好的岗位,让他有更多的机会博览群书,为他在科学上的攀登做了充足的准备。

一九五五年,陈景润发表了一篇关于“他利问题”的论文,华罗庚发现后非常重视,请他参加了全国数学论文宣读大会。会上,他的论文得到数学界许多老前辈的称赞。特别是华罗庚教授更是给他以充分的肯定和鼓励。就在这一年,组织上把他调到了中国科学院数学研究所任实习研究员。

进入科学院数学研究所以后,陈景润把自己全部的心血和精力都倾注在数学研究中。

他相继发表了几十篇数学论文,其中有的成为世界领先的科研成果。

经过十几年的学习和积累,一九六三年,陈景润决定向“哥德巴赫猜想”进军。“哥德巴赫猜想”这个难题,二百多年来是世界上多少数学家都想攻克的,都想摘取这颗皇冠上的明珠,但都没有成

功。现在陈景润决心要攀登这座高峰了。

他在办公室和宿舍送走了多少个星光交辉的夜晚，迎来了多少个朝霞如火的清晨；他写满了千百页的草稿纸，做了千百次运算，他经常装上冷馒头，披上棉大衣，在图书馆查阅材料。他是那样的全神贯注，有好几次，图书馆闭馆铃声响了他没听见竟被锁在图书馆里。就在他的哥德巴赫猜想的演算不断向前推进的时候，几种疾病同时向他进攻，医生开了一张又一张病假条，要他全休治疗，可是他怎么能停止工作哪！时间对于奋勇攀登的人实在太宝贵了。他不仅没有休息，相反却争分夺秒地干，每天从早到晚，手里总是握着一支笔，在一页页的纸上做了反复演算、论证，无休止的演算使他忘记了吃饭，忘记了睡觉，忘记了病痛。有一次他正在运算，腹痛得手臂发抖，全身出虚汗，连棉衣都浸湿了。腹痛稍微缓和，他又继续演算起来。

一九六六年，陈景润在"哥德巴赫猜想"上取得了世界上领先的成果，终于证明了"1＋2"，但计算方法太复杂，他便决定加以简化，把写好的论文也压下来没有发表。

文化大革命开始后，林彪、"四人帮"反革命集团对科学事业进行疯狂的摧残和破坏，对科研人员进行残酷的打击和迫害，陈景润也被指责为走"白专道路"、搞"伪科学"，被勒令不准进办公室工作。不让进办公室，他就在宿舍干。因为集体宿舍太乱，他搬进了一个只有六平方米的小房子里，这里虽然阴暗但很僻静，他可以安静地计算，对此他非常满意。没有桌子，掀起被褥在床板上演算，电路切断了，他就点起煤油灯夜战。为了早一点拿出成果来，他多买点馒头，放在小屋里，饿了就吃一个，这样把上食堂吃饭的时间省出来。他有时被拉去参加批斗，台上声嘶力竭的长篇发言，对他来说不过是耳旁风，他的精力集中在运算和推论上。陈景润把全部心血撒在攀登数学高峰——"哥德巴赫猜想"崎岖的小路上。

有志者事竟成。一九七三年，陈景润的新论文问世了。它像

惊雷一样，迅速传遍全世界。一些国家的研究机构纷纷邀请他去讲学。国内外一些知名数学家、科学家写文章赞扬他的研究成果，把他的研究成果命名为陈氏定理。

杨乐从小爱数学

杨乐是中国科学院学部委员，1939 年生于江苏南通，1962 年毕业于北京大学，1966 年研究生毕业后留所工作，曾任中国科学院数学研究所所长。

杨乐从小学起，学习非常刻苦用功，到了初中，迷上了数学。他在课堂上认真听课，对老师布置的课后作业，总是第一名完成，作业本上很少出现老师给打的“×”。

杨乐的大哥比他年长 8 岁，每当他放学回到家里，总要翻阅大哥读过的书，精心地做着数学课本上的习题。有一年，在外地工作的大哥回家探亲，想给弟弟买件礼物，可又不知道弟弟的喜好，哥哥回到家里索性问杨乐喜欢什么。杨乐说：“什么我都不希罕，你就给我买块小黑板吧！”“小黑板，你要它干什么？”哥哥不解地问。“我在上面做习题呀！”在中学里，就在这块小黑板上杨乐做了上万道数学题。上初三时，他已做完了高二的数学作业。读高一时，学校准备高考的同学，遇到了数学难题，都要请他做出答案。上了高中二年级，数学老师要补充一些课外数学测验题，全班同学总有一半人不及格，唯有杨乐不仅每次交头卷，而且卷卷满分。杨乐在学习上严格要求自己，除理解课本上的每个结论外，自己总要找一些课外题来做，使自己能够多掌握一些知识。

这是一个阳光灿烂的一天，杨乐照常读着一本数学书。读着读着，发现一个奇异的现象：书上的定理几乎全是以外国数学家的名字命名的，从未发现用中国人的名字命名的。

“这是为什么呢?”他反复地思考着这个问题:“难道我们中国人真的不如外国人吗?”他这样想着想着,浑身的热血便沸腾起来了,拳头也不由自主地攥了起来。

“不,我们中国人素来以聪明勤劳著称于世,外国人能做到的,中国人也会做到,外国人没有做到的,我们也应该做到!”于是,他把拳头一挥,坚定地说:“一定要把用中国人名字命名的数学定理写在未来的数学书上。”

宏伟的志向,激励他更加自觉、更加勤奋的学习。在中学时,他获得了“速算冠军”的称号。

17 岁那年,他被北京大学录取了,学习更加孜孜不倦。有次,老师上数学讨论课,杨乐突然举起手来,对著名数学教授庄圻泰说:“我可以做出比书上第三章的这个定理更简单的证明。”庄教授深感惊奇。杨乐所指的这个“定理上的证明”出自苏联著名数学家汤松编著的数学经典著作,这本书一直被奉为世界上标准的教科书,年轻的杨乐居然敢向世界权威挑战。庄教授认真地审阅了杨乐的证明,夸奖说:“了不起!简直是个奇迹!”

后来,杨乐在经典的奈丸林那理论上的卓越贡献在国内外数学界产生了广泛影响,他与张广厚多次合作,在解析函数族正规性涉及重值的研究、方值、渐近值、波莱耳方向等方面得出了大量创造性的结果,特别是函数值分布论方面,在“方值”和“奇异方向”之间的发现并建立了具体的联系,解决了奇异方向如何分布的问题。国际数学界对以上研究成果称为“杨、张定理”、“杨、张不等式”。从此,“杨乐”这个中国人的名字,载入了外国人编的数学书。他的愿望终于实现了。

在一个会议上,他谈了自己成长为数学家的体会。“从事科学研究,困难是很多的,在每一个困难面前,我们决不能退缩,而是要千方百计去克服它;在每一个困难的思路面前,我们都不要轻易放弃,而要坚持到底。事实上,确有一些困难初看起来,似乎无法克

服，经过一番研究和尝试之后，仍然到处碰壁；但这往往是关键时刻，如果就此罢休，则基本上一无所获。要有盯住不放的精神，千方百计克服困难，最后就可能绝处逢生。在这种时候，常常一连好几天，甚至几个星期，都有些如痴如醉，睡也睡不好，吃也吃不香。在从事研究工作的过程中，就要有这种不畏艰辛、废寝忘食的精神和入迷的程度。”

董存瑞舍身炸碉堡

董存瑞是中国人民解放军战斗英雄，中国共产党模范党员，河北怀来县人。11 岁参加儿童团，被选为儿童团长，为八路军送情报，掩护伤员，智斗日军，十分英勇。他于 1945 年参加八路军。1946 年将介石发动内战，向解放区大举进攻的时候，董存瑞在延庆保卫战中勇敢地同国民党军白刃格斗。1947 年，他光荣地加入中国共产党。

1948 年 5 月 25 日在解放隆化的战斗中，董存瑞担任爆破组长，他们连续炸毁了敌人 9 座碉堡。在爆破最后 1 个桥头暗堡时，两名战友都没有成功，董存瑞挺身而出，在战友的掩护下，冒着敌人的密集弹雨、冲向暗堡。前进中他左腿负伤，鲜血直流，仍坚持爬到桥下，但桥下没有放炸药包的位置。此时部队总攻时刻已到，他毅然用左手托起炸药包，抵在桥身底下，右手猛拉导火索，高喊："同志们，为了新中国，冲呀！"一声巨响，暗堡炸毁了，董存瑞壮烈牺牲。他用自己年轻的生命为部队开辟了前进的道路。

1948 年 6 月 8 日，中国人民解放军第四野战军第十一纵队党委追授他为"战斗英雄"和"模范共产党员"，并命名他生前所在班为"董存瑞班"。1950 年 9 月，"全国战斗英雄、劳动模范代表会议"追认他为"全国战斗英雄"。

黄继光胸膛堵枪眼

黄继光是中国人民志愿军特级战斗英雄，中国共产党党员，四川中江县人。他出生于贫苦的农家，从小给地主放牛，19 岁家乡解放，当了民兵。1951 年 3 月参加中国人民志愿军赴朝鲜作战。

1952 年 10 月 14 日，上甘岭战役开始了，敌人在不到 4 平方千米阵地上，一天就发射了 30 万发炮弹，投下了 500 多枚重型炸弹，山头被炮火削平，火焰终日不息。在炮火掩护下，敌人占领了一些制高点。黄继光所在营接受了要夺回 5979 高地的任务。在攻克最后一个山头时，被敌人的集团火力点挡住了前进的道路。黄继光主动请战，在战友的火力掩护下匍匐前进，在距离敌人碉堡 8.9 米时投出手雷，手雷炸响了，他身中枪弹受了伤。但他忍着剧痛继续向前爬着，在靠近敌人的火力点时，他猛然扑去，用胸膛堵住了敌人的枪眼。后续部队乘势冲上，消灭了敌人，夺取了胜利。黄继光牺牲时只有 22 岁。中国人民志愿军为他追记特等功，授予他“中国人民志愿军特级英雄”称号。朝鲜民主主义共和国授予他“朝鲜民主主义人民共和国英雄”称号，并颁发金星奖章和一级国旗勋章。

刘胡兰伟大又光荣

刘胡兰是革命烈士，女，山西文水人，中国共产党党员。9 岁上学读书，10 岁因学校停办而辍学。后参加儿童团，站岗放哨，传递情报，掩护抗日干部，惩办汉奸。1945 年她 13 岁时到县抗日救国会举办的妇女干部训练班学习，结业后任云周西村妇女抗日救国

联合会秘书。她带领村里妇女做军鞋、纺纱织布，支援前线，被誉为全县“支前模范”。1946 年调到区妇联担任干事，积极参加和领导了当地的土改运动。同年 6 月，14 岁的刘胡兰被批准为中国共产党候补党员。

1947 年 1 月 12 日，国民党军阀阎锡山军队突然袭击刘胡兰家乡云周西村，挨家搜查、强迫全村老百姓到村南广场集合。为了保护群众，刘胡兰也来到了广场。由于叛徒的出卖，敌人抓住了刘胡兰和其他 6 位干部，敌人见刘胡兰年纪很轻，就严加恫吓，没想到刘胡兰毫无恐惧。敌人的威逼利诱都没有奏效，又使出毒辣手段、将其他 6 位同志当场铡死。敌人问刘胡兰：“难道你不怕死？”刘胡兰铿锵有力地回答道：“怕死不当共产党员。”说完头一扬，毫不畏惧地躺在铡刀下，壮烈牺牲。时年仅 15 岁。

刘胡兰宁死不屈的英勇事迹，很快传遍了解放区。1947 年 8 月 1 日，中共中央晋绥分局追认她为中国共产党正式党员。伟大领袖毛泽东题词：“生的伟大，死的光荣。”1957 年，在她英勇就义的地方修建了烈士陵园和纪念亭，以后又建了刘胡兰纪念馆。

向雷锋同志学习

“向雷锋同志学习”是毛泽东主席于 1963 年 3 月 5 日为雷锋的亲笔题词。周恩来、刘少奇、朱德、陈云、邓小平等老一辈无产阶级革命家都先后题词。题词发表后，全国开展了轰轰烈烈的学习雷锋的群众运动。后来每年的 3 月 5 日为“学习雷锋日”。从此，雷锋爱憎分明的立场、言行一致的精神、公而忘私的品格、奋不顾身的斗志，成了全国人民学习的榜样。

雷锋于 1940 年 12 月出生在湖南省望城县一个贫苦的农民家庭。吃人的旧社会相继夺走了他 5 位亲人的生命。7 岁那年，雷锋

成了孤儿。

1949年8月,雷锋的家乡解放了。新中国让他有了饭吃,有了衣穿,有了上学的机会。新旧社会鲜明的对比,使雷锋逐渐形成了自己的人生信念:“我要坚决听党的话,一辈子跟党走……我要全心全意为人民服务,永生为伟大的共产主义事业而奋斗。”1960年初,雷锋光荣入伍。在部队这所大学校里,雷锋刻苦学习,苦练技术,并以董存瑞、黄继光等英雄战士为榜样,决心“把我可爱的青春献给祖国最壮丽的事业”。

雷锋总是利用一切机会做好事,给人们送去温暖和帮助。星期天,他想到的是附近军烈属老大娘,想到的是连队这星期没有做完的工作;春节到了,本该休息,他却来到运输繁忙的火车站。雷锋出公差较多,一上列车,他就主动帮列车员打扫卫生,为旅客送水,替妇女抱小孩子,给老年人找座位,帮中途下车的旅客拿东西,一刻也不闲着。出差到了村里,有空他就和乡亲们一块儿下地,帮他们挑水、扫地……雷锋曾在日记中这样写道:“人的生命是有限的,可是,为人民服务是无限的,我要把有限的生命,投入到无限的为人民服务之中去。”下面撷取的是雷锋无数个为人民服务的故事中的一个——

1961年夏的一天,雷锋执行完任务后从佳木斯回沈阳。在列车上,他照例忙这忙那。列车员小王读过雷锋的事迹报道,她心想:这个战士是不是雷锋呢?这时,列车到了滨江站,外面下着很大的雨,装卸工人们都忙着遮盖站台上的行李。火车一停,雷锋就冒着大雨下了车,和装卸工人一起干起来,一直干到开车铃响。他的衣服都淋透了,鞋上沾满了泥水。小王问他:“如果我没有猜错的话,你就是雷锋同志吧!”雷锋谦虚地微笑着:“雷锋也很平常……”雷锋在车上的消息很快传开了,大家都来看他。人们这样称赞他:“雷锋出差一千里,好事做了一火车。”

60年代初,正是我国3年困难时期。雷锋把国家的困难当成

自己的困难,克勤克俭,精打细算。他穿的衣服总是补了又补,部队发夏装,他只要一套,把另一套给国家节约下来。有的同志对此不理解,说他光攒钱不花,真傻!可雷锋从没有把别人说自己"傻"放在心上。他在日记上写道:"我要做一个有利于人民,有利于国家的人。如果说这是'傻子',那我是甘心愿意做这样的'傻子'的。"

1962 年 8 月 15 日,雷锋出车回来后保养车子,在指挥助手倒车时,车子后轮碰倒一根木杆,木杆砸中他的头部,雷锋不幸牺牲了。此时,雷锋只有 22 岁,但他短暂的一生集中表现了他崇高的思想境界。成为全国人民永远学习的榜样。

华裔少年获科学人才奖

华裔少年吴力行、程康宁、黄炜华和钱韶棠经过全美范围的层层角逐,3 月 8 日获得美国西屋电器公司颁发的第 52 届科学人才奖,在 10 名获奖者中分别名列第三、第四、第六和第八名。

来自北卡罗来纳州的中学生吴力行,今年 16 岁,因较为深入地研究了购物者在采购日杂用品时使用四舍五入计算方法的可能性而获得第三名。17 岁的程康宁来自加利福尼亚州。他因考察白血病细胞基因与白血病细胞癌变能力两者之间的关系而获得第四名。来自马里兰州的黄炜华和钱韶棠均因在智力游戏研究上取得突破性成果而分获第六名和第八名。

参加本届西屋电器公司科学人才奖决赛的共有 40 名来自美国各地的中学生,其中有 10 名是华裔。

许海峰的伟大创举

1984年,在美国洛杉矶普拉多奥林匹克射击场,随着一个中国运动员的枪响,实现了中国体育史上奥运奖牌“零的突破”,而这一壮举的创造者正是我国射击运动员许海峰。

许海峰1957年生于福建。从孩提时代起他就喜欢打弹弓,并且练到了弹无虚发的程度。因而有“弹弓大王”的美称。1979年,他参加了县射击队,并连续两届在省运动会上荣获冠军,多次刷新省纪录。1982年他被选入安徽省射击队,1984年又被选入国家集训队。在第23届奥运会上,他以556环的总成绩夺得自选手枪慢射冠军,成为本届奥运会第一枚金牌的获得者,也是中国第一个奥运会冠军。随后在1988年第24届奥运会上,他夺得男子气手枪铜牌。许海峰于1986年获国际级运动健将称号。1984年、1987年他两次获得国家体委颁发的体育运动荣誉奖章。

1995年2月,许海峰开始担任国家女子射击队主教练。在他的精心培养、指导下,他的学生李对红在第26届奥运会上荣获女子运动手枪金牌。

王军霞再创辉煌

国际业余田径协会每年都将以已故著名美国田径运动员欧文斯名字命名的欧文斯奖,颁发给为当代体育事业做出贡献的一名优秀运动员。能获此项奖,对运动员来说的确是第一种殊荣。中国女子中长跑名将王军霞是第一个有幸获欧文斯奖的亚洲人。

上小学时,王军霞就开始练习长跑,多次获得学校长跑冠军。

初中二年级时她被选送到辽宁省体育运动学校。由于成绩突出，后又被选进著名中长跑教练马俊仁率领的辽宁省女子中长跑队训练。在马俊仁教练的严格管理训练下，王军霞于1992年获得世界青年锦标赛女子1000米冠军，1993年又先后获得世界锦标赛女子10000米和世界杯马拉松赛女子冠军。与此同时，1993年9月在北京举行的第七届全国运动会上，她以29分31秒78和8分06秒11的惊人成绩，创造了10000米和3000米两项世界纪录，还创造了女子马拉松当年最好成绩。王军霞的出色表现，使她于1994年1月获得国际田坛最高荣誉奖——欧文斯奖。

然而，冠军的路并非总是平坦的。在1995年南京举行的全国城市运动会上，王军霞出人意料地败给了名不见经传的运动员，使人不免担心22岁的她能否再度辉煌。但失败后的王军霞没有气馁，为备战1996年奥运会，她特意选择“败北之地”南京作为训练营地，在老教练毛德镇的率领下，开始了新一轮的拼搏。通过艰苦的努力，王军霞终于在第26届亚特兰大奥林匹克运动会赛场上，以14分59秒88的绝对优势获得女子5000米金牌，并夺得女子10000米银牌。

人生能有几回搏

中国第一个乒乓球世界冠军获得者容国团有一句名言：“人生能有几回搏”。这句名言激励着无数有志青年奋发向上。

容国团生于香港，从小喜爱乒乓球运动，15岁时即代表香港工联乒乓球队参加比赛，1957年回国，第二年进入广东省队，同年参加全国乒乓球锦标赛，获男子单打冠军，随后被选入国家队。他采用直拍快攻打法，球路广，变化多，尤其精于发球。他的推、拉、削、搓和正反手球技术都具有很高水平。中国乒乓球近台快攻的技术

风格，就是在总结了容国团的技术经验之后，由原来“快、准、狠”发展成为“快、准、狠、变”的。

1959 年，容国团参加了第 25 届世界乒乓球锦标赛，在男子单打比赛中，先后战胜美国、匈牙利选手和其他国家的乒坛名将，为中国夺得了第一个乒乓球男子单打世界冠军。1961 年，在第 26 届世界乒乓球锦标赛中，容国团担任中国乒乓球队女子队的教练员，在他和其他教练员的指导下，中国女子获得了第 28 届世界乒乓球锦标赛的女子团体冠军。国家体委为了表彰容国团对中国乒乓球运动所做的贡献，曾于 1961 年和 1964 年两次给他记特等功，并多次授予他荣誉奖章和奖状。

杰出残疾人

张海迪作为一个高位截瘫的残疾人，在轮椅上，在病痛的困扰中能自学成才，精通外语并翻译出许多作品，做出了一般健康人都不容易做出的业绩。

张海迪 1955 年生于济南，5 岁时因患脊髓血管瘤，高位截瘫，她因此没有进过学校，童年时就开始以顽强的毅力自学知识。他先后自学了小学、中学、大学的专业课程。

1983 年，张海迪走上了文学创作的道路，她以顽强的毅力克服疾痛和困难，精益求精地进行创作，执著地为文学而战。至今已出版的作品有:《轮椅上的梦》、《绝顶》、《鸿雁快快飞》、《向天空敞开的窗口》、《生命的追问》。翻译作品有《海边诊所》、《丽贝卡在新学校》、《小米勒旅行记》、《莫多克——一头大象的真实故事》等。她的作品在社会上、在青少年中引起了强烈反响，《轮椅上的梦》已经在日本、韩国出版，《绝顶》获奋发文明图书进步奖、中国青年优秀读物奖、中国女性文学奖、“五个一”工程图书奖等。

1991 年,张海迪在做过癌症手术后,继续以不屈的精神与命运抗争,以自身的勇气证实着生命的力量。正像她所说的"像所有矢志不渝的人一样,我把艰苦的探询本身当作真正的幸福。"她以克服自身障碍的精神为残疾人进入知识的海洋开拓了一条道路。

张海迪曾三次应邀出访过日本、韩国,举办演讲音乐会,她的自强不息的奋斗精神也鼓舞着世界各族人民。1995 年,她曾作为中国代表团成员参加了第四次世界妇女大会,1997 年被日本 NHK 电视台评为"世界五大杰出残疾人",2001 年被新华社《环球》杂志评为"环球二十位最具影响力的世界女性"。

张海迪是中国一代青年的骄傲,也是中国残疾人的杰出代表。1983 年 5 月,中共中央发出向张海迪同志学习的决定,党和国家领导人邓小平、叶剑英、李先念等老一辈革命家先后题词,表彰她自强不息、积极进取,无私奉献的精神。

5. 读　书

——成功路上让你有崇高的精神境界

这些读书故事，都是发生在伟人的身上，并对其终身产生了巨大的影响。这些故事还深深地打动过许多人，同时也必将走进更多人的心中，走进广大少年儿童心中。

为中华之崛起而读书

周恩来原籍浙江绍兴，生于(1898 年)江苏淮安。他是伟大的马列主义者，无产阶级革命家，中国共产党和中华人民共和国的卓越领导人，中国人民解放军的创建人之一。

他自中华人民共和国成立后，一直担任政府总理、党中央副主席、中央军委副主席等要职，担负着处理党和国家日常事务的繁重任务。他为了祖国的强大，鞠躬尽瘁，日夜操劳，始终把全心全意为人民服务作为自己的首要目标。

下面介绍的是他少年时期的读书故事。

周恩来同志从小聪颖好学，才智过人。少年时学写毛笔字，给自己定下一条规矩：完成功课后，每天要练写百字大楷。有一天，恩来和他的乳母蒋妈妈到亲戚家去，晚上回来已是深夜。蒋妈妈铺好床，催他去睡觉。恩来忽然喊起来："哎呀，大楷还没写呢！"蒋妈妈劝他说："算啦，今天已经晚了，明天写两百个字，不就行啦？"周恩来说："不，今天的事今天做完，明天还有明天的事！"说完，便坐在书桌前开始了书写。好不容易写完最后一个字，但其中有两个字写歪了，他又拿起毛笔，把那两个字认真地重写了一遍。恩来从小就这样用刚毅的意志和认真的态度来对待学习。

1911 年暑假，13 岁的周恩来去沈阳南郊魏家楼的一位同学家玩，同学的爷爷何殿甲是个有爱国思想的私塾老师，很关心国家大事，又喜爱作诗填词。这个爱好和少年的周恩来完全相同，因此他们一见如故。一天，他们一起去村东万宝山参观日俄战争遗址。老爷爷回忆了当年老百姓惨遭掠夺杀害的往事，十分悲愤地写下了一首诗："两军兵马夜奔驰，万宝山头将令施，无数乡民皆丧胆，哭声载路怅何之。"周恩来很赞赏老爷爷的这首诗，满怀悲愤地给

老爷爷唱了一首当时流行的反对日俄战争的歌曲。歌声充满着爱国爱民的感情。老爷爷听了很受鼓舞,从这位爱国少年身上看到了祖国未来的胜利和希望。后来,老爷爷在一首《登东山歌》的诗中,兴奋地记下了当时的感想:“今我老兮有何自愿,图自强兮在尔少年。”从此以后,周恩来每个暑假都来到魏家楼,看望何殿甲老爷爷。

1913 年秋天,周恩来以品学兼优的成绩考入天津南开中学后,还念着这段师生情谊。

1912 年 10 月,周恩来写了一篇作文《东关模范学校第二周年纪念日感言》。这篇作文抛弃了八股的文风,立意新颖,言简意赅,论说精辟,语重心长,并以新思想贯穿其间,全文 900 余字。

在这篇作文中,周恩来提出:学生读书的目的和任务不应为个人名利,而应为担负和完成“国家将来艰巨之责任”。中国要图富强,应该从根本上做起,把教育办好。这篇作文,表现出周恩来的高尚志向和引人注目的才华。

在奉天求学期间,周恩来以他远大的志向,高尚的品格和勤勉的好学精神,给学校的老师、同学留下了深刻的印象。许多感人的事情流传至今,成为脍炙人口的佳话。

有一次,兼教修身课的魏校长在讲到“立命”一节时,问同学们:“诸生为什么而读书?”同学们有的回答“为明礼而读书”,有的回答“为光耀门楣而读书”,也有的说“为了家父而读书”。当魏校长问到周恩来时,周恩来庄重地回答道:“为中华之崛起而读书。”魏校长听了不由得一怔,他教了这么多年的书,还从未遇到一个十几岁的学生竟有如此远大的抱负,他又一次问道:“为什么读书?”“为中华之崛起而读书!”周恩来提高声音又一次大声答道:“好哇,‘为中华之崛起’!”魏校长显得有些激动,转而对同学们说:“有志者,当效周生啊!”

还有一次,老师以历史上“赵苞弃母全城”的故事为题,要求学

生作文。赵苞是东汉末年的辽西郡守，当时北方的鲜卑族侵入辽西，他们掠走了赵苞的母亲和妻子，作为人质，要挟赵苞让城投降，但赵苞不为所动，表现了为国家不能顾私情的气节。他忍痛出兵进击，大败鲜卑军，保住了辽西郡城。而他的母亲和妻子却因此而惨遭鲜卑军杀害。同学们在作文中对赵苞的做法评价不一，有人认为，赵苞弃母就是“不孝”，并说“城失犹可得，母死不能复生”。然而，周恩来在文章中，则热情地肯定和赞扬了赵苞反对侵略，坚持以国家利益为重的精神，他认为赵苞弃母不是“不孝”而是“大孝”。一个人只有把国家、民族和人民的利益视为高于一切，才是一个有道德的大孝之人。

嗜书如命的伟人

“东方红，太阳升，中国出了个毛泽东。他为人民谋幸福，他是人民的大救星。”在20世纪中叶的中国，《东方红》这首歌几乎妇孺皆知，它寄托了中国人民对自己伟大领袖毛泽东的爱戴和崇敬。

毛泽东是我国老一辈的无产阶级革命家，我国各族人民的伟大领袖。他一生嗜书如命，读书成了他整个革命活动的一部分。

毛泽东长年累月，坚持不懈，抓紧一切时间，博览群书。除了终生研究马列著作外，对哲学、政治、经济、文学、史地、军事以及自然科学等方面的书籍，他都无所不读。1956年出国访问时，还随身带上几本书，哪怕是一分一秒的时间都不能轻易白白放过。有一年夏天，他去武汉视察工作，每天照样学习，晚上看书，由于书上的字太小，即使是戴上老花镜都不能看清楚，只好加大照明亮度。夏天的武汉，素有“火炉”之称，加上灯的热量，汗水不停地顺着面颊往下淌，工作人员递过毛巾，让他把汗擦一擦，毛泽东还风趣地说：“读书学习也要付出一定的代价，流下了汗水，学到了知识。”1975

年 8 月，毛泽东重病在身，仍用颤抖的手在《鲁迅全集》第 5 卷第 5 分册的封面上写下了“吃烂苹果”四个字，赞赏鲁迅先生的精辟见解。

毛泽东对古典文学颇感兴趣，像《水浒》、《西游记》、《三国演义》、《红楼梦》等书他都读得滚瓜烂熟。他读书的习惯是边看书边在书上画符号，书中圈点细密，杠画、批语不断，尤其是问号画得最多。蔡元培翻译的《伦理学原理》是 19 世纪德国康德派哲学家鲍尔生著的。毛泽东在这本仅 10 万字著作中，就批注了 1.2 万多字，许多地方分别用红笔、黑笔加上了圆点、单杠、双杠或三角等符号。他还喜欢唐诗，对李白、李贺、李商隐的诗尤为赞赏。1976 年 9 月 8 日，毛泽东进入弥留之际，当他醒来时还给守在病床前的工作人员要书看，他说不出话来，就打手势。

毛泽东是全党人民的领袖，在理论上，他的光辉著作《实践论》、《矛盾论》等早已闻名于世，但他仍然虚怀若谷，谦虚谨慎，诚诚恳恳地向一切人学习。1937 年 9 月毛泽东读了艾思奇的《哲学与生活》一书，他亲笔做了 4000 多字的摘录、笔记，并提出了自己的见解。1938 年初，他将笔记和自己的见解送给艾思奇，请他“阅正”。毛泽东这种虚心向人学习的高贵品质，更值得人们学习。

据有关资料显示，毛泽东同志在延安时就开始自学英语，由于当时的战争环境，使得各方面学习英语的条件受到了限制，新中国成立以后，有了较好的学习条件，学习英语也就成了他的一种习惯。

二十世纪五十年代，毛泽东学习英语的兴致很高。尽管平时的工作十分繁忙，但他总是在万忙工作之余，利用一切可以利用的时间来学。他学习英语的时间大都是在起床后或是入睡前，或就餐的前后，或是在飞机、轮船、火车的旅途上，或登山、踏浪、散步的间歇以及游泳后晒太阳的时候，甚至还利用会见外宾的间歇时间来学。1959 年 11 月，他到苏联莫斯科出席会议，下榻在克里姆林

宫某宾馆，那些天，他都是在天未放亮时就起来学英语。

毛泽东学英语也时常拜周围的同志为师。他曾对当时担任国际问题的秘书林克同志说："你做我的老师，教我学英语。"毛泽东的湖南乡音很重，在学习英语时，[l]和[n]的两个音较难辨清，常常把 light(光、亮)念成 night(夜晚)，弄出笑话。每每遇到这种情况，他总是谦虚地向周围的同志学习。

毛泽东同志学习英语很有计划性。1959 年 1 月，他在同外宾的一次谈话中曾讲到，要制定一个五年的英语学习计划。之后，再学它五年，逐步达到阅读政治、经济、哲学等方面文章的水平。毛泽东把学习英语的重点放在阅读政治文章和马列经典著作上。1956 年至 1961 年间，他把自己所著的《矛盾论》的英译本学了三遍。在《共产党宣言》和《矛盾论》的英译本的大多数页码上都有他做的密密麻麻的详细的批注。

毛泽东在英语学习中制定目标、计划，虚心请教，勤查词典，充分利用空闲时间以及广泛阅读等方法值得我们学习和借鉴。

酷爱读书的鲁迅

鲁迅是中国现代史上伟大的革命家、思想家、文学家。他原名周树人。

1881 年 9 月 25 日，鲁迅出生在浙江绍兴一个没落的封建家庭里，从小就知道爱书。早年他在"三味书屋"读书的时候，每当领到新书，他就用书皮包好，还把书压得平平的，使书整整齐齐、有棱有角。每当读书的时候，先把书桌擦干净，洗洗手，然后才翻开书，逐页逐页地读。鲁迅读过的书，无论是书皮上，还是书页中，从没有污点。对读过的书，从不随手乱丢乱放，总是规规矩矩地放在书箱里。在日本留学时，老师发了好多讲义，用过了他就装订成册，整

理好收藏起来。即使是学成回国，为中国革命辛苦辗转的时候，都舍不得丢弃。

鲁迅爱书不仅表现在对书的保管方面，而且表现在买书方面。小时候，长辈们过年过节时给他的“压岁钱”或“零花钱”，从不乱花乱用，不买零食吃，总是积攒起来买书。在南京水师学堂学习的时候，同学们的穿戴都很整齐，冬天有暖暖的棉大衣、棉裤，而鲁迅只穿着仅有的一件补丁摞补丁的旧棉袍。因为他家里缺钱，即使把由于学习成绩斐然，学校奖给他的金质奖章卖掉，也要买上几本心爱的书，舍不得做一件时髦衣服。有时，钱用缺了，买不起新书，他就到旧书市买旧书，撕坏了的书页用浆糊表糊上，破烂了的书皮再包上一个封面，使旧书仍然完整无缺。有时，实在无钱买书了，他只好用手抄，鲁迅动手抄的第一本书就是小版本《康熙字典》。

鲁迅先生知识广博，治学严谨。1918 年发表了中国现代文学史上第一篇白话小说《狂人日记》，而后，又陆续发表了《孔乙己》、《药》、《阿 Q 正传》等许多优秀小说，为中国新文学运动奠定了基础。

鲁迅先生所以能够成为现代中外闻名的伟人，与他一生一贯爱书是有直接关系的。

鲁迅先生酷爱读书，一生手不释卷。他在很多文章、书信中谈过自己的读书经验，还专门写了《读书杂谈》、《读几本书》、《随便翻翻》等文章介绍自己的读书方法。总结起来主要有下面三点。

一、目的性 指读书要有目的，要服从学习的需要，不能漫无边际、杂乱无章地乱读。鲁迅先生说：“倘要看文艺作品呢？则先看几种名家的选本，从中觉得谁的作品自己最爱看，然后再看这一位作者的专集，然后再从文学史上看看他的位置，倘要知道得更详细，就看一两本这人的传记，那便可以大致了解了。”这种有目的性、由浅入深、循序渐进的读书方法值得同学们学习。

二、广泛性 就是除了本专业以外，还应当看看其他毫不相干的书。鲁迅先生说：“爱看书的青年，大可以看看本份以外的

书……即使和本专业毫不相干的，也要泛览。”这样做，与读书要有目的性并不矛盾。因为“看看别人在那里研究的，究竟是怎么一回事。这样做对于别人、别事，可以有更深的了解。”即使是阅读本专业的专著，如果“只看一人的著作，结果是不太好的，你就得不到各方面的优点。必须如蜜蜂一样，采过许多花，这才能酿出蜜来，倘若盯在一处，所得就非常有限、枯燥了。”

三、灵活性 就是要把书读活，把书本知识和实践密切结合起来，使所得的知识融会贯通。他谆谆教导青年：“倘只看书，便变成书橱。即使自己觉得有趣，而那趣味其实是已在逐渐硬化，逐渐死去了。我先前反对青年躲进研究室，也就是这意思……”“所以必须和社会接触，使所读的书活起来。”最好是“用自己的眼睛去读世间这部活书。”他从青年时代起，毕生都在实践中不断去探求真理。

冼星海的漫漫音乐路

在浩瀚的音乐星空，有个名字和他的作品《黄河大合唱》同辉的人，他就是我国著名的音乐家冼星海。

冼星海原籍广东番禺人，1905 年 6 月 13 日出生在澳门的一个穷苦渔民家庭。父亲没有等到他降生便离开了人世。从此，冼星海与勤劳、坚强的母亲相依为命。

1912 年，7 岁的冼星海随母亲飘洋过海到新加坡谋生。尽管母亲没有固定的工作，收入也很微薄，但冼星海仍然凭借着他的聪明好学，阅读了很多中国古书，学习了英语，并对音乐发生了浓厚的兴趣。他不明白为什么乐师的手指能够演奏出如此美妙的声音，也不明白为什么一把小提琴能够传达那么缠绵的情感。这些疑惑时时萦绕在冼星海的心头。他盼望着有一天可以解开这些疑问。

1918年,13岁的冼星海跟随母亲返回祖国广州,并在基督教主办的义务学校里半工半读。入校不久,冼星海就参加了学校的乐队。他利用工作、学习之余的每一个清晨与黄昏,勤学苦练,终于成了一个“南国箫手”和青年提琴家。1926年,冼星海感到广州已经不能满足他对音乐的进一步追求,决心投考北京大学音乐传习所。

在北平,冼星海目睹了国民党反动派对共产党血腥镇压的悲惨场面,对革命者充满了敬意,并参加了由田汉发起组织的南国社,走上了一条用音乐作武器进行斗争的革命道路。

1935年秋,冼星海先后在上海和武汉从事抗日救亡歌咏运动,创作了《救国军歌》、《夜半歌声》、《在太行山上》、《到敌人后方去》等歌曲。1938年底,冼星海到延安后,全国抗战的热潮和抗日根据地的新生活激发起冼星海巨大的创作热情,他写出了不朽的杰作《黄河大合唱》和《军民大生产》等大型声乐作品,为中国人民的解放事业作出了应有的贡献。

书痴闻一多

闻一多是中国现代诗人、文史学者。1899年11月24日生于湖北浠水县。他从小爱好古诗词歌赋和美术,就在改良了的私塾读书时,便养成了刻苦好学的良好习惯,得了一个“书痴”的雅号。有一次,闻一多捧一本书在院子里看着,一条大蜈蚣爬到他的鞋上,眼看就要咬着脚了,从旁经过的嫂子看到这种情景便惊叫起来:“家骅,蜈蚣咬你的脚!”闻一多却像没听见似的用扇子扇了几下,仍然专心地看书。幸亏侄儿眼疾手快,一把推开他的脚,踩死了蜈蚣。

1911年,闻一多在武昌两湖师范附属学校读书,年仅十三四

岁，靠着勤学用功，已经能写出像样的时论文章，能做旧体诗，能画得一手相当真切的山水人物画，字也写得非常端正。1911 年辛亥革命在武昌爆发，闻一多心里十分兴奋，学着革命党人的样子大胆地将头上的小辫子剪掉了。

1913 年，他在北京清华中等科读书，到了暑假，闻一多准要回家乡。家宅大院的稻田边有座简陋的小瓦房，是他在家乡读书的地方，他为它取了个雅号叫“二月庐”。暑假期间，在酷热的三伏天，屋里的东西都烤得发烫，常常热得人透不过气来，闻一多却不怕热，不顾蚊虫叮咬，抓紧时间学习，从不间断。他自己常常开玩笑说：“心静自然凉。读书这件事，比起干别的事来是最轻松不过的了。”由于读书勤奋，学有根底，少年闻一多在清华园颇有名声，在 1914 年中等科二年级时，他就担任了《清华周刊》的编辑。到 18 岁时，在《清华周刊》上就开始发表《二月庐漫记》了。

“写书迷”原是“读书迷”

在二十世纪七十年代，《艳阳天》和《金光大道》这两部反映农村生活和生产的长篇小说发表以后，在读者中引起了强烈反响，而小说的作者浩然则成了文坛上空出现的一颗引人注目的新星。

人们不禁要问，一个植根于故乡沃土中的农村青年，是怎样走上创作道路成为作家的？又经历了什么样的生活道路呢？

这是因为他从小就特别爱书、迷书，是个名副其实的“读书迷”。

浩然是个孤儿，父母去世后，他与年长两岁的姐姐相依为命，生活极为贫困。有一年过春节，姐姐卖掉一头猪，用钱还了一些债，又买了两只猪娃，剩下的钱，姐姐让浩然到集市上去割肉，好欢欢喜喜过个年。可浩然来到集市上，一头扎在旧书摊上，被那散发着油墨香味的书迷住了。他觉得书比肉香，买肉不如买书，于是把

姐姐给的买肉钱全部都买了书:什么唱本啦,《水浒传》啦,《六言杂字》啦,装了满满一褡裢。他对这些书爱不释手,在回家的路上还一边走一边看。到天黑回到家,姐姐知道他把钱都买了书,想到辛苦一年,到春节连一点肉都吃不上,不由得伤心地哭了。这一年过春节,姐弟俩凑合着吃了一顿家常饭,虽然淡而无味,但浩然心里美滋滋的,因为他得到了比美味佳肴更好的享受——读书。

这件事情传出去,村里人给浩然送了个外号:"书迷"。他当时觉得怪不好意思,以后反觉得挺光荣。由于他小时候是个"读书迷",长大后成了有名的"写书迷"。

倔犟少年郭沫若

郭沫若是中国现代诗人、剧作家、历史学家、考古学家,原名郭开贞。他 1892 年 11 月 16 日生于四川省乐山县一个地主家庭。他从小受到较开明的教育,母亲和大哥都给予了他很好的古典文学的陶冶。

然而,郭沫若 15 岁进四川嘉定府中小学读书,因为是乡下人,年纪轻,常受城里学生欺侮。第一学期,他考试成绩最优,一些学生嫉贤妒才,于是发生了撕榜风潮。老师不能制止,反而屈服,竟用扣分、压名次、重新改榜的办法来平息风波。

郭沫若领略了这场风波后,开始形成自己的叛逆性格,还写下了《九月九日赏菊咏怀》一诗:"茱萸新插罢,归独醉馀酤。逸性怀陶隐,狂歌和狗屠。黄花荒径满,青眼故人殊。高格自矜赏,何须蜂蝶谀。"他抒发了对陶渊明弃官退隐的清高品格的仰慕,并表示愿与古代任侠悲歌之士一起狂歌。

郭沫若幼年便具有一种对文学的自然向心力。对作诗的对仗有特殊的敏感,稍经平仄对仗的训练,就能自然地运用联想方法,

把教师出的对子对得很工整。有一天，郭沫若与同学们演了一场“恶作剧”，偷吃了和尚庙里的桃子。老师追问学生，无人敢应。于是老师出了一句带有责骂、挖苦意味的对句，让学生应对，并说：“谁能对得上，就免罚戒尺。”老师的出句是：“昨日偷桃钻狗洞，不知是谁？”学生们知道捅了窟窿，个个心中打鼓，无一人敢出声。善于动脑的郭沫若思索片刻，挺身对句：“他年攀桂步蟾宫，必定有我。”对句出意不凡，老师听后，欣然叹服他的才华，不禁转怒为喜，免罚了全班同学一场皮肉之苦。

郭沫若少年在县城读书时，逐渐接受了进步思想教育，萌发了爱憎鲜明的思想感情。有一天，他看见农民挑大粪出城，守门吏仗势敲诈勒索，一粪担要收两个铜板的出城费。郭沫若一股强烈的正义感油然而生，便随口吟出一副对联直刺黑暗社会：“自古未闻粪有税，而今只剩屁无捐。”这幅对联以犀利的笔锋，抨击了不平的世道，充分表现了少年时代的郭沫若对旧制度的满腔仇恨，以及大无畏的斗争精神。

老舍童年苦读书

只要一提起北京的四合院、茶馆、胡同，人们自然会想起老舍。他的作品中那些栩栩如生的人物：拉洋车的样子、龙须沟边的程疯子，以及四世同堂的老少爷们，都生活在京城里；而他也把自己毕生的精力和智慧献给了北京这块土地。

老舍是中国现代小说家、剧作家，原名舒庆春，字舍予。他1899年2月3日出生于北京一个贫民家庭。一岁半时就失去了父亲。全家人靠母亲给人缝洗、当佣工勉强维持生活。他七岁时，母亲省吃俭用把他送进了私塾读书，后又转入了小学。

老舍深知自己念书很不容易，因而读书十分刻苦。他偏爱文

学,能背诵许多古文和诗词,擅长作文和演说。有时和小伙伴一起到小茶馆里听说书,这使他后来对通俗文艺有着特殊的感情、有一次,他的三姐出嫁,他怕耽误学习,执意不肯请假。临到办喜事那天,母亲特意让人去学校叫他。他说:“赶这种热闹,去一天,回来后脑子要乱十天,不去!”他就这样地一心埋头苦读。

那时,他的生活非常清苦,但他却把世俗的荣华富贵视若粪土,从来不在衣着饮食上有什么要求。中午放学,他走进家门总是光问一句:“有吃的吗?”如果没有,他扭头就回学校,若无其事的饿着肚子听课。他坚决地走自己的路,咬着牙发愤读书。老舍后来写过一首《昔年》诗,诗中写道:“我昔生犹患,愁长记忆新,童年习冻饿,壮岁饱酸辛。”从这首诗中,我们可以看出老舍在青少年时代生活是多么的艰辛。

老舍勤奋不怠地努力学习,在十九岁时,他就以品学兼优的成绩从北京师范学校毕业,当了小学校长。以后,他又不断奋发进取,终于成为现代著名作家而驰名中外。

学界泰斗马寅初

1914 年,有一位中国青年在美国获得博士学位,他用英文撰写的博士论文《纽约市的财政》经过答辩,一些著名教授、学者认为水平高、有独特见解和重大价值,从而轰动了美国财政经济界。文章立即被出版发行,成为当时畅销书,而且被哥伦比亚大学列为一年级新生教材。

他,就是后来成为我国著名经济学家、教育家和人口学家,曾被誉为“学界泰斗”——马寅初。

他出生在一个酿酒作坊主的家庭里,父亲是想让他长大后继承父业,当一名管账先生,精心经营自家的酿酒业。马寅初不从父

亲的意愿，在家乡小学毕业后决心离开家庭到大城市去攻读，实现他从小就抱定的“富国强民”的崇高理想。

他 16 岁背弃家庭，来到上海一家书院读书，从此断绝了与家里的经济关系，决心不向家里要一文钱。在上海的全部费用，幸得一位叫张江声的伯伯给予提供，除学费、食宿费之外，每月还给他四毛小洋的零花钱。这四毛小洋要开支理发、洗澡、用电等费，还要购买文具和课外书籍，所剩无几。后来，晚上点不起电灯，只好改用小油灯读书。

经济上困难，生活上窘迫，马寅初并没有低头。相反，他的意志更坚了，决心更大了，在读中学时，晚上总是刻苦攻读到深夜，眼睛熬红了，白天照样精神抖擞，坚持上课，屡次考试成绩均名列榜首。中学毕业考试时，他品学兼优，在同学中是佼佼者，以突出成绩考入天津北洋大学。

马寅初 26 岁时，被天津北洋大学保送去美国官费留学。可是到了美国，当时北洋军阀先是减少、后是停发他的留学费用，严重的经济困难又摆在了他的面前。是继续攻读，还是中途辍学回国，他横下一条心，毅然决定为祖国出力报效，继续学下去。从此，他靠做工挣钱。交纳学费和维持最低生活。在攻读博士学位的四年里，课余时间、星期天、节假日，他去餐馆洗碗、刷盘子，或去码头，建筑工地扛木头、做苦工……他深知学习艰难更加埋头刻苦、锲而不舍，终于取得了成功，在美国引起了轰动。

卓越先驱蔡元培

蔡元培是中国现代文化界和教育界的卓越先驱，是民主主义革命家和教育家，长期致力于改革封建教育。曾任教育总长、北京大学校长、中央研究院院长等职。他为发展中国新文化教育事业，

建立中国资产阶级民主制度做出了重大贡献，堪称“学界泰斗，人世楷模”。

他小时候在一家私塾上学，学习认真踏实，可谓雷打不动。有一天傍晚，他正在埋头看《三国演义》，几个邻家少年伙伴要邀他去玩耍。他对同伴们说：“等我看完这本书后再跟你们玩。”其中一个调皮伙伴，便捉来一条毛辣虫，用钓竿钩着，移到伏案看书的蔡元培眼前摇晃着。但蔡元培却视而不见、听而不闻，始终聚精会神地读着他心爱的古典名著。后来由于父亲患病去世，家道中落，母亲无力再请塾师来家教读，但他却没有消沉，还是刻苦自学。

蔡元培 16 岁考取秀才后，为了学得更多知识，便在叔父铭恩介绍下，来到了绍兴“古越藏书楼”，参加校订图书工作。“古越藏书楼”是清末徐树兰创办的我国第一所私立图书馆，藏历代图书极多。蔡元培如蜂采蜜，贪婪地吸吮着书中的精华，并在《管子》、《墨子》等许多重要古籍的天头地脚，用蝇头小楷密密麻麻地写下了读书心得——“眉批”。这些批注，有对原著简明扼要的概括和评价，也有对原著观点、字词的引伸和正误，为他以后的著书立说打下了坚实的基础。

颇具文采的大将军

冯玉祥是民国时期的爱国将领，卓越的军事家。曾任国民军联军总司令等职。1933 年 5 月，在中国共产党的帮助和推动下，与方振武、吉鸿昌等在张家口组织察哈尔民众抗日同盟军，被推举为总司令，指挥所部将日军驱逐出察哈尔省（今分属河北、内蒙古），为中国人民的抗日战争建立了不朽功勋。就是这样一位了不起的大将军，却是在他的戎马生涯中以书相伴，自学成才。

冯玉祥将军出生在清末一个下级军官的家庭里，家境贫寒，幼

年只上过两年零三个月的私塾，12 岁时，便在清军中当了小兵，开始了他的军旅生活。

当时，冯玉祥受一位姓刘的兵丁影响，开始对读书感兴趣。他先是学看《三国演义》、《彭公案》之类的古典小说，每当遇到生字，就记下来问别人，经过了几年的努力，他闯过了识字关。识字离不开写字，他用一根竹管，顶端系上一束麻，蘸黄泥浆在方砖上练写。时间一长，他读写结合养成了习惯，一有空，就把精力用在读书学习上。

21 岁那年，冯玉祥在袁世凯新军中当士兵，空余时间，就大声地念书，到了夜间，等人们睡熟了，他才点灯看书，为了不影响别人，他就在泥墙上凿了一个小洞，安上一个布帘，将灯放在洞中，把头伸到布帘内持书而读，后人称他"凿壁藏光夜读"。军营中的多次考试，他连获榜首，因此得保六品军功，很快提升为军官，并在一年内连升四级。1905 年，冯玉祥经过考试，第一名擢升标统（相当团长）。

冯玉祥在军中自学多年，未从过师，可谓"瞎读"。当上军官后，有一次他遇到一位来营中卖烧饼的老汉，经他盘问，得知是一位落魄的山东秀才。于是冯玉祥即拜他为师，并月奉以四块大洋做学费，每晚将秀才请入营中，请他讲解《论语》、《孟子》等古书，他还买了一本《万国通史》自行研读。从此他的求知才走上了正轨，对中国的子集经史渐能悟解。不久，四川都督陈宧代表朝廷来主考军官，冯玉祥的成绩又榜列头名，陈宧得知冯玉祥是"行伍出身的老粗"，于是陈宧便在冯玉祥的答卷上批了"气死学生"四个字。

冯玉祥官位愈高，愈觉得学习的重要，他任北京政府的中央陆军第十六混编旅旅长后，还规定每天读书两小时。他怕别人搅乱，就在门外悬挂一木牌，上写"冯玉祥死了"五个字，读书完毕，将牌摘下，冯玉祥死而复活。1920 年，他请了各方面的教授和留学归国的学者系统地讲政治、经济、哲学、社会学、历史、文学、天文、地理

等，李达、翦伯赞等十余名国内外知名学者都给他讲过课。冯玉祥不仅喜欢读书，还喜好书法、绘画。他逐渐学习了英语、日语和俄语，为他后来出访美国、西欧、苏联等国提供了便利条件。

当时，有人评价说："老冯的学问，起码顶两个大学毕业生，至于经验的丰富，人情的透彻，更远非一个大学教授可比。"真可谓"功夫不负有心人"。就这样，冯玉祥从一个仅识"之无"的小兵，经过自己的刻苦努力，成长为一名兼通多科学问，会书法、绘画、写诗、著作等"颇具文采"的大将军。

只有初中文凭的大数学家

华罗庚是我国著名的数学家，他的名字已载入国际著名科学家史册。

华罗庚于 1910 年 11 月 12 日出生于江苏省金坛县城。一家 4 口，靠小杂货店的收入糊口，生活相当困难。1922 年 8 月，华罗庚考入金坛县立初级中学(解放后改名为金坛县中学，1985 年更名为华罗庚中学)读书。初中一年级时，华罗庚的数学考试曾经不及格。也许人们不相信这位伟大数学家的这段经历，有人便问他这件事，是不是因触犯了老师，故意不给他及格的？华罗庚说："我那时常常逃学去看社戏，试卷又写得潦草，怪不得老师的。"

确实，华罗庚从小贪玩，好动。他常把父亲的柜台当马骑，爬上跳下。家中的一张小木凳也成了他的"马"，在上面凿了个洞，扣上一根皮带，牵牵骑骑、蹦蹦跳跳，高兴地喊着"马嘟嘟"、"马嘟嘟"。金坛的灯节、船会和社戏他特别喜欢，哪里热闹就往哪里凑，有时还逃学去看，甚至忘了吃饭，所以功课考不及格就不是奇怪的事了。

那时，他的母亲也被气坏了，急得骂他是"前世造孽生下这么

个呆子”。父亲逼他在菩萨像前跪着，求菩萨保佑使他聪明。但这些都无济于事。他真正开始懂得用功学习，还是在他上中学以后。一次，一位即将离任的老师对新上任的老师说：“这个学校的学生都是穷光蛋，都是笨蛋！”这偶而听到的一句话像钢针一样深深地刺痛了华罗庚幼小无邪的心，损伤了他的自尊心。他有一颗倔犟的心，他要用功学习，用优异的学习成绩回击看不起他的人。

一次，数学老师在班上出了一道有趣的难题：今有一物不知其数，三三数之剩二，五五数之剩三，七七数之剩二，问物几何？说完老师得意扬扬地扫视全班同学，只见一个个目瞪口呆，你瞧瞧我，我看看你，谁也答不出来。突然一个同学的声音打破了课堂的沉寂。“老师，我说”，同学们的目光刷的一下子集中在一个同学身上——啊，他不就是华罗庚嘛，他们都不相信，呆子能解答这道难题。“23。”华罗庚刚刚说出答案，同学们转过头来用探问的目光看老师，老师惊奇了：这是最早出于《孙子算经》中的一道题。对于一个中学生来说是很难算出的，但这个一向被人轻视的华罗庚竟很快算出来了，老师连连点头称赞。从此，他便爱上了数学。

华罗庚开始用功了，数学习题做得很快，但字写得不好，涂改又多。他当时的数学老师王维克先生仔细研究了华罗庚涂改的地方，发现这些涂改大异寻常，有些是为了使解法更加简炼，有些是为了探索新的解法。因此，王先生不但不责怪他，还称赞他善于独立思考，勉励他要努力把字写好，遇到难题先打草稿，减少在练习本上的涂改。从此以后，华罗庚在老师的帮助和鼓励下，钻研数学的兴趣越来越浓，每次数学考试几乎都是100分。

当他初中毕业后，由于家贫而无力供养他进入高中继续学习。原因是家里经营的店铺生意萧条，家里已经没有力量再供他继续上学了。他回到家中，替父亲看柜台。昏暗的小店铺里顾客寥寥无几，站在柜台前的华罗庚脑子里仍然想着课堂上老师的讲课。课堂学过的知识，在他的脑子里挤来挤去时时刻刻牵动着他的心。

怎么办呢？自学理、化没实验条件，他选择了最便利、最省钱的路子：一本代教，一本几何，一本只剩五十页的微积分，开始了他数学征程上的起航。白天，他在柜台上手不离书；夜里关上店门，守着小油灯无休止地进行数学习题的演算。镇上的灯都熄了，他的小屋里仍然亮着灯光。这两本书让他翻熟了，他又到老师那里借来数学书，继续学习。父亲说他是个不成才的书呆子。几次逼着他把书烧掉。好心的邻居劝他放下那些不能吃不能穿的天书，好好学习做买卖。上了大学的旧友对他则是冷嘲热讽。对这一切，华罗庚丝毫不往心里去，他依旧是那样呆头呆脑地在数学王国遨游。

病魔和穷困是亲姐妹。家庭生活的穷困没能阻挡住华罗庚自学的步伐，但病魔却一下了把他打倒了。他患了可怕的伤寒，发着高烧，嘴唇黑青。家里人拿出买米的钱，请老中医给他看病。可是，吃下的药没有一点效果，老中医摇摇头让家里人准备后事，全家人失声痛哭。华罗庚躺在屋里生命奄奄一息，他想到自己悲惨的命运，凄然泪下：生活为什么对自己这样残酷。不过，死神并没有夺去他的生命，他拖了半年竟从病魔手中逃脱了。他高兴极了。有一天他一定要挣扎着下地活动活动。他刚刚站起来时，却又一下子摔倒了。他的左胯骨黏膜粘连，左腿残废了。这新的打击太沉重了，一个刚刚二十几岁的青年，一条腿残废了，这会给今后的生活带来多大的痛苦呀！但他没有绝望没有颓废，他拄着拐杖一步一步开始练习起来。不久他为生活所迫不得不拖着残废的腿去一个中学干杂务。白天他给全体老师打开水，还要把老师上课用的铅笔削好，送到每个老师手里。笔用秃了，他再一支支收回来重削。晚上关好灯，擦好黑板，才能拖着疲倦的残腿一步步艰难地向家里走去。

不幸的遭遇，艰难困苦的生活，会使意志薄弱的人消沉退缩，一蹶不振，而意志坚强的人则会奋力同命运之神搏斗，唤起不甘沉沦的热忱。华罗庚就是一个意志坚强的人，他没有因为残废而消

沉，也没有因为生活的艰难而屈服。大病以后，他求知的欲望更加强烈了，他立志钻研数学的志向更坚定，更明确了。他到中学工作不久，向报刊寄出了他的第一篇数学论文。论文寄出后，他像盼望儿子的出生一样盼望着它发表，但盼来的却是当头一棒，退稿附条上写着："此文算式，外国名家早已解疑，何必劳神！"

失学、贫困、残废没能使他屈服，冷嘲热讽更激起了他奋发向上的决心，他像一头被激怒的雄狮，把这无情的打击、讽刺，化作前进的力最和决心，一篇篇论文写出来寄出去，退回来，再写，再寄。他开始向赫赫有名的数学家苏家驹挑战了，他的《苏家驹之代数的五次方程式解法不能成立的理由》发表了。他那缜密明快而别具一格的数学论文，被数学泰斗熊庆来发现了。这位慧眼识才的老教授非常欣赏华罗庚的数学才华，把他请到了清华园，安置在自己身边，让他在清华大学知识的海洋中开阔眼界，不断地充实发展自己的数学才华。

华罗庚刚到清华工作时，作数学助理员，一个人兼管几个人的工作，可是却只拿半个人的薪水，他不把这些放在心上。他努力工作，拚命学习，贪婪地读了一本又一本数学典籍，只用一年半的时间攻下了清华数学专业的全部课程，并且自修了英语和法语。他的数学论文一篇又一篇的在国外刊物上发表了，这个只有初中毕业文凭的青年，在数学领域里崭露头角了，他已成了国内外数学家所瞩目的新星。

到了一九三四年，在熊庆来的推荐下，清华大学理学院专门召开会议，讨论任命华罗庚为数学系助教。有人公开反对，说什么"华罗庚当教师是对神圣清华园的亵渎！"绝不能让没有大学毕业文凭的人上清华讲台。但是，清华大学理学院院长叶企荪深知华罗庚的才干，力排众议，破天荒地任命华罗庚为数学系助教，不久又升为讲师。

就这样，一个只有初中文凭的华罗庚，带着他的残腿登上了清

华大学的讲台，他战胜了贫困、失学、病残及冷嘲热讽等重重困难，终于以惊人的毅力自学成才，成为驰名中外的大数学家。

诗人数学家

苏步青教授是著名数学家，也是一位诗人，知识非常渊博，对文、史、哲极有修养。据说，苏步青教授一面演算数学题，一面写诗，往往有感而发，而且言外有意，令人深思。例如他的《灵隐寺前戏作》：

古木参天宝殿雄，万方游客浴香风，

劝君休坐山门等，不再飞来第二峰。

《夜读〈聊斋〉偶成》：

幼爱聊斋听说书，长经世故断生疏。

老来尝尽风霜味，始信人间有鬼狐。

这两首诗含意深刻，前一首意存勉励，治学习艺者自可受到启发。后一首感慨极深，读者有心，自然也会从各自的生活中领略诗人的意思。

苏步青教授一贯认为：中学生应该文理并重，学不偏废。他在中学时，就会背《昭明文选》、《左传》、《史记》、《古文观止》。他说："中文，是祖国的语言，一定要能熟练地驾驭它。搞科学的人一定要有文学修养。很难设想，有的人连写信都文理不通，怎么能准确、简练、明白地写出科学论文呢？"

奇特的读书法

我国著名数学家张广厚有着奇特的读书方法。

(1)学习一个定理(或公式、法则)时,要在自己已有的知识基础上,把定理的整个证明过程一丝不苟地写出来,做到步步有据。然后从证明过程中,找出关键步骤,给出逻辑过程图。

(2)对定理及其证明过程,尽可能绘出几何直观图,对证明过程中的关键点,在图形上能有一个直观的反映。

(3)举反例。定理结论的成立,当以某种条件为前提。如果条件改变,结论即成谬误,对此要举例说明。

(4)找出全书的关键,即问题是如何提出的?是如何解决的?书中主要内容之间是如何内在地联系在一起的?然后绘出全书的逻辑图。

在科学的大道上

马克思是马克思主义创始人,国际共产主义运动奠基人,全世界无产阶级和劳动人民的革命导师。1818年,他出生于德国莱茵省特利尔城的一个犹太家庭,曾先后在波恩大学和柏林大学学习法律。不过他对历史和哲学更有兴趣,参加了倾向进步的"黑格尔派"的活动,从而吸取了黑格尔的辩证法思想。后来他又接受了另一位哲学家费尔巴哈的唯物主义观点,为他以后创立辩证唯物主义打下良好的基础。

在一个人剥削人的社会里,去探索消灭剥削的真理;在一个人压迫人的制度下,寻找人类解放的途径,是何等艰难啊!

马克思长期遭到各国反动派的迫害,生活颠沛流离,动荡不安。一八四一年,马克思大学毕业,凭他的优秀学业,本来可以取得较优越的职业和待遇,但他毅然放弃这些,投身到为人类服务的豪迈事业中。一八四二年四月起,马克思为《莱茵报》撰稿,同年十月任该报主编,以犀利的笔锋深刻揭露和抨击反动政府的政策。

在该报被查封后,一八四三年十月,马克思和新婚夫人燕妮只得迁居巴黎,继续从事革命刊物的编辑工作、理论研究和工人运动。一八四五年一月,马克思被法国反动当局驱逐出巴黎,迁居布鲁塞尔。一八四八年二月的一天深夜,马克思被比利时当局逮捕,他的夫人也被投进黑牢。马克思获释后,又被比利时当局驱逐出布鲁塞尔。后来,他们一家迁居德国科伦。一八四九年二月,马克思受到普鲁士反动当局的审讯,不久又被驱逐出科伦。一八四九年六月,马克思重返巴黎,只住了一个月,就又被驱逐。一八四九年八月,马克思侨居英国伦敦。此后,马克思虽然没有再被驱逐,但却时时遭到英国当局的监视和迫害,担着被逮捕的风险。

马克思在经济上所遇到的困苦,也令人难以想象。在长时期中,贫困和饥饿常常威胁着马克思一家。李卜克内西曾说:“流亡者中间很少有比马克思和他的家庭受苦更大的。就是后来他的收入较多而比较正常的时候,他同样要为全家的吃饭问题而忧虑。”马克思五十周岁时说过:“苦干半个世纪了,可还是一个穷叫花子!”他有时分文皆无,连报纸和稿纸都没钱买。有时八九天都靠面包和马铃薯充饥。有一个时期,马克思不得不把衣服送进当铺,故此连门都出不去。家里人病了,也经常无钱请医买药,他的三个小孩就是先后死于贫困交加之中的。马克思一家到达伦敦的第二年,就因交不起房租而被房东逐出。后来,他们搬到第恩街一所像鸽子笼似的破烂房子里住了五年。马克思在这里,是在孩子们的吵闹声和家庭琐事的搅扰下进行写作。

疾病也像魔鬼似的时时折磨着马克思。马克思患有慢性肝炎、气喘、肠胃病、痔疮等多种疾病,有几次,病魔险些夺去了他的生命。但他始终顽强不屈,没有中断他的工作。在马克思的晚年,有一次害了严重的肋膜炎,医生认为他几乎无望了。可是,他从昏睡中醒过来后,病情刚有些好转就又投入了工作。当时,马克思的女儿爱琳娜在给李卜克内西的信中写道:“他(马克思)的健康状况

越来越坏。如果他自私一点，他会干脆把一切工作丢开不管的。可是在他的心目中有一种至高无上的东西存在着——这就是他对事业的忠诚，他想要完成他的伟大著作。”

马克思就是在上述种种逆境中，用了整整四十年的心血写成《资本论》这部划时代的科学巨著的。而写作《资本论》的过程，又是不断学习的过程。为了写这部著作，马克思阅读并作了札记的书就有一千五百多种。他不仅研究了经济学说史，还研究了技术史、各国工农业的情况、地租问题、农业化学、土壤学、实用经济学、统计学、甚至意大利复式簿记。在学习中也是道路崎岖，困难重重。例如，马克思为了了解俄国的土地关系，掌握第一手材料，此时，他虽然已年过半百，还下决心学习俄文，经过半年的刻苦努力，便能阅读俄文原著了。又如，为了写《资本论》中关于英国劳工法的二十多页文章，曾把整个大英博物馆里载有英国与苏格兰调查委员会和工厂视察员报告的蓝皮书都阅读了。

一八八三年三月十四日，是世界无产阶级和革命人民难以忘怀的日子。这一天，世界无产阶级的革命领袖和导师、科学社会主义的创始人——马克思停止思想了。在整个欧洲和美洲，从西伯利亚矿井到加利福尼亚，千百万革命战友无不对他表示尊敬、爱戴和悼念……他的业绩永垂史册，他的思想永放光辉。

马克思(1818—1883)为人类进步事业做出了划时代的贡献。恩格斯在谈到马克思的伟大功绩时指出：“马克思发现了人类历史的发展规律”，“还发现了现代资本主义生产方式和它所产生的资产阶级社会的特殊的运动规律”；马克思是“科学巨匠”，但是“马克思首先是一个革命家。以某种方式参加推翻资本主义社会及其所建立的国家制度的事业，参加赖有他才第一次意识到本身地位和要求，意识到本身解放条件的现代无产阶级的解放事业——这实际上就是他毕生的使命。”

“在科学上没有平坦的大道，只有不畏劳苦沿着陡峭山路攀登

的人，才有希望达到光辉的顶点。”马克思的这句名言，正是他一生从事科学研究的生动写照。马克思的高度的事业心和科学的求实精神，他不辞劳苦、不避艰难、争分夺秒地攀登科学光辉顶点的革命气概，是我们的学习榜样。

学习学习再学习

列宁是全世界无产阶级的导师，苏联共产党和国际共产主义运动的领袖，列宁主义的创立者，苏维埃国家的创始人。

1870 年 4 月 22 日，列宁生于俄国伏尔加河畔的辛比尔斯克城。他从小聪明好学，并受到了良好的家庭教育。他的父亲毕生献身于教育事业，母亲是他第一个启蒙教师，他五岁时就从母亲那里学会识字读书、弹琴唱歌了。

少年时代的列宁曾与兄弟姐妹们积极创办《星期六》杂志，每到周末家人欢聚时，列宁就高声朗读自己的诗歌短文。这不仅提高了他的写作能力，而且也锻炼了口头表达能力。他的业余爱好是下棋，八九岁时开始同父亲对弈，常常在紧张拼杀、摆脱困境后而露出欢心的微笑。

列宁九岁时就上了中学，并且是一位品学兼优的好学生。他平时乐于助人，热心帮助别的同学学习。他很注意探索科学的学习方法，他的作文一般按以下的程序进行：先写一个简明的提纲，然后把作文纸一折为二，左面打草稿，在以后的几天里，再在纸的右面写上补充、改正的文字，最后按草稿誊清。这样认真的作文得到了老师和同学们的赞赏。

列宁 17 岁时，就以优异的成绩进入喀山大学读书，从此走上了献身无产阶级革命事业的光辉征程。列宁说：“学习，学习，再学习！”这句话后来成为少年儿童和革命青年的座右铭。

爱因斯坦的淘金法

科学史上重大的变革时期必定是造就科学巨匠的时代。20世纪20～30年代，是经典物理向现代物理学发展的时期，在大批著名物理学家中，爱因斯坦作出了无与伦比的贡献，使他成为继伽利略、牛顿之后的最杰出的科学家、思想家。他有着独到的读书方法，值得我们借鉴。

爱因斯坦善于使用“淘金法”读书。他说：“在所阅读的书本中找出可以把自己引到深处的东西并把其他的一切统统抛掉，就是抛掉使头脑负担过重和会把自己诱离到不良之处的一切。”话的意思是说他的读书方法，就像沙里淘金一样，把有用的“金子”留起来，而将那些无用的“沙子”统统扔掉。

他在阅读伽利略、牛顿等前辈物理学家的大量著作时，把这些经历了二百余年历史的、许多与当时新发现产生矛盾的观点，果断地予以抛弃，只吸取一些有益于自己研究工作的东西，建立起自己的理论体系，创造了举世无双的“相对论”。有人很钦佩他读书的本领，向他探询读书的方法，他说，我是“抓住了书的骨肉，抛掉了书的皮毛”。

点悟 正因为爱因斯坦善于使用这种“淘金法”读书学习，所以他不会让那些“使头脑负担过重”的“沙子”充塞自己的头脑，而“金子”的诱惑会把他引到科学的深处，使他不断为现代物理学开拓了崭新的道路，成为世界瞩目的科学巨匠。

居里夫人的专注法

有一位被称为世界上最杰出的女科学家,她曾经在不同领域内两次获得诺贝尔奖。她就是著名的物理学家和化学家——居里夫人。

居里夫人的“专注法”读书有一个特点,那就是神情特别专注。

她上中学时,学习成绩常常名列全班第一,一看书就着迷,仿佛进入了另一个世界,周围的什么事情都不知道了。女伴们见她这副痴迷的样子,怪可笑的,就想着法儿捉弄她。

一次,大伙儿乘她伏案读书的时候,悄悄地在她的座位背后垒起了一座椅子塔:以三把为底座,再往上摆两把,最后,再摆上一把,做这个建筑物的顶。椅塔搭成后,伙伴们就捂着嘴忍住笑退到一边,假装没事似的看书去了。

时间一分一秒地过去,居里夫人一直没有发觉,仍在聚精会神地读书。时间过了半个小时,居里夫人才合上书,站起身来,只听见“哐——哐”一声,椅塔倒了,砸在她的肩膀上。居里夫人看看在一旁吃吃发笑的伙伴们,说了声:”无聊!”就又到隔壁的房间做功课去了。

点悟 读书必须专注,注意力要高度集中,这样对所读的内容才能理解得深,记得牢固。倘若读书时心不在焉,读书的效果必然会差。要真正做到读书专注也不那么容易,没有顽强的毅力和良好的自制力是不行的,而毅力和自制力来源于正确的读书目的,同时也必须经过自觉的、艰苦的磨炼。

富兰克林为读书当学徒

富兰克林是十八世纪美国杰出的政治家，同时又是著名的科学家。他曾经当过州长、大使，发明了避雷针、静电马达。这同他从小就喜欢读书是分不开的。

富兰克林还是美国十八世纪最著名的发明家。他最早用风筝实验，证明了天空中的雷电是一种大气放电现象，并由此而发明了避雷针。他运用数学上的正负概念来表示两种电荷的性质，并研究了电的来源和在物质中存在的现象。

富兰克林出身于贫寒的工人家庭，父亲以制造蜡烛和肥皂为业。富兰克林少年时代只上过几年私人学堂，由于家境困难，十几岁时就中途辍学了。父亲让他去印刷厂当学徒，他不愿意，便让他在自己店铺里帮助管账，以“继承家业”。后来父亲发觉他管的账收支不符，常出现亏款现象，严厉指责他，他风趣地作了回答：“你不是让我‘继承家业’吗？钱，我买书用了！”父亲听了，哭笑不得，只好撤换了他。

富兰克林从此无钱买书，但他为了继续看书，就用“以旧换新”的办法找书读。他把自己买的书读完了再去和别人交换，或把自己买的书读完后卖掉再买新书。就这样他手里的书源源不断，读了一本又一本，富兰克林说：“我最大的爱好就是读书。”

富兰克林的前半生流离颠沛，生活无着。他走上自学成才的道路后，直到40岁左右才逐渐安定下来。于是，他用自己学来的知识开始了广泛的科学研究活动。从1752年开始，他不仅做了一次用风筝吸引天电的实验，而后又在光学、气象学、地质学、化学、数学等领域里，都取得了一定的研究成果。

富兰克林所以有这样大的成就，并不是他有很高的学历，而是

全靠他自学,成为了科学家、发明家、政治家、社会活动家,为美国的独立自由建立了他的不朽功勋。

从小爱学习的帕斯卡

帕斯卡是一个著名的科学家,他在物理、数学两个领域都做出了巨大贡献。他发现的帕斯卡定律在现代机构设备中有着广泛的应用。

帕斯卡 1623 年出生在法国乌勿尼省的克来蒙城。他的父亲擅长数学,常与朋友们在家里讨论数学问题,帕斯卡在父辈们的熏陶下,培养起了对自然科学的兴趣。

帕斯卡从小时起思想就很活跃,有自己独立的见解,碰到别人解释不清的问题,他就独立去研究,直到找到正确答案为止。有一次,他在厨房里看厨师做菜,厨师的菜刀碰到瓷盘时,声音就消失了。他对这一现象很感兴趣,经过细心研究,终于发现了振动发声的道理。

帕斯卡不知从哪里知道了几何学这个词,便跑去问父亲什么是几何学。父亲告诉他,几何学就是研究图形的形状、大小和位置间相互关系的科学。父亲的话启发了帕斯卡的思想,从此他迷上了几何学,常常一个人在屋子里画来画去,研究几何问题。当时,他不知道几何上的任何有关概念,但凭着自己的兴趣和执著的研究精神,他独立发现了欧几里得几何中的一些定理。这年他才 12 岁。

由于帕斯卡从小勤奋好学,所以在他短暂的一生中对世界科学的发展做出了重大贡献。

从流浪汉到大作家

高尔基是伟大的无产阶级革命家，苏联社会主义文学的奠基人。

他于1868年3月16日生于下诺夫哥罗德城（今高尔基市）一个木匠家庭。10岁走向“人间”，做过学徒，当过跑堂、搬运工、面包师。1884年到喀山接触了马克思主义。

高尔基顽强自学的毅力是十分惊人的。他只读过二三年书，这就是他自学的微薄基础。在很小的时候起，他就得每天从事十几小时的繁重劳动，而且常常受到鞭打和责骂。生活的艰难和凌辱并没有压倒幼年的高尔基，却促使他努力寻求着一种和现实相反的理想生活。在逆境中，他抓紧一切空闲时间孜孜不倦地学习。店老板不许他读书，他千方百计地弄到书后，就躲到阁楼上，或在储藏室里阅读。夜晚的时候，就借着月光或是自制的一盏小油灯照着读书。没有灯油，他就把老板的烛盘上的蜡油收集起来，装在罐头盒里，再注入一些灯油，用棉绒做一根灯芯，点燃起来照着看书。在面包房当工人时，他用零碎木棒在揉面团的台子上架起一个临时的书架，把书放在架上，这样他就可以一面揉面团，一面读书了。老板发现后十分不满，想把书拿走扔到火炉里烧掉，高尔基愤怒了：“你敢烧掉那本书！”老板终于被吼退了。

一八八四年，十六岁的高尔基离开家乡来到喀山，想上大学。但是资产阶级的大学并不是为劳动人民而开设的。高尔基只能站在大学门口，胸前挂着个面包篮子卖面包。做工之余，他勤奋学习，并与喀山的进步青年革命团体有了接触。在同志们的帮助下，高尔基学到了马克思主义的著作，包括《共产党宣言》和《资本论》第一卷，以及普列汉诺夫的一些早期著作。他还参加了当时的一

些革命活动，在作坊和农村宣传革命的道理。这些经历，在他的自传体三部曲《童年》、《在人间》、《我的大学》中作了真切的表述。一八八八年起，高尔基开始了较长时间的流浪生活，次年他被捕了，从此不断受到秘密警察的监视。一九〇一年，高尔基参加了彼得堡的群众示威，并驳斥了沙皇政府对这次事件的歪曲，又被逮捕。一九〇五年，他参加了第一次俄国工人阶级革命运动，再次被捕。就在这个如火如荼的革命风暴中，他参加了布尔什维克党，后来他成了列宁的密友。

高尔基从童年时期就开始广泛地接触社会各阶层，身受着那些有产阶级的迫害，使得他憎恨旧制度，同情和热爱被压迫的劳动人民。再加上读过一些革命著作，从事过一些革命活动。这些良好的条件为他的创作提供了坚实的基础。

高尔基的第一篇短篇小说《马卡尔·楚特拉》是一八九二年在流浪中创作，并由此开始了他的创作生涯。高尔基的初期作品，从内容和风格上说，既有现实主义又有浪漫主义。高尔基的浪漫主义不同于过去一般的浪漫主义之处，在于他的作品富有更多的革命思想。如《马卡尔·楚特拉》、《少女与死神》、《伊席吉尔老婆子》、《鹰之歌》等。高尔基也写了一些批判资本主义制度的短篇小说，描写生活在社会底层的形形色色的人物，其中有流浪汉、乞丐、妓女、工人和农民等。作者以巨大的同情来描写他们的不幸以及他们的反抗，但是却找不到前进的方向！

一九〇五年革命爆发前后，高尔基在革命实践中，树立起无产阶级的世界观。这时，他艺术上已经成熟，他拿起笔为革命而写作，在斗争中成为无产阶级的伟大作家。这当中，列宁对他的帮助是起决定作用的。

一九〇五年的革命失败后，为了避免沙皇政府的迫害，党派高尔基出国。他先后到了法国、美国、英国和意大利。

高尔基一生写有大量作品，他的自传体三部曲和《母亲》，给世

界文学带来了新的主题,新的人物,新的方法,成为世界文学史上一种前所未有的现象。它不仅为世界各国无产阶级的发展奠定了坚实的基础,而且在国际共产主义运动中产生了深远的影响。

高尔基从一个贫苦孩子,历尽人间苦难,成长为伟大无产阶级作家。他一生写了大量小说、剧本、特写、回忆录、政论、文学评论、文艺书简和诗歌。这些丰富的文学遗产将继续成为激励无产阶级和革命人民前进的巨大力量。

安徒生童话

对于中国的少年儿童来说,安徒生是他们最早了解的一位欧洲作家。安徒生童话是指由安徒生创作的一系列童话故事。这些故事脍炙人口,为各国儿童、成年人所喜爱,在世界文学中闪烁着奇异的光彩。然而,他是在人间的困苦和世俗的蔑视中挣扎、成长的,他走过了一条铺满荆棘的漫长人生之路。

安徒生 1805 年 4 月 2 日生于丹麦菲英岛欧登塞的贫民区。他的父亲是一个穷苦的鞋匠,但酷爱文学艺术,喜欢读书。他常常给安徒生讲丹麦和外国文学的作品,讲《一千零一夜》中古代阿拉伯的故事。他的祖母以行乞为生,但在安徒生心里,祖母是慈爱和高尚的,祖母有说不完的美丽的传说故事。父亲那诗一般的语言,祖母那充满幻想的美妙传说,打开了安徒生幼小的心扉,激起了他对未来的憧憬。父亲还常常给他做玩具,演木偶戏,闲暇时,便带他去漫步奥登塞附近的田野,欣赏大自然的优美景色。安徒生童年的物质生活虽然贫困,而精神生活并不贫乏。

但是,安徒生童年的美好岁月却很短暂。为了寻求生活的出路,父亲当了拿破仑的雇佣兵,没有多长时间就搞坏了身体,带病跑了回来,不久就死去了。这时安徒生才十一岁。他母亲只得靠

帮人洗衣服来养活自己和儿子。繁重的劳动使她的健康一天天坏下去，为了活下去只得改嫁了。这是贫困、不幸的童年，安徒生把自己描述为“沼泽植物”。

一八一九年，十四岁的安徒生为了实现自己幼年时期立下的献身于艺术事业——当一名芭蕾舞或歌剧演员，在舞台上表现人生的愿望，离开故乡独自来到首都哥本哈根，开始了新的不平凡的奋斗。

这个褴褛不堪，求知欲旺盛的少年，极力奔走求情，遭到的却都是冷眼粗暴的拒绝。安徒生在贫困和饥饿中挣扎了一个时期以后，不得不放弃了当演员的愿望。但他追求知识，追求理想的热情和勇气却打动了一些艺术家的心。他们帮助他弄到了一份助学金，进入了一所叫苏洛书院的中等学校。他在这所学校里，与其说是受教育，不如说是受摧残。学校认为把一个“没有教养的鞋匠儿子”改造成为一个“有教养的人”是不可能的。在这期间，安徒生忍受着一切讥笑和侮辱。他凭着坚强的毅力和刻苦的精神，努力学习，拚命地吞食知识。在图书馆、在朋友的藏书室里，他贪婪地阅读着、咀嚼着各种书籍。不懈的学习丰富了他的知识，开阔了他的视野，燃起了他的创作激情。十七岁那年，安徒生发表了一部诗剧《阿尔芙索子》。从此，他走上了文学创作的道路。

穷苦没有使他潦倒，嘲弄和侮辱也没有使他颓废，阔老的蔑视增添了他奋斗的力量。离开学校以后，他在哥本哈根的一所旧房子里租了一间破顶楼，开始了没日没夜的学习和写作。他尝试各种形式的创作，写诗、写剧本、写游记和散文。安徒生的名字开始被读者所认识了。

但这条路并不平坦。一个“卑贱”的鞋匠儿子成为一个作家，在当时等级制度森严的社会里，是一件不可理解的事情。他的作品受到当时批评家们的攻击，有许多所谓受过“高等教育”的作家甚至还说他的文章里“别字连篇”，没有丝毫“文化”。这种围攻常

常压得他透不过气来，他有时不得不到外国去寻求一点安静。他有许多作品是在外国完成的。长篇小说《即兴诗人》就是他在意大利写的。但是即使在国外，他也逃脱不了国内所谓上流社会文人的攻击。

童年时代和青年时代的贫困生活使他创作的童话对下层人民的生活命运给予了极大的同情和关注，揭示贫富悬殊的社会现实，为穷人鸣不平始终是安徒生童话的一大主题。他曾经这样说："这才是我的不朽工作呢！""我要争取未来的一代！"他在为孩子们创作的时候，并没有忘记他们的父母："我用我的一切感情和思想来写童话，但是同时我也没有忘记成年人。当我在为孩子们写一篇故事的时候，我永远记住他们的父亲和母亲也会在旁边听。因此也得给他们写一点东两，让他们想想。"

安徒生从十九世纪三十年代开始写童话起，几乎每个圣诞节都有一部童话集出版，献给孩子们和他们的父母，直到他去世前三年为止。

感情丰富的少年时代

从 1861 年的农奴制改革到 1905 年的俄国革命爆发的半个世纪里，俄国现实生活中发生的一切重大问题在托尔斯泰的作品中都有反映。没有哪位作家能如此真实地、艺术地记录一个社会生活历程和民众的思想历程。这也是后人对 19 世纪后半叶俄国伟大作家、世界第一流文学巨匠托尔斯泰的认识。列宁曾给他很高评价，谈他的作品是反映俄国革命的一面镜子。

他出身于世袭的贵族家庭，两岁时母亲去世，虽然没有得到母爱，但童年生活仍然充满了愉快和幸福。夏天，他同小伙伴们一起骑马野游，有时，他还学看大人们到河边去钓鱼。仓忙中，托尔斯

泰错把蚯蚓当面包咬了一口，他说算是尝到了泥土滋味。冬天，在圣诞节前夕，大人们准备化装舞会，他就和农家的孩子一起坐在雪橇和滑冰箱上从山上往下滑。他聪明勇敢，努力锻炼自己的毅力。有一次，他想剃光自己的半边头发，再剃光眉毛，让人们不容易认出自己的外表。他甚至想腾云驾雾地飞起来。有一次，全家人正坐下来吃午饭，托尔斯泰却不见了，找来找去，发现他躺在地上已经失去了知觉。后来托尔斯泰自己介绍说，他一个人从室里登到楼顶上，爬到打开的天窗边一跃跳到园子里，“有一种想要飞起来的急切愿望”。他说：“如果蹲着，两手抱住自己的膝盖，是能够飞起来的。”还有一次，全家坐车回到雅斯纳雅·波良纳庄园。他不肯坐车，在地上逐车奔跑，直到累得疲惫不堪，才让人把他送到马车上。

托尔斯泰小时候，又是个腼腆、感情丰富的孩子，他喜欢自己心爱的狗，经常吻它的小黑脸。他的妹妹曾经讲道：“托尔斯泰是一个充满乐观的孩子，又是一个可怜的孩子，只要去抚爱他，他就会激动得流出眼泪来。”在他那奇妙的、天真的、愉快的童年时代里，已经产生了爱憎分明的情感和试图解放自己领地农奴的愿望。后来他写过《战争与和平》、《复活》等不朽作品，描绘了沙皇俄国的社会生活，对欧洲文学有很大影响。

钢铁是怎样炼成的

“人最宝贵的是生命，生命属于我们只有一次，一个人的生命应当这样度过。当他回首往事时，他不因虚度年华而悔恨，也不因碌碌无为而羞耻。”这段豪言壮语出自小说《钢铁是怎样炼成的》，该书的作者是苏联著名作家奥斯特洛夫斯基，是一本自传体小说。

尼古拉·阿列克谢耶维奇·奥斯特洛夫斯基，一九〇四年诞

生在乌克兰西部的一个工人家庭里，父亲是村里酒厂的工人，母亲给人家做饭洗衣。因家里非常贫穷，他从小就分担着繁重的劳动，协助维持一家的生活。他只读过三年小学，十岁左右就到附近车站小食堂做工，还当过发电厂的助理司炉。他有强烈的求知欲望，在繁重的体力劳动之余，常常废寝忘食地阅读各种进步文学作品，自学了小学的全部课程。

十月社会主义革命到来时，奥斯特洛夫斯基刚满十三岁，但他明白，革命给劳动人民带来了光明和希望。他决定参加革命队伍，终生为劳动人民的解放事业而奋斗。十五岁那年，他走上了前线，成为内战时期最英勇果敢的战士之一。他加入了布琼尼所领导的骑兵军团科托夫斯基师团。在战斗中，曾多次受伤。内战胜利后，奥斯特洛夫斯基参加了全苏镇压反革命分子和捣乱分子的肃清反革命委员会的工作。一九二七年起，他因为数次受伤所引起的疾病损害了健康，不能工作，最后，完全卧床不起。一九二八年他双目失明，不能行动。肉体的残废没有能使他离开革命队伍，他坚持战斗在为党和共产主义事业献身的行列中；他选择了艺术语言，作为自己的工具，继续为党和人民服务，充分表现了他高度的无产阶级党性。

《钢铁是怎样炼成的》这部杰作完成于一九三四年。在这部作品中，奥斯特洛夫斯基描写了工人阶级和布尔什维克党的优秀分子保尔·柯察金，为了共产主义事业的实现，为了苏维埃建设新的生活，用自己的鲜血和生命英勇战斗、勇往直前的光辉历程和高尚品德。

《钢铁是怎样炼成的》一书，从诞生之日起，不仅是苏维埃青年一代理想、道德、情操的教科书，而且受到世界各国青年的欢迎。多少人将这本书中的警句、名言摘抄下来作为自己的座右铭，或互相赠送，勉励朋友在工作中为共产主义事业做出贡献。半个世纪以来，这本书以其强大的生命力，成为无产阶级和革命人民改造世

界的重要精神武器。

奥斯特洛夫斯基的处女作《钢铁是怎样炼成的》获得巨大成功,使他一举成为苏维埃作家协会成员。然而,他的光辉成果都是在同病魔进行顽强搏斗中取得的。在整个创作期间,他把一切肉体上和精神上的力量都集中起来,表现了非凡的毅力及钢铁般的意志。他写作中遇到的困难是很大的:双目失明,全身瘫痪,一分钟也不间断的关节疼痛;他居住的地方狭小,潮湿,拥挤,加上吵闹的邻居,使他很不安宁;在物质方面,缺乏纸张,没有能替他作记录的人。但这一切丝毫没有迫使他停止工作,压服他的创作激情。他让人做了一种硬纸的纸夹——镂孔夹,纸夹的正面镂出一行一行的空孔,里面放着纸张,字便依着一行一行的空孔写在纸上。但是,不多久镂孔夹也只得放弃不用了,因为任何一点动作都会引起关节剧痛。怎么办呢?不能自己写,他就口述由别人记。但没有专人在身边随时记下他的口述,记下他灵感的创作。为此,他非常苦恼,多少个不眠的夜晚,他在亲人的安睡之后狂热地写书。可是当第二天早晨发现一行行字迹互相交叠错乱而不能辨认时,他痛苦得折断了铅笔,咬破了嘴唇……疾病时时恶化,几次阻止了他的工作,肋膜炎、肺炎折磨着他,并发症随时都可能夺去他的生命。但是奥斯特洛夫斯基以不可摧毁的意志和毅力,与逆境战斗。他顽强地继续着他的著作,坚毅地站立在语言艺术的阵地上,为党的事业忘我的工作着。他在写给朋友们的信中说:"我全身充满了激情,要把我的《钢铁是怎样炼成的》一口气写好"。又写道:"谁以为布尔什维克在那种似乎已经绝望了的环境中便无用于党,那么谁就错了……我必须获得'进入生活的入场券',我个人生命的黄昏不管是如何暗淡,但我的志向是明朗的。"奥斯特洛夫斯基就是这样看待布尔什维克党的生命意义的,他把自己著作的成败看做是能否继续为千千万万人民大众服务的根本,因此他将生命的最后时刻奋力"燃烧"起来,毫不吝惜地贡献给人民。

《钢铁是怎样炼成的》这部小说是在20世纪40年代，由翻译家梅益介绍到了中国，曾经鼓舞和教育了许许多多的青少年读者。可以说，在世界文学史上还没有哪部作品中的人物对生活有过这样大的影响力，它真正成了青少年的“生活教科书”。

名人的书趣

王亚南绑看读书　我国杰出的经济学家王亚南，1933年，他乘船由红海去欧洲。海上风大浪高，轮船颠簸厉害。为了读书，王亚南请服务员将自己绑在椅子上，在摇晃颠簸中安然读书。

闻一多醉书　闻一多新婚那一天，亲朋好友一大早就拥入家门，前来祝喜。直到迎亲的花轿快到家门时，人们才在书房里找到他，他仍穿着那件旧长袍，手里捧着一本书，兴味正浓，家人都说他不能看，一看就“醉”。

华罗庚猜书　华罗庚读书方法与众不同。他拿到一本书时，不是翻开从头至尾地读，而是对着书思考一会儿，然后闭目静思。他猜想书的谋篇布局……斟酌完毕再打开书。如果作者的思路与自己猜想的一致，他就不再读了。

张广厚吃书　数学家张广厚有一次看到一篇关于亏值的论文，觉得对自己的研究工作有好处，就一遍又一遍地反复认真阅读。这篇仅20多页的论文，他却反反复复读了半年多。他爱人说：“这哪叫念书啊，简直是吃书。”

茹志鹃煮书　作家茹志鹃的家中挂着一幅醒目的条幅，上书“煮书”两个大字。曾解释说：“书，光看是不行的，看个故事情节，等于囫囵吞枣，应精读才是。精读即是‘煮’，一定要烂熟，透彻。”

名人谈读书方法

1. 储批法

法国思想家、文学家卢梭说:"'储'就是全面接受书中的观点,'批'就是将其观点放在理智的天平上比较,去粗取精,去伪存真。"

2. 观察法

英国生物学家达尔文说:"观人事、使于微;从观察的速度、深度、广度三方面努力。"

3. 粗细法

德国哲学家狄慈根说:"我阅读关于我所不懂的题目之书籍时,所用的方法,是先求得该题目的肤表的见解,先浏览许多页和好多章,然后才从头重新读起,以求获精密的知识。我对该题目越熟悉,理解的能力就越增加,读到该书的终末,就懂得它的起首。"

4. 吃书法

有人形容美国大作家杰克·伦敦读书的情景时说:"他捧起一本书,不是用小巧的橇子偷偷撬开它的锁,然后盗取点滴内容,而是像一头饿狼,把牙齿咬进书的咽喉,凶猛地舔尽它的血,吞掉它的肉,咬碎它的骨头,直到那本书的所有纤维和筋肉成为他的一部分。"

5. 循序渐进法

苏联生理学家巴甫洛夫说:"要想一下子都知道,就意味着什么也不会知道。要在积累知识方面养成严格的循序渐进的习惯。"

名人谈书

"书是力量——"书籍是巨大的力量。"(列宁)

书是阶梯——"书籍是人类进步的阶梯。"(高尔基)

书是船只——"书籍是在时代的波涛中航行的思想之船，它小心翼翼地把珍贵的货物运送给一代又一代。"(培根)

书是顾问——"书是随时在你近旁的顾问……"(凯勒司)

书是面包——"我扑在书上，就像饥饿的人扑在面包上。"(高尔基)

书是社会——"一本好书就是一个好的社会，它能够陶冶人的感情与气质，使人高尚。"(皮罗果夫)

书是营养品——"书是全世界的营养品。"(莎士比亚)

▲清朝学者陆世仪说："凡读书须识货，方不错用工夫。"

▲俄国文学批评家说："不好的书告诉你错误的概念，使无知者变得更无知。"

▲英国小说家菲尔丁说："不好的书也像不好的朋友一样，可能会把你戕害。"

▲现代伟大文学家鲁迅说："只看一个人的著作，结果是不大好的，你就得不到多方面的优点。必须如蜜蜂一样，采过许多花，这才能酿出蜜来，倘若叮在一处，所得就非常有限，枯燥了。"

▲英国哲学家培根说："有些书可供一尝，有些书可以吞下，有不多的几部书则应当咀嚼消化；这就是说，有些书只要读读他们的一部分就够了，有些书可以全读，但是不必过于细心地读，还有不多的几部书则应当全读，勤读，而且用心地读。"

▲英国作家波尔克说："读书而不思考，等于吃饭而不消化。"

▲意大利诗人彼特拉克说："书籍使一些人博学多识，但也使

一些食而不化的人疯疯癫癫。”

知识的源泉

吸引力:求知的种子。

注意力:求知的窗口。

意志力:求知的利剑。

观察力:求知的雷达。

想象力:求知的翅膀。

联想力:求知的钥匙。

记忆力:求知的仓库。

概括力:求知的规矩。

模拟力:求知的借鉴。

创造力:求知的升华。

读书好·好读书·读好书

读书好,说的是读书的作用和效用,指出读书有益,能从书中求知识、求德行、求情操、求快乐,能使人继承人类的文化遗产,拥有智慧。

好读书,说的是读书的态度和方法,提倡认真读书并要得法。读书首先是培养兴趣,有主动读的精神,好好地去读,不能走马观花,讲求好的读书方法,认真去体味探究书中的知识内容。

读好书,说的是读书不是没有选择,而是要选择内容好的书,不读坏书。因为好书是人类文明的精髓,坏书是生活的糟粕。

惊人的毅力

罗蒙诺索夫十九岁时，只带着三个卢布，偷跑出家，假冒外省贵族进入莫斯科学院读书。当时学院全用拉丁文授课，他却连一个字母也不认识。学院规矩是按拉丁文成绩排座次，最好的坐最前排，最差的坐最后排。他不顾别人讥讽，刻苦用功，几天后便会用拉丁文造句，座位一天天向前移动，不久便坐到第一排了。因为津贴很少，他经常挨冻受饿，但他以惊人的毅力，一年里学完了三年的课程。

铅笔的用途

美国纽约市有这样一所学校，许多年来，这个学校的毕业生在纽约警察局的犯罪记录处于最低。原因是什么呢？一位学者通过对该校毕业生的问卷调查，有了一个奇怪的答案——该校的学生都知道铅笔有多少种用途。

该校学生入学后上的第一堂课就是：一支铅笔有多少种用途。在课堂上，孩子们明白了铅笔不仅有写字这种最普通的用途，必要时还能用来做尺子画线，作为礼品送人表示友爱；当做商品出售获得利润；笔芯磨屑可以做成装饰画；一支铅笔按相等的比例锯成若干份，可以做成一副象棋；可以当做玩具车的轮子；在野外探险时，铅笔抽掉芯还能被当成吸管喝石缝中的泉水；在遇到坏人时，削尖的铅笔还能当做自卫的武器……

通过这特别的一课，老师让学生们懂得了：拥有眼睛、鼻子、耳朵、大脑和手脚的人更是有无数种用途，并且任何一种用途都足以

使一个人生存下去。这种教育的结果是，从这所学校毕业的学生，无论处境如何，都对生活充满信心，充满希望。

被挖去的字

少年罗宾酷爱读书。他经常到镇上的小图书馆，去借上一本爱心的图书。

有一天下午，罗宾借了一本新出版的探险小说《横渡大西洋》。晚上，当他在灯下正看得入迷的时候，突然发现书页上出现了几个空洞，有一些字被人有意挖掉了。他又向后翻去，结果，后面几页也有许多字被挖掉了。罗宾脑海里产生了一个问号，这些被挖去的到底是些什么字呢？

第二天，罗宾怀着强烈的好奇心来到附近的书店，买了一本新的《横渡大西洋》。回到家，他迫不及待地拿出那本借来的书，两本书对照着看，马上找到了那些被挖去的字，并把它们一一记在纸上。

结果让他迷惑不解。这些字是：备许警想你孩性命再误十果子住保如的就准不万报络美元。

“这是什么意思呢？”罗宾皱着眉，费力地想。突然，他想到这些字的前后顺序都可以重新排列。于是罗宾在纸上把这些不连贯的字排列了很久。

最后，罗宾把这些字组成了一句话：如果想保住你孩子的性命，就准备十万美元。不许报警，再联络。

看着这个句子，罗宾顿时紧张起来。看来，这里面隐藏着一桩绑架案，犯罪嫌疑人担心笔迹会暴露他的身份，就挖去书页里的字，把字拼凑起来，粘在另一张纸上，成了一封恐吓信。

罗宾意识到问题的严重性，立刻站起身，带着两本书和写着那

句话的纸，飞快地朝警察局跑去。

来到警察局，罗宾急切地把他发现的这些情况，向警察叙述了一遍。

警察听了非常重视，立即和罗宾来到图书馆，并请图书馆管理员提供借过这本书的读者名单。

名单一会儿就出来了，根据这份名单，警察对那些人一一进行了调查。终于在那些人里发现了一个可疑的人，他在三天前借了这本书，隔天就归还了。经过审讯，他在交代了犯罪的经过，被绑架的孩子终于得救了。

6. 科　学

——集合人类优秀子孙·献出的毕生精力

是他们，为了这个世界的辉煌灿烂，在漫长、曲折的探索之路上，留下了一个又一个坚实而执著的脚印。就是他们，把自己毕生的精力，献给了人类最伟大的科学事业，谱写了一首首人类智慧的雄奇壮美的凯歌！

李时珍和他的《本草纲目》

1596年，《本草纲目》这部举世文明的医药学巨典终于刊行了。可是，它的作者李时珍已经在三年前离开了人世。他生前没能看到自己用毕生精力编写的书印出来，这是一件多么大的憾事啊！

李时珍1518年出生在湖北一个贫苦的世代医家，他从小目睹耳闻了病人受到各种疾病折磨的痛苦，于是立下了长大从事医学的伟大志向。

李时珍跟父亲学医十分勤奋，尽心尽力地为贫苦百姓治病，不但对病人热心，医术也在医疗实践中不断地得到锻炼提高，很快就成为远近闻名的医生。

他很善于学习前人的经验，吸取民间验方。他喜欢读动植物方面的书，特别是医学方面的书籍更是爱不释手。从医书中，他发现了不少错误。有一次，看到一个医生给一个患癫狂病的人服了防葵，病人死了。另有一次，一个医生给一个身体虚弱的病人吃了黄精，结果病人也死了。李时珍对这两个教训做了深刻的研究，最后断定，责任还是在药书上。是药书上把防葵和狼毒、黄精和勿吻搞混了。狼毒与勿吻全是毒性极大的药，而古书却把这两种药当成补药。李时珍深切感到这种混乱情况非克服不可。

为了准确地掌握药物的性能，他决心要重新编写一部纲目分明、名称统一、分类合理并适于治病实用的新《本草》，要对旧书上的迷信和邪说加以驳斥，并把新的发现和科学药物知识补充进去。有人知道后骂他是“造反”、“狂妄”，也有人讥笑他。李时珍对这一切根本不去理睬，他除了行医读书外，多次远游各地以开拓宽阔的知识境界。然而要完成这样巨大的工作，是要经过曲折的道路，付出艰辛的劳动的。

李时珍感到要研究《本草》,决不是坐在书房中读书所能办到的,必须亲自考察研究。于是他几次走出书斋,远出旅行考察,上山采药和拜访有实际经验的人。为此,他历尽千难万险,足迹所及大片中国。他先后到过江西的庐山、江苏的茅山、南京的牛首山和紫霞洞,以及安徽、河南、湖北的太和山、缺齿山、朱家洞等很多地方。凡是生长药材丰富的崇山峻岭,都留下过他的脚印。太和山位于湖北省西北部,离他家一千多里。那里林木茂密,蒿芥丛生。李时珍不避艰险,白天深山采药,晚上对每一棵药草,从产地、栽培,到苗、茎、叶、根、花、果以及形态、气味、功能等,研究得非常深入、细致。他的笔记装满了好几个柜子。

为了证实古书上对白花蛇有二十四块花纹的传说,他独自登上了凤凰山,找到了捕蛇人,同他们一起爬到山洞里,捉到一条白花蛇,结果证实了古书上的记载是正确的。

他听说均州(湖北均县)的太和山九龙宫附近有一种很希罕的果子叫榔梅,被当地的道士当做"仙果",并作为贡品献给皇帝,说是吃了可以"长生不老"。官府还下了封山禁令,不许其他人采摘。李时珍不怕冒犯官府禁令,毅然亲自采摘榔梅。当他刚走到半山腰就被一个老和尚拦住了,并且还要对他采榔梅问罪。后来,李时珍趁夜晚天黑,从羊肠小道攀到山上,终于采到几颗榔梅。经过研究,原来榔梅是一种榆树类的果实,药用价值不大,只不过能止渴生津而已。事实揭穿了道士的邪说。

还有一次,他在路上看到一些赶车的人正在锅里煮一些粉红色的旋花汤喝。他便上前请教。赶车人告诉他:"喝了这种花熬的汤,可治筋骨病。我们整天风里来雨里去,筋骨容易得病,所以经常煮旋花汤喝。"李时珍听后高兴极了,赶快把它记录下来。

从此,李时珍就开始大量收集民间药方了。他认为民间是一个取之不尽、用之不竭的医药宝库。他接触的人很多,种田的、捕鱼的、打柴的、打猎的、放牧的、做手工业的,他都拜他们为师。他

还亲自下过煤窑，到过炼铅、炼汞的作坊，研究过工人中毒的现象和职业病。

李时珍上山采药，对每一种药材都不辞劳苦地尽可能"一一采视"，并详细记录，亲自鉴定。为了忠于医药的研究，有时他要冒着生命危险吞服烈性药。

李时珍从医近三十年，记下了数百万字的笔记，经过几十遍的反复修改，终于在他六十岁时完成了他的巨著《本草纲目》。

点悟　《本草纲目》不仅是我国古代重要文化遗产，而且也是世界重要的科学文献。如今，《本草纲目》已经被全部或部分译成拉丁文、英文、日文、法文、德文和俄文等多种文字，流传全球。

神童张丘建

南北朝时期北魏著名数学家张丘建从小就被人称为数学神童。

那时，有位新任的县令很爱才，当他听说了张丘建的才智后，便想着考考这位神童。他也听说张丘建的父亲以养鸡、卖鸡为业，于是就差人给张父送了一百文钱，并声称要买一百只鸡，而且公鸡、母鸡、小鸡三样都要。

当时的市场价格是，公鸡五文钱一只，母鸡三文钱一只，小鸡一文钱三只。如果事先言明要几只公鸡，几只母鸡，几只小鸡，钱数很容易就算出来了，可笼统地说一百文钱买一百只鸡，就变成难题了。

张父有心不卖吧，但眼前的这位公差又得罪不起，无奈之下，只好垂头丧气地回到家里。

张丘建问明原因，微微一笑道：

"这有何难！明天送四只公鸡，十八只母鸡，七十八只小鸡就

得了!”

第二天,张老头如约把鸡送到,正好是一百文钱买一百只鸡。

县令问明是张丘建所为,不禁十分赞赏。

不料临走时县令又送上一百文钱,说还要买一百只鸡,而且数量与这回还不能一样。

张老汉拿回一百文钱,对儿子说了事情经过。

张丘建说:

“这回您给他送八只公鸡,十一只母鸡,八十一只小鸡吧!”

这次又是一点儿不差!

县官非常高兴,但他决定再试一次,于是再次拿出一百文钱求购一百只鸡,但数目要与上两次不一样。

这第三次,张丘建给他送去了十二只公鸡、四只母鸡和八十四只小鸡。

县官点点鸡数,算算价钱正好合适,觉得这孩子不愧为数学神童,将来必定能成大器,便留他在县里读书深造。

张丘建长大后果然成了著名的大数学家,他写了一本叫《张丘建算经》的书,并把“百鸡问题”也写了进去。

点悟 “百鸡问题”是一个著名的数学问题,它的提出者竟只是一个七八岁的孩童,这不禁令人们感到匪夷所思了。

不过细细想来也不为怪,张丘建天天跟着父亲上街卖鸡,在生活实践中总结了经验,提升了智慧,自然能够对一些数学难题应付自如。这说明了一个问题,生活是知识的源泉。

少年杨辉

在南宋度宗年间,古城钱塘(今杭州)有一位少年,聪明好学,

尤其喜爱数学。

有一天，这位少年听说100多里外的地方有位老秀才，不仅精通算学，而且还珍藏许多《九章算术》、《孙子算经》等古代数学名著，非常高兴，急忙赶去。

老秀才经不住少年的苦苦哀求，说道：直田积八百六十四步，只云阔不及长十二步，问长阔共几何？（用现在的话来说就是：长方形面积等于864平方步，已知它的宽比长少12步，问长与宽的和是多少步？）又接着说："你回去慢慢算吧，什么时间算出来，什么时候再来。"老秀才以为少年即使懂点算学，那也是一时半刻难以算出来的。

谁料，正当老秀才闭目思量时，少年说话了："学生算出来了，长阔共60步。"

"什么？"老秀才瞪大眼睛看了看少年演算出来的草稿纸，不禁夸奖道："神算，神算，怠慢了，请问高姓大名？"

"学生杨辉，字谦光。"少年恭敬地回答。

后来，在老秀才的指导下，杨辉通读了许多古典数学著作，数学知识得到了全面、系统的发展。经过长期不懈的努力，他终于成为我国古代杰出的数学家，并享有数学"宋元第三杰"之誉。

杏林速算

程大位是我国明代数学家。少年时代博览群书，尤其喜爱数学。20岁以后在长江中下游一带一边经商，一边收集和研究古代与当代的数学著作。在他66岁时写成《算法纂要》，四卷书中详细记述了珠算的定位方法和加减乘除口诀，这些口诀已相当完备，四百年后的今天还在继续使用呢！

这是数学史话，按下不提。话说程老先生有一天行至一个路

旁的杏林,口干舌燥,想买些杏吃,可那卖杏老人正与一群顽童争来算去,无暇旁顾。

"什么账如此难算,能说给我听听么?"程大位招呼那卖杏老人。

卖杏老人瞧了他一眼,心想:你也会算帐——恐怕有多少杏也算不清呢!于是说道:

"这群孩子要买我这堆杏。我如果按 3 个人一伙,每伙给 5 个就多 10 个杏;如果 4 个人一伙,每伙给 8 个就剩下 2 个杏。杏有多少,童有几个?"

程老先生低头不语,拨动算盘,噼里啪啦一阵响后,就报出了结果:共有小孩子 24 人,杏 50 个。

卖杏老人非常惊奇。又见程先生已在地上写出一首算术诗:

牧童分杏各争竞,不知人数不知杏。

三人五个多十个,四人八个剩两枚。

大家再想请教一下运算过程,老人却已飘然而去。

今天向小好奇谈及此事,他在演算纸上写出了两种解法。小读者,你也试一试吧。然后再看看小好奇的两种解法。

解法一:$(10-2)\div\left(\frac{8}{4}-\frac{5}{3}\right)$

$=8\div\frac{1}{3}$

$=24$(人)

$\frac{5}{3}\times24+10=50$(枚)

解法二:设有 x 人,则杏有$\left(\frac{5}{3}x+10\right)$个或$\left(\frac{8}{4}x+2\right)$个,于是

$\frac{5}{3}x+10=\frac{8}{4}x+2$

$2x-\frac{5}{3}x=8$

$\frac{1}{3}x=8$

$x=24$

$\frac{5}{3}x+10=\frac{5}{3}\times24+10=50$

欧拉的最后时刻

著名数学家欧拉一生异常勤奋，成果迭出。1735 年，年仅 28 岁的他右眼失明，59 岁时，双眼再也看不见东西。但他一直没有间断研究，他在黑暗中整整工作了 17 年。

1783 年 9 月 18 日下午，欧拉为了庆祝他计算气球上升定律的成功，请朋友们吃饭。那时天王星刚发现不久，欧拉提笔写出计算天王星轨道的要领，还和他的孙子逗笑，和朋友们谈论的话题海阔天空，大家喜笑颜开。突然，欧拉的烟斗掉在了地上，他喃喃自语："我死了！"就这样，欧拉停止了呼吸，享年 76 岁。

金字塔有多高

欧几里得（约公元前 330—前 275 年）是古希腊数学家，被誉为"几何学之父"，著有《几何原本》。这本书是人类历史上一部伟大的科学著作，现在同学们所学的几何内容就出自此书。

有这样一个传说，埃及建造了高大的金字塔，有人望而生畏，说道："要测量金字塔，真比登天还难！"欧几里得却笑着说："在你的身影跟你的身体一样长的时候，你去量一量金字塔的影子的长度，那就是金字塔的高度。"

维纳轶事

维纳是控制论的奠基人，被称为“控制论之父”。他是美国著名现代数学家。

由于维纳“在纯粹数学和应用数学方面以及勇敢地深入到工程和生物科学中去的各种令人惊异的成绩”，1964 年美国总统约翰逊授予他科学勋章。

维纳早在童年时代就表现出了非凡的数学天才，有“神童”之誉。他三岁读书，七岁学完初等数学和解析几何。十四岁就读于杜英茨学院，十九岁时获哈佛大学数理博士学位，1934 年当选为美国数学会副主席。

维纳还是一位富有正义感的数学家。在他担任美国数学会副主席期间，曾携带家眷于 1935 年到我国的清华大学执教一年。他与中国学者友谊深厚。维纳同情旧中国人民的命运，抗战时间，他到处募捐，为支援抗战四处奔走。

一次维纳搬家，妻子用新居钥匙换下了他带着的旧房钥匙，连同一张写着新居地址的纸条给了他。结果白天有人问他数学问题，他把答案写在那张纸条背面递给人家。晚上维纳习惯性地回到旧居，他很吃惊家里没人。从窗口望进去，家具也不见了，他掏出钥匙开门，发现根本对不上齿。这时，他突然发现街上跑来一小女孩，就对她说：“小姑娘，我真不走运，找不到家了。我的钥匙插不进去。”小女孩说道：“爸爸，没错，妈妈让我来叫你。”

有一次，维纳正在邮局里来回踱着步，像在思考什么，他的一个学生看到后，很想上前打个招呼，又怕打断先生的思维。但最终还是鼓起勇气，靠近这个伟人：“早上好！维纳教授！”维纳猛地抬头，拍了一下前额，说道：“对，维纳！”原来维纳正欲往邮签上写寄

件人姓名，但忘了自己的名字。

点悟 从这个故事中可以理解“忘我”这两个字的含义了吧。

墓碑上的图案

数学上有许多难题。比如说，用圆规和直尺能不能作出正七边形、正九边形、正十一边形、正十三边形、正十七边形呢？

1796 年 3 月 30 日，高斯经过对这类问题的思考，用圆规和直尺，作出了一个正十七边形。2000 多年来的难题被高斯解决了。这一年，高斯才 19 岁。

高斯多么高兴啊！这个问题，阿基米德、欧几里得都没有解决啊！他希望，在他死后，墓碑上要刻一个正十七边形的图案。

1855 年 2 月 23 日，这位德国伟大的数学家离开了人世，人们就在他的墓碑上竖立了一个正十七边形的棱柱，以永远纪念他的伟大成就。

慧眼识才与启蒙

麦克斯韦(1831—1879)是英国十九世纪著名的物理学家和数学家，是经典电磁理论的奠基人。

当麦克斯韦五岁时，他的父亲想把他培养成一名优秀的画家。一天，父亲命他画一幅实物是一只插着菊花花瓶的静物写生，可是麦克斯韦画出的却是：一个大梯形的上面有大大小小的圆和形形色色的三角形。他的父亲看到儿子这风马牛不相及的“作品”时，没有认为儿子是在恶作剧而大动肝火，相反，他在儿子的这张不知

所云的图画中,看到了儿子在几何图形结构上的敏锐感受力。他认为,儿子把花瓶画作梯形,把叶子画成三角形状,把花画作大大小小的圆,乃是一种难得的数学抽象思维能力,是发散思维的辐射的开始,也是人才灵气的显露。于是,他便像发现了一颗数学新星一样,立即教儿子学习几何学、代数,使麦克斯韦在这方面的才能得到迅速充分的发展。由于父亲谙熟培养教育,麦克斯韦十五岁时就在《艾丁堡皇家学会学报》上发表了数学论文,以后又在物理学方面突飞猛进,攀上峰巅。

点悟 任何人才的成长,原因是多方面的。而麦克斯韦的成才,是同他父亲的慧眼识才以及得力的启蒙开智分不开的,这是给后人最重要的启示。试想当初麦克斯韦的父亲一看到儿子学绘画中违反传统写生的技法,立刻按自己的主观愿望,逼迫儿子循规蹈矩,那么,这发散思维刚刚所接通的辐射源势必被不明智的父命所斩断,而一个伟大人物的始发灵性的闪光也随之被"湮灭"了。这对我们的为人父母者该是一个多么重要的提醒啊。

妙联惊满座

华罗庚不仅是著名的数学家,且还是一位巧对妙联的行家。

1953年,中国科学院组织出国考察,由著名科学家钱三强任团长,团员有华罗庚、赵九章等。途中闲暇无事,少不了谈古论今。华罗庚触景生情即出上联曰:"三强韩赵魏"。这在对联中是属于难度很大的数字对。"三强"虽说所指的是战国时期韩赵魏三个强国,则又隐喻着代表团团长钱三强之名,这不仅要解决数字联难对的困难,且又要求在下联中嵌入另一有关人物之名。

华罗庚一出上联,使在座的同行们大费踌躇,不知所对。隔了

一时,华老才笑吟吟地说:“解铃还需系铃人,我出下联,请诸位指教”,即出下联曰:“九章勾股弦。”

下联一出满座惊倒。《九章》是我国古代数学著作,书中首次记载了我国数学家所发现的勾股定律。而“九章”与“三强”恰是名词相对,又是代表团另一成员大气物理学家赵九章之名。恰好与上联钱三强之名相应。

中国第一批留美学生詹天佑

中国的第一辆蒸汽机车是1881年在唐山制造的,以詹天佑为代表的中国早期铁路建设者为创建中国的铁路运输事业建立了不朽的功绩。

詹天佑(1861—1919)广东南海(今广州)人。1872年(同治十一年)以幼童留学美国,是中国所派的第一批留学生。

詹天佑在美国诺哈夫中学的一节地理课上,看到白色幻灯屏幕上映出了满载货物的火车和肥沃的土地,教师说:“这是十九世纪七十年代最新式的火车。目前,美国和许多国家已把它作为重要的交通工具。”接着,幻灯片的屏幕上又映出了贫瘠的土地,枯瘦的农民,老牛破车在缓缓蠕动。老师说:“这样的车子,这样的速度,国家落后,人民贫穷……”

詹天佑看了幻灯片,十分痛心而又惭愧地低下头。下课后,他默默不语,仍坐在自己的座位上。一个美国学生走过来问他:“那老牛破车你知道是哪个国家的吗?请回答。”詹天佑语不出,头不抬,不加理睬。接着,那个学生就哈哈冷笑说:“高才生,你怎么连这个问题也回答不上来?”詹天佑突然站了起来,回答说:“是我们国家的牛车,那是暂时的!”另一个学生走过来,说:“听说大英帝国曾经在中国修了一条铁路,可他们的皇帝说是怪物,下令把它拆了

扔到河里去了,哈哈哈!”詹天佑恼恨地注视着这群傲慢的洋学生,愤然离去。

詹天佑怀着强烈的民族自尊心,发愤读书,1881年以优异成绩毕业于美国耶鲁大学。他的老师罗索夫夫人亲切地对他说:“孩子,我衷心地祝贺你出色地完成了学业!”接着,她拿出一只小皮箱,又说:“这箱子里装着修建铁路的资料,是我多年搜集整理的,我把它送给你。希望你能利用它为自己的祖国做出贡献!”詹天佑欣然地接收了这只小皮箱,满怀着为国效力、为民造福的雄心壮志,回到了祖国。詹天佑不辜负老师的嘱托,毅然决然地主持修建了京(北京)张(张家口)铁路。他采用了新的工程技术,减短了工程数量和工期,为我国自建了第一条铁路,为中国人争了气。

数学科学的摇篮

几乎所有欧洲人心目中,辉煌灿烂的古希腊文化是欧洲文明的源头。不仅如此,古希腊更是数学科学的摇篮。

巴比伦人和古埃及人积累了许多数学知识,但他们只能回答“怎么做”,却无法回答“为什么”要这么做的道理。古希腊人从阿拉伯人那里学到了这些经验,进行了精细的思考和严密的推理,才逐渐产生了现代意义上的数学科学。

第一个对数学科学的诞生做出巨大贡献的是泰勒斯。他曾利用太阳影子计算了金字塔的高度,实际上就是利用了相似三角形的性质。他弄清了直角彼此相等;等腰三角形的底角相等;圆被任意直径平分;如果两个三角形有一边及这边上的两个角对应相等,那么这两个三角形全等。同时,泰勒斯还给出了这些知识的证明。尽管这些知识现在看起来很简单,但在当时却是非常深奥,非常了不起的。

在泰勒斯之后,以毕达哥拉斯为首的一批学者对数学科学的发展做出了贡献。他们最出色的成就之一是发现了"勾股定理",这个定理在西方被称为"毕达哥拉斯定理"。正是由于这一定理的产生,才导致无理数的发现,从而引发了第一次数学危机。

稍晚于毕达哥拉斯的芝诺,提出了四条著名的悖论,对以后数学概念的发展产生了重要的影响。

从泰勒斯到芝诺,经过一代代人的努力,古希腊的数学有了全新的发展。欧几里得吸取其中的精华,写成了《几何原本》这本数学史上最有名的著作。今天我们所学的平面几何学的知识,都来源于这本书。

继欧几里得之后,阿基米德开创了希腊数学发展的新时期,人们称之为亚历山大时期。阿基米德在数学方面的工作,远远超越了他那个时代,被后人称为"数学的神"。阿基米德曾设计过一种大数体系,根据这一体系,即使整个宇宙都填满了细小的沙粒,也可以毫不费力地把沙子的粒数数出来。阿基米德通过作边数越来越多的内接正多边形、外切正多边形,算出了圆周率的值的范围。另外,他还得到了求面积和求体积的公式,并且发明了以他名字命名的螺线。

在阿基米德之后,古希腊的数学更加侧重于应用。在天文学发展的促进下,希帕恰斯、梅尼劳斯、托勒密创立了三角学。尼可马修斯写出了第一本专门的数论典籍——《算术入门》。丢番图则系统地研究了各种方程,特别是各种不定方程。这样,初等数学的各个分支——算术、数论、代数、几何等全部建立了起来。这意味着,由巴比伦人、古埃及人孕育的数学"婴儿",终于在古希腊的摇篮中诞生了。

雷厉风行的发明家

爱迪生(1847—1931)是美国大发明家。他对我们的启迪、教育很多。

当爱迪生15岁的时候,以大无畏的英雄气概抢救出一个在火车轨道上即将丧命的男孩。只因此一举,在很大程度上影响了他一生的道路。那被救的男孩的父亲非常感恩却自愧无钱拿出报答,于是就教给爱迪生电报技术。爱迪生学习如饥似渴,很快成为美国最佳最快的报务员。他挣了钱便买了一整套法拉第的著作,这对他发展自己的电气技术起了很大作用。稍大些,他到纽约市找工作,在他等候雇主召见时,一台电报机坏了,他是唯一能修好电报机的人。于是,他被聘的工作"比预期的好得多"。此后,他设计了一台形式更好的收报机,献给一家大公司的经理。他原想向大经理索价5000美元,却又没勇气张口,就让大经理给个价钱,岂料又一个"比预期好得多"——经理给了4万美元。这对他进一步搞发明提供了条件。

本书中我们可以看到,爱迪生发明实用电灯的经过是百折不挠。然而,我们更应当知道,他更是工作狂,工作起来雷厉风行。我们想一想吧,他的一生获得将近1300项发明专利权,其中有留声机、活动电影、爱迪生蓄电池……他的一生可以说是发明创造的一生。他不能容忍"慢慢来"、"不集中思想"。他习惯的工作方法是:先了解一切有关方面,然后从各个方面去做风驰电掣般地突击。他的成功除了多种因素外,这种快速、集中、全力以赴是重要的、决定性的。

爱迪生的发明都不是一帆风顺的。在多次失败后,他不灰心丧气。例如被后人称为"爱迪生蓄电池"的实验失败了8000次的

时候，他说：“我至少知道了八千种不能使蓄电池工作的东西了。”

爱迪生辛勤工作一生的结果，给全世界的人带来好处。1929年10月29日是爱迪生发明白热灯50周年纪念日，全世界科学家及名人都来祝贺，亲自莅临的有两次获诺贝尔奖的居里夫人，打来贺电的有被称为现代物理学之父的爱因斯坦。那时年龄已82岁的爱迪生致答辞引起经久不息的暴风雨般的掌声。

惩罚成为预言

布特列洛夫是十九世纪俄国著名的化学家。他从小就喜爱化学，常常一个人躲在学校宿舍里做实验。有一次，他在做实验时发生了爆炸，幸好人没有受伤，但是惊动了学校。学监把他关进禁闭室，在他胸前挂了一块牌子，上面写着“伟大的化学家”，还讽刺地说：“哼！你也想成为化学家？”谁知，这反而增强了他研究化学的决心，30岁时，他终于取得了成功，人们称赞他是“伟大的化学家”。他幽默地说：“这个称号在20年前是惩罚，今天却成为现实了。”

巧测灯泡体积

美国的大发明家爱迪生，年轻的时候曾和普林斯顿大学数学系毕业的学生阿普顿在一起工作，住在一个房间里。

阿普顿总觉得自己在大学里深造过，天资聪颖，头脑灵活，处处好卖弄自己有学问，对卖报出身的爱迪生当然不放在眼里。

爱迪生是一个沉默寡言的人，从不炫耀自己。他对阿普顿的装腔作势、言过其实，从内心感到厌烦。为了让阿普顿把态度放谦虚些，有一次，爱迪生把一只无头的梨形玻璃灯泡交给了阿普顿，

请你算一算容积是多少。

阿普顿拿着那个玻璃灯泡，轻蔑地一笑，心想："想用这个难住我，未免太天真了！"

他拿出尺子上上下下量了又量，还依照灯泡的式样画了一张草图，列出一道道算式，数字、符号写了一大堆。他算得非常认真，脸上都渗出了细细的汗珠。他是怕算不对，在爱迪生面前丢脸。

过了一个多钟头，爱迪生问他算好了没有。他边擦汗边摇头说："还没有，快了，算一半多了。"

爱迪生扭头一看，几张大白纸上密密麻麻地列满了算式，便忍不住笑起来："不用那么费事，还是换个别的方法算吧。"

阿普顿仍固执地说："不用换，我这个方法是最好最简便的。"

爱迪生不愿和他争论，边做自己的工作边等着他算出结果来。

又过了一个多钟头，阿普顿还低着头列算式。爱迪生有些不耐烦了，他拿过玻璃灯泡，在里面倒满了水交给阿普顿，说："去把这些水倒到量杯里，看看它的体积是多少，那就是玻璃灯泡的容积，也是我们需要的答案。"

阿普顿这才恍然大悟——爱迪生的办法非常简单而精确。他那冒着汗的脸，刷地红了。

点悟　大发明家爱迪生把求灯泡的体积转换成求水的体积，向我们揭示了一个道理：在你难以直接解决某个问题时，不妨采取迂回战术，有意识地对问题进行转化，变为已经解决或易于解决的问题，闪现出"柳暗花明又一村"的美景。

喜欢昆虫的达尔文

达尔文是十九世纪英国伟大的生物学家。他小时候就喜欢各

种各样的小动物，一放学，就到花园里去，一会儿捉蝴蝶，一会儿掏鸟蛋，一会儿趴在地上看蚂蚁搬家。大自然成为他的大课堂，开阔了他的眼界。有一次，他剥去一块树皮，看见两只美丽的甲虫，他高兴地一手抓住一只，可是，又发现了更稀有的一只甲虫。他急中生智，把右手中的甲虫用牙齿轻轻咬住，腾出右手刚想捉那只稀有甲虫，嘴里的甲虫突然喷出一股液体，他的舌头发麻，嘴一张，甲虫逃掉了，他为此难过了好几天。长大以后，他在生物学研究方面特别注重实际考察，终于创立了著名的“进化论”。

安培追“黑板”

安培是法国著名的物理学家。他对工作非常专心致志，到了入迷的程度。有一天，他在街上，边散步边思考一道题目，看见前面有一块大黑板，就从口袋里掏出粉笔头，跑上去在黑板上验算起来。谁知还没有验算完，黑板动了起来，他不知不觉地跟着黑板后面，一边走一边验算，黑板越走越快，安培再也追不上了，这时候他才发现，路上的人都在朝他哈哈大笑，原来黑板是一辆马车车厢的背面。

妈妈的教诲

莱布尼兹生于德国，他小时候特别聪明，但很贪玩。有一次，他和一些小伙伴去打鸟，很晚才回家。结果第二天的数学考试，他因为没背公式，只得了五十几分。妈妈看着考卷，伤心地对莱布尼兹说：“孩子，你这样不用功怎么行呢？数学很重要啊！莱布尼兹无所谓地说：“数学有什么重要？”“傻孩子”，妈妈说道：“你想想看，

如果世界上没有数学来计算一切，那将会怎么样？"莱布尼兹听了妈妈一番话，深受触动，从此努力学习，终于成为一名出色的数学家。

菲尔兹奖的华人得主

1983年，国际数学会议决定将1982年的数学界的诺贝尔奖——菲尔兹奖颁发给一位年仅34的华人数学家，这位才能非凡的年轻人就是丘成桐。

丘成桐原籍中国广东，后来迁居香港，1966年进入香港中文大学数学系。他自幼迷恋数学，经过不懈的努力，在大学三年级时就由于出众的才华被一代几何学宗师陈省身发现，破格成为美国加州大学伯克利分校的研究生。在陈省身教授的亲自指导下，年仅22岁的丘成桐获得了博士学位。28岁时，丘成桐成为世界著名学府斯坦福大学的教授，并且是普林斯顿高级研究所的终身教授。

丘成桐的第一项重要研究成果是解决了微分几何的著名难题——卡拉比猜想，从此名声鹊起。他把微分方程应用于复变函数、代数几何等领域取得了非凡成果，比如解决了高维闵考夫斯基问题，证明了塞凡利猜想等。这一系列的出色工作终于使他成为菲尔兹奖得主。

数学家与国王的合作

1766年，著名的法国数学家拉格朗日接受普鲁士国王的邀请，荣任柏林科学院院长。

"让最伟大的国王和最伟大的学者在一起合作吧！"这位国王

大言不惭地说。

“学者缺少的往往是财富，而国王缺少的往往是智慧。因此，我们之间的合作是理所应当的！”拉格朗日微笑着说。

捧回诺贝尔桂冠的第五位华人

瑞典皇家科学院诺贝尔评审委员会宣布获得1997年度物理学奖的是美国华裔教授朱棣文和威廉·菲利普斯，以及法国的克洛德·塔诺基。他们的重要贡献是创造出了激光冷冻原子捕捉技术，这种技术是采用6束激光分别从上下、左右、前后方向同时轰击气体原子，使原子的运动速度大大降低，从而将气体原子束缚在一个很小的区域内，气体温度也相应降至低温，就像物体在极黏稠的液体中被阻滞一样。人们可利用他们的研究成果进一步发展太空导航系统，进行准确地地面卫星定位，还有助于制造出十分精确的原子种，同时有希望造出运算能力更快的电脑晶片。

朱棣文当年50岁，祖籍中国江苏太仓，现任美国斯坦福大学物理系教授。朱棣文从小受到儒家文化的熏陶和培养，从他父母那里学会了刻苦、勤学的精神和谦逊的品德，并不宽裕的生活环境造就了他不屈不挠的坚强性格。中学毕业后，他进入美国知名学府，也是华裔较多的加州伯克莱大学深造，1976年在伯克莱大学获得博士学位。

担任斯坦福大学教授的朱棣文，精力充沛，工作十分繁忙，每天工作十几个小时。他带8个博士生，指导两个博士后，每天给硕士研究生开两门课，还从事自己的原子物理学研究。他是一个兴趣广泛的人，爱好打网球、游泳和骑自行车，还喜欢烹饪，并烧得一手好中国菜。

朱棣文是继杨振宁、李政道、丁肇中和李远哲之后第五位捧回

诺贝尔桂冠的华人科学家。

爱因斯坦的童年和晚年

世界著名的科学家爱因斯坦在上小学的时候，并不是一个智力超群的佼佼者。有一次上劳作课，同学们都交上了自己满意的作品——泥鸭子、布娃娃、蜡水果等，唯独他没有交。直到第二天，他才送给老师一只做工粗陋的小板凳。老师看了看，很不满意地说："我想，世界上不会再有比这更糟糕的小板凳了……"爱因斯坦却不以为然，他真诚地回答："有的！"接着不慌不忙地从课桌下面拿出另外两只小板凳，先用右手举起一只说："这是我第一次做的。"又用左手举起一只说："这是我第二次做的……刚才交上的，是我第三次做的……"很显然，最后一次做的，比前两次做的好多了。老师看他办事这样认真，也就改变了对他的态度和看法。

人们总是认为一个大科学家一出娘胎就会与众不同，脑瓜子总要比一般人聪明、灵活，如果低于常人那则是不可思议的事情。然而，从爱因斯坦的第三只板凳来看，与同龄孩子的作品相比较，却是大大地落后了。可以想见，爱因斯坦在孩提时代的智力是在一般人之下，但他后来却成为首次提出相对论的大科学家，并获得1921年诺贝尔奖。

这里的奥秘是什么呢？人们通常认为："成就来源于天资"，事实并非完全如此。爱因斯坦的成功在于他对学习对事业执著的追求，在于他认真的持之以恒的态度。第一次失败了就来第二次，第二次失败了就来第三次……直至成功。他制作的第三只板凳不正说明了这一点吗？不半途而废，不怕失败，这就是爱因斯坦、也是大多数成功者的秘诀！少年朋友，如果你能像他那样百折不挠，那么成功将期待着你！

1945年和1948年，爱因斯坦接连做了两次手术，他的主动脉上发现有瘤。他知道自己的时间不长了。对于死，他用一种简单的、合理的答案表明了自己的看法：

是的，人人都要死。在这一点上，也只有在这一点上，人人都是平等的……死是最终的解脱，永恒的自由。

1955年4月16日，爱因斯坦病情恶化而住进了普林斯顿一家小医院。儿女们从远处赶来了，看到父亲痛苦得变了形的脸，都流了泪，但爱因斯坦的嘴角却浮起了一丝微笑，他说：

"没什么，这个世界的事，我已经做完了。"

对于自己的身后事，爱因斯坦再三叮咛，切不可把他的住宅——梅塞街112号变成人们"朝圣"的纪念馆；他在高等研究院里的办公室一定要让给别人使用。

晚上，他睡着了。当值班护士来到他的床头时，听到他在讲话，虽然听不清讲些什么，却清楚地听到他讲的是自己祖国的语言——德语。

4月18日凌晨，爱因斯坦的心脏停止了跳动。

爱因斯坦在他生命的最后一天，嘱咐家人：不要举行葬礼，不要设立坟墓，也不要建立纪念碑。爱因斯坦的遗体悄悄地送到特伦顿附近火化。按照他生前的愿望，没有向世人公布他的骨灰保存在哪里，因而世上就没有纪念爱因斯坦的殿堂供人瞻仰。

傻瓜少年成大器

有个少年在别人家里看到一本书，千方百计想要得到它。人家对他开玩笑说，他如果敢在坟地上过一夜，就把这本书送给他。他高兴地拍手说："行！"他果然在坟地上睡了一夜。当他半夜冻醒以后，仰面看着满天繁星，诗兴大发，写出了他平生第一首诗，当然

也得到了那本想了很久的书。但有人却说他是“傻瓜”!

“傻瓜”少年是谁呢?他就是罗蒙诺索夫,后来成为俄国著名的科学家,还是俄国新文学的创始人之一。

点悟 从“傻瓜”少年的故事中,我们可以看到,罗蒙诺索夫之所以后来取得了巨大的成功,是和他少年时代就酷爱读书分不开的,再加上他把非凡的意志力和非凡的理解力结合起来,把精力集中到对科学的追求上,从而使他对科学、对文学做出巨大的贡献。

小朋友,你从这个故事中得到了什么启示?

观察让他步入科学殿堂

瑞利是英国著名的物理学家,一九〇四年他荣获了诺贝尔物理学奖。他成就虽大,起点却在于对微不足道的寻常现象的观察。

瑞利很小的时候,经常注意他母亲待客时端茶的样子。每当客人登门,他母亲都沏好一杯茶,放在小碟子里,端到客人面前。因为上了年纪,她端碟子的手,总是不停地哆嗦打颤,茶碗也滑动得厉害,有时滑动得茶都洒出来了。没想到,茶水洒在小碟子里以后,茶碗反而不那么滑动了……从这里,瑞利开始了对摩擦力的研究。这小小的观察却让他从此步入了科学的殿堂。

点悟 瑞利的成功启示我们:“没有观察就没有科学,科学的发现诞生于仔细观察之中。”(英国物理学家法拉第语)

同学们,你想有所发明、有所创造吗?你想写出一手好文章吗?如果想,那就请你平时注意细心观察生活中平凡的细枝末节吧。

观察不是单纯的“看”。它从来都是与“想”联系在一起的,只

看不想，等于没看，想而不看，便是空想。观察从来就是看和想的统一体。

杨振宁和他的老师们

杨振宁博士早年在西南联大当研究生时，他的导师是王竹溪先生。一天，王先生要他写一篇论文：《固体中的有序与无序的问题》，并要他参看一本书。杨振宁看不懂这本书，便去向王先生请教。先生只字不讲，却又要他看第二本书。第二本书也看不懂，先生还是不讲，又推荐第三本书，并要求他看完第三本书后，再回头去看第二本和第一本，提出对第一本书的见解。显然，王先生要他看的第一本书就是指导做论文的关键性资料，第二本和第三本则是打开第一本的“钥匙”。杨振宁在反复细读了第三本书后，终于写出了优秀的论文。

后来，杨振宁到美国芝加哥大学读书，他的导师是有名的物理学家肖洛先生，肖先生讲课时对问题总是讲得不那么详尽，有意留下一些问题让学生自己去思考和钻研。因此，杨振宁在下课后，常常仔细琢磨肖先生讲过的问题。有一次，肖先生要杨振宁回答一个问题，杨振宁立即说出自己的看法，肖先生却说：“不要先下结论，回去认真思考后再告诉我。”杨振宁花了两天时间终于有了完善准确的答案，肖先生才满意地笑了。

杨振宁后来回忆起他过去的学习生活时，曾感慨地说：“是这两位先生给了我很好的学习方法，为我后来取得成功奠定了牢固的基础。”

以后，经费米等著名科学家的教导，又经过几年的努力，杨振宁与李政道博士共同研究解决了核物理中的 Q——τ 之谜，推翻了在弱相互作用下的宇称守恒定律，1957 年与李政道博士共同分享

了当年的诺贝尔物理学奖。杨振宁虽然远渡重洋，万里寻师，但在科学道路的攀登上，却走了一条捷径。

点悟　正如诺贝尔经济学奖获得者保罗·塞缪尔森曾说："我可以告诉你们，怎样才能获得诺贝尔奖金，诀窍之一就是要有名师指点。""一个青年科学家一生中最重要的事情，是跟他那个时代的科学巨匠所进行的个人接触。"

钱学森宁死也要回国

被誉为"中国现代火箭之父"的钱学森，是著名的航天工程和空气动力学专家。新中国成立之初，钱学森为了报效新生而落后的祖国，从 1950 年起在美国向其当局正式提出回国申请。但是，美国当局却百般阻挠和迫害，没收了钱学森的各种资料和书籍，并诬蔑陷害他为"间谍"，对他进行审讯和监禁，将他关押在一个孤岛上，进行惨无人道的折磨和迫害。仅半个月，就使他的体重减轻了 30 磅(约合 13.6 千克)。美国当局声称，只要钱学森放弃回国念头，就照常给他提供实验室和仪器设备。可是，钱学森宁死也要回国。后来，他虽被科学界知名人士保释，但他的办公室、住宅、电话、信件等都要受到严密检查。钱学森被美国当局整整迫害了 5 年之久，但他始终没有屈服，终于在祖国的帮助下，于 1955 年获准回国。当他接到可以离开美国的通知时，他激动得热泪盈眶，并高兴地跳了起来。回国后，钱学森为新中国的航天事业跃入世界前列立下了不朽的功勋。

邓稼先拒绝高官厚禄

我国“两弹”(原子弹和氢弹)元勋邓稼先，当年在美国获得博士学位后，美国要给他很好的条件和优厚的待遇，希望他能长期在美国工作。但是，邓稼先并未因高官厚禄而动摇他回祖国工作的决心。1950年，邓稼先胸怀报国之志，回到了祖国。回国后，他受命参加原子弹的研制工作。当时，在外国严密封锁资料和我国实验设备极其落后、生活条件艰苦的情况下，他和同志们发扬自力更生、艰苦奋斗的精神，通力合作，终于在1964年10月16日成功地爆炸了我国第一颗原子弹，并在1967年6月17日又成功地爆炸了氢弹。“两弹”的研制成功，是我国重大的科技成就，它震惊了世界，壮了国威。邓稼先为发展我国的科技事业，领导和参加了32次核实验，后因放射性物质的侵害，他献出了自己宝贵的生命。

笛卡尔巧记数字

笛卡尔是法国数学家，他在研究问题时，总能抓住关键，化难为易。有一次，一个军人朋友来看他。聊天中，朋友说:“我的出入证号码可真难记，每次都要拿出来看。”笛卡尔接过出入证，上面写着7814385。笛卡尔想想说:“我教你个办法。你看，你记住1,3,5,7四个数，再把7挪到前面，变成7,1,3,5，把每相邻两个数字之和填在中间，这不就是你的号码吗?”朋友听了这话，不禁连声赞叹：“太好了！太好了!”

月亮换粮食

哥伦布(1451～1506)是意大利人,他从小就迷恋船只和航海问题。他深信地球是圆的,认为从欧洲向西航行,一定能够到达亚洲的印度和中国。

1502 年,著名航海家哥伦布率领一支一百五十人的船队出海探险,目的是打通大西洋到亚洲的海上通道。一年以后,船队到达古巴南面的洋面上。就在这时,海上刮起风暴,两艘船被风浪打坏,船舱积水。哥伦布当机立断,让船队转向航行。6 月 25 日,船队来到牙买加。船员们上岸就地休整,修理损坏的船只。

半年后,船修好了,船队准备继续前进。哥伦布想在船上储备一定的粮食,就派人带着玻璃球、针织花边、镜子等小物件,去跟当地的印第安人换粮食。

在 16 世纪初,欧洲的这些小物件对过着原始生活的印第安人来说是非常稀罕的东西。但不知是什么原因,印第安人就是不肯以粮食来换。没有粮食,船队无法起航,哥伦布心急如焚。

有一天,哥伦布在翻看航海日记时,无意中看到这样一条记载:1503 年 2 月 28 日晚上将发生月全食。他灵机一动,决定利用这次月全食的机会,为船队收集粮食。

2 月 28 日这天傍晚,哥伦布派人请附近几位印第安部落酋长来到船甲板上。哥伦布说:“我们是月亮神的使者。现在,上帝命令印第安人向月亮神使者提供粮食。如果不服从命令,这里的印第安人将永远看不到月亮。”

听了哥伦布的话,有人将信将疑,有人低头沉思,有人看着天上明晃晃的月亮,发出冷笑。

哥伦布估计月食即将发生,便大声地对着天空说道:“尊贵的

月亮神，请施展你的威力吧！”话音刚落，月全食开始，一个黑影慢慢爬上月亮，月亮慢慢地残缺不全，最后完全失去了光辉。

这时，酋长们个个惊恐万状，纷纷跪在地上向哥伦布求情，请求上帝不要惩罚他们。他们愿意向西班牙人提供足够的粮食。

哥伦布估计月食将结束，便装出一副宽宏大量的姿态，假装答应酋长们的请求，让月亮重新发光。

哥伦布利用印第安人的无知和迷信，得到了所需储备的粮食，使船队得以继续航行。

绑火箭的小推车

法国火箭专家华纳·冯布朗从小就对火箭有兴趣。

一天，他从一个朋友那里弄来6枚火箭，正在考虑如何利用它们。他懒洋洋地眺望窗外，看见前院草地上有一辆红色小推车，他突然想到了一个主意。既然一枚火箭能把自身推上天空，那么几枚火箭加在一起，也许就能把那辆小推车变成一个抛射体。

他在小推车的两边各绑上了两枚火箭。他点燃导火线之后，赶快跑到安全地方。火箭以惊人的速度将小推车推进。

他欣喜若狂，立即在街上追赶小推车。过了五个街口之后，火箭终于燃尽，发出一声巨响，爆炸了。邻居纷纷从屋里跑出来，不知发生了什么事情。不久，警察到了。这个开心得像疯子似的少年自然被请进了警察局。

刚吃完午饭

1892年，玛丽（居里夫人的名字）在巴黎大学学习时，住在又窄

又暗的小阁楼里。

有一天，玛丽的一个同学来找她，发现玛丽昏倒在地板上。这位同学大叫一声："她晕倒了！"赶忙跑去叫人。不一会儿，玛丽的姐夫卡密尔跑上楼来，急得满头大汗。可是，他推门一看，面色苍白的玛丽已经端坐在桌子前，开始预习第二天的功课了。她的姐夫看到屋里连一点儿吃的东西也没有，就问："你今天吃什么东西？"

"今天……我不知道……我刚吃完午饭……"玛丽回答。

"你吃了什么东西？"姐夫追问。

"一些樱桃，还有各种东西……"

姐夫一再盘问，最后玛丽不得不说实话。原来从前一天晚上起，她只吃了一把小萝卜和半磅樱桃。她早晨 3 点起床，只睡了四个小时，是因饥劳过度，昏了过去。

自　传

"炸药之父"诺贝尔写过这样一个自传：

阿·诺贝尔：仁慈的医生本当在他呱呱坠地之时就结束他痛苦的生命。

主要优点：不沾光讨便宜，不成为任何人的负担。

主要缺点：终身未婚，脾气暴躁，消化不良。

唯一的希望：不要让人活埋。

最大的罪过：不崇拜财神。

一生中重大事件：全无。

7. 伟　大

——精彩瞬间让世界辉煌灿烂充满阳光

在这里，你将会看到世界上最经典的智慧、最感人的美德和最伟大的瞬间。让我们感到，能够生活在这样一个充满阳光、充满幸福的时代里，那是因为他们。

观茅草鲁班发明锯

相传两千多年前，国君打算修建一座宫殿。他决定让一位技艺高超的木工鲁班负责修建，并限期完工，否则将受到严厉的处罚。

接受任务后，鲁班就和弟子们一起上山伐木。由于当时没有锯子，只能用斧砍，工程进展很慢。眼看伐木跟不上，将要延误工期，鲁班不由得万分焦急，苦思冥想，有没有比斧子更好的工具来伐木呢？

有一天早上，他忧心忡忡地上山察看。由于山路陡峭，草木茂盛，鲁班就抓住路旁的杂草吃力地向山上攀登。不料，脚下一滑，他握着茅草的手被划得火辣辣地痛，伸手一瞧，鲜血顺着一道道口子渗了出来。

他并没有惊慌，抬起手瞧了又瞧，感叹道：

“没想到一根柔软的小草竟然这样厉害！”

他又拿来茅草重新试验了一下，发现茅草边缘有许多整齐规则的小齿，只要在手上一拉，就会马上割出一道血口子。

这个发现给了鲁班很大的启发。他自言自语地说：

“一根柔软的茅草可以把手拉出一道口子，如果用一根铁条，也像茅草那样，在两边打上尖锐的细齿，不就能够把树割断了吗？”

于是鲁班决定试一试。

他找到铁匠，让铁匠打了几十根边缘上有细齿的铁条。然后扛到山上去锯树，果然又快又省力。

从此人们再也不用笨重的斧头去砍树了，而改用轻便的锯条去锯树。

由于鲁班发明了锯，工效大为提高，巍峨的宫殿提前建成了，

鲁班和弟子们也因此受到了国君的嘉奖。

点悟　我们在生活中可以遇到许多不经意的小事，如果善于观察和分析，就会从中发现许多科学道理。

上山途中被一根茅草划破了手，这本来是一件极其平常的事情，可是鲁班却由此发明了锯，这正是由于他平时勤于用脑，善于分析的结果，是他的智慧在无意之中被激发出来，终于凝结成一项新的发明而流芳后世。

观狗斗激发灵感写《水浒》

“花和尚倒拔垂杨柳、豹子头误入白虎堂”，“杨志押送金银担、吴用智取生辰纲”，“入云龙斗法破高廉、黑旋风探穴救柴进”，这些生动惊险的故事都出自古典小说《水浒》。它的作者是施耐庵。

施耐庵，元末明初小说家。他原籍苏州，后迁淮安，卒于明洪武初年。

施耐庵原为元至顺年间进士，在杭州做过两年小官，因与当地权贵不和，就弃官隐居故里。

他目睹当时朝廷的黑暗，统治者的昏庸和政治的腐化，便创作《水浒传》来抒发胸中愤慨。

无奈施耐庵本来系进士出身，一介文人，缺少社会阅历和生活实践，虽有满腔激情，文思泉涌，但一到关节眼上往往就会卡壳。

这一天他写到武松打虎这一回，因为从来没有看过人畜搏斗的样子，所以写了几次自己都不满意，只好推倒重来。

正当他抓耳挠腮苦思冥想之际，忽听得门外一阵吵嚷声，他于是放下手中的笔，信步来到门口。

大街上有不少人正围在那里看热闹，原来是邻居孙虎因为喝

醉了酒，与一头大黄狗发生了冲突，人狗战在一处，人狂狗凶，一时难分胜负。

只见孙虎袒胸露怀醉态十足，他捏紧拳头朝黄狗打去，黄狗轻轻一闪躲过了，却把身子一纵，飞身向孙虎。

那孙虎是个做工的，颇有一把力气，如今虽然喝醉了，勇气却不减。他步履踉跄的闪身躲过，待黄狗再次扑来时，他劈手一把抓住狗脖子，飞身骑在黄狗身上，三拳两脚就把大黄狗给打得七窍流血而死。

大黄狗临死之前拼命挣扎，用爪子在地上刨了一个小坑。

这时候狗的主人赶来了，嚷嚷着让孙虎赔狗，而孙虎却仗着酒性偏偏不给，两人便对骂起来。

于是劝架的、看热闹的，闹成一团不可开交。

施耐庵当下拨开人群挤了进去，好言劝慰狗的主人，并承诺由自己赔狗钱，双方这才罢休。

人们都为施耐庵的行为大惑不解，而施耐庵却如获至宝地回到家中，展纸铺墨一气呵成，把孙虎战黄狗的情节移植到武松打虎上，这一章写得绘声绘色、活灵活现。

点悟　艺术虽然高于生活，但又来源于生活。

施耐庵写武松打虎这一回，并没有现成的蓝本可资借鉴，因为谁也无法看到人虎相斗的场面。但他偶然间发现了人狗相斗的全过程，醉汉对恶犬，虽无人虎相搏的惊心动魄，却也有狭路相逢的激烈非凡。

受启迪发明活字印刷

宋朝时期，杭州西山有个号称“神刀王”的雕版师傅在晚年时，收了一个平民出身的小徒弟毕升。

毕升跟着“神刀王”一学就是三年，技艺突飞猛进。

有一次，师傅雕刻晋代大书法家王羲之的《兰亭序》，让毕升在一旁观察揣摩。谁知还剩下最后一行字时，在一旁观摩的毕升忘乎所以，碰了一下师傅的手臂，把正在刻的一个“斯”字给刻坏了。他一下子急得团团转，不知如何是好。因为是木版，刻坏了一个字，全版都要重新来刻。

师傅虽然没有责备毕升，但毕升心里却难过极了。他看着师傅半天的心血因为自己不慎而付诸东流，心里感到不是滋味。晚上，他躺在床上，翻来覆去睡不着觉，他先是暗暗埋怨自己，后来又冒出一个念头：

雕版印刷太麻烦了，刻坏了一个字就要重刻一块，能不能想办法改革一下呢？

从那天开始，毕升一有空就开始琢磨这件事。

一天，他在西湖边散步，发现一位画师正在朝画上盖印章。

因为印章太多，而且多次反复盖轻重不一，所以画师就把五六块印章用牛皮绳捆在一起往画上盖。

毕升饶有兴趣地看了大半天，忽然灵机一动，高兴地大叫起来：

“我有办法了，有办法了！”

他一溜烟跑回住处，用胶泥做了一个个方块，干了以后，刻上反字，一字一块。然后用火将这些字烧硬，再按音序顺序排在事先准备好的大木格里固定好。

这样，就可以反复多次使用了。

活字印刷与雕版印刷比较起来，既方便节约，又省工省时，因此一经推出，就受到了印刷界的欢迎，很快就被推广到海外。

毕升是发明活字印刷术的一代大家，也因为活字印刷而名垂青史。

点悟 机遇总是垂青那些勇于担当责任的人。毕升因为自己的过失导致老师毁版重来，心中十分难过。因而激发了改革雕版印刷术的雄心；

机遇同时还垂青那些有准备的人。毕升的头脑中时刻想着印刷术，因此当他看到江湖艺人把几块印章捆在一起往画上盖的时候，顿时激发了灵感，从而研究发明了活字印刷。

七岁童曹冲称大象

曹操是三国时期杰出的政治家、军事家和文学家。他有一个小儿子叫曹冲。曹冲自幼饱读诗书，反应敏捷，在军中小有名气。

有一天，东吴孙权派人给曹操送来了一头大象。这头大象体形伟岸，长鼻阔耳，步履缓慢，十分憨态可掬。

因大象是南方的动物，北方人很少见到，所以觉得十分稀奇，文武百官都凑上前来看热闹。

大家对大象议论纷纷赞不绝口，有的说那大象的腿像四根柱子，身子像一面墙；有的说那大象牙像两柄船桨，耳朵像两把大蒲扇；有的说大象那么大，怕是有好几万斤吧。

曹操也在人群中观象，他见有人提出象有多重的问题，决定借机考考群臣，于是传令下去：

如果谁有办法称出大象的重量，主公重重有赏。

这一下可难住了文武百官。他们有的说可以造一根大称，砍一棵大树做秤杆，用镇水的铁牛做秤砣；有的说把大象宰了，一块一块的称出重量。

曹操对这些办法都不满意。这时儿子曹冲走了出来，稚声稚气地对大家说："告诉父王，我有办法称出大象的重量。"

"你有什么办法呢？"曹操低下头慈爱地问道。

曹冲胸有成竹，微笑着答道："先把大象赶到一条大船上，大船承受了大象的重量，必然会往下沉，然后在吃水线上作个记号。这时牵回大象，再往船上装石头，等到船的吃水线和水面相平的时候，取下石头来称一称，石块的重量之和也就是大象的重量。"

大家听曹冲这么一说，才都醒悟过来，纷纷向曹冲伸出大拇指夸赞不已。

曹操也对儿子的称象方法十分满意。他使人按照曹冲的办法去做，果然称出了大象的重量。

点悟　在一千三百多年前的三国时期，科学还不太发达，七岁的曹冲能利用分割法和浮力原理，解决大象的重量问题，真是一件了不起的事情。

巧于利用现有条件以最简单的方法完成别人难以想象的事，正是智慧的核心内涵。

发明指南针开创航海新纪元

指向南北来确定方向的指南针是中国古代四大发明之一。

中国是最早发现磁铁的指极性，并用它制造指向仪器的国家。在2000多年前的战国时期，我们的祖先就发明了一种称为"司南"的磁铁指南仪器。"司"是掌管的意思，即专门掌管南方的仪器。东汉科学家王充在《论衡·是应篇》中说："司南之杓，投之于地，其柢指南。"指出司南的形状像一把勺子。后人认为它是用天然磁石磨制而成，并把它放在一个有24个方位制度的地盘（即罗盘）上，勺把就会指向南方。由于天然磁石不易找出准确的极性，而且司南与地盘的接触面大，转动时摩擦阻力也大，因此指向效果不太好，这还不是理想的指向仪器。

指南针发明的确切年代，现在难以考证。但可以肯定最迟在11世纪中叶以前，指南针已经问世。1041年成书的风水典籍《茔原总录》中，有一段测定方位的文字，经分析已使用指南针，并已在世界上最早发现了地球的磁偏角。后来人们在大木制罗盘中央挖一圆形蓄水池，放上贯有灯芯草的磁针，罗盘周边刻有24个方位，这种装置称水罗盘，又叫指南浮针。

大约在北宋末期指南针用于航海，引起了航海技术的重大变革，开创了人类航海活动的新纪元，这期间海外交通事业繁荣。特别是指南针传入欧洲，促成了欧洲近代大航海时代的到来。

生活是智慧的源泉

马钧出生于三国时期的扶风县，自幼家境贫困，全靠母亲织绫出售来维持家里的生活。

他生来心灵手巧，又聪慧好学，见到母亲日夜织绫十分劳累，为了减轻母亲的负担，他决定试着改进织绫机。凭他灵巧的双手和聪明的头脑，很快摸索出了改进之法，制成了新式织绫机，将工作效率提高了十几倍。这在当时是个了不起的发明创造，马钧也因为心灵手巧而为天下人所共知。

当朝皇帝魏明帝听说马钧善于发明制造，就将他召入京师任给事中之职。在朝中为官的日子里，马钧设计制造了著名的指南车、水车和发石车等。

有一天，马钧到城外散步，看见两个人用系着绳索的木桶戽水，顿时受到很大启发，决定模仿制作一台汲水工具，将低洼地的水戽到高地，从而解决高地的灌溉问题。

他急匆匆回到家中，很快制作出一个汲水器械的模型。这模型和一个小秋千架十分相似，用一个桶在下面来回摇荡，在桶下面

放一大盆水，一荡一悠之间，木桶就可以将低处的水泼向高处。

他经过几次试验之后发现，如果将这具模型放大安装到高地上，秋千架最低也要有两米多高，这样一来，戽水的人可就吃力了，一个人的两只胳膊能够支撑多长时间？往往坚持不了多久就要换人。

他苦思冥想，决定将木桶改成小方格，将支架改为大转盘，并经过反复拆卸，终于建成了世界上第一架水车：水车的转盘上安装着许多小木戽，转动水车转盘，小木戽就会将低洼处的水带到高地。

马钧发明的这种新式水车不仅减轻了劳动强度，提高了工作效率，而且实现了机械的连续运转，可以日夜不息的戽水抗旱。

点悟 马钧从农夫用桶戽水受到启发而发明水车，说明了生活是智慧的源泉，此话一点也不假。

积累丰富发明水运仪象台

在中国国家博物馆陈列着一台水运仪象台的模型，水运仪象台是我国北宋福建同安人苏颂发明制造的。

苏颂从小就受到严格的教育，养成了珍惜时间、刻苦学习的良好习惯。他继承父亲苏绅的记忆方法并加以发展，博闻强记的能力显得十分惊人。

公元1042年，时年23岁的苏颂与王安石同榜及第。

在给皇家作藏书校勘整理工作中，他每天把皇宫所藏珍本秘笈强记二千字，晚上回家再默写出来。由此积聚了大量的藏书，知识积累也大大丰富。

公元1086年，苏颂奉命检验皇家所有的新旧浑天仪，乘汇报结果之便，他提出制造水运仪象台的建议，得到了皇帝的批准。

1092年6月，苏颂造出了全部仪器。这台天文仪高约12米，宽约7米，四周是木构建筑，中间安放了一台有2万多斤黄铜制成的精密机械。由于它用水的恒定流量发动水轮，故名"水运仪象台"。

这台天文仪共分三层：

上层放浑仪，浑仪转一周与地球运转一致，用来观察日月星辰的位置。

中层放浑象，有机械能使浑象的旋转周期和天体的周日运动一样，可以将一年四季的天象准确地表现出来。

下层设木阁，木阁又分为五层，每层有门，门内共有158个木人和4个活臂木人。它们分别穿着绯、紫、绿三种司辰服色，根据不同季节、不同时刻及晨昏，有的拿牌报时，有的打击各种乐器，形象惟妙惟肖，可称是高度的科学性和艺术性的结合体。

这是世界上第一台自动化天文钟，它是后来欧洲中世纪天文钟的直接祖先，比其大约要早600—700年之久。

为了从理论上阐述这台天文钟的构造原理和功能，1096年苏颂撰写了《新仪象法要》一书。全书分为上、中、下三卷，上卷讲浑仪，中卷讲象仪，下卷讲司辰和全台的动力传递系统，共附图61幅。

水运仪象台虽然在现实生活中早已不存在了，但是它的基本构造原理及图形却保留在《新仪象法要》这部著作中并留传下来。博物馆陈列的模型就是根据该书的记载制造的。

点悟　一千多年前，苏颂凭着自己对天象的观察和多年来积淀的天文知识，制造出了世界第一流的水运仪象台，真是个了不起的发明，显示了我们的祖先是多么智慧啊！

阿基米德在澡盆里的发现

传说在公元前 3 世纪，西西里岛上的叙拉古王亥尼洛请一位金匠给他做一顶纯金的王冠。做好的王冠国王十分满意，但又疑心不是纯金的，于是他请来阿基米德，希望能给出一个结论。阿基米德昼思夜想，也理不出个头绪。一天，他洗澡时发现澡盆里的水被身体挤得向盆外流淌，同时觉得自己也变轻了，他恍然大悟。经实验，发现了一条重要原理：浸入液体中的物体，受到向上的浮力，浮力的大小等于它排开的液体受到的重力。这就是著名的阿基米德原理。阿基米德用这个原理进行了一番运算，终于解决了叙拉古王的难题。

点悟　阿基米德原理是研究和解决物体沉浮问题的重要依据，能够自由沉浮的动物早就掌握了这一原理。鱼在水中时而向上时而向下，十分自如，这是因为在鱼的体内有一个叫鳔的器官，是一个可以涨缩的囊状物，里面充满氧气、二氧化碳等气体。鳔收缩时鱼就下沉，膨胀时鱼就上升。人类没有鱼那样的器官，因此必须通过发明创造才能在水中沉浮自如。后来人们制造的沉浮装置都是依据阿基米德原理。

骑车横跨英吉利海峡

1979 年 6 月 12 日，26 岁的美国自行车运动员艾伦骑着一辆有翅膀的自行车，跨越了英吉利海峡。

这辆自行车是由空气动力学工程师麦克里迪博士设计的，它

实际上是一个以人力为动力的飞行器。因为它的形状像一只飞行的鸟,而且使用的材料多为轻型合成材料,且大部分为透明体,因此得名"薄纱信天翁"。飞行器总质量 31.5kg,尾部装有螺旋桨。机身内配有车座、脚蹬子和连链。"薄纱信天翁"的传动装置基本上与自行车相似,可以说它是一架可飞行的自行车。

艾伦平均每分钟蹬 70 转,功率大约为 245W。英吉利海峡波浪起伏,"薄纱信天翁"时而临近海面,时而迎风上升。艾伦以距海面平均 76cm 的高度飞越了英吉利海峡,在不到 3 个小时的时间里飞行了 37km。这是人类首次以人力为动力飞越英吉利海峡。

哥伦布发现新大陆

1492 年 8 月 3 日,航海家哥伦布率领了一支船队,从西班牙的巴罗斯港出发,开始了人类第一次寻找新大陆的探险航程。船队航行了一个多月,眼前还是一望无际的大海,船员们开始灰心丧气了。这时,瞭望的水手叫起来:"陆地! 陆地!"原来,他们来到了美洲的巴哈马群岛,接着,他们又发现了古巴、海地等岛屿。在返航的路上,船队遇到风暴,有的船搁浅了,哥伦布带领大家与风浪搏斗,历经千辛万苦,终于在 1493 年 3 月 15 日返回西班牙,完成了人类发现美洲新大陆的航行。后来,"发现新大陆"就成为发现新事物的代名词了。

他照亮了世界

在电灯问世之前,最好的照明工具是煤油灯、煤气灯或蜡烛。但这几种照明工具不仅亮度不够,而且有浓烈的黑烟或异味。煤

油灯要经常添加燃料,要经常擦洗灯罩,蜡烛不仅冒黑烟,燃尽了需更换。更严重的是,这几种照明工具易引发火灾,不够安全。多少年来,许多科学家或发明家在苦苦探索,想发明一种既安全方便,又有足够亮度的照明灯啊!

整个十九世纪,许多人都在研究这个"照明灯,直到 1879 年 10 月 21 日,世人所期盼的电灯照明终于问世了,为人类驱走了黑暗,让世界充满了光明。然而,令人们惊疑的是发明者竟然是出身于一个铁路工人家庭、卖报出身的爱迪生。

爱迪生在童年时代并未表现出特殊的才华,而且会经常提一些令人莫名其妙的问题,以致许多人都认为他怪僻,学校老师甚至说他是"低能儿",曾经当过小学教师的母亲一怒之下便让他退了学。因此,爱迪生小学未毕业便失学了,只好在火车上以卖报度日。卖报的间隙,他经常到图书馆看书,无论刮风下雨从不间断,图书馆管理员都认识他了。一天,有位管理员问他:"你读的是哪方面的书呢?"他回答:"我每个架子上的书都看。"管理员说:"你应该围绕一个目标看书,这样效果才更好。"爱迪生听了很受启发,从此,他不但发愤读书,而且很注意读书的方法了。

他在阅读科学书的同时做一些科学实验。他喜欢制作巧妙的机械,对电器也十分感兴趣。

自从法拉第发明电机后,爱迪生就敏锐地感觉到能用电来为人类提供照明。从 1877 年起,爱迪生开始了发明电灯的实验。他认为最关键是要找到一种适合做灯丝的材料,这种材料能承受 2000℃的高温,发光时间不能太短,价格不能太贵,以使普通的家庭买得起,电灯的启亮和关灭又要方便……这在当时是一个非常大胆的设想。

当爱迪生整天关在实验室里做实验时,一些科学家笑他是痴心妄想,是傻瓜,甚至还有人用数学计算的方式来判定他的这种设想不符合科学原理,不可能实现。

爱迪生先是用植物的碳化物质做实验，后来又用金属铂和铱等高熔点的合金做灯丝。他总共用了1600多种材料做实验，但都失败了，因为在2000℃的高温下，大多数物质都很快熔化了。实验使爱迪生得出一个结论：假如能把灯丝密封在一个没有一点空气即真空的玻璃球里通电，便会极大地延长灯丝发光的寿命。由于金属铂和铱价格昂贵，他又回到了用碳质材料做灯丝的试验上来。他夜以继日，废寝忘食地试验着，经过6000多次的试验，终于成功了。

人们对这一伟大的发明赞叹不已！这种电灯一直使用到1906年，后来改用钨丝做灯丝，延长了使用寿命，一直沿用到今天。

第一个工业机器人的诞生

在机器人诞生之前，人们就渴望有一种机器能代替人在艰苦、有害、危险的环境下作业。

1959年，世界上第一个工业机器人诞生了，是由美国工程师英格伯格和德沃尔设计制造的。用在汽车工业生产线上，两位工程师分工又合作，由英格伯格设计出机器人的躯体，包括手、脚、身体，德沃尔设计出机器人的"思维"、"神经系统"。这个机器人的外形不太像人，却像坦克炮塔。机器人最像人的部件是手臂，有大臂和小臂，手上有五指，灵巧的手指可以捡起一颗小螺丝，并准确地拧到部件上。英格伯格和德沃尔可喜欢他们任劳任怨、乖巧听话、只知埋头苦干而不知索取报酬的机器人"儿子"了，他们为机器人"儿子"取名"尤尼梅特"，意为万能自动，并成立了一家名为"尤尼梅逊"的机器人制造工厂。英格伯格和德沃尔被世人称为"工业机器人之父"。

近年来，科学家把尖端技术不断运用在机器人身上，使现代机

器人的智能和技能更为高超。电子计算机系统成了机器人的大脑,能快速处理接到的信息;执行机构就是机器人的四肢,能在电子计算机系统的指挥下完成特定动作,传感器就是机器人的耳朵和眼睛。随着计算机技术、微电子技术、生物工程技术的发展,传感器已向数字化、集成化、智能化、微型化、多维化、仿生化方向发展,使机器人无论在外形上还是在智能上都更像人!

有科学家预言,未来10～50年内,机器人的智能将超过人类,将会具备自我生存、自我保护、自我发展意识,如何在机器人中体现"机器人三定律",使人类有效地控制机器人,正引起科学家普遍的关注。

莱特兄弟征服蓝天

1903年12月17日,美国的莱特兄弟驾驶着他们自己设计的"飞行者"1号,飞向蓝蓝的天空,实现了人类渴望像雄鹰一样自由飞翔的梦想。

当莱特兄弟很小的时候,已有人在试飞滑翔机并取得了成功,这大大地刺激了莱特兄弟。可是,在1896年,里林达尔试飞失事了,这一悲惨事件又促使他俩下更大的决心,把更多的精力投入到飞行的试验中来。莱特兄弟为了研究飞机的平衡,特别关注鸟的飞行,试图从中发现一些奥秘。对于前人的教训,他俩进行了认真的总结,为的是避免犯同样的错误。当时,他俩深入研究了几乎所有的关于航空理论方面的知识。

与此同时,与莱特兄弟同时代的航空研究者也屡次遭受失败:飞行技师皮尔机毁人亡,重机枪发明人马克沁试飞失败,航空学家兰利连飞机带人坠入水中……一连串的失败,给航空研究带来更大的压力,使许多人陷入绝望之中。人们不得不怀疑,飞机依靠自

身的动力来飞行究竟还有没有可能。

面对这些困难和问题，莱特兄弟并未气馁，这一次次的失败，换来了一次次的教训和期望，绝望的反面正是希望。莱特兄弟犹如弹簧，压力越大，动力亦越大。永不放弃才是成功的前提。1900年至1902年，他俩进行了1000多次滑翔试飞，还自制了200多个不同的机翼进行了上千次实验，修正了里林达尔一些错误的飞行数据，设计了具有较大升力的机翼截面形状。

这些努力没有白费，1903年12月17日，震惊世界的“飞行者”1号试飞成功了！这架飞机的翼展为13.2米，升降舵在前，方向舵在后，两边两个转叶的推进螺旋桨由链条传动，着陆装置为滑橇式。兄弟俩还自制了一台70千克重的四缸发动机，飞机由弟弟奥维尔·莱特驾驶，在空中飞行了36米，时间为12秒！这是人类第一次自由地操纵着自己的“翅膀”，像鹰一样在蓝天上飞翔。

成功的激越推波助澜，新的探索又有着多么大的吸引力！接着，莱特兄弟又进行了几次试飞，第4次飞行改由哥哥韦伯·莱特驾驶，飞行了260米，时间为59秒。1906年，他们在美国获得了发明专利权，成立了“莱特飞机公司”。更可贵的是，兄弟俩在巨大的荣誉面前，变得更加冷静，继续对飞机进行改进，并创下了连续飞行2小时22分23秒，飞行距离为117.5千米的当时飞行时间最长、飞行路程最远的世界纪录。

点悟 失败是成功之母，成功也是成功之母。

让世界触手可及

1876年的一天，美国费城举办新发明新产品博览会，展出了当时许多最新发明的用品。这一天，巴西国王也兴致勃勃地前来参

展,他被一个“用电线远距离传送声音”的发明吸引住了。站在展位前的是一位名叫亚历山大·贝尔的年轻发明家,他告诉国王:“这就是新发明的电话!”

从此,人类开始了双方能够在数十米、数百公里、数千公里进行对话交流的历史新纪元!

亚力山大·贝尔 1847 年生于苏格兰。他的祖父和父亲都从事于聋哑人教育。

14 岁时,贝尔到伦敦跟随祖父生活了一年,由祖父对他进行教育。

一年后,贝尔回到苏格兰时,他的知识有了很大的长进。他到一所小学教语言课,业余时间研究人的发音和声音的振动,直到 23 岁全家移居加拿大。贝尔很快成了颇受欢迎的演说家,并在波士顿开办了一所聋哑人学校。他继续研究声音,发现了线圈可以传送乐曲。在莫尔斯发明电报的鼓舞下,他决心研究电话——通过电线远距离传送人的声音。但他缺乏电学知识。为此,他到华盛顿向当时电学界的一位权威约瑟夫·亨利请教。

1875 年 5 月的一天,约瑟夫·亨利在办公室里接见了一位高大、削瘦、黑头发的青年人——亚历山大·贝尔。这位大学者对贝尔眼中闪烁的热情产生了深刻的印象。他听了贝尔的想法后说:“你想的是一件伟大的发明,干吧!”

贝尔说:“先生,但是我缺乏对电的知识”。

“学吧!”大学者忠告说。

贝尔后来写道:“要是没有这两个字的鼓励,我绝不可能完成这项发明!”

贝尔回到波士顿,开始从事研究。他得到了一位电气工程师托马斯·华生的合作。他们互相配合,华生的电气知识弥补了贝尔的不足。

他们还需要经济上的支持,因为研制电话花费了他们的全部

精力，使贝尔放弃了他谋生的教职。幸运的是，波士顿的两位富翁——聋哑儿童的家长给他们提供了金钱，使研究能够进行。

1875年夏天，贝尔和华生在贝尔所住的公寓里的闷热多尘的房间里开始研究。他们架起了电线，安装了器械，夜以继日地工作、试验。遭受一次失败，就做一次改进，更换一些设备，调整一些装置。从夏到秋，从秋又到冬，坚持不懈地干。他们的邻居都好心地忍受着他们架设线路和不断吼叫的干扰。但是，传递的声音还是穿过墙壁，而不是通过电线。

直到1876年5月10日，奇迹终于诞生了。这天，贝尔和华生像往常一样，分别站到了相隔几个房间的各自的位置上，准备开始试验。贝尔拿起一个部件浸在硫酸瓶里，硫酸液突然溅到了他的腿上，他痛苦地喊叫："华生先生，快到这儿来，我需要你的帮助！"华生这次听到的声音，不是穿透墙壁，而是通过电线传送过来的。这是电话中传送的第一句话。

当晚，贝尔给母亲写了一封信，表达了他的情绪："今天对我来说是个重大的日子。我感到终于解决了一个大问题。那个日子正在来临：电话线将像水管和煤气管一样通到家家户户，人们不用出门就可以和朋友交谈。"

贝尔和华生继续改进电话，使它不仅是讲演时展示的玩具，而真正成为人们实际使用的器具。1878年，他们建成了长达200英里，从波士顿通到纽约市的长途电话线。三个月后，贝尔电话公司正式组成。到1880年，美国安装了48000门电话。1910年，增加到700万门。到1922年，美国的电话数又增长了3倍。

1922年8月2日，电话的发明人——亚历山大·贝尔逝世。在为他举行葬礼的时候，北美贝尔电话系统的全部用户都以沉默来表示对他的悼念。

点悟　今天，当我们凝视那携带着我们的声音飞向远方的电

话线时，我们可以听见嗡嗡的声音——贝尔把它比喻成歌唱："这歌声永不终止，因为它歌唱的是生活，而生活是永无终止的。它携带着出生和死亡、失败和成功的消息，走遍整个世界！"

此处无声胜有声

1903年10月，在美国纽约市的一次数学会的学术会议上，大家要求科尔教授作报告。他走上讲台，在黑板上计算了 $2^{67}-1$，又把193707721和716838257287这两个数用直式相乘，两次计算结果完全相同。科尔教授未说一句话就回到了自己的座位上，在座的会员顿时以暴风雨般的掌声向他表示祝贺。因为，他通过这个不说话的报告已经证明了 $2^{67}-1$ 这个数是合数，而不是几百年来一直被人们怀疑的质数。有人问科尔教授："为了论证这个问题，您花了多少时间？"他说："三年内的全部星期天。"

实现人工降雨

现在，呼风唤雨已经不再是《封神榜》和《西游记》中的神话传说了，人类凭经验和智慧实现了人工降雨。

美国科学家谢菲尔是人工降雨的首创者。他刚开始研究人工降雨的方法时，碰到了不少困难，尤其是不知怎么让高空中的水汽凝聚成水滴。他在冰箱里模拟高空云层的状况，不停地试验，可都失败了。一个夏天的中午，谢菲尔忘了关冰箱门，冷气全跑光了。旁边的人随口说："放点干冰在里面吧，温度可以降得快一些。"当谢菲尔往冰箱里撒干冰时，只见水汽纷纷凝聚成了小水滴。他想："对呀！可以用干冰迅速降温，促使水汽凝结啊！"谢菲尔通过这种

方法，不久就成功地实现了人工降雨。

法布尔与昆虫做伴

在全部动物中，昆虫的种类最多，分布最广，可以说除海洋以外，凡有植物生长的地方都有昆虫。

法布尔是法国著名的昆虫学家。有一天，他发现一只从未见过的飞虫，就小心翼翼地走过去，刚想抓住它，虫子飞走了，他就追着飞虫奔跑，一会儿钻进树林，一会儿趴在草丛里，脸划破了，腿撞伤了也不停止，终于把飞虫抓住了。他用了三年时间观察一种昆虫，正当接近成功的时候，这只昆虫被螳螂吃掉了。他毫不气馁，又用了三年时间，终于完成了观察记录。法布尔用毕生的精力，对四百多种昆虫进行了系统的观察，写出了十大卷巨著《昆虫记》。

细菌猎人巴斯德

巴斯德是十九世纪法国著名的微生物学家，在细菌研究方面做出了巨大贡献。他从小家里很贫穷，到了九岁才开始读书，但是他读书勤奋，大学毕业后，很快在微生物科学方面做出了成就。有一年，法国许多养蚕场的蚕得了一种怪病，蚕的身上都是棕黑色的斑点，蚕大量死亡，蚕农急忙请来了巴斯德。他带着显微镜来到养蚕场，租了一间房子，把病蚕放在水里磨成浆汁，然后放一滴浆汁在显微镜下观察，发现有一种椭圆形的微粒子，原来这就是使蚕生病的细菌！经过几个月的研究，他提出了治疗和预防“微粒子”病的措施，第二年，蚕病控制住了，人们都称赞他是“细菌猎人”。

水壶和蒸汽机

十八世纪，英国的瓦特发明了世界上第一台蒸汽机，可你知道吗？使他产生研制蒸汽机想法的竟然是一把小小的水壶。在他很小的时候，有一天，奶奶在炉子上烧了一壶水，过了一会儿，他听到水壶发出“噗、噗”的声音，感到很奇怪：水壶为什么会叫呢？他就凑近水壶，看见水壶盖子在轻轻跳动，他想，一定有什么力量在推动盖子，就把盖子掀开，发现原来是水蒸气在往上冒。从此，在他幼小的心灵里留下了深刻的印象：水变成蒸汽后就有很大的力量。长大以后，经过刻苦学习和实验，终于研究成功了蒸汽机。蒸汽机问世以后，引起了规模巨大的工业革命，使得英国成为最先进入工业化的国家。

巴甫洛夫和狗

巴甫洛夫是俄国著名的生理学家。他在很小的时候，看见有一条狗被绳子拴着，凶狠地朝他“汪汪”乱叫，便走过去要解开绳子，旁边的人喊起来：“别解开，它要咬你的！”但他还是解开绳子，抚摸了一下狗，那条狗竟然很温顺地不叫了。这是什么原因呢？长大以后，他创立了“条件反射理论”，解释了其中的道理：“当狗被绳子拴住时，这就引起了狗保护自己的反射，所以很凶狠；而当这种条件解除后，保护自己的反射也解除了，它就变得温顺了。”他在生理学研究上作出了巨大贡献，成为第一个获得诺贝尔生理和医学奖的人。

克隆羊多利的培育成功

1997年2月14日，在英国罗斯林研究中心，一头叫多利的绵羊诞生了。多利一声温柔的“咩”声，似一颗原子弹的爆炸声，震惊了全世界。因为多利不是一头普通的羊，它是世界上第一头被克隆出来的羊。助产士就是伊思·威尔莫特。

伊思·威尔莫特是一位谦逊而不爱出风头的科学家，他对动物的生育繁衍充满了兴趣。对于这项研究，只投入了有限的资金，远未料到这项成果对世界会带来深远的影响。我国和欧洲大部分国家都禁止克隆人，美国政府曾下令禁止资助人体克隆的试验。而伊思·威尔莫特却说，他只想利用这项技术来改良家畜的品种和质量，克隆人应该被禁止。

那么，克隆羊究竟是怎么回事呢？

一般的羊的出生过程大家都十分熟悉：一头母羊与一头公羊交配后怀孕，经过胚胎发育，便能产下小羊。那么克隆羊是怎么繁殖的呢？克隆羊，没有父亲，也没有传统意义上的母亲。克隆就是用一头雌羊的细胞独立地繁殖出一头雌羊，或用一头雄羊的细胞独立地繁殖出一头雄羊。这种羊长大后和亲体羊一模一样。克隆原来只能在低等生物中进行，如让细菌、涡虫从一个细胞分裂成两个子体，或是让植物出芽生殖，在一定部位上长出芽体，长大后分离出去而成为独立的个体。以这种繁殖方式新产生的个体与亲体有百分之百相同的遗传基因。

经过多年的研究、实验，他从一头母绵羊身上采取细胞，用各种办法使它像一个胚胎一样生长，于1996年7月5日，终于培育出了克隆羊多利。

人生下来为什么是人

人生下来为什么是人，而不会是山羊、老虎或者其他动物？这实际上是由生命遗传的基本单位——基因决定的。

1990 年，由包括中国在内许多国家合作的人类基因组工程开始了。

研究表明，人体细胞有 23 对染色体，在这 46 条染色体上，约有 3.4 万～3.5 万个基因，远少于原先估计的 10 万个基因，仅仅比苍蝇基因数多 2 万个。这 3.4 万～3.5 万个基因中，包含着 30 亿个碱基（比基因更小的遗传单位），每个碱基中都蕴藏着生命的奥秘。通过研究，还发现所有人类基因并搞清其在染色体上的位置，破译人类全部遗传信息，使人类第一次在分子水平上全面地认识自我。这一价值 30 亿美元的计划的目标是，为 30 亿个碱基对构成的人类基因组精确测序，从而最终弄清楚每种基因制造的蛋白质及其作用。打个比方，这一过程就好像以步行的方式画出从北京到上海的路线图，并标明沿途的每一座山峰与山谷。虽然很慢，但非常精确。

首先完成基因序列测定的是由美国和日本等国科学家承担的第 22 对染色体，在历经近 10 年的艰苦研究后，破译出这对染色体完整的遗传密码。我国于 1999 年跻身人类基因组计划，虽然参加时间较晚，但我国比原计划提前两年，于 2001 年 8 月 26 日绘制完成序列图的“中国卷”，赢得了国际科学界的高度评价。

破译了人类基因组，就掌握了人类生命的奥秘，掌握了一个人会患什么遗传病，可能会在什么年龄段发病，从而可以提前进行基因治疗。据统计，医院小儿科收进的小病人中，有三分之一的疾病与遗传有关。

随着人类基因组逐渐被破译，一张生命之图将被绘就，人们的生活也将发生巨大变化。基因药物渐渐走进人们的生活，利用基因治疗更多的疾病不再是一种奢望。因为随着我们对人类本身的了解，很多疾病的病因将被揭开，药物就会被设计得更好些，治疗方案就能“对因下药”。生活起居、饮食习惯有可能根据基因情况进行调整，人类的整体健康状况将会提高，21 世纪的医学基础将由此奠定。

利用基因，人们可以改良果蔬品种，提高农作物的品质，更多的转基因食品将问世，人类在今后可能培育出超级作物。通过控制人体的生化特性，人类将能够恢复或修复人体细胞和器官的功能，甚至改变人类的进化过程。

破译了人类基因组后，人类甚至能够创造新的生命形式。如一个黄头发的人可以被切入黑头发的基因；新生儿可以按照人为的设计来进行基因组合，培养出更符合理想的新一代。因此，不远的将来，人类的外貌、智商等一切的一切，将变得更美好。

吊灯和钟摆

伽利略是十六世纪意大利科学家。有一次，他到教堂做礼拜，神父在滔滔不绝地讲道，他一点儿都不感兴趣，就东张西望起来。他看见一只吊灯在风中摆动，就用心跳的次数来计算摆的速度，发现不管摆动的角度多大，摆动的速度竟然是一样的。回到家里，他马上做起试验，终于发现：如果钟摆的长度一样，不管摆动幅度大小，摆动的速度是相同的，摆的长度越长，摆动所需的时间越长，这就是摆的“等时性”原理。

炸药之父的危险实验

提起当今世界上影响最大的诺贝尔奖，自然会首先想起提供这一奖金的诺贝尔。有人称他为“炸药之父”，因为在他的一生中，许多重大的发明都和炸药有关。

诺贝尔是瑞典化学家、工程师。生于斯德哥尔摩。小时候就跟父亲学习研制炸药，17岁时他只身游历了欧洲、美洲的一些国家，增长了知识，开阔了眼界。

当时为了适应开发矿山、发展工业和加强军事力量的需要，许多化学家致力于炸药的研究。一八六二年，诺贝尔开始了对硝化甘油的探索性实验，第一次发现引爆硝化甘油的原理。为了寻求引爆物，他冒着生命危险，专心地进行研究，虽多次失败仍以顽强毅力坚持实验。以至于他的父亲和哥哥都嘲笑他“固执”。后来，他为研究汞做引爆物又失败了几百次，一次试验室爆炸了，他被炸得鲜血淋漓。另一次爆炸事故中，炸死了五人，他的弟弟埃密·诺贝尔就是其中一个。老诺贝尔也受了伤，从此半身不遂。这些挫折和不幸并没有使诺贝尔灰心，为了邻居安全，他就在马拉湖中造了一个船形小屋，继续进行研究。这样经过四年多的时间，几百次实验，终于在一八六七年秋天实验获得成功。在最后一次实验时，诺贝尔燃着导火剂，一动不动地站着，聚精会神地注视着实验的变化。火星慢慢地蔓燃着，他的心怦怦跳动。突然，一声巨响，实验室爆炸了，烟雾弥漫，人们都惊恐地喊着：“诺贝尔完了！”可是不一会诺贝尔却从浓烟中跳出来，他满身鲜血淋漓，满脸乌黑，兴奋地狂呼着：“我成功了！我成功了！”

正当诺贝尔的事业得到发展时，新的麻烦和灾难又接二连三地向他袭来。由于硝化甘油的纯化解决不彻底，以及人们在使用

和运输过程中的无知和不谨慎，各处不断发生爆炸事件，造成了许多人命和生产的重大事故。因此，报警的信函涌向诺贝尔。人们对新炸药产生了怀疑、恐慌和抵制。各国政府明令禁止硝化甘油的生产、运输和使用。面对这些，诺贝尔很难受，但毫不气馁，他以顽强的信念总结经验教训，以百折不挠的毅力向死神挑战，最后终于试制出安全稳定的固体炸药，接着又试制出比固体炸药威力更大且更安全的胶质炸药。在此基础上又发明了无烟炸药。他在化学方面的发明，仅在英国就获专利一百二十多项，而炸药的发明对近代工业产生很大影响。

诺贝尔把毕生的精力献给了人类的科学事业，在临死时立下遗嘱，把自己发明得来的部分财产（约九百二十万美元）作为基金，以其利息（每年约有二十万美元）奖给世界上在科学方面有贡献的人，这就是自一九〇一年起颁发的举世闻名的诺贝尔奖金。诺贝尔奖金现在已成为一个科学家在攀登科学高峰过程中所能获得的一种最高荣誉。到目前为止，世界上三百三十多位科学家获诺贝尔自然科学奖。

诺贝尔给人类做出如此非凡的成就，但他从不居功自傲，他曾为自己写过这样一个简短的传记："本文作者生于一八三三年十月二十一日，他的学问从家庭教师处得来，从没进过高等学校；他特别致力于应用化学的研究。生平所发明的炸药，有猛炸药、无烟火药、'巴立斯梯'或称 G89 号。一八四四年加入瑞典皇家科学会、伦敦的皇家学会和巴黎的土木工程学会，一八八〇年得瑞典国王创设颁发的科学勋章，又得法国大勋章，唯一的出版物是一篇英文作品，得银质奖章一枚。"

摩尔根观察

美国著名遗传学家摩尔根，曾以其卓越的成就，获得诺贝尔奖。他从小生活在山间田野中，对大自然的一切奥秘都充满兴趣。一次，全家去教堂做礼拜，回来后却不见了摩尔根，直到吃中饭了，仍不见人影。这下可急坏了父母，派兄弟姐妹们四处去找。姐姐找了好一阵，发现摩尔根正趴在田埂上。“哎呀！你这是在干嘛？全家人都急死了！”姐姐埋怨着。“嘘！”摩尔根制止姐姐，认真地说，“我正在观察，看仙人掌是怎么开花的。”正是凭着这种钻研精神，摩尔根后来建立了基因学说。

差点儿倒掉青霉素

弗雷明是英国著名的细菌学家。第一次世界大战期间，他担任军医，看到伤员的伤口化脓，被细菌夺去了生命，就决心找到一种能够杀灭细菌的药物。经过许多年的研究，一直没有满意的结果。有一天上班，他发现昨天下班忘了培养容器上的盖子，容器里面长出了霉菌，他刚要倒掉被霉菌污染过的培养液，突然发现溶液变得透明了，放一滴在显微镜下一看，原来的霉菌把细菌都杀死了。他经过反复试验，终于发明了杀菌能力很强的青霉素溶液。从此，青霉素广泛运用于医药，拯救了无数人的生命。

伦琴发现X射线

伦琴是德国著名的科学家。1895年的一个深夜,他关上灯刚想离开实验室,忽然,发现射线管前有一块晶体在发光!他觉得很奇怪,就用纸盒把射线管包起,又用很厚的一叠书遮挡住光线,可是光线照样透出来。这时,他的妻子来叫他休息,他正想试验光线能照多远,就叫妻子拿着荧光屏,突然,他发现妻子手在荧光屏上不见了皮肤和肌肉,只显示出骨骼。他叫这不知名的射线为“X射线”。后来,X射线被广泛运用于医学等领域,伦琴也荣获了诺贝尔奖。

看门人发明显微镜

列文虎克是荷兰某市政府的看门人,他在年轻时学过磨制眼镜片,所以一有空闲,就喜爱磨镜片。一次,他磨出一块放大150倍的镜片,再为它做了一个架子,然后用玻璃夹了一条蚊子腿,放在镜片下面看起来,他看到的竟然像一条兔子的大腿。1678年的一天,他在镜片下观察雨滴,突然发现有成千上万个微小的生物在动。以后,他又观察到血液中的红血球、鱼的血液循环系统。他的显微镜不断记载着微生物世界的新发现,为人类研究微生物提供了有力的帮助。

莫尔斯的电报机

十九世纪，有一个叫莫尔斯的美国画家乘船回国。他在船上看见有人在表演魔术，表演者把一块绕着铜丝的铁块通上电，就能把铁钉、铁片吸住。莫尔斯想，电流的速度非常快，能不能靠它来传送信息呢？于是，他放弃了画画，专门研究起电报机来。经过整整五年的实验，终于在 1837 年，研制成功世界上第一台电报机。但是，企业的大老板们都嘲笑他只是研制了一个玩具，不肯投资生产。他毫不气馁，终于在 1843 年 3 月 3 日，使国会同意拨款，1844 年 5 月 24 日，莫尔斯在他的发报机上发出了人类历史上第一份电报。

苹果落地发现万有引力

牛顿是英国十七世纪著名的科学家，在数学、物理学、天文学等许多领域都做出了巨大贡献。有一年秋天，他正在苹果树下散步，一阵风吹过，有一个大苹果掉下来，正好砸在他的头上，他不顾头上的疼痛就思考起来：为什么苹果不升上天，却要往下落呢？是不是地球有一种力量，把苹果和所有的东西吸引住呢？后来，他经过深入的研究，终于发现了“万有引力”。

中国汉字电脑时代创辉煌

计算机是人类有史以来最伟大的发明之一，它不仅使人类社

会的工业、农业、商业、科研、教育艺术等各个领域发生革命性变化，也从根本上改变了人们的生活。计算机在某种程度上，它具有与人脑相似的功能，所以人们又称之为电脑。

美国人发明了电脑以后，又发明了英文输入法，而将汉字拒之门外。这让许多中国人费解，都翘首期盼着中国汉字也能像英文那样方便地输进电脑。

二十多年前，在河南南阳，有一个气宇轩昂的科技工作者受到了冲撞，受到了震撼。他心中酝酿着巨大的力量，沐浴在时代的春风里，蓄势待发。他要站在祖国现代化的潮头浪尖，思考和研究计算机汉字输入这个难题。经过三年多的努力，他终于成功了，使中国汉字在电脑时代再创辉煌！

这个人是谁呀？他叫王永民。

王永民出生于河南省南阳市南召县一个农民家庭，1962年考入中国科技大学无线电电子学系。1977年10月，王永民离开了工作8年的四川永川国防科委某军事部门，回到家乡南阳，被分到地区科委工作。当时南阳引进了一台日本人发明的汉字照相排版植字机，但这台机器在汉字输入后不能校对，一个字输错就得重新照相制版。这多麻烦呀！这时，有家仪器厂花了9万元做出了一个幻灯式键盘来解决这个问题。这个幻灯式键盘，有24片幻灯片，每片幻灯片上有273个字，可输入时很麻烦，谁能记住某个字在哪张幻灯片上呀！

当时人们设计了各式各样的键盘，有94键的，也有99键的，还有一个键上输入1～9个字的。总而言之，这些汉字输入键盘的特点都是键很多，键盘与电脑主机相比，像个庞然大物，显得畸形和不协调。面对难以方便地输入电脑的汉字，甚至有人提出应改造汉字，废弃汉字……面对这样的状况，王永民决心自己来发明一个汉字电脑输入键盘。南阳科委给王永民拨款，让他研制键盘。

要设计键盘，首先得有一种好的输入方案。英文只有26个字

母，因此只需26个输入键。但汉字有几万个，常用字就有7000多个，怎么输入呀？王永民约请了十几个小姑娘，把《现代汉语词典》中的11000个汉字全部抄到11000张卡片上，然后根据字根编码。编完卡片一检查，有800对重码，按此方案，分上下档键，尚需188键。从此，王永民踏上了压缩键位的艰难历程。138键、90键……到1980年7月15日，王永民把键位压缩到62个，重码只有26个。

能否将62键改成26键？英文字母只有26个，如果能成功，就意味着汉字输入可采用国际流行的键盘。

王永民的研究引起了上级领导的高度重视，拨专款10万元支持他。从此，王永民研究的步伐加快了。

1983年元月，采用26键的五笔字型汉字输入法终于基本成型。1983年8月29日，河南省科委组织鉴定会，对五笔字型汉字输入法予以高度评价。

专家们认为，王永民首创的26键标准键盘汉字输入方案，冲破了汉字快速输入必须借助大键盘的思想束缚。

伟大证明

1993年6月23日。

这是二十世纪最重要的一次数学讲座，两百多名数学家被惊呆了。他们之中只有四分之一的人完全懂得黑板上密密麻麻的希腊字母和数学式子所表达的意思，其余的人来这儿纯粹是为了见证他们所期待的也许会成为一个真正具有历史意义的时刻。

这位演讲者是安德鲁·怀尔斯，一个缄默寡言的英国人，在美国普林斯顿大学任教授。他还是在黑板上飞快地写着，然后，努力克制住自己的喜悦，凝视着他的听众。当他最后一次转向黑板，用手中的粉笔写下了最后几行数学式子，人们便知晓，困扰数学界

300 多年的费尔马大定理终于被证明了。

200 多名数学家鼓起掌来,欢庆着。

世界上许多大报对这一伟大事件作了专题报道。

告诉大家,这个证明是一个特大型论证,由数以百计的数学计算通过数以千计的逻辑环错综复杂地构造而成。只要有一个计算出差错或一个链环没衔接好,那么整个证明将极有可能失去其价值。果然,怀尔斯还是发现了证明中存在一个漏洞,当然也是一个错误。这个错误不一定意味着怀尔斯的工作无法补救,但它的确意味着他必须加强他的证明。

经过一年多的窘迫和忧心忡忡后,数学界终于又感到欢欣鼓舞——这一次的证明不再有怀疑了。这篇论文总共有 130 页,是历史上核查得最彻底的数学稿件,最终发表在国际权威性的《数学年刊》上(1995 年 5 月)。

怀尔斯再一次出现在《纽约时报》的头版上,被誉为“对费尔马大定理的证明是人类智力活动的一曲凯歌”。

推动地球的人

“只要您让我有一个站的地方,我就可以把地球推动起来。”阿基米德对国王说。“哈哈,你太吹牛啦!”国王大笑说,“你且先替我推一样东西,看你讲的话怎么样。”当时,国王造了一艘很大的船,可是没法推到水里去。国王对阿基米德说:“就请你来帮帮忙,把这条船推到水里去。”阿基米德满口答应。他精心设计了一套复杂的杠杆和滑轮组合成的机械,末端留着一条拉绳,然后把国王请来。

这一天,海边人山人海。那艘大船,长十几丈,有几层楼高,确实是一个庞然大物。阿基米德将那条拉绳交给国王,说:“请您拉

一下，一切都解决了。”国王半信半疑，手里拿着绳子，先看了看。然后这么轻轻一拽，奇迹出现了：大船移动起来，渐渐地向海里滑去。国王惊得目瞪口呆，岸上顿时一片欢呼。

倒着想问题

1901 年，有个叫做赫伯布斯的人在伦敦街头闲逛，当时正有一个厂家为推销产品而进行除尘器公开演示。这种除尘器的工作原理是通过软管输出气流，把灰尘吹跑。只见演示者扬起的灰尘遮天蔽日，围观的人几乎透不过气来。看来，促销活动是失败了。但赫尔布斯想，吹尘不行，那么吸尘如何呢？他马上回去动手实践，很快就发明了吸尘器。获得了意想不到的巨额效益。

女学生发现小行星

2005 年的一天，我国杭州高级中学 17 岁女学生舒珊发现一颗近地小行星(简称 FMO)。这一行星于 9 月 2 日零时 50 分被国际天文学联合会正式确认，编号暂定为 2005QQ87. 这一发现，意味着舒珊成为全球天文史上首位 FMO 的女性发现者，也是中国第二位 FMO 的发现者。

8. 幽　默

——充满智慧让政治家开创事业创造奇迹

在关于幽默的神话里，一旦有人成功地使用了幽默，就可以把握自己的生活，使人生充满欢乐和幸福，进而开创事业，创造奇迹。

英国人用幽默增加风度和开展外交，美国西点军校可以凭幽默录取新生，美国总统靠幽默赢得选票……毛泽东则是东方幽默之集大成者，许多外国总统和外国友人无不为毛泽东的幽默所折服。

肯尼迪竞选总统

肯尼迪在二十世纪六十年代担任美国总统。当初他竞选总统时，先要与约翰逊竞选民主党内总统竞选人。当时他只有 43 岁，而约翰逊则已 52 岁。

约翰逊笑他："要当总统，至少也该有几根白发吧！"

肯尼迪听了马上反唇相讥："要做总统与头发白不白没有关系，重要的是看头发下面有没有东西！"

这句话使民主党其他党员对他刮目相看。

肯尼迪是只占美国公民十分之一的天主教徒，受到了尼克松的奚落。肯尼迪针锋相对地回击："天主教徒是美国人中的少数公民，如果少数公民得以当选，那么少数公民如黑人、黄种人、回教徒，以后也有机会当选总统。"

肯尼迪的这句话击垮了尼克松，他获得了少数族人的票派，最终获胜。

周总理反击

美国国务卿基辛格访华时曾说："我发觉我们美国人走路时总是抬起头，相反，你们中国人走路时，总喜欢低着头，你说这是为什么呢？"周总理回答："因为我们中国人正在上山，走的是上坡路，相反，你们美国人在下山，走的是下坡路。"

威尔逊回答

当威尔逊任新泽西州长时，他接到来自华盛顿的电话，说本州的一位参议员，即他的一位好友刚刚去世了。威尔逊深为震动，立即取消了当天的一切约会。几分钟后，他接到新泽西州一位政治家的电话：“州长，”那人结结巴巴地说，“我，我希望代替那位参议员的位置。”“好吧，”威尔逊对那人迫不及待的态度感到恶心，慢吞吞地回答道，“如果殡仪馆不反对的话，我本人是完全同意的。”

克林顿第二职业

克林顿喜欢吹萨克斯，有人问他为什么这样，他打趣地说：“因为我对自己的职业从来都没有什么安全感。”

戈尔巴乔夫的困惑

前苏联的经济一度病入膏肓，面对记者的苦苦纠缠，戈尔巴乔夫说道：

“有一个总统，拥有 100 个情妇，其中一个有艾滋病，不幸的是，他找不出哪一个；另一总统，拥有 100 个保镖，其中一个是恐怖分子，但一样不幸的是，他也不知道是哪一个。”

戈尔巴乔夫顿了顿，望着记者：“而戈尔巴乔夫的难题就是，他有 100 个经济学家，其中一个是聪明的，但同样不幸的是，他也不晓得是哪一个。”

林肯的敌人

作为美国总统，林肯对政敌的态度引起了一位官员的不满。他批评林肯不应该试图跟那些人做朋友，而应该消灭他们。

“当他们变成我的朋友，”林肯十分温和地说，“难道我不是在消灭我的敌人吗？！”

柯立芝不想再当总统

柯立芝总统任期快要结束时，他公开发表了声明：“我不打算再干这个行当了。”

记者们缠住他不放，请他解释为什么不想再当总统了。实在没有办法，柯立芝把一位记者拉到一边对他说：“因为总统没有提升的机会。”

里根自嘲

里根总统访问加拿大，有一群举行反美示威的人不时打断他的演说。加拿大总理皮埃尔·特鲁多非常尴尬。里根面带笑容地对他说：“这种情况在美国经常发生，我想这些人一定是特意从美国来到贵国的。可能他们想使我有一种宾至如归的感觉。”

麦克唐纳的愿望

一位官员对英国首相麦克唐纳关于和平问题的观点批评说："要求和平的愿望不一定能保证和平。""完全正确！"麦克唐纳说："要求吃的愿望也不一定能使你充饥，但是它至少可以使你向餐馆走去。"

肯尼迪如何成为英雄

有一次，一位朋友问美国总统肯尼迪："您是怎样在第二次世界大战中成为英雄的？"肯尼迪想了一会儿，说："这可由不得我，是日本人炸沉了我的船。"

富兰克林选举

富兰克林在谈到只有固定收入的富人才能选进议会的《选举法》时说："为了当一名议员，我得拥有30美元。假定我有一头驴值30美元，我就被选为代表，过了一年，那驴死了，我就不能当议员了。请问，到底谁是议员——我，还是驴？"

喝奶与血统

曾任加拿大外交官的切斯特郎宁，1883年出生在中国湖北的

襄樊，他是喝中国奶妈的乳汁长大的，后来他跟随父母到了加拿大。他在事业上颇有抱负，三十岁时参加竞选省议会员。当时，反动派挖空心思收集材料，对他进行多方诽谤、诋毁。

有一次竞选辩论时，反对派抓住他出生在中国这一事实，大做文章，指责他道："你是喝中国人的奶长大的，你身上一定有中国血统。"他们以为这发"重型炮弹"足以把切斯特郎宁击垮。

郎宁面对挑战坦然回答："根据权威人士透露，你们是喝牛奶长大的。你们身上一定有牛的血统！"他的话音一落，听众立即报以热烈的掌声，反对派被驳得面红耳赤，一败涂地。

在这次选举中，郎宁最终获得了胜利。

连吃四块三明治的感觉

罗斯福是连任届数最多的一位美国总统。他自 1933 年入主白宫以后，连续四次当选总统，直至 1945 年病逝，他在位长达 13 年之久。

1944 年罗斯福第四次当选。一天，一位记者来到总统府采访，问道："总统先生，您已是第四次出任美国总统，请谈谈您的感受。"

罗斯福并不急于回答，只是热情地招呼这个记者吃三明治。记者吃了一块，他又递上一块……在总统的盛情招待下，记者一连吃了三块。当罗斯福递上第四块时，该记者只得苦笑着说："总统先生，非常感谢您的招待，只是我实在吃不下去了。"

这时，罗斯福这才慢条斯理地说道："您不是问我第四次出任总统的感受吗？那就如同你面对第四块三明治一样。"

理想园丁

有个美国妇女来到了法国的巴黎旅游。有一天，当她正在这座美丽城市中散步的时候，忽然看到有个老头儿正在某所别墅的花园浇水，他那勤恳操劳的姿态，使这位美国妇女很有好感。她想到法国人真是头等的园丁，在美国百里也难挑一个，既然邂逅，为什么不带一个回国去呢？于是，她就走到那位老头儿跟前，问他愿不愿赴美国去做她的园丁，她可以给他很高的工资，还可负担他的旅费。接着，她又把美国瞎吹了一阵，仿佛那儿是遍地黄金，外国人去了可以发财。

"夫人，"老头儿回答说，"真是不巧得很，我还有另外一个职务在身，一时离不开巴黎。""你统统辞掉吧。好在我会给你补偿的。你除了园丁，还兼营哪样副业？是养鸡吗？""不是，"老头儿说，"我希望他们下次不要再选我，我就好来接受你给的差事。""选你做什么呀？""选我做总统。""你是……""我就是安理总统。"

拿破仑与毛皮商人

拿破仑入侵俄国时与他的军队脱离了，他为了躲避一群哥萨克人追逐，向一家毛皮商人求救。毛皮商人用多张毛皮盖住了他，使拿破仑化险为夷。

毛皮商胆怯地对拿破仑说："原谅我对一个伟人问这个问题，但是躲在毛皮下，知道下一刻可能是最后一刻，那是什么样的感觉？"

拿破仑大怒，命令警卫蒙住皮毛商人的双眼，要亲自处决他。

毛皮商人看不见任何东西,但是他可以听到警卫的动作,当他们慢慢排成一列,准备他们的步枪时,他可以听见自己的衣服在冷风中簌簌作响。他可以感觉到寒风正轻轻摇着他的衣摆,冷却他的脸颊,他的双脚正不由自主地颤抖着。然后,他听见拿破仑清清喉咙,慢慢地喊着“预备……瞄准……”在那一刻,他知道甚至连一些无头痛痒的感伤都将永远离他而去,而眼泪流到脸颊时,一股难以形容的感觉自他身上奔泻而出。

经过一段时间的安静之后,毛皮商人听到脚步声靠近他,他的眼罩被解了下来,他可以看见拿破仑的眼睛深深地又故意地望着他的眼睛,似乎想看穿他灵魂里的每一个角落。然后拿破仑轻柔地说:“现在你知道了吧。”

杰克逊恐慌

安德鲁·杰克逊在1837年曾任美国总统,是美国历史上最杰出的政客之一。下面是关于他的一个小故事。

在他妻子死后,杰克逊对自己的健康状况变得非常地担忧,家中已经有好几个人死于瘫痪症状,所以他一直在这种阴影下极度恐慌地生活着。

一天,他正在朋友家与一位年轻的小姐下棋,突然杰克逊的手垂了下来,整个人看上去非常地虚弱,脸色发白,呼吸沉重,他的朋友走到他身边。

“最后它还是来了,”杰克逊乏力地说,“我得了中风,我的整个右侧瘫痪了。”

“你是怎么知道的呢?”朋友问。

“因为,”杰克逊答道,“刚才我在右腿上捏了几次,但是一点感觉也没有。”

“可是，先生，”和杰克逊下棋的那位姑娘说道，“你刚才捏的是我的腿啊！”

不打不成交

1973 年的一天，夕阳的余晖已洒在毛泽东住所游泳池，给它涂上了一层淡淡的金光。田中角荣正由周恩来陪同，走在来游泳池的路上。他俩刚刚就一些中日之间的历史问题和今后双边关系的发展进行了会谈，尽管争论很激烈，并且认识也不是完全一致，但毕竟取得了成果，迈出了可喜的第一步。

周恩来将田中带进了毛泽东的办公室。毛泽东正坐在扶手椅上看一本书，见他们进来，即示意他们坐下来。

已经八十高龄的毛泽东的确显得苍老了。但他的头脑仍然清晰，反应机敏，交谈时仍不失当年常有的幽默和风趣。

“你们的争吵该结束了吧？”毛泽东微笑着不等他俩回答，又说：“吵架对你们有好处。”

“我们进行了亲切友好的谈话。”田中说，而对一场中日战争究竟使中国遭受了“灾难”（中方的用词），还是仅仅带来了“麻烦”（日方的提议）的争论避而不谈。

毛泽东挥了挥手：“不打不成交嘛！”

田中角荣的脸上浮现了一丝笑容，他知道他的担心是多余的。

周总理一字评霸王

1960 年某天，周总理日理万机之余，在北京审查我国戏剧出国节目，他对京剧《霸王别姬》一剧中的每个重要关节处的评语都只

有三四个字,且都是以“一”字开头。

当戏演到项羽垓下兵败前,不顾形势,不听劝阻,执意出战时,周总理评道:“一言堂”。项羽回宫后,虞姬规劝再三,千万不可发兵,以免中刘邦奸计,项羽不容分说,并拒绝说:“孤意已决,明日发兵!”周总理评道:“一家之长”。项羽中计孤军深入,落入了刘邦的伏击圈,周总理又说:“一意孤行”。项羽终困垓下,周总理评曰:“一筹莫展”。戏演到虞姬备酒,项羽吟唱:“力拔山兮”时,周总理再评曰:“一曲挽歌”。项羽被围,四面楚歌,汉兵将至,虞姬自刎。周总理指出:“一败涂地”。其评论之恰切令闻者无不叹服。

红星普照中国

1960 年金秋的一个傍晚,著名记者埃德加·斯诺穿过一片烂漫的菊花丛,来到了中南海丰泽园毛泽东的寓所。

毛泽东已迎到了门口。“很久不见了啰,老朋友!”当两双手又一次紧紧地握在一起的时候,毛泽东若有所思地问道:“究竟有多久了呢?”

“二十三年了。”斯诺边回答边打量着毛泽东的住所:“您的‘窑洞’面积已稍许扩大了一些。”原来,斯诺在 1937 年访问延安时曾说毛泽东的窑洞太小。

“是啊,我的‘窑洞’是稍许扩大了些,一切都好转了点。”毛泽东微微笑了笑说,“不过,你没有变,我也没有变。”

“但是,中国却是大变样了。”

“是变样了,我们建立了一个新的中国。不过,这也有你的功劳嘛,二十多年前你不就已经就过红星要普照中国吗?”毛泽东炯炯有神的眼睛朝斯诺眨了眨,继而哈哈大笑。

周恩来妙语戏对手

周恩来总理是我党卓越的领导人之一，他一生博学多才，精妙的言谈常常给人以智慧的启示。

1946年初，周恩来代表党中央同国民党代表进行谈判，周总理正义在手，妙语横生，在谈判时针锋相对，连连击败国民党代表，这使得国民党代表恼羞成怒，竟出口伤人，说与周恩来谈话是对牛弹琴。周恩来听后微微一笑，慢慢说道："对！牛弹琴。"他在"对"字上加重了语气，用以反击对手。这个国民党代表本想辱骂周恩来，不料反被戏骂，真是有口难言。周总理用"以其人之道还治其人之身"之法置对手于绝境，国民党代表也因此对他越发敬畏了。

点悟 读了这个故事，同学们应懂得，与人言谈时不可粗鲁无礼，无端骂人，遇到无故辱骂诘难之人时更要冷静思索，不失时机地巧言反击。

一件陈列品

1974年，已八十一岁高龄的毛泽东接待了美国国务卿基辛格。他询问毛泽东身体如何，毛泽东指着自己的头说："这部分不太好使，我能吃能睡。"他又拍拍大腿说："这部分不太好使，走路时有些站不住。肺也有点毛病。"他停顿一下道："一句话，我的身体状况不好。"然后又笑着补充说，"我是为来访者准备的一件陈列品。"

基辛格注意到，在屋子对面有几张桌子，桌子上放着一些针管和一个小氧气袋。

毛泽东泰然自若地说:“我很快就要去见上帝了。我已经收到了上帝的请柬。”听到世界上最大的共产党国家的领导人讲出这样的话,基辛格感到震惊。他笑着答道:“不要急于接受。”

毛泽东不能连贯地讲话,他在一张纸上费力地写了几个字来表达自己的意思。他写完后,工作人员按着他的意思说:“我接受doctor的命令。”doctor是英文医生、博士的意思。这是一个双关语,既指医生,又指基辛格,因为中国人习惯称他基辛格博士。

皇帝的臣民

那是1961年溥仪刚获释不久的一天,毛泽东在丰泽园以家乡菜宴请溥仪、章士钊等。开饭时,毛泽东拉着溥仪的手,让他坐在自己身边。

“你还没结婚吧?”在吃饭时的闲聊中,毛泽东问溥仪。

“没有呢。”

“还可以再结婚嘛!”毛泽东说,“不过,你的婚姻问题要慎重考虑,不能马马虎虎,要找个合适的。你是皇帝万岁哟。”

饭后,毛泽东把溥仪拉到院里照相。在拍照的几秒钟前,摄影师摆弄着相机,毛泽东侧过头,十分幽默地笑着对溥仪说:“你做宣统皇帝的时候,我也归你管过哩,是你的臣民哦。”

这句话把两人都逗得开怀大笑,老练的摄影师抓住了这一瞬间,按下了相机的快门。

毛泽东对溥仪可谓关怀备至。在后来的一个春节座谈会上,毛泽东又一本正经地说:“对宣统皇帝要好好团结。他和光绪皇帝是我们的顶头上司,我做过他们下面的老百姓的。”他又转向在场的章士钊说:“我拿点稿费,通过你送给他改善改善生活,不要使他‘长铗归来乎食无鱼’哟,人家是皇帝嘛。”

华盛顿抓小偷

1777年，担任“大陆军”的总司令华盛顿，指挥大陆军经过萨拉托加一战，挫败英军，大陆军从此扭转战局。同时在外交上充分利用欧洲强国与英国的矛盾，与法、西、荷联合对英作战，连连取胜，并将康沃利斯率领的英军主力包围在弗吉尼亚的约克镇。10月，英军投降，战争结束。1783年9月，美英签订《美英巴黎和约》，英国正式承认美国的独立。

独立战争的胜利，为美国资本主义的发展扫清了道路，对世界产生了重大影响。华盛顿也因此担任了美国第一届总统。

华盛顿从小就聪明过人，他的家乡至今还流传着他两次抓小偷的故事。

一次，华盛顿邻居家被偷走了许多衣服和粮食。村长召集村民开会，商量破案的办法，可半天下来也没找到好办法。华盛顿一直在思索分析，他根据小偷作案的时间判断，小偷一定没有出村。于是他过去对村长悄悄地说了几句话，村长连连点头。

晚上，村长将村民们召集在麦场上，让华盛顿给大家讲故事。华盛顿说：“黄蜂是上帝的特使，它的一双大眼睛能辨别真假、善恶。它乘着月光飞向人间……”突然，华盛顿猛地大喊：“他就是小偷，黄蜂正在他帽子上方兜圈子要落下来了！”

人们被这突然的情况惊呆了，扭头互相观望，寻找着黄蜂。那个小偷做贼心虚，以为真有黄蜂在他头上兜圈子，慌忙伸手想把黄蜂打掉。华盛顿见了，指着小偷大喊：“他就是小偷！”

小偷知道自己上当了，只得认罪。

这件事一下子在当地传开了。

不久，村里有匹马被人偷了，失主请华盛顿帮忙。华盛顿问明

了情况，就和失主一起来到牲口市场，很快就找到了那匹马。失主要去评理，小偷态度蛮横，反说失主想诈骗他的马。华盛顿见事实一时难以说清，就突然上前用双手捂住马的两只眼睛，对小偷说："你说这马不是偷的，是你自家养的，那么你说，马的哪只眼睛有毛病？"

小偷愣住了，他可没有注意过马的眼睛呀！可他很快镇静下来，回答说："左眼。"

华盛顿慢慢地放开一只手，露出马的左眼，亮闪闪的，一点毛病也没有。

小偷一看急了，慌忙改口说："我记错了，是右眼。"

华盛顿又将另一只手放开，马的右眼也是亮闪闪的，一点毛病也没有。

围观的人"轰"的一声笑开了，都说："自己养大的马，连马的眼睛有没有毛病都不知道。这马准是偷来的。"

那小偷知道再辩解也没有用，只得低头认罪。

还朋友清白

美国总统林肯在年轻的时候是一名律师。一次，林肯的朋友阿姆斯特朗被人指控杀人抢劫。林肯非常了解他的朋友，知道他品德优秀，决不会干出杀人这种事情来。于是，林肯决定出庭为朋友辩护。

但是，原告有一位证人叫福尔逊，他说他亲眼目睹了阿姆斯特朗杀人的经过，并且还在证词中写道："10 月 18 日晚上 11 点，我在场亲眼看见阿姆斯特朗拔出枪，杀死了被害者。"林肯仔细研究了他的证词，还到案发现场去实地考察。

在开庭的那天，等原告方证人福尔逊在法庭上说完了他的证

词。林肯站起来说："福尔逊先生，你肯定看清了是阿姆斯特朗杀人的吗？"

福尔逊傲慢地说："当然肯定。"

林肯说："当时是晚上11时，你在草堆后面，离阿姆斯特朗站的树下，有二十几米的距离，你怎么能肯定没有认错人呢？"

福尔逊振振有词地说："因为当时月光非常明亮，而且正好照在他的脸上，所以我绝对没有认错人！"

林肯大声地说："10月18日晚上的月亮是上弦月，而且早在晚上10点就已经下山了，请问福尔逊先生，11点的时候哪里来的月光？"

福尔逊的表情显得有点紧张，他吞吞吐吐地说："我记错时间了……可能当时还没有10点……"

林肯严肃地说："就算你记错了时间，当时还有月光，但是你躲在东面的草堆里，阿姆斯特朗站在西面的大树下，月光从西面照来，只会照在阿姆斯特朗的身后，根本不可能照在他脸上！你是怎么看到这一切的？请问你如何解释这个问题？"

整个法庭都轰动了，听众席上传来阵阵议论声。

福尔逊的脸色越来越苍白，一颗颗汗珠从额头上滴落下来。在事实面前，福尔逊不得不承认，是有人花钱收买他，让他来诬告阿姆斯特朗的。

点悟 林肯用他的智慧和敏锐的观察力，还了朋友一个清白。

开枪救士兵

"救人，救人，有人掉进水里啦！"拿破仑正和他的侍卫策马驰骋，忽然听到一阵呼救声。

他立刻掉转马头，朝出事地点奔去。只见一个士兵在水里拼命挣扎，眼看就要沉到深水里去了。岸上几个士兵正惊慌失措地大声喊着，看到拿破仑来了，惴惴不安地说："陛下，我们不会游泳，怎么救他呢？"

拿破仑马上从侍卫手中拿过一支步枪，对准落水的士兵，喊道："你还不快向岸边游过来！"话音刚落，他朝那人的前方连开了两枪。

落水的士兵听到命令，又听到枪响，浑身一激灵，吓出一身汗，忙"扑通、扑通"朝拿破仑这边胡乱地划水，不一会儿便游到了岸边，被同伴拉上了岸。

落水士兵发现救自己的竟然是法兰西帝国的皇帝拿破仑，连忙拜谢："陛下，多谢您救命之恩。只是我不懂，您想枪毙我吗？"

拿破仑哈哈大笑，说："傻瓜，不吓你一下，你还有勇气游吗？"

士兵们恍然大悟，都朝拿破仑投去敬佩的目光。

打赌将军

1944 年圣诞节前夕，艾森豪威尔接到蒙哥马利的一份电报，电文是："看样子你要欠我 5 英镑了。"

起初，参谋人员以为这是重要军事行动的暗语，但艾森豪威尔真的找出 5 个英镑，派人给蒙哥马利送去。原来，这是一笔赌债。

1944 年秋，艾森豪威尔作为盟军远征军总司令，前往意大利墨西拿湾的蒙哥马利的作战指挥所巡视。墨西拿湾风光优美，景色迷人。面对此景，艾森豪威尔和蒙哥马利谈起战争前景问题来。艾森豪威尔认为欧战一定会在圣诞节前结束，而蒙哥马利则认定欧洲的战争要打到 1945 年。

两人各执己见，谁也说服不了谁。于是，蒙哥马利提议就此打

赌。艾森豪威尔立即应允。打赌早已成为蒙哥马利军旅生活中的一件乐事，每逢与人发生争执，相持不下时，他就与人打赌。当然，蒙哥马利每次打赌注数目不多，但他做起来却非常认真，专门为此设了一个记录簿，上面记录着每次打赌的原因、日期以及赌注，他还要求打赌人正式签字画押。这次和艾森豪威尔打赌也不例外，艾森豪威尔的副官布彻负责作记录。

蒙哥马利打赌很少成为输家，这次他又赢了。

永远激励师生的一句名言

在世界历史上最令法国人骄傲与自豪的人物拿破仑也十分重视教育。

1804 年 12 月 12 日，拿破仑称帝。第二天，他就在战神广场上亲自授予巴黎理工学校一面旗帜，上面写着："为了祖国的科学和荣誉！"

当时的领旗人——学校首届毕业生阿拉戈，后来成为著名的天文学家。

1814 年，俄、奥、普联军军临巴黎城下，巴黎理工学校的学生要求参战。拿破仑说："我不愿为取金蛋而杀掉我的老母鸡！"

后来，这句名言被刻在巴黎理工学校梯形大教室的天花板正中心，一直激励着该校师生。

钢笔的故事

有位美国记者在采访周总理的过程中，无意中看到桌子上有支美国产的派克钢笔。那记者便以带有几分讥讽的口吻问道："请

问总理阁下,你们堂堂的中国人,为什么还要用我们美国产的钢笔呢?”周总理听后,风趣地说:“谈起这支钢笔,说来话长,这是一位朝鲜朋友的抗美战利品,作为礼物赠送给我的。我无功受禄,就拒收。朝鲜朋友说,留下做个纪念吧。我觉得有意义,就留下了这支贵国的钢笔。”美国记者一听,顿时哑口无言。

点悟　什么叫自搬石头砸自己的脚?这就是一个典型事例。这位记者的本意是想挖苦周总理:你们中国人怎么连好一点的钢笔都不能生产,还要从我们美国进口。结果周总理说这是朝鲜战场的战利品,反而使这位记者丢尽颜面。

妙语谈胜败

1945年抗战胜利后,中共中央主席毛泽东亲赴重庆参加谈判。重庆的文艺界人士邀请他演讲。演讲结束时,有人关切地问:“假如谈判失败,国共全面开战,你们是否能够战胜蒋介石?”毛泽东略一顿,很风趣地说:“蒋先生(指蒋介石)的‘蒋’是将军的‘将’字头上加一棵草,他不过是个‘草头将军’而已。”说完,他豪爽地笑了。有人别有用心地问:“那你的‘毛’字……”没等那个人说完,他就不假思索地说:“我的‘毛’字可不是‘毛手毛脚’的‘毛’,而是一个‘反手’。意思很明显,代表中国人民根本利益的中国共产党,要战胜代表少数人民利益的国民党,易如反掌。”

点悟　他的解释不仅含义深刻,妙趣横生,而且恰到好处。

徒 劳

卡尔文·柯立芝是美国第三十任总统，生性孤僻，不爱讲话。他担任总统期间，时常要参加一些社交活动，但无论到哪儿，他都沉默不语，弄得主人们束手无策。

一次，有位社交界的知名女士与总统挨肩而坐，她滔滔不绝地高谈阔论，但总统依然一言不发。她只得对总统说："总统先生，您太沉默寡言了。今天，我一定得设法让您多说几句，起码得超过两个字。"

柯立芝总统有些恼火地咕哝说："徒劳。"

辩 才

丘吉尔是美国历史上著名的政治家，也是当时英国杰出的辩才。

有一次，与他作对的议员贝西·希雷多克申斥他喝醉了，丘吉尔对答："不错，可你是生来丑陋，而我到明天就会酒醒的。"

又有一回，南希·亚斯特对他说："假如你是我的丈夫，我会在你喝的咖啡里下毒药。"丘吉尔不假思索地应声说："假如我是你的丈夫，我会把它喝下去。"

与他共事的保守党议员威廉·乔因森·希克斯在议会发表演说，看到丘吉尔在摇头表示不同意，便说："我想提醒尊敬的议员注意，我只是在发表自己的意见。"丘吉尔答道："我也想提醒演讲者注意，我只是在摇我自己的头。"

戒 烟

五十多岁时，戴高乐已是法国军政界的显赫人物，他的烟瘾也颇为出名。可是在1947年，他却出人意料地戒了烟。

后来，有人问戴高乐怎样把烟戒掉的，他说："那很简单。我告诉大家我已经戒烟了。此后，我就再也没有吸过烟。"

外交官与女人

俾斯麦是十九世纪德国政治家。有一次在圣彼得堡参加舞会，他频频赞美身边的舞伴，说她美若天仙。那位女士说什么也不相信他的话，说："外交官的话从来不可信。"

俾斯麦问她为什么。

她说："很简单，当外交官说'是'的时候，意思是'可能'；说'可能'时意思是'不行'；嘴上若真的说'不行'，那他就不是外交官了。"

"夫人，您说的完全正确。"俾斯麦说，"这可能是我们职业上的特点，我们不能不这样做；但你们女人却正相反。"

女士问他为什么。

他说："很简单，当女人说'不行'时，意思其实是'可能'；女人说'可能'时，意思是'行'；嘴上若真的说出'是'，她就不是女人了。"

信口开河

新中国成立初期，陈毅任上海市长。有一次对工商界人士演讲，讲台上摆放着名贵的鲜花和精美的茶具。陈毅一上台就说："我这个人讲话容易激动，激动起来容易手舞足蹈，讲桌上的这些东西要是被我碰坏，我这个供给制的市长实在赔偿不起，所以我请求会议主持人，还是先把这些东西精兵简政撤下去吧。"会场上的人们立刻发出了轻松的笑声。

陈毅讲话大都不用稿子。但是，他出口成章，侃侃而谈，常常以机敏而风趣的言辞使听者折服。在一次会议上，有人看见他拿着一份稿纸，还不时地低下头看看，后来竟发现那是一张白纸。"陈总，您怎么用张空白的发言稿啊？"会后有人问他。他回答说："不用稿子，人家会说我不严肃，信口开河。"

难　题

林肯在学校读书的时候，有一次考试，老师问他：

"林肯，你是愿意考一道难题吗？还是考两道容易的题目？"

"考一道难题吧。"

"好吧，那么你回答，"老师说，"蛋是怎样来的？"

"鸡生的呗。"林肯回答道。

"鸡又是那里来的呢？"

"老师，这是第二个问题了。"林肯说。

9. 笑　话

——减缓压抑让你美好岁月在愉快中度过

笑话是一种笑的文化，是一种个人品格的修养，是一种睿智和机敏的表现。钱钟书先生认为“幽默减少人生的严重性，决不把自己看得严重。”

时代大变革，灵魂大震荡。人们憧憬、发愤、迷惘、浮躁，多么需要一种能减缓压抑和压力的东西呢？

那么，就让这些笑话走进你的生活中。

理由

护园人发现一个小男孩偷偷钻进果园,爬上了一棵苹果树。他迅速走了过去,大声问道:“小家伙,你爬到我的树上干什么呀?”“您看,先生,树上掉下来一个苹果,我想把它重新挂上去。”小男孩举着手中的苹果对护园人说。

反面教材

有个青年人老想出名,他去请教爱迪生(美国大发明家):“我什么时候才能像你一样闻名世界呢?”

爱迪生回答说:“你死后很快就会出名的。”

年青人惊奇地问:“为什么要等死后?”

爱迪生说:“如果你在空想中度过一生,死后就会成为那些只图空想而不务实干者的一面镜子,人们会经常提到你的名字,教育后人。这样,你不就名扬天下了吗?”

闹脑子

一位望子成龙的父亲希望儿子将来有出息,能做大学问家。父亲怕家庭教师教不好,就自己教儿子算术。一个月后,父亲想考考儿子,就问:“一个加五个,等于几个?”

儿子扳着手指头算了一会儿,答道:“六个。”

“七个加十五个呢?”

儿子又扳着手指算，手指数不够，就加上脚趾头，还不够，怎么办呢？父亲看着他发愁的样子，生气地说："你不会用脑子吗？"

儿子说："脑子只有一个，加上去还是不够用啊！"

认"一"字

有个人教儿子认字。他先用笔在纸上写了个"一"字，教给儿子。写了几遍，儿子就记住了，这人十分高兴。

第二天一早，他领着儿子上茶馆，心里十分得意，就向朋友炫耀说：他的儿子能认字了。说着，他用手指头蘸着茶水，在桌子上写了个长长的"一"字，让儿子来认。儿子凑到桌前，横看竖看，却不认识了。

他气呼呼地责骂儿子说："笨蛋！这不是昨天教的那个'一'字吗？为什么就不认识了？"

儿子一听，委屈地说："谁知过了一夜，这个'一'就长得这么大了。"

书是印成的

从前，有个商人家里十分有钱，他的儿子整天在外东游西荡，到处惹是生非，经常有人到家里来告状。商人一气之下就把儿子关在屋里，叫他看书，并教导他说："读书就要眼睛仔细盯着书，脑子认真想着书！"

过了三天，父亲检查儿子的功课时，儿子很高兴地对他说："爸爸的教导果真好极了，看书当真是有很大的好处，我刚刚看了三天书，心里就明白了。"

父亲听了儿子的这番话，非常高兴，忙问道："你跟爸爸讲讲，看了这几天书，你都明白了些什么？"

儿子非常感慨地说：

"我一直认为书是用笔写成的，当我仔细看了三天后，才知道原来是印出来的。"

漏一个字吃人

王宏伟写文章时有个毛病，常常漏掉一两个字。遇到自己不会写的字，他既不查字典也不问别人，总是图省事——把它漏掉。为此，老师多次批评他屡教不改。

有一次，他在作文簿上写着："我爸爸是个好爸爸，爸爸爱我，我也爱他。爸爸身体不好，我去给他买人。我走进人店，只见盒子里都是人，有的人壮，有的人瘦。我挑了个又肥又壮的人买回家，切成块，就开始蒸人，蒸好人，我端了一碗人汤准备给爸爸送去……"

老师看了他的作文，急忙找来王大伟，问他："你真是给爸爸买了人吃？"王宏伟不慌不忙地说："人参的'参'我不会写，就把它漏掉了。"

瞄 准

苔丝上个星期才跟哥哥学会骑自行车。这一天，她睡午觉起晚了，眼看着就要迟到了，她骑上车子就往学校赶。一路上她骑得飞快，可就在快到学校的路口时，她突然发现前面有一位老爷爷在路边漫步。她心里一慌，便大声喊着："老爷爷，停一下，请站住别动！"

老爷爷随即站住，头也没敢回，不知道发生了什么事儿。苔丝三拐两拐一下子撞在老人身上，老人摔倒了。

苔丝一见把人撞倒了，急忙跳下车，跑过去扶老爷爷起来。老爷爷带着痛苦的表情说："我说你让我停下来干什么，原来你是为了瞄准了撞我呀！"

捣　蒜

在江南一个小镇子上，住着两户人家，一家姓杨，一家姓李。两家关系处得很好，彼此就像一家人。一家吃点儿好的饭菜，也想着给对门儿送点儿过去。

这天李家吃饺子，饺子一下锅，杨家的男主人就看见了，他急忙找蒜，心想待会儿对门儿准会送饺子来。他怕送饺子时再捣蒜来不及，便蹲在门槛上，边捣蒜边等着对门送饺子来。眼看对门家的饺子从锅里捞出来了，他想着马上就可以吃到热腾腾的饺子了，心里美滋滋的。

这时听对门家的孩子说："妈，给我杨叔叔家送点儿去。"孩子妈李嫂说："不用了，你没看见你杨叔叔在捣蒜吗？你杨叔叔家一定也吃饺子！"

聊不完

"那个'聊不完'一来，就非聊到晚上 12 点不可，搞得我连觉也睡不好，真讨厌！"妻子说。

丈夫安慰妻子说："没关系，他再来，我有办法叫他早点回去，你放心好了。"

正说着,那位“聊不完”先生来了。

“昨天昨上,我家附近来了强盗,有两个人身上的钱财被抢去,连穿的衣服也被剥个精光。”丈夫一看见“聊不完”先生,就这样说。

“那我得赶紧回去。”“聊不完”先生说完掉头走了。夫妻二人以为计谋成功了,正在欢庆时,“聊不完”先生又神气十足地回来了,说:“我怕被强盗抢了,把手表和钱包都放在家里,换了条破裤子和旧上衣来,今晚聊到再晚也不怕了。”

欠“打”

先生让学生做诗。甲乙两个学生冥思苦想,仍做不出来,一直熬到半夜,甲吟了一句“做诗三更半”,却再也想不出下句。突然,两块炭从窗外飞了进来。两人出去一看,原来是两个和尚打架。甲生灵感来了:“乒乓两块炭。打开门一看,两个和尚乱打。”

乙看后说:“第四句多了一个字,又不押韵,干脆把‘打’字去掉,改为‘两个和尚乱’。”

第二天,两人高高兴兴地交给先生。先生看后大怒,提笔写了两个字:“欠打!”

回来后,甲埋怨乙说:“都怨你,看先生批的还是少个‘打’字吧!”

胜他一倍

有个书生,好吹嘘自己,看了杜甫的“两个黄鹂鸣翠柳,一行白鹭上青天”的诗后说:

“这诗做得不咋样,我做的至少要胜他一倍!”

别人说:“请你做首诗给大家看看。”

书生应声说:“好!”便吟诗说:“四个黄鹂鸣翠柳,两行白鹭上青天。你们看不是胜他一倍吗?”

秀才卖瓜

过去,有个穷秀才贩了一堆西瓜,在集市上卖。他羞于喊叫,便在西瓜上贴了张字条:“这西瓜卖。”

有个人走来,看看字条,说:“写‘西瓜卖’就可以了,何必多个‘这’字。”

秀才觉得有理,就把“这”字撕去了。又有一个人走过来说:“字条下面明明放着西瓜,‘西瓜’二字也是多余的。”

秀才觉得也对,又把“西瓜”二字撕掉了。过了一会,又有一个人站在跟前,说:“西瓜摆在集市上,当然是卖的,何必多此一举!”

秀才听了,把最后一个“卖”字也撕掉了。

节节不通

有个先生,教了十个学生。有一次,十个学生每人交来一篇作文。先生一篇一篇地改,改到最后一篇时,咋改也改不下去了,他就在后面画了一根竹子。

第二天,这个学生拿着作文来找先生:“我的作文咋没改,只画了根竹子呀?”

先生说:“我改不了呀,你的作文就像这竹子,‘节节不通’嘛。”

岂有此理

有个读书人,学习语言十分认真。一天,他上集市买东西,听到别人吵骂声中说的“岂有此理”,觉得既新鲜,又好听,就一遍一遍地背呀、记呀,在回家的路上,嘴边还挂着它。谁知争上渡船时,匆忙中把这句话忘了,再也想不起来。他急得从船头找到船尾,又从船尾找到船头。船家好生奇怪,问道:“先生,到底失掉了什么东西?”

“失去一句话。”读书人懊丧地说。

船家听了,暗暗好笑,说:“话也会失落的,真是岂有此理!”

读书人立刻转忧为喜,忙问:“原来是你捡到了,为什么不早说呢?”

作文用老秤

语文老师:“哪有‘半斤五两’这个成语,只有‘半斤八两’的说法。”

学生:“考数学时,我答半斤等于八两,结果得了个‘×’。”

语文老师:“记住,作文时还是采用老秤。”

跌　跤

有个书生下雨天走路,不小心跌了一跤。刚刚从地上爬起来,不料又跌了一跤。他自言自语地说:“早知道还要跌这一跤,刚才

爬起来不是多此一举吗?”他一边说,一边想:也许再爬起来,还要再跌一跤呢!干脆就躺在这里算了。

又懂一个道理

有个秀才只知道闭门读书,成了书呆子。

偶然外出,上山时,他赶忙把鞋子脱下。有人问:“你为什么光穿袜子走路?”他回答说:“做鞋多不容易,缝袜子容易得多呀!”

又一次,为了招待客人,妻子说:“你到河边去买两斤鱼来吧!”他到了河边渔船上,谁知上岸的鱼都是一斤多重一条的。他左挑右选,硬要一条刚好两斤重的鱼。卖鱼人纠缠不过他,只好暗暗将一块石头塞进一条鱼嘴里,刚好凑满两斤。秀才高高兴兴地拿着鱼回家去。

剁鱼的时候,妻子挥刀一砍,只听“当啷”一声,菜刀缺了一大块,气得直瞪眼。可秀才高兴地说:“哎呀,我又懂得了一个道理:原来鱼是吃石头长大的。”

要你手指头

有个贫寒的读书人,在路上遇见了一位老朋友。他们互相问好之后,读书人晓得老朋友已经学得了仙术,成了仙人。

仙人很了解读书人的困境,于是就把路旁的一块砖指点成金送给他。读书人嫌太少,仙人又将路旁一只大石狮变成金狮送给他。可是读书人仍然不满足。仙人问他:“你还要什么?”读书人贪婪地指着仙人的手指说:

“我还要你这根能指石成金的手指头!”

林则徐巧对

林则徐少年赴试时，其父恐其远行疲乏，便让他骑在自己肩上进入考场。主考官见状，便出一联要林则徐应对，对上了，方可入考场。该联为：

以你作马，

林则徐的父亲被说得很难堪，这时林则徐脱口而对：

望子成龙！

这四字对应贴切，又为父亲和自己解了嘲，旁边人无不惊奇。

样样都很行

一位学习中文不久的留学生，一天上街回来后找到老师说："我觉得你们中国人一点都不谦虚，认为自己什么都很行。"

"为什么？"老师惊讶地问。

"大街上，我看见许多招牌，写的都是中国很(银)行，中国人民很(银)行，中国建设很(银)行，中国农业很(银)行……"

成就感

我对参加田径赛跑得最后一名的好友说：

"八个人赛跑你跑了最后一名，真没劲。"

他告诉我说："怎么能说没劲？你没看到他们七个人被我追得像兔子一样直蹿吗？"

十分简单

某日上数学课，老师宣布下节课要小考。小明立即紧张地举手问老师，“会不会考得很难？”老师只说了一句：“十分简单。”乐得大家拍手叫好。

可是考完后，每个人都考得惨不忍睹，怎么会简单呢？于是小明又问老师，只听老师说：“我可没说错呀，十分简单，剩下九十分很难！”

从哪里入手

学校召开家长座谈会，老师在会上介绍教育学生的经验，说：“教育孩子，首先要从这里开始——”他指了指自己的脑袋。

“张老师，我的经验跟你的不一样。”一学生的爸爸发言说：“我教育孩子，原先也从他的脑袋开始，谁知一棍子下去就把他敲懵了。实践证明，还是从他的屁股入手好些……”

遮眼法

一个学生戴着一顶大帽子，脸上涂着红粉，从马路上走过。同学见了问道：“你今天为什么这样打扮？”

这个学生答道：“我的鞋子破了，怕人见了不好意思，所以这样打扮，可叫人都注意看我的头，而不看脚。”

精辟的描写

老师在课堂上要求学生做口头表达,用最恰当的一句话描写自己。于是,有的学生把自己描写得身强体壮,有的则说自己才华横溢。全班最矮小的一个学生站起来说:浓缩就是精华。

与女生无关

老师在黑板上写了一首诗:“三更灯火五更鸡,正是男儿读书时;黑发不知勤学早,白首方悔读书迟。”然后提问一位女同学:

“周兰香,你读了颜真卿这首诗以后,有什么感想?”

这位女同学站起来答道:“这首诗是叫男儿应勤读书,与我们女生无关。”

都是问题

学校里的油印机出了毛病,印出来的试卷模糊不清。为了谨慎起见,老师到每个班里去问:“你们的试卷有问题吗?”

一个被试卷搞得昏头昏脑的学生,满脸迷惑地站起来问:“老师,试卷上不全是问题吗?”

缺少配合

博格是大学篮球队的主力，但他考试成绩却总是不太好。

数学教授问他："你球艺那么好，为什么考试不行呢？"

博格说："打篮球时有人配合，可考试的时候没人合作呀。"

圆圈的反驳

某宿命论者在大学宣讲道："一切事物都有前因后果，都有特定的开头、发展和结尾。"

有个学生不同意这种观点，辩驳道："不见得吧！圆圈呢？"

有奖征答

学生会举办有奖征答，赛题是：

"五个名人搭乘一个气球，五个人分别代表各自领域的最高水平：一个是文学家，一个是化学家，一个是物理学家，一个是医学家，一个是气象学家。气球突然遇到风暴，要把其中两个人推下去，才能保证气球的安全。问题是，究竟把哪两个人推下去？"

不久，收到了许多答案，其中大多旁征博引，洋洋洒洒地分析论证各人的功过轻重，然后拿出自己的看法。

但最后评审委员会却把头奖给了一个三年级的学生。他的答案是："把最胖的两个人推下去。"

简 略

老师讲授完马克·吐温的生平和主要作品，见一学生心不在焉，东张西望，就说：

“汤姆，看来你对他是十分了解的啦，你是否可以简略地概括这位大文豪呢？”

汤姆毫不迟疑地回答：“已故！”

什么最大

老师：“世界上什么最大？”

学生：“眼皮最大。”

老师：“为什么？”

学生：“眼睛一闭，全世界都被它遮住了。”

无名氏

上语文课时，小英念到一篇文章，作者写着“无名氏”。他便问老师。老师解释道：“凡是不愿意透露自己真实姓名的人，皆称无名氏。”

这时，座位里传来偷笑声。老师生气地问：“谁在嘻笑？”

只听学生中间有人回答：“是无名氏。”

所以要骄傲

老师让爱骄傲的小明谈谈对“骄傲”的认识。

小明:“骄傲就要失败。”

老师:“对,很好。”

小明:“失败是成功之母。”

老师:“嗯,也对。”

小明:“所以我要骄傲。”

不敢笑

老师:“大家都在笑,为什么唯独你不笑?”

学生:“我不敢笑。”

老师:“为什么?”

学生:“您常说‘笑一笑,十年少’我今年刚满 10 岁,再一笑就没了。”

一 刻

上生物课,老师说:“心脏一刻都不能停止跳动。”

学生:“老师,那么心跳停 10 分钟不要紧吧! 它差 5 分才到一刻!”

开卷有益

老师问学生："谁能举例说明'开卷有益'的含义？"

小明举起手："我在家时，只要打开书本，妈妈就不会让我做任何家务事。这就叫'开卷有益'。"

健忘草

有一对贪财的夫妇开了一家小旅店。为了能够多从旅客身上赚点儿钱，他们经常不择手段。一次，一个江湖术士给了丈夫一棵草，叫"健忘草"，并说这种草，如果人吃了的话，会忘掉一些很重要的事情。丈夫与妻子商量后，决定把这件宝物留着，用到一个有钱人身上。

一天，一个商人骑着高头大马，拎着个大包，到他们的店里吃饭。夫妻俩一交换眼神，就笑嘻嘻地上了一桌菜，并把健忘草放入了每个菜中。商人每吃一口菜，夫妻俩就笑着拥抱一次。商人酒足饭饱后，晃晃悠悠地站了起来。他俩以为药力发作了，差一点儿高兴地笑出声来。夫妻俩每人嘴里都塞了一块毛巾，悄悄地躲在门后，贪婪地观察着商人的一举一动。只见商人很困难地拎起大包走出门去，两个人都很奇怪，赶忙又凑到门口，发现商人准确无误地拉过了自己的马，爬上马背，扬长而去。夫妇俩一下子瘫软了，不约而同地说："他总得忘点什么吧！"过了很长时间，妻子突然叫了一声："他忘记付账了！"

鱼头鱼尾

黄三儿是地主家的一个长工，一年到头有做不完的活，可是没有良心的地主总把剩饭或坏掉的饭给他吃，过年过节有鱼，但不是鱼头便是鱼尾，所以黄三儿心里十分憎恨地主。

有一天，地主过生日，他吩咐黄三儿买十条大鲤鱼回来。黄三儿买回鱼之后，就把所有的鱼切成三段：鱼头、鱼身和鱼尾。他把十段鱼身煮了大吃一顿，等到中午时，只把鱼头和鱼尾交给地主。

地主一见，大吃一惊，问："我不是叫你买十条鱼吗？你买十个鱼头、十个鱼尾干什么？"黄三儿不慌不忙地说："我是按照您的意思做的呀！"地主一听急了，一拍桌子骂道："你个狗奴才，你把鱼身弄哪去了？""扔掉了！""什么？"地主一听，心疼地直咧嘴："你个蠢猪！扔掉干什么？"黄三儿一乐，说："老爷答应在过节时给我一条鱼吃，可每回只有鱼头或鱼尾，这鱼身想必是没有用的，所以我怎么能给您吃呢？您说对吧？"地主一听皱皱眉，无可奈何地说："对！"

省　钱

小红是个既贪玩又爱花钱的孩子，她的功课总是不及格，并且还总比别的小朋友能花钱。为了让她少花钱，妈妈多次教育她要节约每一分钱。但为了她能通过考试，妈妈又答应她考试及格奖励十元钱的要求。一天，小红问妈妈："妈妈，我为你省一分钱，你会很高兴吧？"妈妈很肯定地说："对！"

"那我为你省十元钱，你不会生气吧？"妈妈一听就乐了，她摸

着小红的头说:“当然不会了,那样妈妈会更高兴。快告诉妈妈,你是怎么给我省了十元钱的?”小红一下子拿出了考卷,说:“我这次考试又没及格,那十元钱奖励就给你省了!”

谁最不专心

星期天,妈妈去给小伟开家长会。老师对妈妈说:“你们家小伟上课总是东张西望,不能专心听讲,所以学习成绩一直上不去,你们作家长的要管管他。”

妈妈回家后,把老师的话告诉了爸爸。爸爸听后十分生气,但随后又压住火气,决定让小伟自己认识到这个毛病。

爸爸把小伟叫过来问道:“小伟,在你们班上,谁做作业最不专心?”

“我不知道,爸爸。”小伟回答。

“你好好儿想想,当同学们都专心致志做作业时,谁总是东张西望的不学习?”

小伟沉思了一会儿,对爸爸说:“是老师。”

傻瓜生的

一天,妈妈到幼儿园接汤姆回家。走在路上,汤姆拉着妈妈的手问:“妈妈,我可以问您几个问题吗?”妈妈说:“问吧!”

汤姆:“妈妈,鸡蛋是从哪里来的?”

妈妈:“是鸡生的。”

汤姆:“那鹅蛋又是从哪里来的?”

妈妈:“当然是鹅生的喽!”

汤姆："噢，我明白了，我一定是傻瓜生的。"

妈妈："啊？你这孩子怎么能这么说话呢！"

汤姆："妈妈，本来就是这样子嘛，不然幼儿园的小朋友怎么都管我叫'傻瓜蛋'呢？"

撵　贼

朱瑞没有什么长处，就是跑得快，每次发现有人跑步时，总要跑到人家前面，然后卖弄地说："瞧见了吧，我跑得多快！"

一天，家里来了个盗贼，拿了一件珠宝就往外跑，朱瑞发现时，那个贼还没跑远，于是他一溜烟似的追了出去。

他一边跑，一边喊："你听着，你跑不过我的。"那贼一听，玩儿命地狂奔。朱瑞一见，顿时来了劲儿，使出了全力追了过去，眼看着他就追上了，朱瑞得意地喊："告诉你，别跑了，跑也跑不过我！"那贼一听，跑得更快了。这可把朱瑞惹火了，他大喊道："好小子，你还想和我比赛？我今天要让你瞧瞧，看谁跑得快？"说完，他迈开大步飞奔起来，果然好脚力，不一会儿就撵上那贼，遥遥领先了。他越跑越自信，越跑越得意，突然前面来了个熟人，问他："朱瑞，你干什么呢？"他摇着脑袋说："我撵贼呢！这个小子还不服气，还吹牛说要超过我，你往我身后看看，他早已被我甩得没影了！"说完就又甩开腿，风一样地跑了过去。

借　牛

从前，有个地主不识字。一天，他在客厅里陪客人吃茶，正聊得高兴，忽然有人送来一封信，原来是邻村的一个财主写信向他借

牛。地主接过信，翻过来倒过去，看了半天，也看不明白信上到底写些什么，可他又怕客人笑话，就装模作样地对送信人说："既是你家主人请我，到时候我自己去就是了。"

送信的人听了，忙解释说："不是，是拉车的牛……"

地主怕露馅，连忙故做生气状大声说道："你还啰嗦什么！坐牛车去还是坐马车去，用不着你操心，反正到时候我去就是了。另外，谢谢你家主人的好意。"

"恭喜"与"也好"

李老爷和王老爷是一对多年的好朋友，平时经常在一起饮酒下棋。一日，李老爷听说王老爷家生了个孙子，连忙拿着礼物跑来祝贺。一进门，李老爷就说："王仁兄，你真是好福气呀！恭喜，恭喜！"王老爷一听马上声明："恭喜不得，生了个丫头。"李老爷一听，知道自己听说的消息不准确，马上改口说道："那——也好，也好。"

在一旁给他们倒茶的王夫人听了两人的对话，心里很生气。这时刚好门口吆五喝六地抬过一顶四人大轿，里面端坐一位贵妇人。王夫人见李、王两位老爷都朝大轿望，没好气地说道："没什么好看的，四个'恭喜'抬着一个'也好'罢了。"

不准偷喝

兄弟三个人买了一听健力宝，为了能平均分开，他们决定用杯子来装。这时大哥、二哥都对小弟说："你去厨房拿三个杯子。"小弟很为难地说："可以，不过你们不能偷喝！"两个哥哥齐声说："怎么会呢?！你快去吧，我们不会的。"弟弟刚走了两步，又回头说：

“你们可不准偷喝啊，等我回来再喝！”“快去吧，小弟，我们会等你的。”弟弟这才犹豫地走出门去。

很长时间过去了，弟弟还没有把杯子拿回来。二哥有些不耐烦了，说：“我看小弟不会回来了，干脆咱俩喝了吧！”话音刚落，就听门口传来弟弟的声音：“你们俩不准偷喝，否则，我就不去拿杯子了！”

“给”与“拿”

汤姆有一位爱钱如命的朋友，无论何时总是有进无出，从不给人一点东西，十分吝啬。

一天晚饭后，汤姆和他的朋友们在公园里的小湖边散步。他的这位爱钱如命的朋友一不小心滑进湖里，朋友们慌忙过来救他。其中一人跪在地上，伸出手，并大声喊道：“把你的手给我，我拉你上来。”可是这个吝啬鬼宁愿被水淹得两眼发白，就是不肯将手伸出来。朋友们干着急，也拿他没办法。

这时，汤姆推开人群走过来喊道：“拿着我的手，我拉你上来！”吝啬鬼一听，马上就伸出手，汤姆和朋友们也就将他拉出了水面。

“你们不了解我这位朋友，”事后，汤姆对朋友们说，“当你对他说‘给’时，他无动于衷，如果你对他说‘拿’，他就来劲儿了。”

听不清

在学校的毕业典礼上，最惹人注目的一项活动就是给优秀毕业生颁奖，那时校长将获奖者一个挨一个地请上台并授奖。

一次颁奖中，校长一字一顿地说道：“唯一一位获得‘省级优秀

毕业生'称号的是——王杰！请上台领奖！"会场上没有人上来。校长又清楚地宣读了三遍，会场上鸦雀无声，人们都在想到底谁是王杰。念完第五遍后，王杰才缓缓地站起，慢吞吞地走上台。过后有人问他："你怎么搞的，连自己的名字也听不清吗？"他平静地回答："我只是怕其他人听不清！"

借锤子

王大和李小是邻居。这天，王大让儿子到李小家去借锤子。儿子来到李小家，说明来意。李小听了后，眼珠一转，问道："你敲什么钉子，是铁钉还是木钉？"儿子很诚实地说："敲铁钉。""啊？敲铁钉对锤子的磨损有多大，你知道吗？"李小激动地说，"我家的锤子可从来没有敲过铁钉子！"

又过了一会儿，他平静地说："实在对不起，我家的锤子借出去了，还没有还回来！"

儿子回去后，如实地说出了一切，王大十分恼怒："这个李小，真是吝啬到了极点，钉子不用锤子来敲，还能用什么来敲？我看天下再没有第二个人像他这样吝啬了！"过了一会儿，王大望着儿子，无可奈何地长叹一声，说："看来，只能用咱家自己的锤子了。"

撒谎兄弟

有一对兄弟，专爱撒谎哄骗他人，而且经常还胡扯一些令人不敢相信的事情。

有一天，哥哥找到弟弟说："别人都叫咱俩'撒谎兄弟'，总是这样下去就没人相信咱们了！"弟弟也忧虑地说："是啊，再这样下去，

就没法和大家交往了！”于是兄弟俩决心以后不再撒谎了，并说好了要一起去河里洗个澡，来表明他们要“洗”掉以前这个坏毛病。

哥哥在身上偷偷带了一片肉干儿，洗完澡后，拿出来吃了起来。弟弟问是哪儿来的，他随口就说：“刚才洗澡时，龙王在开宴会，听说我要改过自新了，就赏我一块肉干儿！”

弟弟信以为真，赶忙一个猛子扎到了河里，可由于太猛，他一头撞到了河底石头上，只好捂着伤口上岸了。哥哥问他，他忙说：“龙王嫌我去迟了，用小棒槌砸我的头，我赶快又逃了回来！”

做贼心虚

有两个小偷，一天到一户人家偷东西，他们见屋子里熄了灯，就以为主人都休息了。于是两人悄悄地翻墙而入，溜到窗下，伺机作案。

这时两口子还没睡，女人借着月光看见了一个老鼠洞，正巧有两只老鼠也钻了进来，妻子就对丈夫说：“看，进来了两个，快来捉住它们！”两个小偷一听，吓得两腿发软，站都站不住了。这时屋里的丈夫说：“这两个坏家伙，今晚非捉住他们不可！”两个小偷一听，赶忙拔腿就跑。

第二天，两个小偷想看看这对夫妻是什么样子，于是挑着一担萝卜来到这家门口叫卖。正巧赶上两口子在地里拉犁时，牛把绳子拉断了，丈夫叫妻子回去拿根绳子来。妻子回来后，见有卖萝卜的，就在萝卜筐里挑来挑去，丈夫等不及了，也回到家。妻子正好拿出两个像老鼠似的萝卜问丈夫：“像不像昨天的两个？”丈夫有些生气了，大声喊道：“你怎么还不去拿绳子？”两个小偷一听，以为要用绳子绑他们，一担萝卜也不要了，撒腿就跑了。

哪个都行

一位父亲到托儿所来接孩子。保育员问："哪个是您的儿子？"

"随便哪个都行，反正明天早上要把他送回来！"父亲回答道。

搬　家

一个喜欢安静的人，可偏偏有一个铁匠和一个铜匠做邻居。东边住的是铁匠，整天"丁丁丁"地敲个不停；而西边住的是铜匠，也整天"当当当"地打个不休。他曾多次痛苦地对人说："如果有那么一天，他俩都搬家的话，我愿意请他们吃一顿上等大餐。"

没想到有一天，两个店的主人一块儿找到他说："我们想了很久，终于决定搬家了！"他一听，非常高兴地说："多谢两位店主了，既然这样，今天我就请二位去吃一顿上等大餐！"三个人便高高兴兴地去了。

酒足饭饱后，这人关心地问两人的新店地址，铁匠一笑，说："我搬到铜匠那儿了！"铜匠也笑着说："我搬到铁匠那儿了！"

鸭　汤

从前，有个人叫老豆。一天，他躺在湖边的沙滩上晒太阳，不一会儿就睡着了。老豆梦见了一顿丰盛的午餐，有滋滋冒油的烤鸭，还有各种山珍海味，他馋得直流口水。正要拿烤鸭时，他从梦中醒来，满桌的酒菜不见了。正在懊恼时，看见湖边游过来几只野

鸭,他赶忙站起身,跑到水里捉鸭子,可是鸭子逃得飞快,结果一只野鸭也没逮着。

上了岸,他拿出自己随身带着的干馍,坐在湖边蘸着湖水,津津有味地吃起来。有一个小孩正从这里经过,觉得他很奇怪,问道:"叔叔,你在吃什么?"

"鸭汤。逮不着鸭子,喝点鸭汤也不错嘛!"老豆回答说。

要不要

一天,阿凡提骑着毛驴来到一座小城。一些穷人向他诉苦,说城里的老财主搜刮他们的钱财,完全不顾他们的死活。阿凡提听了,十分生气,决心要治治这个老财主,他眉头一皱,计上心来。

第二天,阿凡提拿了一把椅子和理发工具,在街上摆了个理发摊。阿凡提叫道:"快来理发,穷人不要钱,来呀!"

老财主正从此处经过。听说穷人理发不要钱,赶忙回家换了身破衣服跑来说:"我是穷人,给我理个发。"阿凡提让他坐好,然后给他剃光了头。刮脸时,阿凡提问:"要眉毛吗?""当然要,这还用问!"老财主说。阿凡提嗖嗖几刀,把他的眉毛刮了下来,递到他手里,把老财主气得说不出话来。

"胡子要吗?"阿凡提又问。"不要!不要!"老财主连忙说。阿凡提又把他的胡子刮下来,扔到地上。这下,老财主的头光溜溜的像个肉球似的,十分滑稽。

"我是按您的吩咐为您效劳的。"阿凡提说。

少管闲事

王老五经常教育儿子说:“与你自己无关的事不要多问,也不要多说。做人最重要的,就是要少管闲事!”

这一天,王老五吸完了旱烟,把烟灰一磕就把烟杆插进了腰里,由于烟灰没有磕尽,小火星把他的衣服点着了,他一点儿也没有察觉。

这时,后面的儿子看见了,很想告诉他。可是一想到平时父亲的教导,就没有说什么。

一会儿,衣服上就烧了一个洞,他有些急了,说:“爹,有件事我想跟你说。”王老五反问说:“与你有关系吗?”“没有!”“那就别多嘴了。”“嗯!”

又过了一会儿,衣服已经被烧了个大洞了,儿子实在忍不住了,就说:“爹,这事很重要!”王老五问:“与你有关系吗?”“无关。”王老五这次可生气了:“与你无关,你还说什么?”儿子见父亲生气了,就不敢吭气了。

没过多久,火就烧到了他的肉了,他大吃一惊,赶快在地上打着滚并大声质问儿子:“为什么不告诉我?”儿子委屈地说:“与我无关呀!”

学以致用

一个文科生和一个理科生走在路上。一条小路从他们走的路上岔开穿过庄稼地,理科生说:“咱们走小路吧,小路近些,因为一个三角形的任意两边之和都大于第三边。”

一个老农阻止他们从庄稼地经过。那文科生说:“鲁迅先生说过,世上本没有路,走的人多了,也便成了路。”

川字睡觉

一个教书先生只认识一个“川”字,一见学生让他教识字,就翻起书来找“川”字。可是他找了半天没找到,正在着急时,忽然见到一个“三”字,就指着骂道:“我到处找你不见,原来是躺在这里睡觉!”

道　歉

阿姨:“你打了他,要向他道歉。”

小女孩:“女的不能向男的道歉。”

阿姨:“为什么?”

小女孩:“因为在家里,从来都是爸爸向妈妈道歉的。”

欠　债

一到周末,我们这些好玩的学生都已身无分文,便四处借钱,到了期末,早已债台高筑。

某日,同学问我:“你欠的债还清了吗?”

我眼珠骨碌一转,答曰:“我欠了十屁股债,省吃俭用后,总算还了九屁股债,现在只剩下一屁股债了。”

笨鸟先飞

上语文课，老师正在讲解“笨鸟先飞”这个词语，忽然下课铃响了，小刚没等老师说下课，就迫不及待地拿起乒乓球拍往外跑。

老师严肃地制止他，说：“小刚，还没有下课你怎么就离开教室？”

小刚说：“你刚才不是说‘笨鸟先飞’吗？”

半门外语

甲：“你懂几门外语？”

乙：“半门。”

甲：“怎么会是半门？”

乙：“没错。日语里的汉字，我全都认得。”

感　想

老师问学生：“你对李白的‘床前明月光，疑是地上霜’这两句诗有何感想？”

学生：“他一定是个近视眼。”

一窍不通

小伟学习不认真，经常受到老师的批评。可是有一天，他高兴地跟爸爸说老师表扬了他。

爸爸奇怪地问："老师怎样表扬你的？"

小伟："老师说我七窍通了六窍，只有一窍不通。"

找不到

"老师，您给我们讲过'太平天国'吗？"

"是的，讲过。"

"那我在地图上怎么找不到呢？"

不同点

英文老师："'我将吃大饼'和'我已吃大饼'，有什么不同？"

学生："这不同的是差买大饼的一元钱。"

全是白字

老师评阅一学生的读书心得后对他说：

"这里面有很多白字！"

学生回答说："老师，我写的全是黑字，老师上课在黑板上写的

才全是白字啊!”

十分把握

考试前。

老师:“你这次考试能得九十分吗?”

学生:“我十分有把握。”

考试后。

老师:“你怎么搞的,只考了十分?”

学生:“我说过我‘十分’有把握嘛!”

只会数十

杰克已念小学二年级了,还不会10以上的数。

老师担心地说:“你将来可怎么办?”

杰克说:“当拳击裁判员。”

缩　写

老师要求同学们将一篇一千五百字的文章缩写成只有三分之一长的短文。下课时,小华把作文交了。老师看后问:

“你是怎么搞的?四十五米高的建筑物写成了十五米,六辆汽车写成了二辆,三个人变成了一个人?”

“你不是叫我缩写成三分之一吗?”

懒得举手

“现在有一件轻而易举的工作要派你们中最懒的人去做，”老师对站在他面前的20个学生说，“最懒的请举手。”立即有19只手举了起来，汤姆却没有举手。

“你为什么不举手？”老师问。

“我懒得举手。”汤姆回答。

一幅抽象画

一天美术课上，老师要同学们画一幅抽象画。一会儿工夫，一个小男孩交了他的作品。老师看了看，可上面什么也没有，只不过是一张白纸。

“你画的是什么呀？”老师说。

“牛吃草。”孩子答道。

“草呢？”

“牛把它吃光了。”

“那么牛在哪儿呀？”

“吃完草，牛便喝水去了。”

根　据

“别嘉，你根据什么说声音传播比光要快呢？”

“老师，这太简单了。每当我打开电视机时，总是先听到声音，

然后才能出现画面!"

小声点

儿子:一看别人得了个低分就大声嚷嚷,好不好?

爸爸:当然不好!应该细声细气地安慰他,帮助他。

儿子:那我告诉你一件事,我的算术只考了25分。

爸爸:什么?你——?

儿子:嘘——小声点。

推 论

老师:"数学是一门科学,科学是不容置疑的。例如:一个人盖间房需要10天,10个人一起干,一天就能完成。"

学生:"照这样推算,一条轮船横渡太平洋,需要10天,如果10条轮船一起开航,一天就可以横渡太平洋了。老师说了,'科学是不容置疑的'嘛!"

从0开始

父亲:"刚开学考试,你怎么就得了个'0'分?"

儿子:"老师说:我们一切都要从'0'开始。"

报喜不报忧

期中考试卷发下来了，杰克成绩又不好。他不想见到妈妈一听到他的成绩就愁眉苦脸的表情，所以决定将自己汇报时的语言要说得婉转些。

他一跑回家，便举着试卷对妈妈说："我得100分啦！"

妈妈高兴地说："真的？哪一门？"

杰克回答："数学23分，作文40分，历史30分，听写7分。"

单数和复数

数学老师问杰克："你现在理解了什么是单数和复数吗？"

"理解了。"

"那么一条裤子是单数还是复数呢！"老师又问。

"很简单，"杰克回答："上面是单数，下面是复数。"

白费劲了

扎西被数学老师叫到黑板前去演算一道数学题，他算了好久，也没有得出结果，教师便叫他回座位了。

于是，老师指导大家一起演算，最后老师在黑板上写道：

"……现在我们可以得出结论，x＝0。"

扎西听了，叹息道："嗨！算了大半天，还是一个0，真是白费劲了！"

股迷之子

有一家人都是股迷。期中考试后，爸爸问儿子："成绩都是红盘吗？"

儿子答道："数学飚升，98 分；政治微涨，88 分；英语盘整 80 分；语文止跌企稳，78 分；物理微跌，75 分，化学大跌，60 分。"

妈妈听后，说："目前走势还可以，还希望全盘上扬，再创新高。"

地球休息

甲："老师说地球围绕着太阳转，可我还有个问题不明白。"

乙："什么问题？"

甲："阴天，下雨天，没有太阳的时候，地球怎么转呢？"

乙："那还不简单？没太阳的时候，地球就休息啦！老师生病的时候，我们不是就放假不上课了吗？"

家庭作业

学生：老师，你会因为一个孩子没有做某件事而责备他吗？

老师：当然不会！

学生：那好，我没做家庭作业！

0比0

足球比赛快要结束了,小明才急匆匆地赶到球场。

"比分多少?"他问旁边的同学,"0比0。"

"好极了",一点也没有耽误。

怨 谁

爸爸开完家长会回来。

"小子,听老师说,你是班上学习成绩最差的学生,你不觉得害羞吗?"

"为什么要害羞呢?"儿子委屈地说,"原先成绩最差的那位同学转走了,这能怨我吗?"

常用的三个字

老师:聪聪,有些学生在课堂最常用的三个字是什么?

学生:不知道!

老师:你回答对了!

这回妈妈没有骂人

晚饭后,母亲和女儿一块儿去厨房洗碗,父亲和儿子在客厅看

足球赛。突然，厨房里传来瓷盘落地的破碎声，然后一片沉寂。

儿子望着父亲，说道："一定是妈妈打破的。"

"你怎么知道？"

"这回她没有骂人。"

军事家庭

杰克是个职业军人，他的家庭具有浓厚的军事色彩。例如，厨房的门上写着："食堂"，客厅门口挂着"作战会议室"的牌子，儿子的卧室有"男兵宿舍"的标志，女儿的卧室门上则写着："女兵宿舍"。客人们想，那他们夫妻的卧室肯定挂的是："司令部"的牌子吧！出人意料，他们卧室的牌子上写着："新兵培养中心"。

要挟

一位年轻的妈妈正在欣赏一部极具悬念的电视剧。这时，八岁的儿子趴在妈妈的肩头说："如果你不把这个月的零花钱给我，我就把结局讲出来。"

结伴旅游

学校放假两天，在告示栏上出现了一则告示：你想享受结伴旅游的乐趣吗？两位小姐现已买好四张去黄山旅游的车票，诚征两位男士结伴同游，有意者请与女生宿舍××号联系。不久，告示下面出现了一行字：小姐，请告知你们行李的重量。——两男士

防　伪

丁丁:“冬冬,这回考得如何?”

冬冬:“考砸了,数学 46 分,语文 38 分,这回准得挨我老爸揍了!”

丁丁:“你爸爸又不细看,用红笔改一改分数不就得了。”

冬冬:“不能改了,老师为了防伪,分数一律大写。”

生日礼品

芬兰足球队有个叫彭梯凯考拉的球员,球技超人,但有时头脑欠清晰。

一次大赛中,他勇猛无比,竟五次命中自己的球门。在他过生日那天,全体队员向他赠送了一个袖珍指南针。

球迷的袜子

一日早晨,甲起床没找到袜子,就对乙说:“你帮我把那双袜子拿过来!”

乙说:“咦,这袜子怎么有三只?”乙顿做苦思冥想状。

甲说:“这还不简单,两个主力,一个替补呗!”

法律之家

律师的儿子回家迟了，邻居问他："你回家晚了，会挨你爸爸打吗？"

"不会的，我爸爸是律师，如果要打我，我母亲就会申请缓刑，再向我祖母提出上诉，就可宣判无罪。"

告示牌

美国西海岸一条公路的急转弯处，有一块醒目的告示牌，上面写着：如果你的车会游泳，请照直开，不必刹车。墨西哥一个边境小城路口，悬挂着这样一块告示牌：请司机注意你的方向盘——本城一无医生，二无医院，三无药品。

老鼠找老婆

老鼠找不到老婆，终于蝙蝠答应嫁给他。大家都笑话老鼠，老鼠却说："她好歹也是一个空姐呀！"

纹　身

一位水手打算在身上刺花纹，于是请人在他的背上刺了一幅世界地图。

有一天,他病了,去看医生。

"您哪儿不舒服?"医生问道。

"巴西。"

儿子和爸爸

一个小男孩问爸爸:"是不是做父亲的总比儿子知道得多?"

爸爸回答:"当然啦!"

小男孩问:"电灯是谁发明的?"

爸爸:"是爱迪生。"

小男孩又问:"那爱迪生的爸爸怎么没有发明电灯?"

背着学校上书包

一次写作文,有同学开小差,把"我背着书包上学校"写成"我背着学校上书包"。

语文老师批语曰:"你试试看!"

到门外踢球

一支足球队员飞往美国参加一场友谊比赛。在漫长的飞行途中,球员们感到无聊得很,便在机舱里踢起球来。机长很费力地保持着飞机平稳,但飞机忽上忽下仍然颠得很厉害。机长只得派副驾驶员到后面去劝说。三分钟后飞机恢复了平静。机长问他的副手:"你是怎么做的?"副手回答:"我对他们说,小伙子们,天气这么好,你们到门外去踢吧!"

10. 奥　秘

——世界奇妙激发人们不断探索的愿望

这个世界蕴藏了太多的奥秘，以至于人类经过数千年的探索，仍未揭开其冰山之一角。正因为如此，世界才显得精彩、奇妙，也激发起了后人不断探索的欲望。

限于当时的认知水平，古人对于自己无法破解的奥秘，曾赋予其美丽的神话传说，聊以自慰。而在今天，科学已高度发展，人们的认识水平已有很大提高，但仍有许多未解之谜依然困扰着我们。这里向大家介绍一些著名的、困惑人们已久的神秘现象、历史遗迹，如果你掌握了足够的知识，你或许就是那解开一个、甚至多个谜团的人！

百慕大三角

百慕大三角位于大西洋西部，是一片辽阔的海域，三个顶点分别是百慕大群岛、佛罗里达海峡和波多黎各岛。辽阔的海面上，发现了一艘古巴货船。但船上空无一人，只有一条小狗留在船上，船也没有受到丝毫损伤。

1945 年 12 月，美国的五架轰炸机从佛罗里达空军基地起飞，升空做飞行训练。当他们飞越百慕大三角时，便神秘地失踪了。基地派出了大批飞机去营救，却没有发现一点踪迹，而且参加营救的另一架飞机，也在那里爆炸坠毁。

1977 年 2 月，一个探险家和伙伴们来到百慕大三角。一天吃晚饭的时候，他们的饭叉子突然弯了，随身带着的钥匙也变了形。当他们潜入水中时，听到了一种奇特的嘈杂声……

有人说，这种种怪事都是飞碟上的外星人干的；有人认为，在大西洋海底还生活着另一种人类，他们升出海面抢走了飞机、船只；还有人认为，大西洋海底有一个无底的深渊，海水急剧流入里面时，会形成巨大的旋涡，把海面上的船只，甚至天空中的飞机吸进。但这些论点都没有令人信服的证据。

众多的科学家为了解开魔鬼三角之谜，也从不同角度进行了分析，提出了各种各样的科学解释。

气象学家从研究变幻无常的大气着手，认为在百慕大高空常常会出现很强的风速垂直切变或水平切变，即上下两层或左右两处的风速差别极大，形成急速旋转的大气湍流。这种湍流会造成局部的真空区，吸引周围的物体。飞机一旦卷入，顷刻之间就会机毁人亡。由于湍流形迹无定，稍纵即逝，故而常常神使鬼差地出现、消隐，难怪事前事后看不出什么迹象，依然是晴空万里，实际上

很可能已经历了一次突如其来的晴空大湍流。

物理学家认为是电磁激变所致。每当电磁激变产生时就会出现磁场异常，使飞机和航船的罗盘失灵，方向难判，导致失事。美国海军做了一个秘密试验，在船周围产生一个强大磁场，结果出现了模糊不清的绿光，就像魔鬼三角事件幸存者见到的那样。不一会，绿光薄雾笼罩全舰，紧接着舰上全体人员开始消失，无影无踪。

还有的人不能从科学角度解释魔鬼三角海域出现的离奇事件，认为这是外星人的恶作剧。

随着深海潜水技术的提高，人们在深海底找到了不少失事飞机和舰船的残骸，这说明，至少有一部分失踪飞机和船只并非无影无踪，只是因迅速沉入深海底，一时难以找到罢了。一些失事飞机，竟无损伤，确也令人费解。

近年来海洋学家发现了海洋里的一种中尺度涡旋。它为解开魔鬼三角之谜提供了新的理论。

中尺度涡旋是海洋中急速旋转的大水涡，直径达几百千米甚至更大，它像一个移动的水中“台风”，吞没遇到的船只。而水的旋转又会使海面向下凹陷，形成一个巨大的凹面镜，将太阳光聚于一小区域，使此处的温度高达几万度。飞机一旦闯入，就会立即熔化，变得踪迹全无。

百慕大是一个交通繁忙的要道，近百年来有几十次事故在这里发生，并不奇怪。事故的发生各有其原因。但有人对此未作分析，却渲染上神秘的色彩，才使百慕大成了像是魔鬼操纵之海域。

复活节岛上的巨人像

早在 1722 年，荷兰航海家雅各布·罗杰温率领一批船员在太平洋南部海域航行时，发现了一个无名的小岛，他们便把这个岛屿

命名为“复活节岛”。

他们上岛以后的第二天，便在岛上一处平坦的地方，发现了一个不可思议的奇迹，惊骇得他们几乎说不出话来。那里矗立着一尊尊石像，有的高 4 米多，还有的高约 10 米，重约 50 吨，另加一顶重 10 吨的峨冠。它们是何时由何人建造的？又为什么要建造呢？

据岛民们讲，这些石像很久很久以前就呆在这个岛上了，不知经历了多少世代。这就更增加了人们脑海中的疑团：在生产力极其低下的古代，人们用什么运输工具搬运如此沉重的石块？又是用什么雕凿工具把坚硬的石块雕凿得如此精美呢？

向岛的深处走去，会使人更加惊奇：在一个山坡旁，竟然还有 150 多尊未完工的石像，横七竖八地躺在那里，最大的一尊石像竟高达 21 米！石像周围散乱地放着几千件用玄武岩和黑曜石制成的石刀、石凿之类雕凿工具。显然，这是制作石像的场所。

访问过复活节岛的航海家和学者，认为从现场躺着的已完成的和那些未完成的石像以及乱丢在四处的工具来看，那里的工作是突然停止的。

那么，是什么突如其来的事件降临了呢？是人为的原因还是某种自然灾害——地震、火山爆发、洪水袭击了岛屿？

石像运输之谜已被一位捷克工程师解开。至于是谁雕凿石像和为什么而雕凿的问题，至今仍困扰着人们。它是古老的大海留给我们的一份旅游资源。

神奇的草

舞草 在印度和我国广东等地，有一种会跳舞的草，人们叫它舞草。这种草由三个叶片组成。上面的叶片较大，呈椭圆形，可以不停地运动。其他两个呈线状的叶片很小，一左一右生长在大叶

片的底部,可以像钟表的指针一样不停地回旋。因此,当舞草遇到风或其他原因运动起来时,看起来就像是在跳集体舞。

滚草 美国西部有一种能够滚动的草,名字就叫滚草。这种草到了秋天萎缩成一个圆球。风一吹,它就会从根部断开,在空中旋转或在地上打滚,一直要滚好几里路。在滚动中,滚草将种子撒下来,使它们能够在来年的春天生根发芽。

测温草 在斯堪的那维亚半岛上有一种名叫三色堇的草,被人们叫做天然温度计。这种草对大气温度的变化反应十分灵敏。当温度在20℃时,它的枝叶都向上伸展;当气温降到15℃时,它的枝叶开始向下运动,直到与地面平行;当温度下降到10℃以下时,它的枝叶开始下垂。因此,人们只要根据三色堇枝叶的不同状态,就可以大致知道气温的高低。

世界奇树

在绚丽多彩的植物王国里,除了我们身边经常能看到的树木外,还有一些奇特的树,它们各怀绝技,非常有趣。

石油树 在美国的沙漠地带,有一种一年四季都是绿的灌木,它的种子里含有蜡,比例可达50%～60%。人们从中提取出的液体,可以代替石油使用。所以人们称之为石油树。

救生树 菲律宾有一种叫“沙波洛”的树,浑身都是宝。把它的树叶和树根捣烂外敷,可以消炎止痛,治疗脓肿;用树皮煎汤,可以迅速止泻,治疗肠炎。这种树,不知道挽救了多少人的生命,所以当地人形象地叫它“救生树”。

下雨树 在斯里兰卡有一种下雨树,它的树叶很大,足有一尺多长,中间凹陷。每到黄昏的时候,它就开始吸收周围的水汽,等到第二天气温逐渐升高,树叶受热而舒展开来,水就一泻而下,洒

在行人的头上。

指南树　东南亚有一种叫“扁桃”的树，它的外形十分奇特，树枝与树干成直角，而且树枝只向南北两个方向生长。人们根据树枝的指向，很容易就可以辨别出方向。

牛奶树　牛奶都是靠母牛产的，但在植物界里，也照样有会产奶的树。

在南美洲的厄瓜多尔等国家，许多居民的房子周围，都种有一种被人们称为“牛奶树”的树。它长的粗壮高大，树叶闪闪发光。如果在它的树皮上划开一个口子，就会流出白色的乳汁，一小时可以流出一公升左右，它的味道和营养都和牛奶相差无几。当地的居民常用清水把它冲淡，加热后当牛奶饮用。当用锅煮的时候，上面还会出现一层蜡质，可供做蜡烛照明。但这种乳汁不能放得时间太长，要不就会变质。

在巴西的原始森林里，生长着另外一种牛奶树。当人们割破它的树皮时，白色的乳汁不是流出来，而是“喷”出来！一棵树每次可以喷出 2—4 公升的“牛奶”。只是这种“牛奶”的味道带些苦辣，但只要用清水冲淡煮沸，苦味和辣味就会立即消失。

在巴西的邻国委内瑞拉，生长着一种更为优秀的牛奶树。它所产的“牛奶”根本不需要加热，也不需要煮沸，直接就可以饮用，而且味道比上面介绍的两种都要好。

“胎生”树　在热带沿海地区生长着一种红树，其枝条十分繁茂，那上面常常有一条条像木棒似的东西，它既不是枝条，也不是果实，而是胚体萌发到果实外面的“胚轴”，是小红树。小红树在母树上长一段时间后，就落下扎进海边的淤泥里，几小时后就能生根成为一棵独立的红树。

米树　在菲律宾、印度尼西亚一些国家的许多岛屿上，生长着一种叫“西谷椰子”的植物。这种植物茎秆又粗又壮，里面含有大量淀粉，寿命较短，花一落就死，当地人在树开花前，就把它砍倒、

切断、破开，把树干里的淀粉刮出来，经处理晒干就能得到洁白的就像大米一样的颗粒，人们称之为西谷米。当地人拿它当粮食吃。

水树 植物学家称之为旅人蕉，原产非洲的马达加斯加岛，它的叶柄茎部贮存有大量的清水，旅行的人口渴时，只要用手折下一片叶子就可以痛饮一顿。它长得很高，达 10～20 米，茎秆上密密地长满叶子，叶子很长，呈椭圆形，很象芭蕉叶，叶柄底下像个小汤匙。

“大萝卜”树 在巴西东部、南部地带生长着一种纺锤树，树干特别粗，直径达 5 米，两端较细，树顶只有几个稀稀拉拉的枝条，开红花，叶子心脏形，远处看活像一个花瓶里插了几根花枝，因此有人叫它“大萝卜”树或“花瓶”树。这种树是适应于热带干旱环境的。树干可以贮存大量水分。

面包树 有一种生长在印度、斯里兰卡、巴西以及非洲等热带地方的树木，它的树顶、树干都能结出硕大的果实。果实呈圆球形，重达 3～4 斤，把果实放在火里烤烤就可以吃，味道酸中带甜，并有香味，跟真面包差不多。一年有九个月结果，一棵大面包树结出的“面包”能养活两个人。

野人之谜(一)

据有关资料显示：

1917 年，一支苏联红军通过帕米尔地区时，在深山里突然发现了一排脚印，他们跟踪来到一个洞穴的入口，发现里面藏着一个和人很相似的奇异动物，战士们开枪打死了它，随军医生对它做了体格检查，然后把它埋在石头下面。它的面部特征是：“黑眼睛，牙齿较长，形状与现代人牙相近，前额倾斜，眉毛很长，凸出的颚骨使其面部类似于蒙古人，鼻子低平，下颌宽大。”

说到“阿尔玛斯”的皮毛或尸体，有许多目击者谈到在战乱中“阿尔玛斯”中弹受伤或被人杀死的情况。由于当时的特殊情况，一些被杀死的“阿尔玛斯”的尸体未能得到科学的研究和解剖。

20 年后，苏联一家工厂的厂长库里巴·塔辛库夫向人讲述了他的一段经历：

“那年，我参了军，在蒙古参加了对日本军队的作战。一天夜晚，我率领一个侦察队外出侦察，我们在一个山脚下突然发现了两个人影，于是大家立即卧倒，向他们发出口令。但过了许久，他们仍未回答，于是我们便向黑影开了枪，黑影很快消失了。”

塔辛库夫接着说：“次日清晨，当我们完成侦察任务路过此地时，我们看到地上有两具尸体，他们不是日军，而是两个浑身是毛的神秘的动物，样子很像高级猿类。但据我们所知，蒙古人民共和国境内没有高级猿类。此后，我向此地区的一些年迈的老人打听，他们说，他们也经常在高山上遇见一些类人动物。”

塔辛库夫说：“我记得，那两个被击毙的类人动物浑身长满了不规则的红毛，脸为现代人脸状，但比人脸粗糙，两条眉毛又黑又粗。”

野人之谜（二）

贵州黔东南苗族、侗族自治州的雷公山南麓，有一片方圆近百里的原始森林。这里自然资源丰富，不仅野果、鸟类，各种小动物随时可见，还有野猪、山羊、虎、豹、熊、鹿等野兽。古木参天、环境阴湿，据说还有“野人”出没。

1978 年 3 月，宰勇乡有个叫盘寿福的人经历了一件与“野人”共度寒宵令人紧张害怕的稀奇事。

老盘这天与当地猎人赵顺仁、梁远正相约，决定到附近的九洞

山打锦鸡。锦鸡的特点是昼夜多栖于林间，树高叶茂，不易发现，清晨才下地觅食，漫山遍野，雌雄互唤，这时猎人才易发现目标射击猎取。

为了在天亮前赶到目的地，盘寿福他们天黑便从住地出发，打着手电筒行 30 多里路来到了森林边缘。但离天亮时间还很长，春寒料峭便生火取暖。烤了一夜，由于行途疲劳，两个猎人很快睡熟，老盘靠着土坎渐渐入眠。

蒙眬中，盘寿福感到有人走动，他微微睁开眼，看到一个不知从何处而来的全身毛乎乎的东西在添柴烤火，他吓得不敢动弹，也不喊叫，紧缩着身子假装睡觉，并不时偷眼看着。

过了一会，火燃大了，那怪物怕猎人烫着，还轻轻将猎人的身子转过去。这时，老盘不像刚开始那样怕了。他偷偷地仔细观察，那“野人”的头和脸像个蓬头发、长胡须的老头，脸颊长绒毛，鼻梁稍塌，浓眉；耳朵、嘴巴与人无异；立着行走。蹲下烤火，身高 1.60 米左右，全身毛光滑，呈青灰色，脚板比人的长大、脚跟稍后突出，四肢肌腱相当发达，腰短、身子敦实健壮，力大超人，雄性。

大约个把小时，它走了。这时，同来的两个猎人才说话。其实他们早已醒了，他们对老盘说：“这是‘野人’，不必害怕。我们已看到多次了，不要说话打扰它，大家装着睡觉，让它给我们烧火烤。它现在是拣柴去了，等会还要回来的。”过了二三十分钟，果然，它抱着柴又回来了，一直烧到快天亮，它才离开。

野人之谜(三)

湖北省某设计院的翟瑞生同志，曾经向鄂西北奇异动物考察组谈到解放战争时期路过神农架时，看到“野人”的情况。

翟瑞生说：“1944 年，我在八路军 359 旅当战士，那年秋季，我

们离开延安南下,走了 84 天,过冬的时候我们才到大悟县,大约休整了两个星期就分散到江汉军区。1946 年秋,五师突围,先在随县定居、历川驻扎整军,我们又经当阳进南漳,走保康、房县进入大山区,用了将近六七个月的时间。

"1947 年春节前,我们走到房县与兴山交界的地方,就是现在的神农架林区。那一带都在海拔 2000 米左右,峰峦绵亘,山势险峻,森林密盖,一眼望不到边。部队在崎岖的山道上艰难地行军。

"有一天,我们早晨走了几十里路,没有看到一户人家。中午太阳很高,我们走到一条山沟里,发现在靠山坡边上树林旁,有一个用树枝搭的窝棚,不高,是'人'字棚,宽约 2 米,长约 3 米,搭得不整齐。"

"在离这个窝棚两三米的地方,站着两个'野人';正抬头看我们在山岭走过的部队,还望着我们笑!满身是毛,高的那个是母的,两个乳房很大,好像还用树叶围着下身。身上的毛是黑红色,头发比较长,是淡棕色的,披头散发,个子比普通人高得多,蛮大个块头,体形也很胖,脸和手都显得很脏。另一个'野人'矮一些,也矮不了好多,是公是母看不清,毛色也是红色,头发也很长,手是黑的,'野人'的脚是大片子脚,它的脸和人的脸差不多。"

"当时,我们与'野人'的距离大约二十几米,我们一个团在山岭上走。'野人'在山沟里。我走在队伍的中间,那时我才二十多岁,是排长。走过之后,我和前后一起看过'野人'的同志就议论开了,有的说:'这是原始人',有的说:'这是人熊',有的说:这是'野人'。"

"当时一起行军的有一二千人。'野人'说不出话,光望着我们笑。"

"'野人'的脸不同于猴子的脸,它身上的毛比较稀,不像猴子身上的毛那样密。'野人'形状像人。五指和人的差不多,站着和人一样。它的眼睛大,不同于猩猩,完全像人形,披头散发像疯子。

那一带的山岭是东西走向，山上有不少的大树，可以说是林茂草深。'野人'搭的那个棚子向南，我们自东往西走。'野人'在左手下面山沟里。山是石灰岩，那时是三九天，'野人'的脚趾是张开的。"

翟瑞生所讲的经由路线和方位，在神农架酒壶坪的原兴山、房县交界的皇界的界垭一带。这里高山峻岭，地形复杂，海拔一般在2000米左右，是长江、汉水分水岭。森林中有山道经兴山境内往西进入川东地区。神农架开发前，这里森林资源丰富，一片片、一排排墨绿色的冷杉，树杆胸径均在1～1.5米之间，原始森林之中，可谓树荫浓郁，遮天蔽日。

野人之谜(四)

房县某厂工人刘继宽(女)口述：

1942年我13岁时，家住在泮水河。一天，听说国民党七十五军押"野人"下来，当时怕抓兵，男的跑了，我们小孩子和老奶奶在家。快晌午，"野人"押来，我们小孩子就去看"野人"。那"野人"头上红毛披在肩上，头比人头大，脸长些。脸上有毛，嘴比人的大些，手比人手长，拿苞谷给它，它伸手接去啃。手脚都有毛。一公一母是高个，比省里来的运动员还高。公母中间隔着人，母的比公的矮些。公的流着眼泪。脚有尺把长，一步走很远，走得慢。手也可以走路，脚长些，胳膊短些，脚比人脚宽些。野人耳朵比人的大些，耳边有毛但很稀，盖不住肉。听说这些人是在九十里路无人烟的皇界捉到野人的。

房县某村村民黄新民口述：

1922年，我不到10岁，一天，听说保安团赶"野人"下来，就在门缝里看，见到保安团几十条枪押着一个"野人"走来，"野人"身上

被粗铁链捆着，后面拖着一根长铁链。当时一起看的人很多。

这"野人"约有五六尺高，满身毛，毛是棕色的，根部是红色。手脚都比人的长。手脚上也有长毛，身上毛也长。毛发中间向上，后面向下披。身体相当粗壮，眼鼻像猩猩。

当时是县城里保安团带着枪，用铁链捆着"野人"押下来的，下面有一个饭铺，他们在饭铺休息，后又把"野人"带走。这"野人"脚有一尺多长，"野人"一身是毛，红色的带有黑色。它时而两脚走，时而四脚走。手像人手，脚比人脚大，脚上毛色浅些。听说是在神农架捉到的。

野人之谜(五)

位于神农架东南方向的凉盘垭附近有一所小学，学生中有一个叫春娃的孩子。有一年端午节，春娃的爸爸请林俊老师到家作客，并向林老师讲述了前一天晚上有个高大还带有爪子的动物偷吃家里蜂蜜的事。林老师觉得十分有趣，便和春娃的爸爸商定晚上一起再看个究竟。

到了晚上，他们突然看见一个模糊高大的黑影从竹林里走出来，它全身是毛，面目看得不十分清楚，脸被毛盖着。接着，后面又走出来一个小一点的怪物。它们走到蜜蜂箱子旁，开始把手伸进盆里去，然后又放在嘴里吸吮，随后又左右张望了一下，四周是死一般的寂静，一切都在沉睡中。它们放下心来，进而大口大口地喝了起来。

突然，传来"叭"地一声，显然是那个小的醉倒了，高个子吃了一惊，躲在屋里的两个人也吓了一大跳，林俊似乎感到春娃的爸爸身子在发抖。

高个子将小家伙提了起来，放在旁边，看了一会，也不知发生

了什么事,嘴里叽哇叽哇的咕噜着。周围盆里还有没喝完的蜂蜜黄酒,它经不住诱惑,竟扔下那个小的,又继续喝起来。这时,酒力已在它肚里发作,高个子歪歪斜斜向前走了十几步,也重重地摔倒在竹林边。

天空出现鱼肚色,林俊二人立即找来绳索,将它们严严实实地捆了起来。

天亮以后,这两个怪物醒了,它们的形象也就清楚了,高个子是母的,头上披着粗长的头发,除脸部外,全身都是黑红色的毛,前额低平,后向倾斜,眉脊突出,鼻梁低而宽,下颌后缩,脖子短而粗。它的两个奶子突出,身体十分强壮,两臂比腿部短,腿微微弯曲。小的是公的,看来是母子俩。

春娃的爸爸一看这形状,心里十分吃惊,他以前在山里见过不少动物,就是没见过这是啥家伙,他一下子就想起了祖母给自己讲过的就是“野人”。林俊也由于捉到罕物高兴得跳了起来。

吃过中午饭,凉盘垭的群众都知道春娃家捉了两个“野人”,全都围着观看。那母“野人”好像很伤心,还在流泪,来看的人有的送来了煮熟的土豆,有的给它丢苞谷面馍,可是当着人的面它们什么也不吃。

到了第三天,小“野人”意外地被猎狗咬死了。又过了几天,母“野人”不吃东西。女人家心软,春娃妈可怜母“野人”,便瞒着丈夫偷偷将绳子松了一下。到了晚上,母“野人”挣断绳索,逃到山里去了。

林俊十分惋惜。在暑假期间召开的全区老师集训会上,他讲了捉“野人”的事,消息很快就传开了。

野人之谜(六)

神农架林区某村村民朱国强口述:

1974年5月1日,我像往常一样背着猎枪,赶着牛羊在山坡上放牧。时至午时,有些疲倦,便坐在山坡上扶着猎枪打瞌睡。突然一声怪叫把我惊醒,我抬头一看,“哎呀,我的妈呀!”一个非人的长毛汉站在我的面前。那大汉腰圆背阔,通身红光灿灿,它的脊背长毛如披着一件棕色的斗篷裹到腹部,两只似猴的眼睛露出逼人的光焰,嘴里发出“嘿嘿”的狞笑声,并伸出毛茸茸的大手抓住了我的猎枪,另一只手抓住了我的棉袄。

我意识到这就是传说的“红毛野人”,顿时头都大了起来,全身浸出了汗水。我拼命地用力夺枪,正好枪托在我这边,而且枪里装有火药,我扣动扳机,“砰”的一声,枪响了,但没有打中野人。红毛野人听到枪响,“啊”地叫了一声,脸色也变了。但它还是不放手。也就在这时,我精心饲养的一只大黄牯牛凶猛地冲了上来,一头撞到野人身上。这突然地攻击,使野人惊慌了,他赶紧松开手,向老林中逃去。

野人逃后,我反而害怕起来,没命地一口气跑回家,吓得半天讲不出话来。村里人问我发生了什么事,我怕说出来会戴上造谣惑众、破坏生产的帽子,只偷偷地和几个知心朋友讲了。

房县桥上乡某村村民殷洪发口述原录:

1974年5月的一天,我在山坡上砍柴,忽然听到树林旁有人在走动,我以为是另一个村民上山砍柴,因此没有理睬。过了一会儿,响声越来越近,我抬头一看,吓了一跳,一个“长毛大汉”向我扑来,毫不客气地伸出毛手抓我,我躲不及了,顺手举起砍刀用力砍去。只听得那“长毛大汉”嘴里发出“叽叽”的怪叫声,一下子就跑得无影无踪了。

神农架"野人"之谜又起波澜

据媒体报道,2007 年 11 月 18 日下午,四位来自外地的自驾越野车游客在神农架老君山北麓人迹罕至的里叉河一带,近距离突遇两个体形高大、行动迅捷的人形动物。如果情况属实,这将是近年来神农架首次在东南部山区发现的野人个体。

第二天,也就是 19 日下午 3 时许,有关方面便接到了在神农架一带考察的科考队员张金星发来的短信:当天上午,他刚从神农架南天门考察下来,在保护区公路边见到车身标写有"越野湖北大队"标识的越野车,车上两男两女。见到张金星后反映:他们在神农架里叉河一带观光,突然见到两个奇异人形动物(野人),体形高大,浑身深色。见到车来后,立即蹿入山林中。

其后他们一行来到事发地,看见草地上有凌乱的脚印和人形动物扳断的树枝及散落野果。

这一发现引起了有关方面的重视,中国科学探险协会奇异动物专业考察委员会考察小组随即前往目击事发地勘察,并提取了可疑动物脚印。专家表示:该动物肯定是两腿直立行走,是个类似人但不是人的动物,并排除了野猪和狗熊的可能。游客日前目击到的"人形动物"是否是"野人",神农架"野人"迷雾这次能不能得到解密,还有待于人们继续考察、探索。

火焰山之谜

我国古代神魔小说《西游记》有一段最精彩描写:"八百里火焰山,四周寸草不生,若想过这山,就是铜脑盖,铁身躯也要化成汁。"

书中的描写虽夸大过甚，但火焰山之奇的确使人咋舌。

火焰山位于新疆吐鲁番盆地中，长100公里，宽约9公里，平均海拔500米，最高峰851米。山体砂岩呈赭红色，在阳光的照射下漫山火红，犹如大火熊熊，火焰山果然名不虚传。随着旅游业的发展，火焰山愈来愈引起中外游人的兴趣，火焰山之谜也使人惊叹不迭。

热极之谜 火焰山热得出奇，堪称我国的“热极”。这里7月平均气温为34℃，最高达48.9℃，为我国气温的最高值。地面上沙堆温度最高达82.3℃，“沙窝里烤熟鸡蛋”，确有其事。

如此酷热的气候，其原因何在？原来，此山位于吐鲁番盆地中，盆地周围高中间低，地形闭塞，空气不易流通。这里90%以上的地面为裸露的岩石及荒芜的戈壁，夏季地面升温快、散热慢。加之空气干燥，太阳光照强烈，使这里成为中国大陆的“热极”。

干雨之谜 干雨，也是火焰山的奇观之一。这里虽也常出现“山雨欲来”的天气，阴霾遮空，乌云翻动，雷声隆隆，但是“光打雷，不下雨”，常常云过天晴，滴雨未下。即使有雨降落也早在半空被蒸发，形成了独特的气象奇景——干雨。

形成之谜 火焰山如此神奇，其形成原因颇为世人瞩目。原来，这里本是海底的一条沙垄，沉积了厚达3700多米的泥沙。以后受地壳运动的影响，其褶皱成山，结束了古海生涯。在火焰山的岩层中，蕴藏着煤质极佳的煤层。由于山体遭受长期风化剥蚀，使煤层多处裸露。在干热的气候条件下，煤层极易自然，使东西200里，南北20里的山体变为紫红色的烧结岩层。山体在烈日照耀之下红光闪耀，紫烟缭绕。远远望去，仿佛似一条熊熊燃烧的火龙，颇具壮观。

恐龙的灭绝

恐龙是地球上所发现的最大的动物，在两亿年前，它曾是地球上的“主宰”，时间长达1.6亿年。恐龙的种类有250种之多，有的吃植物，有的吃肉类。它们中的大部分生活在陆地上，也有一部分生活在水里，有的重达50吨，而有的只有现在的猫那样大。

距今6500万年前，曾经不可一世的恐龙王朝突然间销声匿迹了，人们只能从化石中去领略它们曾经的辉煌。对于恐龙的灭绝，科学家从不同的角度出发，有着种种的推测。

物种斗争学说认为7000万年前，出现了比恐龙更高等的哺乳动物，而且数量成倍增加。由于它们对环境的适应，经常以恐龙蛋为食，使小恐龙还没有出世就被无情地消灭了。就这样，哺乳动物逐渐占了上风，恐龙走向了衰亡。

气候变迁学说认为，恐龙只适合生活在四季常春，气候温暖的环境中。随着地球的变冷，恐龙便面临威胁。它们的皮肤裸露，体内没有调节体温的机制，体外没有保温的羽毛，又天生不会挖洞穴居，最终走向灭绝。

鸽子定向之谜

鸽子是大家非常熟悉的一种鸟。它深藏着惊人的本领和迷人的奥秘，因此，鸽子得到人们普遍的喜爱和关注。

《圣经》里说，一只鸽子给诺亚衔来一枚橄榄树枝，向他报告洪水退去的消息。从此，橄榄枝与鸽子不再分离，它们构成了人类和平、幸福的象征。

鸽子能穿越蓝天传递信息,速度快、方位准,令人叹为观止。它们是怎样在辽阔的天空中辨别方向,准确地找到目的地呢?要知道,鸽子有时要飞越几百、几千米的路程,这期间有数不清的障碍,包括崇山峻岭,大江大河,恶劣的气候变化等,它们是怎样将这许多困难一一克服在双翼之下呢?

最初有人假设鸽子是利用太阳的位置来识别方位的,认为鸽子有一套辨别自己巢位与太阳方位的能力。后来,又有人提出了次声理论,他们认为鸽子对次声的灵敏性很高,能分辨出来自远方的人类难以听到的声音,但是以上判断经过科学实验,均被推翻了。

近年来,科学家们试图用磁学理论来解释鸽子的定向能力。地球磁场在广大区域上随不同地点和方向而不同,从而可为鸽子提供位置信息。磁场强度、磁倾角、磁偏角相互之间可形成一个高度非正交的网。在数百千米区域内这些情况大致恒定,但在整个地球表面则是逐渐变化的。这些变化而相互形成的梯度网称为磁导航图,鸽子可能通过感应磁导航图来进行定向。近年来的实验证实了磁导航的存在。当给鸽子的头上加上一块具有特定极性的人工磁铁后,鸽子不能进行正确的定向,当太阳质子活动剧烈时,地磁场受到干扰,鸽子的返巢率也随之大大降低。此外,初步的研究结果表明:在鸽子颅骨下方的前脑中具有长约 0.1 微米的针状磁体。他们认为鸽子能利用地磁来定向,它们具有挖测地球 4 个基点的能力,能接收到磁场反馈的变化信号。可是也有人认为这些变化是极细微的,鸽子能否感受得到这些细微变化,还需要足够的证据。

由于鸽子的超凡辨向能力一直未能揭晓,科学家们还在孜孜不倦地寻找有说服力的答案。

20世纪最惊人的发现

在古生物学中,一直有一个很吸引人的大谜题,那就是到底有没有发生过寒武纪大爆炸。伟大的达尔文一方面正确地坚持了唯物主义,另一方面却不相信大突变。他曾经说过:"如果我的天择说必须借助于突变,那么我将弃之如粪土。"

最近几年,全世界的古生物学家都把目光投向东方,投向我国云南省的澄江。在这里,中国古生物学家发现了距今5.3亿年的生物化石群,并由此证实大爆炸事件在5.3亿年前确实发生过。

5.3亿年前,比恐龙横行的侏罗纪还要早3亿多年!

澄江化石群保存了非常丰富、个体极为完整的多细胞生物,其中包括许多难得一见,带有软躯体构造的化石。可以说到目前为止,地球上还从来没有在比这更古老的岩层中发现类似的化石。因此,国际古生物学界称澄江化石群的发现是"20世纪最惊人的发现之一"。

对于寒武纪早期生物的研究,到目前为止还只是处于初级阶段。科学界对于寒武纪大爆炸之谜的探讨,目前所触及的也只是群山的一隅——帽天山。帽天山附近还有许多重要的化石遗址,有待进一步发掘和研究。已经采集到的化石只是当时生物群留下的极小的一部分,目前对其生命的含义也只是略窥一二而已。只有不懈地努力和研究,才可望揭示这个远古生命世界的奥秘。

这是一个探求地球生命奥秘的课题。

这是一个需要在未来1000年探求的课题。

中国云南澄江生物化石群,为人类探求这个课题提供了窗口和可行性。

最新发现

巴西科学家2008年3月26日宣布，他们在巴西东北部地区发现了一种生活在6200万年前的鳄鱼的化石，这种鳄鱼此前并不为人类所知。据巴西媒体报道，鳄鱼化石在东北部伯南布哥州被发现。科学家们将这种鳄鱼命名为“海里的战士”，其身长约3米，属于森林鳄科，是一种完全生活在海里的鳄鱼，极富攻击性。

旋转岛

在西印度群岛中有一个无人小岛，岛上分布着一片片沼泽地。奇怪的是这个小岛虽然不大，却有一种别的岛都没有的奇观：它竟然像地球那样在自转。小岛每24小时旋转一周，从来不出现任何反转现象。这个旋转的岛屿是一艘名叫“参捷”号的货轮在航经西印度群岛时偶然发现的。当时，这个小岛被茂密的植物覆盖着，处处是沼泽泥潭。岛很小，船长卡得那命令舵手驾船绕岛航行一周，只用了半个小时。随后他们抛锚登岛，巡视了一番，没有发现什么珍禽异兽怪木。船长在一棵树的树干上刻下自己的名字、登岛时间和他们的船名后，便和船员们一起回到了原来登岛的地点。

“奇怪，抛下锚的船为什么会自己移动呢？”一位船员突然发现不对劲而大叫起来，“这儿离刚才停船的地方差了好几十米呀！”回到船上的水手们也都大为惊异。他们检查了刚才抛锚的地方，铁锚仍然十分牢固地钩住海底，没有被拖走的迹象。

人们对这种奇怪的现象大惑不解，一些人闻讯前去岛上察看。根据观察结果，大家一致认为是小岛本身在旋转。小岛为什么会

自行旋转？有人推测:这座岛是一座冰山，浮在海上。海潮起起落落，所以小岛随着潮水而旋转，但是这种推测不能说明其真相，因为别的像冰山的小岛也都“浮”在海上，为什么就不能自行旋转，尤其像地球自转一样有规律地每24小时旋转一周呢？

美容岛

在意大利南岛，有个叫巴尔洛的岛屿，这个岛上的泥浆能洁白和滋润肌肤，使之嫩滑雪白，并能治妇女的腰痛和起减肥作用。人们称这个岛是天然的美容岛。巴尔卡洛岛对那些爱美的人很有吸引力。意大利爱美的人们，只要花一笔不大的旅费，便可以在这个美容胜地做一次全身“美容护肤”，还可以享受那里的日光和海水浴。每年夏天，这个岛上的十几个泥浆池里，总是挤满了来自各地的人们。只见无数男男女女，穿着泳衣，在泥浆里爬来滚去，把泥浆往身上涂抹，连最爱漂亮的姑娘也自愿变成“泥鬼”，然后用清水冲洗干净，以便成为更美的人。

肥皂岛

希腊的爱琴海中，有一个名叫阿斯安塔利达的小岛，岛上的居民从来不用花钱买肥皂。洗东西或洗澡时，随便在任何地方捡块土就可以当肥皂用。更有趣的是，每当下大雨时，整个岛屿就会被淹没在奇妙的肥皂泡沫里。人走在路上，一不小心很容易摔倒，因此，该岛就称为“肥皂岛”。

天堂和地狱

有一个好奇的人想看看天堂与地狱的区别。有一天，他来到地狱，看到地狱里的人们正在吃饭，令他奇怪的是这些人一个个面黄肌瘦，饿得嗷嗷直叫。原来，他们用的筷子有一米长，虽然个个争先恐后夹着食物往自己嘴里送，但因为筷子比手长，就是吃不着。

这人叹道："地狱真是太悲惨了。"

离开了地狱，他又来到了天堂，这里的人正好也在吃饭。他们用的筷子也有一米长，却一个个容光焕发，处处欢声笑语。原来，他们在互相喂对方吃饭。

点悟 天堂和地狱有一样的食物，一样的工具，一样的环境，但结果却大不相同啊！

天壤之别在于天堂的人学会了理解和共享，而地狱的人只会以自己为中心画圆。

11. 奇 观

——大自然恩赐让你大开眼界流连忘返

这里有令你大开眼界的世界奇观、自然界趣闻和自然现象。这是大自然赐予人类最珍贵的礼物，让人们流连忘返，像小鸟一样陶醉在那林幽、山奇、水秀的世界里，遨游在五彩缤纷的世界里……

古代世界七大奇观

在历史上,人们习惯上把地中海一带的古代七种著名的建筑物和雕塑品,称为"世界七大奇观"。

1. 古代埃及金字塔

金字塔,是古代埃及国王("法老")的陵墓。因其塔基呈正方形,越往上越窄,直到塔顶。从四面看,都像汉字的"金"字,故中国称其为金字塔。古代埃及的金字塔,是古代埃及奴隶和平民被残酷奴役的历史见证,也是古代埃及古老而灿烂的文明的象征。

2. 古代巴比伦的"空中花园"

"空中花园",又称"悬苑",是公元前 6 世纪新巴比伦王国国王尼布甲尼撒二世为其王妃所造。据说采用立体造园手法,将花园置于高高的平台之上,并设有灌溉用的水源及水管。栽植各类树木和花卉,远看有如花园悬于空中。

3. 古希腊的阿尔忒弥斯(月亮女神)神庙

阿尔忒弥斯是古希腊神话中的女神,即月亮女神,在罗马神话中称为"狄安娜"。传说她掌管狩猎,照顾妇女分娩,保护少年男女,是一位以贞洁著称的女神。阿尔忒弥斯神庙即为纪念她而建。神庙位于古希腊的以弗所,四周 127 根石柱上精雕着各种神话故事。

4. 古希腊的宙斯神像

相传,宙斯是希腊神话中的主神,在罗马神话中称为朱庇特。他威力无边,能随意降祸赐福,并掌管雷电云雨,是诸神和人类的主宰。宙斯神像即是为纪念他而建立。神像位于希腊奥林匹亚宙斯神庙中,高 15 米,正身用乌木雕成并镶嵌以黄金、象牙和宝石。

5. 古代小亚细亚的摩索拉斯陵墓

位于小亚细亚的哈利卡纳苏城，建于公元前四世纪，是加里亚国王摩索拉斯的陵墓。此墓系爱奥尼亚式（古代爱奥尼亚人创造的一种建筑样式）的宏伟建筑，墓顶有国王与王后阿蒂密丝乘四马战车像。

6. 太阳神巨像

位于地中海罗得岛上，用青铜铸成，高 34 米。其具体情况不详。

7. 古代埃及的法罗斯灯塔

在埃及亚历山大里亚港外法罗斯岛上。塔高 122 米，据说夜间航行可在 40 公里外见其灯光。

五大名宫

1. 故宫

又名紫禁城，位于中国北京，是明清两代的皇宫，始建于 1406 年，14 年后建成，占地 72 万平方米，建筑面积 15 万平方米，建筑富丽堂皇，全部屋顶采用黄色琉璃瓦。

2. 克里姆林宫

位于莫斯科中心，濒临莫斯科河，是沙皇皇宫。始建于 1156 年，至 19 世纪 40 年代建成大克里姆林宫。

3. 白宫

位于美国华盛顿，是一幢白色的二层楼房，始建于 1792 年。从 1800 年美国第二届总统开始，用作总统官邸。“白宫”是 1901 年由第 26 任总统罗斯福命名。

4. 白金汉宫

位于伦敦詹姆士公园西端。1703 年由白金汉公爵兴建，故得

名。从1837年始维多利亚女王继位，正式成为王宫，宫殿豪华，御花园占地40英亩。

5. 凡尔赛宫

位于巴黎西南郊的凡尔赛城。它建于17至18世纪路易十四时代，是当时法国皇帝的行宫，该宫长达400多米，一面为大花园，另一面有放射形干道通向市区，以其富丽豪华的宫殿和典雅园林著称。

七大洲名称的由来

亚洲和欧洲

亚洲的全称是亚细亚洲，欧洲的全称是欧罗巴洲。“亚细亚”与“欧罗巴”两个词都来源于古代的闪米特语言（西亚各地古人的语言）。“亚细亚”的意思是指东方日出之地，“欧罗巴”是指西方日落之处的意思。亚欧两洲的大陆部分实际上是一个整体，叫亚欧大陆。

非洲

是阿非利加洲的简称。希腊语“阿非利加”一词是阳光灼热之意。非洲地跨南北两半球，赤道从中部穿过，绝大部分气候炎热，又称“热带大陆”。

大洋洲

原名澳洲，是澳大利亚的简称。“澳大利亚”一词来源于西班牙文，意思是南方的陆地。现在大洋洲包括澳大利亚大陆和塔斯马尼亚岛、新西兰的南岛、北岛和伊里安岛以及散布在太平洋上的一万多个岛屿。

北美洲和南美洲

在西半球，合称美洲，以巴拿马运河为分界线。美洲是亚美利

加洲的简称。“亚美利加”是由意大利探险者亚美利哥的名字而来的。

南极洲

是由于该洲绝大部分地处南极圈内而得名。因为气候酷寒，大部分地方覆盖着很厚的冰层。冰层厚度可达四千公尺以上，所以又被称为“冰雪大陆”；因为它是最后被发现的，所以又叫“第七大陆”。

四大洋名称的由来

地球上的海洋是互相连通的，形成一个庞大的连续水体，称作世界大洋。根据地理位置和被大陆分开的情况，全球大洋分为四部分，即太平洋、印度洋、大西洋和北冰洋。

太平洋

原意即“平静的海洋”。这是大航海家麦哲伦在环球旅行时，给这个世界最大的洋起的吉祥名字——“和平之海”，汉译为太平洋。

大西洋

根据西北非的阿特拉斯山脉的名称 atlas 命名的。大西洋是世界第二大洋，它的轮廓略象“S”形。

印度洋

希腊人最早称印度洋为厄立特里亚海（Tharassc Erythrac），tharassc 意为大海，erythrac 希腊文中意为红色，全称即为“红色的海”。15 世纪末，葡萄牙航海家达·伽马为了寻找通往印度的航路，绕过非洲的好望角进入这个大洋。因此，他们便把这个通往印度的广阔大海洋称之为印度洋了。印度洋为世界第三大洋。

北冰洋

因地处北极圈以北，洋面上海水冻结成冰而得名。北冰洋是

四大洋中面积最小的一个，它的海岸线曲折，岛屿众多，气候严寒。

两个半球的划分

地球是人类的家，人们在长期的实践活动中，对地球有了很多认识，并根据不同需要，对地表进行了各种两个半球的划分。

除了我们已经熟悉的南北半球和东西半球划分以外，还有两种。

1. 水陆半球的划分

水半球是地表海洋集中分布的半球，它的中心是南纬 50°和经度 180°的交点。在这个半球内海洋占 90.5%，陆地仅占 9.5%，陆半球是地表陆地集中的半球，它的中心是北纬 50°和 0°经线的交点。在这个半球内，陆地占 47.3%，但就全球说，这个半球的陆地占 81%。

2. 昼夜半球的划分

以晨昏圈为界，把地球分为昼半球和夜半球。由于地球是一个既不发光，也不透明的球体，所以对着太阳的一半为白天（昼半球），背着太阳的一半为黑夜（夜半球）。

有趣的是无论上述哪种半球划分方法绘制的半球图上，海洋面积均比陆地面积大，难怪有人把地球称为“水的行星”。在地球表面，陆地被彼此隔开，海水则四通八达、连成一片。轮船航海，可以到沿海各个国家。

东西南北的确定

地球上的方向，是由地球自转确定的。人们根据地球自转方

向来确定东、西方向，顺着地球自转的方向是东，逆着地球自转的方向是西。地球绕着地轴自转，地轴的两端叫两极。如果在地轴一端的上空看地球自转的方向，逆时针的一端是北极；顺时针的一端是南极。南极是最南的极点，北极是最北的极点，地球上一切向着北极的方向叫北方。

东方和西方是无限的。如果你从地球上两极以外的任何地点出发向东走，可以绕地球一周回到原来的地方，而且还可以继续向东走，但是永远找不到东方的止境，向西走也一样，东西方是无限的。南方和北方是有限的。如果我们从地球上北极以外的任何地点向北走，最终都会达到北极，那里即没有东、西、北，都是南。南极的情形正好与此相反，从地球上南极以外的任何地点向南走，最终都会到达南极，那里即没有东、西、南，都是北。

俄罗斯北部的白夜

夏天，当地球上同一经度许多地方正是黑夜沉沉的时候，俄罗斯北部却是完全相反的景象：太阳高悬，彩霞满天，景色瑰丽。这就是闻名世界的“白夜“，其原因是俄罗斯北部位于北极圈内。

俄罗斯季节的特点是冬长夏短，一年当中从头年十月至第二年四月约有六七个月的时间是多雪而漫长的冬天。夏天是六、七、八三个月。当冬天来临时，俄罗斯最北部地区有四五十天见不到太阳，这时，美丽的北极光经常映现天际。到夏天，情况截然相反。从五月底至七月中旬，太阳通宵达旦照耀，一直不下山，留在地平线上的时间长达 73 天左右，人们称之为“不落的太阳”。六、七月份，即使在离北极圈较远的圣彼得堡（列宁格勒），太阳也几乎从早晨三、四点钟普照到晚上八九点钟才慢慢地落入地平线。更有趣的是，在离北极圈只差一度的克姆，午夜十二点钟太阳才钻入地平

线，但一眨眼间，它又从另一处徐徐升起，从日落至日出只隔一个小时。

十大半岛

阿拉伯半岛　面积为 300 万平方公里。

印度半岛　面积为 208.8 万平方公里。

印度支那半岛　面积为 200 万平方公里。

提布拉多半岛　面积为 140 万平方公里。

斯堪的纳维亚半岛　面积为 80 万平方公里。

伊比利亚半岛　面积为 58.4 万平方公里。

小亚细亚半岛　面积为 52.5 万平方公里。

巴尔干半岛　面积为 50 万平方公里。

马来半岛　面积为 23.7 万平方公里。

朝鲜半岛　面积为 21.4 万平方公里。

十大河流

亚马孙河(南美洲)　流域面积为 7050000 平方公里，长度为 6751 公里。

尼罗河(非洲)　流域面积为 2800000 平方公里，长度为 6690 公里。

长江(中国)　流域面积为 1808500 平方公里，长度为 6299 公里。

密西西比河(北美洲)　流域面积为 3222000 平方公里，长度为 6262 公里。

黄河(中国)　流域面积 752000 平方公里，长度为 5464 公里。

拉普拉塔河(南美洲)　流域面积 3104000 平方公里,长度为 4700 公里。

湄公河(亚洲)　流域面积为 810000 平方公里,长度为 4500 公里。

黑龙江(亚洲)　流域面积为 1843000 平方公里,长度为 4350 公里。

刚果河(非洲)　流域面积为 3690000 平方公里,长度为 4370 公里。

勒拿河(亚洲)　流域面积为 2418000 平方公里,长度为 4160 公里。

十大湖泊

里海　面积为 37.1 万平方公里。

苏必利尔湖　面积为 8.24 万平方公里。

维多利亚湖　面积为 6.94 万平方公里。

咸海　面积为 6.65 万平方公里。

休伦湖　面积为 5.96 万平方公里。

密执安湖　面积为 5.8 万平方公里。

坦噶尼喀湖　面积为 3.29 万平方公里。

贝加尔湖　面积为 3.15 万平方公里。

大熊湖　面积为 3.108 万平方公里。

马拉维湖　面积为 3.08 万平方公里。

七大水城

威尼斯　位于意大利东北部，全城以一条长 45 公里的运河为“主街”，177 条水道为“支街”，加上 2300 条水巷、428 座桥梁，成为闻名世界的水城之都。

阿姆斯特丹　是荷兰首都，城内有 100 多个小岛，100 多条运河和 1000 多座桥梁，河水四通八达，游艇无处不到。

斯德哥尔摩　是瑞典首府，号称“北欧的威尼斯”，城市有 15 个小岛，水道、桥梁密布，连成一片。

苏州　又称“东方威尼斯”，城内水巷错杂，桥梁数百座，连接着各具特色的 200 多处园林。

曼古　位于湄公河三角洲，是泰国首都，它有数不清的运河和渠道，乘船可达各个街区。

斯里巴加湾　是文莱首府，这里的住房大多建在水上，号称“世界最大的水上村庄”。

莫普提　号称“马里的威尼斯”。该城建在三个岛上，市民以船为家，靠水为生，城内仅独木舟就有数千只。

世界奇国

千岛之国——印度尼西亚。国内共有 13500 个岛屿，其中有人居住的岛 992 个，有名称的约 6000 个。

沙漠之国——利比亚。全国 90％以上土地是沙漠和半沙漠。

火炉之国——苏丹。国内气候炎热、少雨，常年平均气温在摄氏 33℃到 34℃之间。

千湖之国　森林之国——芬兰。有湖泊6万多个，森林覆盖面积占全国总面积的70%。

磷酸盐之国——太平洋上的瑙鲁。全国4/5的土地为磷酸矿。

火山之国——萨尔瓦多。境内多火山，全国90%的土地在火山地带。

冰、火之国——冰岛。全国面积10万多平方公里，有3/4高原，1/3高原为冰川覆盖。境内有1百多座火山，其中活火山27座。

低洼之国

世界地势最低的国家当数荷兰。它又名“尼德兰”，语意为“低洼之国”。它西北面濒临北海，面积四万多平方千米，三分之一的土地仅高出海平面1米，四分之一的土地却低于海平面。全国人口的百分之六十，集中居住在西部低洼地带。须德海又深入内陆，加上北海多暴风、急浪，水灾经常威胁着居民的生命安全。1916年大水灾，海水竟直接冲击到荷兰首都——阿姆斯特丹城下。

千百年来，荷兰人民为了生存，长期与大海搏斗。从13世纪开始，便展开了与海争夺土地的斗争，持续700多年。他们修堤筑坝，排水造田，先后筑堤2400千米。在拦海工程中，规模最大，最著名的工程在北海与须德海之间，修筑长30千米的巴里尔拦海大坝。他们把须德海改造为陆地，使沧海变为桑田，使荷兰的海岸线缩短了180千米。如今，荷兰四分之一的国土是海下“处女地”。

荷兰人民经过长期的围垦造田，积累了很多丰富而宝贵的经验，使垦区农作物产量很高。现在，不仅成为荷兰重要的农牧业基地，还成为西欧地区著名的耕作业和乳畜业发达的国家。这里生

产的蔬菜、乳酪、肉、蛋等农产品，大量输往世界各地。

“上帝造世界，荷兰人造荷兰。”这是荷兰人最爱说的一句自豪语。

世界之最

世界最高的瀑布 南美洲委内瑞拉东南部的安赫尔瀑布。它位于卡罗尼河中游的支流上，水头高达 1.054 千米。

世界最大的暖流 墨西哥湾流。它流经大西洋北部，经过佛罗里达海峡时宽度为 60—80 公里，厚度 700 米，流速每昼夜 150 公里。

世界最长的山脉 安第斯山脉。位于拉丁美洲西部，长约 9 千公里。

世界最大的平原 巴西的亚马孙平原，面积约 560 万平方公里。

世界最高的活火山 拉丁美洲境内的图彭加托火山，海拔 6.8 千米。

世界最大的咸水湖 里海。它位于亚欧交界处，面积 371000 平方公里。

世界最高的高原 中国青藏高原，有“世界屋脊”之称。海拔 4 千米以上。

世界最大的高原 巴西高原。面积约 5 百多万平方公里。

世界最冷的地方——寒极 在南极洲南纬 72°8′，东经 96°35′ 的地方，科学家们测定，最低温度曾达到 −88.3℃。这是记录到的地面最低温度。

世界最热的地方——热极 利比亚的阿济济亚，受来自南部撒哈拉大沙漠的干热风的影响，最高温度曾达到 58℃。

世界最干燥的地方——干极 智利北部的阿塔卡马沙漠。那里气候极其干燥，经常连续几年不降雨。

世界最小城市

世界上最小的城市是前南斯拉夫的胡姆，全市人口共二十五人。城里有十三座房子，其中只有七座常年住人。一个商店，什么东西都有，什么商品都不多。两座教堂，却没有什么人去祈祷。两条街，街上只有十六盏路灯，冷冷清清，寒光逼人。一辆公共汽车，每天行驶三次，虚席以待。还有一个小饭店，洁静幽雅，却无宾朋满座。这个城市从十三世纪起就具有城市地位。

向海洋要宝

海洋这个“水的王国”确实大的惊人，地球上海洋面积占其总面积的71%，达3.6亿平方千米。海洋的总水量为13.7亿立方千米，占全球总水量的97%。

海洋相互沟通，构成一个整体。按它的特点，人们将它们分为四大洋。海洋自古以来就是资源的宝库。2000多年前，秦始皇曾命人下海寻找长生不老药。当然，他未能如愿。而相传5000多年前，亚洲西南部有个苏美利亚国，国王吉尔加美什为能使自己返老还童，竟然亲自潜入海底采摘仙草。

长生不老之药固然诱人，返老还童之草弥足珍贵，毕竟都是幻想。这只不过是古代人类向往去海中探宝的美好愿望罢了。当跨入21世纪时，人类对海洋已有了相当的认识。人们有理由相信，在辽阔的海洋里，蕴藏着许多比“仙药”、“仙草”更可贵、更可信的

珍宝，它们藏在黄澄澄的海滨沙石之中，藏在黑暗深邃的海底之下，藏在鱼儿的身体内，藏在海藻的细胞中，甚至溶化在晶莹剔透的海水里，隐匿在一望无垠的海空中。

现在我们这个星球上，人口急剧地膨胀，1999 年末达 60 亿，短短的 40 年就翻了一番。如此的增长速度，远比人类赖以生存的粮食、能源等资源的增长速度快得多，因而不可避免地给我们这个星球带来许多严重的困扰：粮食不够吃，资源不够用，能源出现危机，人均占有的土地面积越来越少……有人预测，全世界现有的陆地资源埋藏量，以目前消耗量计算，大约还可以用 500 年，若按消耗量每年增长 2.5%计算，则连 100 年也用不到。石油也仅够用几十年。这些问题怎样才能解决呢？控制人口当然是积极的措施，但短期难以大见成效。利用地球外的资源，恐怕也是远水不解近渴。于是，科学家们将目光投向富饶的海洋，许多国家也将热情倾注于开发海洋，要把人类的活动场所向海洋延伸。

20 世纪 60 年代以来，随着海洋技术的发展，各国加紧了海洋开发的步伐，海洋总产值从 70 年代初的 1100 亿美元，迅速上升到 1995 年底的 8000 多亿美元，在 2000 年达 15000 亿美元。我国海洋经济增长也很迅猛，海洋总产值 1979 年才 64 亿元，1996 年已达 2800 多亿元，在 2000 年达 5000 亿元，占国内生产总值的 5%。足见，开发海洋势在必行，功在当代，利在千秋。

迷人的夏威夷

美国著名作家马克·吐温赞誉夏威夷群岛为“在大海下锚停泊的群岛舰队中最美丽的一个”。它像洒落在太平洋里的一串明珠，气候宜人，风光旖旎，集自然美景于一身，汇东西方特色于一体。

夏威夷群岛位于亚洲和美洲之间的北太平洋中部,有"太平洋的十字路口"之称,是美国的第 50 个州。

夏威夷岛上有迷人的火山。冒纳罗亚火山同基拉韦厄火山连在一起,一个仿佛在山腰,一个仿佛在山巅。基拉韦厄火山是一个充满炽热岩浆的火湖,岩浆从火山口溢出时,从岩层裂缝飞泻而下,金黄色的巨流,像巨大的炼钢炉中倾泻出来的钢水,汹涌澎湃,蔚为壮观。人们叫它"火神的头发"。

冒纳罗亚火山海拔 4170 米,是世界海岛中最高的火山。

夏威夷岛因火山逞威,烤焦了大片土地,但不少地方却是花红叶绿。

夏威夷有迷人的风光。瓦基基海滩洁白平坦,绵延好几千米。海浪不停地抚摸着它,拍打着它,冲上来又退回去,发出阵阵轰鸣,永不停息。碧海蓝天,和着海滩上穿着各色游泳衣的人群,像是一个天然的国际泳装大赛的舞台。

毛伊岛是夏威夷群岛的第二大岛,是世界最著名的观鲸胜地。因为那里是座头鲸的故乡。自古以来,生活在阿拉斯加的座头鲸必定要到毛伊岛来交配产仔,在毛伊岛海域集结停留半年之久。游人同鲸共游,真是其乐无穷。

夏威夷群岛上的火奴鲁鲁,有迷人的民族风情。在波利尼亚文化中心,游客可以看到多姿多彩的土风舞、草裙舞,这古朴的传统节目吸引着千千万万前来旅游的人们。

大堡礁海洋公园的魅力

澳大利亚大陆是大洋最主要的部分,位于太平洋和印度洋之间,同亚洲的一些岛屿离得很近。北面的伊里安岛是仅次于格棱兰岛的世界第二大岛。在澳大利亚东海岸外,有一个从东北角向

南绵延2000千米，宽65千米的浅滩带，叫大堡礁。它由2900多个独立的礁和500多个珊瑚岛组成，总面积达3030多平方千米，比英国国土还大。

大堡礁的魅力是永恒的。它所含的石灰石相当800万座埃及大金字塔，但这却是由小小的珊瑚虫来完成的。这里的水温在20℃以上，加上海水较浅，适合珊瑚虫生存。珊瑚虫分泌的石灰质骨骼，经长年累月地积累，形成了礁石。正是在这些珊瑚虫建筑师世世代代锲而不舍地努力下，造就了这一海底奇观。

大堡礁岛上稠密的棕榈树，树冠高耸，随风摇摆，婀娜多姿；洁白的沙滩，银光粼粼，十分耀眼；巨大的海浪不停地向珊瑚礁的外侧冲来，溅起高大的浪花，喷射到几十米的高空，壮丽辉煌；30多万只海鸟在海空飞舞，在岛上栖息，给岛上增添了无限的生机；巨大的绿毛海龟，是这里的一绝，世界罕见。

水底珊瑚礁群，景色更是美妙绝伦。400多种珊瑚，像一丛丛鲜花，在海底争奇斗艳，美丽异常；1500多种鱼儿，在珊瑚丛中嬉游觅食，绚丽多彩，构成一幅幅活动的图画。

1976年，澳大利亚政府正式将此地开辟为"大堡礁海洋公园"。1982年，又被联合国教科文组织确定为世界级遗产。经过20多年的开发建设，这里已成为著名的海上乐园。如今较大的岛上都修建了空港、海港，游客可乘飞机、游艇尽情游览美丽的海景和一望无垠的珊瑚礁群。还有一艘能乘450多名游客的"大堡礁城"号轮船，载着游人四处观光。人们还可乘玻璃钢船去海底游览，透过玻璃舷窗观赏千姿百态的珊瑚和海洋生物。在岛上，人们在棕榈树和椰子树林间的别墅中休闲、疗养，或乘小船垂钓，或在退潮时去出露海面的礁滩上漫步。甚至还有特定的水域，供游人潜水、采贝、采珊瑚，或进行商业性捕鱼、钓鱼活动。

大堡礁是地球上绝无仅有的天然海洋大公园，是海洋赐予人类的财富。

到海底旅游

蓝色的海洋是地球上一片浩淼的水域,它对我们充满了神奇的诱惑。现代科学技术为我们撩开了海洋的神秘面纱,人们开始认识大海,感慨大海的博大深远,赞美大海的丰富宝藏,向往大海的广阔空间,被大海的魅力所吸引。也使得当今世界深海旅游逐渐发展起来了,海底龙宫正吸引着越来越多的观光者。

第一艘旅游潜艇是1964年由瑞士国家展览馆建造的,可乘坐40人,下潜深度610米,名为“奥古斯特·皮卡德”号。16个月中,该潜艇把3200名游客带到莱芒湖湖底游览。严格地说,这还不是真正的海底观光。

1984年,不列颠哥伦比亚阿特兰蒂斯国际游艇公司,建造了一艘定员28人的旅游潜艇,名叫“阿特兰蒂斯Ⅰ”号,在大开曼岛近海游览,游客也比较踊跃。

这种旅游潜艇外壳用的都是丙烯酸塑料,它耐压,重量轻。潜艇内设酒吧和餐厅,乘员约40个左右,并与水下旅馆相连接,还有礼品商店、快餐部等。

用于旅游的深潜器发展也很快。1986年,第一艘旅游深潜器载着28名乘客,在开曼群岛近海下水。至今,全世界已有旅游深潜器48艘,大部分乘46～48人。这种深潜器由于下潜深度不大,所以多采用钢质材料,配上大型丙烯酸塑料观察窗,动力则由电池组提供。由于旅游深潜器需要良好的机动灵活性,所以设计的深潜器具有侧向、垂直和水平推进器,能够在水中前后、左右、上下自由灵活地活动。游客们坐在安全舒适的深潜器里下海观光,和鱼虾们一起在海中遨游,充满情趣。

一艘旅游深潜器在充电后一般可进行12次潜航,每次1小时,

每年可下潜 3000 次。旅游公司开发的海底观光的项目也越来越多。如,法国马提尼岛的圣皮埃尔在 20 世纪初曾是一个美丽和富饶的城市,享有安得列斯群岛上的小巴黎的美称。然而,1902 年 5 月 8 日那一天,位于圣皮埃尔港的培雷火山突然猛烈喷发,在短短的几分钟里,就摧毁了整个圣皮埃尔市。火山喷发使 2 万居民丧命,港湾的 10 余艘巨轮也葬身海底。这些长眠在水下 50～100 米处的沉船残骸,如今成了加勒比海中最完整的海底公墓。每年有成千上万的旅游者,乘坐最为豪华的旅游潜艇到海底去游览考古。

又如,以色列正在地中海海底建一座海底公园,也吸引着人们去观光。

人像鱼儿一样遨游

大名鼎鼎的法国潜水探险家库斯托曾预言道:"总有一天,人们在水下的活动将会像在陆地上一样轻松自如。"

那时,库斯托与人合作,造出了一种水下呼吸器——水肺。这种呼吸器具不再需要潜水员以任何方式同水面连接在一起。过去那种笨拙而碍事的救生索和空气管消失了,潜水员有史以来第一次穿着轻便的潜水服,戴着面罩和水肺,独自地下了水。

库斯托凭借那些新的装置,尤其是那奇异的水肺,在水中翻筋斗,180 度的大转弯,做各种特技动作,只用一个手指撑在海底进行倒立。当他笑时,笑声听起来有些刺耳,并因海水而奇特地失真。但不管他怎样做,水肺都可靠地工作着。他已经使自己从重力规律中解放了出来。

那么,水肺是怎样工作的呢?

水肺实际上就是一个能够调节压力的水下自动供气装置。潜水员带着压缩空气罐下水,罐里充满 150～200 个大气压(15200～

20300千帕)的高压空气，与潜水员所戴的头盔或面罩相通。高压空气通过减压阀后，使压力降低到比周围的水压高4～8个大气压。然后，空气又从低压阀进入头盔或面罩，而自动调节器则根据要求供给潜水员和周围海水压力相等的压缩空气。

自动调节器是一个极其灵敏的部件，它能长期地自动地使供给潜水员的空气压力与周围海水的压力取得平衡，哪怕是海水的压力有细微的变化，它也能迅速而准确地作出反应。实际上，它就是水肺的心脏，这个部件的设计和制造，是潜水史上最重要的突破之一。有了水肺，它使潜水员能依潜水深度不同而得到不同压力的空气，从而一下子将下潜的深度达到了200米。有了水肺，人们的确能像鱼儿一样在海洋里遨游了。

第二次世界大战以后，水肺成了科学家们的武器。

现在，水肺又发展成了“电子肺”，它由烟盒般大的电脑控制，能随着下潜深度的变化，自动改变人造空气的成分，以适应人的生理要求。

橄榄树

你注意过联合国徽章的图案了吗？它是用两根橄榄枝衬托着整个地球，意味着世界的和平。那么你自然会想到这样一个问题：为什么要用橄榄枝来象征和平呢？

《圣经》里有这样一个故事：大地被洪水淹没了，诺亚留在方舟里保全了性命。一天，他放出一只鸽子，看洪水是不是已经退了。当鸽子飞回来的时候，嘴里衔了一枝新摘下来的橄榄枝。从此，橄榄树便成了和平的象征。

橄榄树原来生长在沙漠边上，后来沿地中海两岸向西发展。它的生命力很强，今天生长在巴勒斯坦的一些橄榄树，已经有两千

多年的历史了。橄榄树要长到 8 年以后才能开花。春天,橄榄树的花开十几天后,就结出果实来。它的果实是绿色的,刚从树上摘下来的新鲜橄榄苦涩难咽,必须经过一定时间的泡制才能除掉苦涩味。正确腌制的橄榄,味道非常鲜美,咬起来“吱嘎吱嘎”作响。

橄榄油被称为“液体金子”,古代以色列人用它点灯,还把它作为食物,甚至用来治病。在今天,人们仍把橄榄油看作是最有益于健康的食用油,对皮肤也很有好处。在健美比赛中,运动员往往在身上涂抹上橄榄油,使皮肤显得漂亮、健康。

郁金香故乡在中国

大家可能知道,郁金香是荷兰的国花,荷兰也被称作“郁金香之国”。但你不要以为郁金香就是土生土长在荷兰的,其实它的故乡在中国,原产于青藏高原。2000 多年前,郁金香传到了中亚一带,到了 16 世纪的时候,一位驻土耳其的奥地利使者才把它带回到维也纳,奥地利宫廷中的一个荷兰花匠又把它带回了荷兰。

美丽的郁金香让荷兰人如痴如醉,在全国形成了一股“郁金香热”。谁要是拥有一株郁金香,身份立即就高贵了许多。朋友间相互邀请欣赏郁金香,很快就成了一种时尚。由于当时郁金香栽种得还很稀少,一株花的价格比同等重量的黄金还要贵。按照当时的价格,三株郁金香,就可以换来一幢漂亮的别墅。谁培养出一个新品种,就意味着一笔巨大的财富。

第二次世界大战的时候,荷兰出现了饥荒,一些人被饿死了。但有些人从地里挖出了郁金香的根茎,用它来充当食物,许多人因此而保全性命。

郁金香前已有 2000 多个品种,色彩有红蓝、白黑、橙黄、紫等,其中黑色的最为名贵,被誉为“夜皇后”。

昙花一现

你知道:“昙花一现”这个成语吗?它的原意是说昙花开了以后,很快就凋谢了。人们常常用来比喻人或事物刚刚出现,就很快消失了。

昙花原产于中美洲的墨西哥、危地马拉等地。那里气候干热,白天的太阳就像烈火一样。如果昙花在白天开花,它的花瓣、花蕊就很容易烤焦,死掉的。于是,昙花就慢慢养成了在夜间开花的习惯。一般情况下,一株昙花可以同时盛开10多朵花。它多在夏季或初秋的时候开,花期非常短,只能持续4到5个小时。每当夜晚来临,花蕾便静悄悄地开放,发出淡淡的清香。它雪白的花朵,在月光下显得非常素雅,就像亭亭玉立的美女,所以昙花还获得了“月下美人”的雅号。

现在昙花已在全球广泛栽培,成为比较常见的观赏植物。昙花的繁殖非常容易,只要是在生长期,剪下它的一根茎插在沙土里。一个月后,它就能长出茁壮的根,成为一株新的野花树。

为了让更多的人欣赏到昙花开放时的优美姿态,人们在花蕾膨大时,用黑色的罩把它罩起来或移到暗房中,夜晚的时候用强光照射它。昙花的生活规律被打破了,白天的时候也会开花。

铁树开花

大家知道,“铁树开花”是句成语,人们常用来比喻非常罕见或者非常难以实现的事情,它的同义词是“公鸡下蛋”,“太阳从西边出来”等。铁树开花就真的那么难吗?

事实上，铁树是一种热带植物，喜欢温暖潮湿的气候，不耐寒冷。在南方，人们一般把它栽种在庭园里，如果条件适合，可以每年都开花。如果把它移植到北方种植，由于气候低温干燥，生长会非常缓慢，开花也就变得比较稀少了。由此来看，“铁树开花”这句成语，一定是一位北方人发明的。铁树又叫苏铁，分为雄性和雌性，雄铁树的花是圆柱形的，雌铁树的花是半球状的，很容易辨认。

在我国的四川省攀枝花市，有一大片天然的铁树林，至少在10万株以上。这里的铁树一旦长成，雄铁树每年都开花，雌铁树一两年也要开一次。当地举办了一年一度的“苏铁观赏节”，到这里旅游的中外人士对此赞不绝口。

相传铁树的生长发育需要土壤中有铁成分供应，如果它生长情况不好，在土壤中加入一些铁粉，就能使它恢复健康。有些人干脆把铁钉直接钉入铁树的体内，也能起到很好的效果。或许，这便是铁树名称的由来吧！

中国最古老的陆地

中国最古老陆地的出现，应追溯到地球的童年时期。26亿年以前，地球表面已形成了一层薄薄的原始地壳，也出现了水圈与生物圈。但在那个洪荒年代，地球上的一切与现在有着天壤之别。

那时地壳厚度薄而不稳定，地球自转产生的离心力，使地壳经常破裂。内部的岩浆、气体，时常喷涌而出，四处横溢，火山地震，频频发生。火光映红了天空，大地剧烈颤抖，狂风怒号，暴雨倾盆，雷鸣电闪，其声势震惊寰宇。那时地球上空气稀薄，缺少氧气，几乎没有生命。一片荒凉死寂。海洋占绝对优势，深浅多变，广袤无边，仅有一些孤岛兀立海面。中国最古老的陆地就在这时悄悄出现在地球之上。

最初,华夏大地只有四个规模较小的陆核。它们是:吉南陆核(吉林南部)、冀东陆核(河北东部)、河套陆核(河套地区)、鲁中陆核(山东中部)。它们呈岛状分布,四周是海洋。17 亿年前,中国大地上发生了一次重要的构造运动,称吕梁运动,使这些古陆核扩大并连为一体,形成了统一的中国古陆。这个古陆北起阴山,南至秦岭、淮河一线,西到贺兰山,东至辽东半岛,也称中朝地台。

在这块古陆上,屹立着几位历经沧桑的老人,它们是泰山、五台山、嵩山等名山。根据测定,它们的年龄都在 24—25 亿岁。这些山脉也是我国山脉家族中的长者,著名的喜马拉雅山已是它们其后若干代的孙辈了。

远方漂来的青藏高原

中国科学家经考察做出惊人的结论:面积 56 万平方公里的塔里木盆地和银峰雪岭林立的青藏高原并非土生土长,而是“远方来客”。

位于新疆南部的塔里木陆块,在 8 亿年前生成于靠近南极的地方。历经几亿年的漫长岁月,航程近万公里,直到 200 多万年前的第四纪,终于“定居”在亚洲腹地。

大约自 28 亿年前的二叠纪以来,由南半球中低纬度地区陆续漂移来的(现称)南昆仑、北昆仑、巴颜喀拉、羌塘、拉萨、江孜 6 个中小板块拼接而成青藏地区,又受最后漂来的印度板块之挤压,抬升为大山脉绵亘的“世界屋脊”。

这一结论是通过鉴别各种岩石在其形成之初保存下来的所处地球位置的“磁性籍贯”即剩余磁性而得出的。因为剩余磁性有稳定的方面性和强度。对这个秘密信息的测定和研究,可以推断出远古时代地块所处的位置及其后来的“身世”。

中国气候之最

哪里最冷 黑龙江省漠河，在北纬53°附近，靠近西伯利亚寒潮源地，最冷可到零下52℃。若按年平均温度计算，最冷的地方是藏北地区，全年平均温度是零下6℃，即使在夏天，有时还下雪。

哪里最热 吐鲁番盆地最热。每年中约有38天超过40℃，地面(沙地)温度比气温还要高。

哪里雨最多 台湾岛东北角的火烧寮年平均降水量达6000多毫米，是我国降水最多的地方。

哪里雾最多 四川盆地，一年中有半年有雾，尤其在春秋季节三天两头有雾。重庆更有“雾都”之称。

哪里晴天多 西藏拉萨天空碧蓝，阳光绚丽，有“日光城”之美名，一年中日光照射总数达3005个小时。

中国地理三大

三大平原 东北平原、华北平原、长江中下游平原。

三大岛屿 台湾岛、海南岛、崇明岛。

三大半岛 辽东半岛、山东半岛、雷州半岛。

三大海峡 渤海海峡、台湾海峡、琼州海峡。

三大林区 东北林区、西南林区、南方林区。

三大蚕桑区 四川盆地、太湖平原、珠江三角洲。

三大果园 辽南丘陵、胶东丘陵、珠江三角洲。

三大渔场 舟山渔场、渤海渔场、南海渔场。

三大港口 天津港、上海港、广州黄埔港。

三大油田 大庆油田、胜利油田、华北油田。

三大煤矿 开滦煤矿、大同煤矿、抚顺煤矿。

三大钢城 鞍山市、武汉市、包头市。

长城三大名关 山海关、居庸关、嘉峪关。

江南三大名楼 湖南岳阳楼、武昌黄鹤楼、南昌滕王阁。

中国瀑布之最

最美的瀑布 四川省境内的九寨沟瀑布群，瀑、潭、树、滩谐调组合，成为我国最美的瀑布。

最高的瀑布 台湾省境内的蛟龙瀑布，共分五层，最底下的一层落差 500 米左右，五层瀑布总落差达 1000 余米。

最宽的瀑布 四川省境内的九寨沟瀑布群中的诺日朗瀑布，瀑面宽达 140 余米。

最著名的瀑布 贵州省境内的黄果树瀑布，以其优美和谐的造型，赢得了“世界上最壮丽、最优美的喀斯特瀑布”的美名，成为我国最著名的一个瀑布。

最罕见的瀑布 四川省境内大宁河小三峡中的白龙过江的奇景，是我国最罕见的一个瀑布。

最壮观的暗瀑 贵州省安顺龙宫的龙门地下飞瀑，高 33 米，宽 15 米。

最美的水帘洞 黄果树瀑布后面的水帘洞，不仅洞外瀑布所形成的水帘姿态优美，而且洞内景观亦十分壮丽。

最大的瀑布群 贵州省境内的黄果树瀑布群，由白水河、灞陵河等几条河流上形成的 20 余座大小各异、风韵不同的瀑布组成，成为我国最大的一个瀑布群。

水流量最大的瀑布 黄河壶口瀑布，其水流量至少在每秒数

百立方米以上，是我国水量最大的一个瀑布。

首座海上风力发电站

地处渤海辽东湾的中国首座海上风力发电站于 2007 年 11 月 28 日正式投入运营。专家指出，这为今后中国海上风电发展提供了技术，积累了经验，标志着中国海上风电发展取得突破。

风能被称为真正意义上的清洁绿色能源。与陆地风电相比，海上风电的资源量多，品质好，且清洁环保，已成为国际风电发展的新方向。中国拥有十分丰富的近海风资源，海上风能的量值是陆上风能的 3 倍，具有广阔的开发应用前景。具有关专家介绍，这座由中海油投资、设计、建造安装的海上风力发电站从 11 月 8 日即开始试运行，到 11 月 26 日已发电 20 万千瓦时，是世界上第一个专为海上油气田供电的风电站。据介绍，该发电站位于离岸 70 公里的渤海绥中 36－1 油田，在该油田 30 米水深的一个导管架上安装了一台 1.5 兆瓦永磁直驱风力发电机组，并铺设了一条 5 公里长的海底电缆至绥中 36－1 油田的中心平台，风力发电机组运营后，实现了对该平台的并网发电。“刚刚投入运营的这座海上风力发电站实现节能减排。”据专家介绍，发电站正式投产后，单机年发电量可达 440 万千瓦时，将减少油田柴油消耗量 1100 吨/年，折合经济效益约 600 万元/年，同时，每年将减少二氧化碳 3500 吨，二氧化硫 11 吨。

此外，该发电站在设计建造的时候还考虑到海洋环境的特点，选择了没有转动齿轮箱的永磁直驱型风力发电机组，实现了无人值守，在中心平台上即可以对风机进行遥控和监测。

长江和黄河的年龄

黄河是我国古代文化的发祥地，它的年龄至今约有 50～60 万年，这已是不小的了。但是，长江的年龄比它更大。怎么才能知道河流年龄的大小呢？原来，河流在开始形成时，河床底部的组成物质不外乎是砾石、沙子、黏土等。这些物质后来被河流上游冲下来的泥沙逐步埋没，沉积在河床底部。如果现在我们把它挖出来，这些物质就成为河流的典型化石，也被称作“古冲击物”。根据这种“古冲击物”，就可以确定河流在什么地质年代形成的，从而推算出河流的年龄。我国地质学家从长江古河道河床底部挖掘出的冲积物中，含有螺化石这一事实，认为它是第三纪的沉积物，从而推算出长江的年龄是 6 千万年，比黄河古老得多。

长江源头

长江，是我国的第一大河。它究竟发源在哪里？经过 1974 年我国测绘部门的航空测量以及 1976 年水利部门的实地调查，证明长江最上源位于青海省西南部，那里主要有四条较大的水流，自西向东分别为沱沱河、尕尔曲、布曲和当曲，均发源于唐古拉山脉北麓。其中以发源于唐古拉山脉主峰各拉丹冬雪山西南侧的沱沱河最长，应为长江的正源。从而也核实了长江的长度为 6380 公里，仅次于非洲的尼罗河和南美洲的亚马孙河，成为世界第三大河。

水上长城葛洲坝

你知道万里长江第一坝吗？它就是“水上长城”葛洲坝。葛洲坝坐落于景色秀丽的三峡西陵峡口，是中国规模最大的水利枢纽工程，它拥有许多全国之最，亚洲之最，乃至世界之最。其中发电厂，共装机 21 台，总装机容量 271.5 万千瓦，年发电能力每小时 141 亿千瓦。一、二号机组是当今世界同类型机组中最大的，仅水轮机的四块叶片就重达 160 吨。这里的年发电量多年来也居全国之最，约占全国水力发电总量的 1/4，华中电网电量的 1/3。葛洲坝至上海直流输电线路葛洲坝端的正负 50 万伏换流站，是亚洲电压等级最高、输送容量最大的换流站。

这项伟大工程是由我国自行设计、施工和安装的，运行了 10 年，已发挥出多种综合利用效益。自 1981 年开始，已发电 1077 亿千瓦小时，创产值 63 亿元。

不仅如此，葛洲坝与附近的风景名胜交相辉映，已成为举世闻名的旅游风景点。

金碧辉煌的故宫

北京市中心有一座世界上独一无二的宫殿建筑群，这就是故宫。它是中国明清两代的皇宫，传说中紫微星（北极星）位于中天，由众星围绕，是天帝住的地方，称为紫宫。皇帝贵为“天子”，所居之处自然也要叫紫宫。又因为皇宫戒备森严，所以明清时称为紫禁城，1925 年始称故宫。

紫禁城坐落于北京城的中轴线上，建成于明成祖永乐 1420

年。明清两代多次重建或扩建，仍保持原来的格局。是现今世界上保存最完好的皇宫，充分体现了中国历代皇宫建筑的特点，是东方建筑的精华。它占地72万多平方米，屋宇近9000间，建筑面积约15万平方米，周围城墙长约3000米，城外有宽52米的护城河环绕，形成一个壁垒森严的城堡。其气势宏伟、主次配合巧妙，施工精细，充分体现出皇权至上的主体思想。所谓“朝廷”，就是因为皇宫由外朝和内廷两大部分组成的。外朝是皇军和官员们举行各种典礼和政治活动的地方。紫禁城内太和殿、中和殿、保和殿（习称前三殿）是外朝的中心区域、前后坐落在7米高、平面呈工字形的3层白石台基上，庄重稳定，昭示着皇权稳固。两旁配以文华、武英两殿。内廷有乾清宫、交泰殿、坤宁宫（习称后三宫）及东西六宫和御花园，是皇帝办事、居住和后妃及皇子们居住、游玩和奉神的地方。故宫的建筑风格可以用“美、大、圣、神”来概括。它通过空间布局的主次安排，突出主体建筑，烘托出皇权的神圣威严，单一的外部形状与封闭性的内部结构有机地结合成整体，厚厚的宫墙及护城河更突出皇宫的庄严与神秘。红色的墙身，黄色的玻璃瓦顶，白色的台阶石栏，金碧辉煌。使得故宫建筑群象征性胜过实用性，有强烈的精神感染作用，具有高度的历史和艺术价值。

气势雄伟的布达拉宫

“布达拉”系舟岛，是梵语音译，又译作“普陀罗”或“普陀”，原指观世音菩萨所居之岛。布达拉宫俗称第二普陀山。

布达拉宫始建于公元7世纪，是藏王松赞干布为远嫁西藏的唐朝文成公王而建。布达拉宫是当今世界上海拔最高、规模最大的宫殿式建筑群。

在布达拉宫的每一座殿堂的四壁和走廊里，几乎都可以看到

壁画。布达拉宫分为两大部分:红宫和白宫。居中央是红宫,主要用于供奉佛神和宗教事务。红宫内安放前世达赖遗体的灵塔,在这些灵塔中,以五世达赖的灵塔最为壮观;两旁的是白宫,达赖喇嘛生活起居和政治活动的主要场所就是在这里。

宫内珍藏的佛像、壁画、藏经册印、古玩珠宝,具有很高的学术和艺术价值。是西藏最宝贵的宗教和文化宝库,已经被列入国家重点文物保护单位和《世界文化遗产名录》。

布达拉宫海拔 3700 多米,占地总面积 36 万余平方米,建筑总面积 13 万余平方米,主楼高 117 米,共 13 层,其中宫殿、灵塔殿、佛殿、经堂、僧舍、庭院等一应俱全,是当今世界上海拔最高、规模最大的宫殿式建筑群。

布达拉宫依山垒砌,群楼重叠,殿宇巍峨,气势雄伟,有横空出世,气贯苍穹之势。坚实墩厚的花岗石墙体,松茸平展的经幡,金碧辉煌的金顶交相辉映。红、白、黄三种色彩的鲜明对比,分部合筑、层层套接的建筑型体,都体现了藏族古建筑迷人的特色。布达拉宫是藏式建筑的杰出代表,也是中华民族古建筑的精华。

梦想中的伊甸园

“太阳最早照耀的地方,是东方的建塘,人间最殊胜的地方,是奶子河畔的香格里拉。”自从英国人詹姆士的小说《失去的地平线》问世以来,作品中所描绘的香格里拉曾引起无数人的向往。据考证,香格里拉实质上就是指云南的迪庆藏族自治州。

迪庆位于国家三江并流风景名胜区的中心地带,包括中甸、维西、德钦三个县,其中中甸为其首府(上文提到的建塘是中甸的县城)。境内有许多高耸入云的大山,著名的云南第一高峰卡格博峰,海拔 6740 米,为藏传佛教的朝圣地,位居藏区八大神山之首,

周围环立着太子雪山、白茫雪山、哈巴雪山等。

雪山环绕之间，分布着许多大大小小的草甸和坝子，它们是迪庆各族人民生息繁衍的地方，土地肥沃，牛马成群。在这片宁静的土地上，有静谧的湖水、神圣的寺院、淳朴的康巴人，一切都如人们梦想中的伊甸园——香格里拉。

沙漠之魂

敦煌地处河西走廊最西端、青藏高原北部边缘地带，是甘、青、新三省区的交界处，历史上是河西四镇之一。共有人口 15 万，面积 3 万多平方公里。

敦煌是国家级历史文化名城，距今已有 2000 多年的历史。它是丝绸之路河西道、羌中道（青海道）以及西域南、北道交汇处的大边关要塞。从敦煌东北行过西安，是通向中原的河西大道；西出阳关，沿丝路西域南道与新疆的若羌县相连；西北行出玉门关，沿西域北道可通往哈密和罗布泊；敦煌南行经阿克塞哈萨克族自治县，逾阿尔金山，则直达青海省的格尔木。

敦煌石窟，又名莫高窟，千佛洞，位于敦煌东南 25 公里处的鸣沙山东麓崖壁上，是举世闻名的四大石窟之一，也代表了我国规模最大、内容最丰富、艺术价值最高的石窟艺术，有“丝路明珠”之称。莫高窟，又名“千佛洞”，位于敦煌市东南 25 公里处。洞窟始凿于前秦建元二年（公元 366 年），今存洞窟 492 个，壁画 45000 平方米，彩塑雕像 2415 尊，是我国现存石窟艺术宝库中规模最大、最丰富的一座。1987 年被联合国教科文组织列为世界文化遗产。莫高窟的艺术特点主要表现在建筑、塑像和壁画三者的有机结合上，系统反映了北魏、隋、唐等十多个朝代的艺术风格。

阿里山风光

阿里山在台湾嘉义县东北，是大武峦山、尖山、祝山、塔山等18座山的总称，最高峰海拔2905米。多年以前，有一位名叫阿巴里的高山族首领发现了它，把它作为新猎场。后人为了纪念他，才把这山命名为阿里山。

到阿里山去游览，一般是乘坐火车。从嘉义县出发，4个小时就可以抵达阿里山顶。这条登山铁路，长70公里，经过66个隧道和100多座桥梁。沿途奇石峥嵘，古木参天，飞瀑奔泻，清流淙淙，景色迷人，尤其是沿着螺旋形铁道盘旋上山时，峰回路转，不断变化的景色从窗外掠过，更是别有一番风味。

阿里山是台湾三大林场之一，可分热带林、温带林和寒带林。树种多样，著名的有红桧、扁柏、亚杉、铁杉和松树，通称“阿里山五木”，这里有一株树龄3000多年的红桧，高52米，离地面最低处的树围23米，这就是有名的“阿里山神木”。从溪头到阿里山途中，还有一株“眠月大神木”也是红桧，高48米，有4100多年的树龄了。还有一株“三代木”，树中生树，三代同堂，也是世间罕见的。

日出和云海，是阿里山的另一奇观。清晨，人们在祝山观日楼上观赏日出，景色壮丽，震人心魄！台湾八景之一的阿里山云海，茫茫苍苍，如万顷波涛，瞬息万变，和黄山云海一样壮观。

每年春末夏初，阿里山樱花盛开，杜鹃、野兰、百合、山萝卜等花卉，满山遍野，争妍斗艳。

美丽富饶的柴达木盆地

青海省柴达木,地处昆仑山下的盆地,地势高,一般都在海拔3000米左右。这里生长着各种奇花异草,奔跑着成群的牛羊,到处是形状各异的湖泊。更奇趣的是在柴达木西部的一片沙漠中有不少被黄沙掩埋着的山石,被大自然雕凿成各种各样的形象:有的像山鹰、有的似石笋、有的如少妇,有的赛牛郎……放眼望去,就像在一块巨大的有金丝绒的地毯上,摆设着各色各样的石雕珍品,真是个令人神往的美丽奇妙的世界。

它的富饶第一当数盐湖。仅察尔汉一个盐湖储盐量就有250亿吨。足够全国人民吃8000年。湖里的盐形状万千:像珊瑚、像白玉、像银条、像水晶、像冰花、像珍珠,真是五彩缤纷,婀娜多姿。不但盐质好,能食用,还含钾、镁、硼、锂、碘等多种元素,为重要的工业原料。它的富饶,第二要算锡铁矿山的铅、锌、金、银、锑等多种稀有金属。其矿带深达30多米厚,是少有的矿藏。它的富饶,第三不能不说煤藏量惊人。有的整架山是个大煤堆。别的煤大多埋在地下,而它有的煤矿却在海拔4000米以上的高山上,只要修通公路,搭好架子用车去拉就行了。它的富饶,第四堪称聚宝盆般的石油。著名的冷湖油田,井架林立,车水马龙,已有多处在喷油。它的富饶,第五应该说神奇的鸟岛和巨大的农牧场。场上有长势良好的西红柿、圆白菜、枸杞子、苹果等蔬菜瓜果、药材,还有秆像筷子粗、穗像青稞麦的大片小麦田。这里日照长,引昆仑山雪水灌溉,庄稼长的特别好。现已兴建了许多农牧场和发展了不少工矿区。

让人陶醉的海南热带资源

海南岛面积约3万4千平方公里，是我国仅次于台湾的第二大岛，地处北回归线以南北纬18°至20°10′之间，素有“宝岛”之称。古人说它：“大地有泉皆化酒，长林无处不摇钱。”这话一点不错。初到海南的人都会被那艳丽的热带风光所陶醉。这里四季长青，花果遍野，郁郁葱葱，到处是一派翠绿景象。

海南岛长夏无冬，是我国面积最大最典型的热带地区。它纬度低，太阳高度角大，一年中太阳有两次直射头顶，白昼超过12小时的日数有半年多，不但光照强而且日照时间长，全岛的年平均气温23～25℃，最冷月平均气温17～20℃，这丰富的光热资源配合着1000—2300毫米的年降水量，为海南岛大农业生产提供了优越的自然条件，它不仅是全国复种指数最大，光温生产潜力最高的地方，也是我国最大的良种冬繁基地。它终年高温多雨的条件适宜种橡胶、椰子、胡椒、香料、南药等热带经济作物。它的热带环境也为海南岛的动植物的繁衍创造了极好的条件。物资循环快，能量交换迅速，水热作用活跃，使得生命过程极为活跃。无论是动物或植物，陆行或海生，都是种类繁多，生态类型复杂。仅维管束植物而言就有4200余种，其中有经济价值的用材树种800余种，果树131种，药用植物2500种，纤维植物100种，油料、产胶植物30余种，饮料妆料作物10余种，竹类植物40余种。

海南岛还有608万亩广阔的热带原始林为动物繁衍提供了大量优质食料和良好的栖息场所，全岛有兽类70余种，鸟类344种，属于珍禽异兽的有海南坡鹿、黑冠长臂猿、猕猴、海南云豹、黑熊、穿山田、孔雀雉等。

此外，海南还拥有丰富的可垦土地，广阔的渔场及大面积草场

资源和丰富的水利资源，为我国进一步发展热带经济作物、热带经济林和热带养殖业提供了必不可少的物质条件。

世界四大古都之一——西安

西安古称长安，位于关中平原西部，南倚终南山，东临骊山，是我国黄河流域古代文明的重要发源地之一，与雅典、罗马、开罗并称为世界四大古都。西安也是我国建都最早，历时最长的古城，距今已有3000多年的历史，自西周(公元前1134年)时起，直到唐代，先后共有12个王朝在此建都。

西安东临的骊山是秦岭北侧的一个支脉，东西绵延20余公里，最高海拔1256米，远远望去，整座山形如一匹黑色的骏马。骊山风景秀丽，相传在洪荒时代，这里就是女娲“炼石补天”的地方；西周周幽王“烽火戏诸侯”的闹剧也发生于此。

骊山山腰有一座老君殿，是华清宫朝元阁遗址，原是敬奉老子的地方。殿内原有的老子石刻像，艺术价值很高，现存于陕西博物馆内。山腰上还有一个不起眼的小石洞，这就是西安事变中，蒋介石的藏身之所，洞边有一座小亭子，名为“兵谏亭”，可以到这里来想象一下当年蒋介石是如何惊慌失措。在老君殿北面，可以欣赏到骊山晚照，这里是台阶状缓坡，每到夕阳西下之时，整个山坡笼罩在一片金黄的微光之中，宁静平和。西安还有大量的名胜古迹。秦始皇陵是中国古代最大的一座陵墓，也是世界上最大的一座陵墓。已发掘的秦始皇兵马俑被誉为“世界第八大奇迹”。除了上述介绍的两处外，西安还有国家级文物保护单位14处。有半坡遗址、汉城、唐城、阿房宫、碑林、大雁塔、钟楼、鼓楼等。

1982年西安被国务院批准为中国第一批历史文化名城，后又被联合国教科文组织命名为“世界历史名城”。

世界对中国的认识都起源于陕西和陕西的西安，历史的坐标就这样竖起来了。西安因历史的积淀，全方位地保留着中国真正的传统文化，使它具有了浑然的厚重的苍凉的独特风格，正是这样的灵魂支撑着它，让它散发着魅力，诱导着天下人为之瞩目。

西安碑林

在西安市三学街上有一座收藏、陈列历代碑刻珍品的处所，这就是爱好书法的人常说的西安碑林，是中国最大的古代碑刻收藏所。这是在北宋年间(1087 年)，为保护唐文宗开成年间刻制儒学经典，如《周易》、《礼记》、《尚书》、《论语》等碑石而兴建的。后经历代修葺、充实，其中清初(1664 年)补刻《孟子》七篇，与《开成石经》合称《十三经》刻石。

西安碑林现存各时代碑石 2300 多方(通)，展出的达 1300 余方。碑石内容丰富，是研究中国古代历史、文化、艺术和外交的重要实物资料，也是古代书法艺术的宝库。石刻包括了各种书体以及各书体的代表书法家的代表作品。其中的北魏、唐宋碑志上，还保存着大量具有艺术价值的泛雕图案花纹。

黄山自古云成海

黄山位于安徽省南部，是长江下游水系和钱塘江水系的分水岭之一，主峰海拔 1873 米。它不仅兼有泰山之雄伟，华山之峻峭，衡山之烟云，峨眉山之清凉，庐山之飞瀑，而且还有奇松、怪石、云海和温泉“四绝”。

黄山在漫长的地质年代，几经地壳运动，地貌变得十分复杂，

岩体直立,陡壁如削、怪石峥嵘,姿态万千。尤其是近300万年来,在大自然的雕塑下,形态越发怪奇,其中可数的名峰就有72座。黄山的峰石,像画卷一样,构图十分严谨,人们以其形状和神态的不同冠以相称的名号,如莲花峰、老人峰、罗汉峰等。

“黄山自古云成海”。在黄山看到的云海,多是厚度几十米到三四百米的层积云。其云块均匀,云顶整齐,站在高处看起来很像大海的波涛。每年的11月到翌年的5月,是到黄山观云海的最佳季节。

黄山的奇峰怪石上,大都长有苍劲挺秀的青松。黄山的松树具有极强的生命力。只要石缝间稍有立足之地,它就能顺势而长,即使在断崖绝壁上,也可破土而出。尽管长势有立、有卧、有仰,但其顶部都平如削,叶短而密,苍翠自苦,刚毅挺拔。按照它们的外形,人们将它们称为迎客松、妯娌松、凤凰松等。其中最著名的是玉屏楼前的迎客松,它像热情的主人、长长地伸出双臂、招呼远道而来的客人。

黄山的温泉主要有16眼,其中尤以位于紫云峰下的温泉最为著名。这里的泉水,四季都在42℃左右,水质清澈,可饮可浴。

黄山不仅山美水秀,而且资源也很丰实。据统计,黄山有植物1400多种,鸟类170种,兽类48种。黄山已于1990年被列入世界自然文化遗产保护目录,成为世界著名的旅游风景区。

神奇的九寨

九寨沟位于中国四川省南坪县岷山山脉的南麓,因沟内有9个藏族寨子而得名。

高山湖泊是九寨沟美丽景色的精髓,多数学者认为,九寨沟的湖泊属于堰塞湖,大大小小的湖泊,像明镜一般透亮、诱人。晴空

万里时，灿烂的阳光照射在碧绿的湖面上，周围山坡上的各种花草树木倒映在水中。特别是在九寨沟的黄金季节——晚秋时节，景色更是诱人。山上红黄相间，水中五光十色。

众多而壮观的瀑布是九寨沟的另一特色。其中位于沟中部的诺日朗瀑布最为壮观。涛涛流水从相距 140 米宽的两个山坡之间急速倾泻而下，声震四方。水是九寨沟的核心，九寨沟迷人的景色离不开水。

由于地处温带与亚热带之间的过渡地带，再加之山体高大引起的垂直带变化，因此九寨沟植物成分混杂而丰富，共有植物千种以上，人迹罕至的密林，为许多野生珍稀动物提供了优良的栖息场所及丰富的食物来源。林内有大熊猫、金丝猴、扭角羚、白唇鹿、穿山甲及大鹅、绿尾虹雉等珍禽异兽，国家大熊猫就是这个保护区最重要的保护动物。

九寨沟已成为我国著名的旅游风景区，也常常吸引着世界各地游人到此大饱眼福。

还识庐山真面目

庐山位于江西省北部，鄱阳湖西岸，北临长江，主峰海拔 1474 米，高出鄱阳湖平原 1450 米。由于庐山平地拔起，气势雄伟。经常云雾缭绕，因而有“匡庐奇秀甲天下”的美称。

庐山是一座东北—西南走向。长约 125 千米。宽约 10 千米的主要由砂岩组成的断块山脉，由于山体多陡崖、断壁和幽深的峡谷，加之降水充沛，便形成了庐山众多著名的瀑布。如秀峰寺的马尾泉和黄岩瀑布，石镜峰下的玉帘泉，观音桥上的玉渊潭，王家坡的双瀑，三宝树附近的黄龙潭、乌龙潭等。其中位于庐山东部的三叠泉瀑布，高达 300 米，依陡峭的山崖呈三折而下，似一幅巨大的

银帘悬在云天之上。

庐山还以云雾著称，由于毗邻长江和鄱阳湖，江湖中水蒸发沿山升腾，而山上气温较低，便形成了云雾。据统计，庐山年均雾日可达 191 天。变幻莫测的庐山云雾，时而从由山壑里冉冉升起，时而在山腰飘忽，时而又将庐山隐没在茫茫云海之中，使人难以看清它的真面目。

庐山虽地处长江中游的“火炉”地区，但因地势高耸。夏季凉爽宜人，没有高于 35℃的炎热日，7 月平均气温仅为 22.6℃，比位于山麓的九江低 6.4℃，因此，它又是一个避暑胜地。

庐山，山高林密，江湖环绕，夏季凉爽宜人，秋季繁花似锦，以及众多的古迹和有着 3400 余种植物的植物园，吸引着众多的游人前来欣赏。

山奇水秀张家界

1982 年国务院正式确定湖南大庸张家界为国家森林公园。“养在深闺人未识”的张家界，一跃成为中国第一个国家森林公园。

作为国家森林公园，张家界无山不长树。森林覆盖率达 94％以上，植物种类多达 1000 余种，仅木本植物就有 500 多种，比整个欧洲拥有的树木种类还要多一倍以上，其中古老、稀有、珍贵树种 191 种，被生物学家称为资源丰富的“植物标本国”。

张家界还是中国著名砂岩峰柱地貌区。大自然将张家界的景物安排得井井有条，处处有生动奇特的形象。在造型上，这些形象带有浓厚的浪漫色彩。不论是仙子、神女还是武士，不论是金龟、海螺还是凤凰，不论是金鞭还是神针，种种造型，俨然出于大手笔。在布局上，张家界奇峰怪百石也各有章法，仿佛经过了艺术大师们的巧妙安排。富有地区性的石英砂岩峰林特色，与中国其他地区

的丹霞、喀斯特地貌相比，显得独具一格。

张家界山奇水更奇。它们以各自的形态，丰富了张家界的自然美。瀑布悬空倾泻，有如万马奔腾；清澈见底，毛发可鉴的潭水，任两岸青山、蓝天、白云倒映其间。

林幽、山奇、水秀构成了张家界独特的风貌和神韵。有人这样评价张家界：“泰山之雄，华山之险，桂林之秀，黄山之变化。诸山之美而有之。”

世界上第一个国家公园

黄石国家公园是美国著名的游览胜地，是世界上第一个国家公园，也是世界上最大的公园。建于 1872 年，总面积 8990 平方千米。它被落基山群峰环抱，地跨怀俄明、蒙大拿和爱达荷 3 州。早期由军队管理，以严防砍伐林木和偷猎动物，1918 年后由国家公园服务机构管理。

黄石公园地质构造复杂，曾发生强烈火山活动，地面广泛覆盖着熔岩流，地壳至今仍不稳定。黄石河纵贯公园南北，在北半部切割成 39 千米长，305 米深的黄石河大峡谷。峡谷周围的峭壁上呈现出深浅不同的黄、橙、灰等色。峡谷南部形成了落差达 33 米和 94 米的两处瀑布。

公园东南部的黄石湖，面积达 360 平方千米，湖面海拔 2400 米，堪称美国的“天地”黄石公园引以为自豪的是园内 3000 多个温泉和间歇泉。在公园的地热区，仿佛地球在此开了无数窗口，充分显示了大自然造化的神奇。这里遍布众多间歇地热喷泉，其中有几个“守时”喷泉，虽然间歇的时间长短不一，但都定时喷发，不差分秒。著名的“老忠实”泉，平均每 66 分钟喷发一次，喷发高度达 45 米，有时甚至可达 60 米。在黄石公园，人们还可以看到泥火山、

蒸气机、黑曜岩悬崖和化石森林等胜景。

黄石公园森林繁茂，主要树为红杉、冷杉和云杉等。野生动物有美洲野牛，并有黑熊、驼鹿、叉角羚羊和麋等。建有长达200多千米的大环行公路，备有许多野营设备和划艇等旅游设施，每年游客数以百万计。

兵马俑中的有趣现象

有人偶然发现了一个有趣的现象：雕刻于两千多年前的兵马俑的“长相”，居然和今天的许多人的相貌有着惊人的相似。

这个有趣的发现激发起了许多人的兴趣，人们纷纷在兵马俑中寻找自己。果然，几乎生活中每个中国人的容貌，都能在兵马俑当中找到非常相似的“模子”。

难道说两千多年前秦朝的能工巧匠具有神通，早早为中华后人绘制好了百变不离其宗的“脸谱”？这一猜测显然是不可能的。

据研究兵马俑的专家介绍，原来，我们的老祖宗在长期的艺术生涯中对中国人的脸进行了高度的概括，它基本涵盖了中国人脸型的基本特征。虽然细节不相同，但万变不离其宗，具有高度的统一性。这一现象可以用一句概括：相之大概。

考古工作者和文物研究者在对兵马俑的面型进行了长期的研究后，总结出兵马俑的脸部造型总共有八种类型。

“国”字形：面庞长方形、阔额宽腮，高颧骨，下巴浑厚；“用”字形：和“国”字形近似，面庞也为长方形，但面额及下巴较“国”字形脸宽扁；“田”字形：近似方形的圆形脸；“目”字形：脸形窄长，五官较小；“甲”字形：面形轮廓像是“甲”字，一般称为瓜子脸；“申”字形：颧骨部分比较宽，脸的上下两部比较狭窄，圆润的额头，丰硕的面颊，高高的，颧骨尖长的下巴；“由”字形：面庞较长，窄额、宽腮，

下巴肥硕。此外还有“鹅蛋形”脸。

专家介绍，这八种面相基本涵盖了中华儿女特别是男性的脸部特征。这些能工巧匠善于观察，对艺术具有很高的造诣，可能还懂一些解剖学，什么样的脸型配什么特征的五官。在细节的变幻之中，反映出了各种相似但又不同的造像。

12. 谜 语

——世界更加鲜活亮丽让你思维变得灵巧开阔

猜谜是少年儿童喜闻乐见的一种文化娱乐活动，在我国也有着几千年的历史。

“谜”字最早出现于东汉许慎所撰的《说文解字》。最早的谜书当推东汉班固撰写的《汉书》中的《隐书十篇》。谜语有格，最早见于明郎瑛所撰的《七修类稿》。1962 年韩振轩编著的《增广隐格释略》中收谜格 407 种，此后还陆续有所创造。谜格的兴起，丰富了谜语的编法和猜法，把猜谜活动提高到了一个新的阶段。把谜与灯结合起来始见于宋，周密《武林旧事》中有所记载。时至明清，猜谜活动达到鼎盛，不但遍及民间，而且进入戏曲、小说之中。清代李汝珍的《镜花缘》，曹雪芹的《红楼梦》中都编制了不少谜语，反映了猜谜的场面。清王朝覆灭之后，报纸期刊日多，谜语出现于报纸杂志就成了寻常之事。

时至今日，一些省份、城市已有了谜社的组织，团结谜友，举办活动。更由一些组织发起，于 1979 年 9 月 30 日在南京举行了关于灯谜的全国性会议，研究灯谜为国家发展服务的问题，探讨谜艺的普及与提高。

当今，机关、团体、学校于元旦、春节举办灯谜晚会，已经成了一项例行的娱乐活动，愈来愈受到更多群众的喜爱。

通常的谜语由三部分构成，即谜面、谜目、谜底。谜面是指制谜者所出的题目，是谜的主体部分，是供猜谜者思考的基本依据；

谜目是指谜底所属的范围，谜底则是谜面的答案。例如："地有天没有，他有你没有"（谜面）；"打一字"（谜目）；"也"（谜底）。

有些谜语还带有"谜格"。谜格乃是猜谜的某种方法、法则的规定，是猜谜者必须遵守的一种规矩。例如，"卷帘格"，猜谜时应先直猜，然后把猜得的词语倒置过来，方是最终的谜底。如"函授"（谜面）"卷帘格"（谜格），"猜一俗语"（谜目）。先直猜为"用信讲"，倒过来得"讲信用"方是谜底。谜格种类繁多，常用的有"白头格"、"粉底格"、"遥对格"、"梨花格"等。不规定谜格的谜语，可以用会意、象形、拟人等思路去直猜。

按谜底所属的种类，谜语可分为：字谜、物谜、人名谜、地名谜、科学名词谜等。数学谜语是科学谜语的一种。

猜谜，可以促使人们从各种不同的角度进行广泛的联想，使思维变得灵活、开阔；可以丰富业余活动，增添生活的情趣；可以陶冶性情，增进身心健康；还可以促使人们进行多方面的学习，提高人们的整体文化素质。

人　体

小时四条腿，
大了两条腿，
老了三条腿。

（打一人体部位）

（人）

早上开门，
晚上关门，
走近一看，
门里有人。

（打一人体部位）

（眼睛）

青青草，
草青青，
割了不久又重生，
如果你还没猜出，
不妨用手摸脑门。

（打一人体部位）

（头发）

东一片，
西一片，
到老两个不会面。

（打一人体部位）

（耳朵）

小小石碑几十块，

竖在门口成两排，
日夜三次大门开，
十人双桨划进来。

（打一人体部位）

（嘴巴）

脊背朝天，
两眼向地，
还没猜出，
快指自己。

（打一人体部位）

（鼻子）

一个葫芦七个眼，
三个有门任开关。

（打一人体部位）

（头颅）

十个兄弟力量大，
头上各顶一片瓦，
小事分作两起做，
大事齐心也不怕。

（打一人体部位）

（手）

一个山头七口井，
七口井儿地下连，
五个有水两个干，
所有井口不朝天。

（头）

地　理

久雨初晴。

（猜一中国城市名）

（贵阳）

永不动乱。

（猜一中国城市名）

（长治）

水底闹市。

（猜一中国城市名）

（海城）

日近黄昏。

（猜一中国城市名）

（洛阳）

不冷不热的地方。

（猜一中国城市名）

（温州）

船出长江口。

（猜一中国城市名）

（上海）

萤火虫，亮晶晶。

（猜一中国城市名）

（昆明）

四季温暖。

（猜一中国城市名）

（长春）

夸夸其谈。

（猜一中国城市名）

（海口）

一路平安。

（猜一中国城市名）

（旅顺）

快乐之地。

（猜一中国城市名）

（福州）

海中绿洲。

（猜一中国城市名）

（青岛）

带枪的人。

（猜一中国城市名）

（武汉）

千里戈壁。

（猜一中国城市名）

（长沙）

两个胖子。

（猜一中国城市名）

（合肥）

大家都笑你。

（猜一中国城市名）

（齐齐哈尔）

相差无几。

（猜一中国城市名）

（大同）

空中码头。

（猜一中国城市名）

（连云港）

风平浪静。

（猜一中国城市名）

（宁波）

东、西、北三面堵塞。

（猜一中国城市名）

（南通）

双喜临门。

（猜一中国城市名）

（重庆）

八月飘香香满园。

（猜一中国城市名）

（桂林）

拆信。

（猜一中国城市名）

（开封）

烽火哨。

（猜一中国城市名）

（烟台）

红山。

（猜一中国城市名）

（赤峰）

银河渡口。

（猜一中国城市名）

（天津）

刚建成的村庄。

（猜一中国城市名）

（新乡）

觉醒的土地。

（猜一中国城市名）

（苏州）

巧算息钱。

（猜一国家名）

（智利）

悬崖勒马。

（猜一国家名）

（危地马拉）

抓紧时间竞赛。

（猜一国家名）

（比利时）

铁核桃。

（猜一国家名）

（刚果）

海地封冻。

（猜一国家名）

（冰岛）

靠刻图章谋生。

（猜一国家名）

（印度）

面向新事物。

（猜一国家名）

（朝鲜）

执政有规章。

（猜一国家名）

（法国）

颜料展览。

（猜一亚洲地区名）

（以色列）

盖图章必用之物。

（猜一亚洲国名）

（印度）

水陆各半。

（猜一拉丁美洲国家名）

（海地）

密藏山东省。

（猜一拉丁美洲国家名）

（秘鲁）

好汉。

（猜一欧洲国家名）

（瑞士）

东面就是四川。

（猜一拉丁美洲国家名）

（巴西）

动　物

耳朵像扇子，
鼻子像钩子，
腿儿像柱子，
尾巴像辫子。

（打一哺乳动物）

（大象）

手是脚来脚是手，
屁股长得像红灯，
调皮捣蛋赛顽童，
爬竿上树是能手。

（打一哺乳动物）

（猴）

身穿白衣裳，
长着红嘴巴，
离家千里外，
不忘传书信。

（打一鸟类）

（鸽子）

一个小小游泳家，
说起话来呱呱呱，
小时有尾没有脚，
大时有脚没尾巴。

（青蛙）

满身疙瘩长得丑，
蹲着像条看家狗，
捕食害虫本领大，
它是庄稼好朋友。

（蟾蜍）

想扮老虎比虎小，
身上点点黄花袍，
没有虎威也凶猛，
山林里面厉声嚎。

（豹）

看它像狗又像狐，
上黄衣服尾巴粗，
会在山间把人咬，
也到村里叼肥猪。

（狼）

头戴红纱帽，
身穿黑外套，
落地做手势，
空中唱小调。

（苍蝇）

古怪古怪真古怪，
骨头长在皮肉外，
步子艰难走不快，
却能爬到墙上来。

（蜗牛）

头像老虎不是虎，
脚穿软鞋捉老鼠，
夜里眼睛圆又大，
说话好像小娃娃。

（猫）

两头尖尖不见口，
耳目手脚都没有，
整天工作在土里，
遇到下雨才露头。

（蚯蚓）

八方亭子细栏杆，
造成一座巧机关，
有谁从我这里过，

要留性命难上难。

（蜘蛛）

眼像铜铃头带刀，
体壮气粗劲头高，
一把绳刷身后挂，
埋头苦干劳动好。

（牛）

头顶黑冠披黑衫，
静静坐在水中间，
弯着长脖左右看，
展翅飞翔到蓝天。

（黑白鹅）

身穿黑白皮大褂，
整天爱在窝里趴，
从来不肯去干活，
农家还是喜欢它。

（猪）

走起路来画梅花，
从早到晚守着家，
看见生人汪汪叫，
看见主人摇尾巴。

（狗）

个儿不高耳朵长，
四蹄圆圆有力量，
能骑能驮能拉车，
像马和马不一样。

（驴）

家住丛林与深山，
机智勇猛有胆量，
面对强敌不害怕，
个个夸它兽中王。

（虎）

脑袋大，胡子稀，
蓬着头发不梳理，
又凶猛，又暴躁，
大声吼叫发脾气。

（狮）

一物黑黑油光光，
敢上高山咬虎狼，
文武百官休提起，
皇帝我都敢尝尝。

（虱子）

有头没有颈，
无衣却有鳞，
有翅不会飞，
无脚倒能行。

（鱼）

脊背突起似山峰，
驮人驮货不怕重，
风沙干旱也不惧，
戈壁滩上一英雄。

（骆驼）

丛林荒野到处跑，
牙齿尖尖穿皮袍，
夜里两眼发绿火，

吃肉喝血性残暴。

（狼）

披着一件花衣裳，
脑袋小小脖子长，
只顾扬头吃树叶，
安安静静不声张。

（长颈鹿）

灰黑身子细长尾，
贼头贼脑尖尖嘴，
咬坏衣物传疾病，
人人喊打把它关。

（老鼠）

身体好像毛栗子，
包住它的白肚皮；
不管雨天大晴天，
穿着蓑衣过日子。

（刺猬）

有种雀儿真美丽，
尾巴长长拖到地，
收起像把花扫帚，
张开像件花羽衣。

（孔雀）

一物生来本领高，
尖嘴能为树开刀，
林中害虫被啄掉，
绿化山岭有功劳。

（啄木鸟）

背黑肚白尾巴长，
银白项圈围脖上；
谁家有了大喜事，
它就飞来报吉祥。

（喜鹊）

背面灰色尾有斑，
不会做窝会偷懒，
把蛋生在邻居家，
请它孵育自己玩。

（杜鹃）

模样像狼脸儿长，
三角耳朵毛儿黄，
昼伏夜出捕肉吃，
毛皮好做女士装。

（狐狸）

飞行如一又如人，
春去秋来常成群，
传说它能捎书信，
要想找它水边寻。

（大雁）

小小姑娘穿黑袄，
尾巴像把小剪刀，
尾子造在房梁上；
捕捉飞虫本领高。

（燕）

麻花衣服小小脚，
房下树上做窝窝，
偷吃粮食是缺点，

好在见虫它就啄。

（麻雀）

模样像小燕，
不住山林间，
爱吃鲜美鱼，
常常飞海面。

（海燕）

没有手和脚，
身体像长绳，
草里游得快，
鳞片盖全身。

（蛇）

身披黑白花花袍，
不吃鱼肉吃青草，
挤出奶水多又多，
老人小孩都爱喝。

（奶牛）

一身卷卷细毛，
吃的青青野草，
过了数九寒冬，
无私献出白毛。

（绵羊）

短短腿儿长脖颈，
走路左右摇不停，
腰中插着两把扇，
不怕水湿和雨淋。

（鸭）

一朵红花头上戴，
一件棉衣身上盖，
一到天亮把歌唱，
一唱千门万户开。

（公鸡）

阔嘴巴，叫呱呱，
游泳跳高本领大，
不吃米，不啃瓜，
专吃害虫为农家。

（青蛙）

非禽非兽小眼窝，
自小掌握超声波，
旋转追逐样样会，
捕捉蚊虫更利索。

（蝙蝠）

圆圆空空一座城，
城里城外都是兵，
个个穿着黄马褂，
不知哪个是统领。

（蜂窝）

千里奔驰爱热闹，
常在晴空打唿哨，
光送信来不送报，
见谁都把姑姑叫。

（鸽）

身穿花衣爱打扮，
一对翅膀光闪闪，
不会唱歌爱跳舞，

花丛里面舞得欢。

（蝴蝶）

一身白衣多健美，
湛蓝大海四处飞，
喜欢和船来结伴，
主要食物是鱼类。

（海鸥）

身背青石板，
爬行在岸旁，
划船四只桨，
下蛋在沙滩。

（龟）

耳朵长，
尾巴短，
只吃菜，
不吃饭。

（兔子）

叫猫不是猫，
总是黑眼泡，
竹叶是粮食，
珍贵又稀少。

（熊猫）

身上花花绿绿，
走路弯弯曲曲，
舌头出来进去，
车齿顶顶恶青。

（青蛇）

植 物

白胖娃娃埋地下，
深山老林是家乡，
岁数越大越是宝，
中药之中它称王。

（打一药材）

（人参）

皮粗手拿针，
悬崖扎下根，
威武钢铁汉，
风雪全不怕。

（打一植物）

（松）

红灯笼，
楼上挂，
刮刮风，
点点头。

（打一水果）

（红枣）

脸皮有红也有绿，
长在树上真美丽，
味道酸甜又可口，
营养丰富人爱吃。

（打一水果）

（苹果）

圆滚滚，光溜溜，
薄薄皮儿包果肉，
儿时青青酸掉牙，
老时黄黄吃不够。

（打一水果）

（杏）

有个老头子，
脸上长胡子，
剥开绿袍子，
全身是珠子。

（打一农作物）

（玉米）

小时绿油油，
老来红彤彤，
解开衣服扣，
一堆白虫虫。

（打一蔬菜）

（辣椒）

头小肚子大，
穿件黄褂褂，
长得像灯泡，
根本点不着。

（打一水果）

（梨）

黄绸缎，
包银条，
中间弯，
两头翘。

（打一水果）

（香蕉）

春夏和秋冬，
只穿一身绿，
摊开一只手，
满手刺来扎。

（打一植物）

（仙人掌）

科　技

不行船，却叫河，
没有水，泛银波，
河身长长连广宇，
嵌满星斗无数颗。

（打一星系）

（银河）

高高遨游在太空，
监视雷电与台风，
观测云层和雨雾，
资料全给地面用。

（气象卫星）

圆圆身子个儿小，
爱在数字脚边跑，
跑到右边数变大，
跑到左边数变小。

（小数点）

人家兄弟手拉手，
咱们兄弟不碰头，

火车在咱肩上跑，
高压电在身上流。

（平行线）

走路踩我路最近，
砌墙挨我直又平，
打枪若听我指挥，
保你枪枪中红心。

（直线）

展翅高飞宇宙间，
太空大地任往返，
可放卫星或回收，
能装空中实验站。

（航天飞机）

名字叫人不是人，
不吃不喝手脚勤，
能开机器会下棋，
干活认真听命令。

（机器人）

伴随旭日到人间，
热浪无边胜烈焰，
可以取暖和制冷，
还可用它来发电。

（太阳能）

样子像座高射炮，
日月星辰能看到，
自从人们有了它，
宇宙秘密揭开了。

（天文望远镜）

房间只有豆粒大，
万千弟兄住得下，
电子器件新一代，
生来追求小型化。

（集成电路）

满天翻腾滚云雾，
长出一只大蘑菇，
用于战争把人杀，
用于和平好造福。

（原子弹爆炸）

形如钟表不是表，
不报钟点和分秒，
中国古人发明它，
东南西北巧引导。

（指南针）

通道如发细又细，
容量极大又保密，
能打电话能发报，
互不干扰真便利。

（光纤通信）

说它是声没响音，
能帮渔民找鱼群，
医生用它查病情，
海军请它找敌人。

（超声波）

细细身子爱爬高，
尖尖脑袋钻营巧，
啮它东西和南北，

拿手一招顺风倒。

（风向标）

跑路跟光一样快，
能把图像声音载，
路上戴着隐身符，
到达终点现出来。

（电磁波）

小曲

（微调）

叶公惊慌失措。

（恐龙）

情绪不稳定。

（波动）

水上分别。

（游离）

斤斤计较。

（比重）

景德镇。

（磁场）

逐次说明。

（分解）

一笔债务。

（负数）

搞错账目。

（误差）

浪打浪。

（冲击波）

水变汽。

（蒸发）

老脾气。

（固态）

亮得快。

（光速）

两面开闸。

（对流）

辙。

（轨迹）

军　事

天上皇宫起风沙，
人间闻声比雷大，
惊得玉帝往下看，
大地升起蘑菇花。

（打一现代武器）

（原子弹）

一把宝剑光闪闪，
熊熊烈火冲上天，
人在地上发命令，
它在空中把妖歼。

（打一现代武器）

（导弹）

屁股一喷烟，
直上九重天，

人造小星星，
由它送上天。

（打一飞行器）

（火箭）

一支宝剑光闪闪，
烈焰腾腾飞上天，
空中如有飞贼到，
飞剑杀贼法无边。

（地对空导弹）

钢铁胸膛长嘴巴，
扛在肩上不说话，
手指一动就发言，
作战放哨不离它。

（步枪）

地下长城万里长，
钢筋水泥来筑墙，
四通八达织火网，
哪怕敌人逞凶狂。

（防空洞）

身子小，脑袋大，
平生只说一句话，
这句话儿分量重，
管叫敌人回老家。

（手榴弹）

生来我是千里眼，
敌机一来就看见，
立刻告诉指挥部，
拉开天网把敌歼。

（雷达）

远看像台拖拉机，
近看铁头铁身体，
只打仗来不犁地，
冲锋陷阵在头里。

（坦克）

平生不爱多发言，
开出口来惊天地，
谁要惹它发了火，
大山掀去一半边。

（炸药）

小铁马儿用处大，
开口就是哒哒哒，
吐出火球一串串，
管叫敌人回老家。

（机枪）

凸凹玻璃有几片，
装在筒上紧相连，
远方有啥在活动，
望见有如眼面前。

（望远镜）

圆圆溜溜像西瓜，
水里藏身把敌杀，
封锁航道设关卡，
敌舰来了炸开花。

（水雷）

红白黄绿小灯笼，
高高挂在半空中，
刮风下雨全不怕，

能遣将来能调兵。

（信号弹）

一根空心棍，
末端系小绳，
拉绳心发火，
杀伤侵略兵。

（爆破筒）

身上大环套小环，
生来不怕挨子弹，
天下多少神枪手，
都要请它当裁判。

（靶子）

铁脖长长有一丈，
张开大口朝天望，
它要冒火发脾气，
空中飞贼把命丧。

（高射炮）

小兵一尺高，
军装光闪耀，
每当要冲锋，
喊杀他最早。

（军号）

背着像个布疙瘩，
撒在半空像朵花，
腾云驾雾本领大，
空军叔叔喜爱它。

（降落伞）

一根长管三个瓶，

一声令下吐火龙，
人不犯我我不动，
人若犯我不留情。

（火焰喷射器）

不是簸箕不是锅，
不是面盆不是锣，
出操行军我背它，
执勤打仗它护我。

（钢盔）

工交类

晶莹明亮称珍宝，
前途广泛储量少，
世上数它最坚硬，
它和石墨是同胞。

（金刚石）

双手横握大铁铲，
大声歌唱朝前赶，
祖国建设打先锋，
能填海来能移山。

（推土机）

航行大海快如飞，
不靠螺桨浪里推，
轮船世家新弟兄，
专借空气显神威。

（大轮船）

大老鹰，有力气，
一只铁爪不落地，
不抓兔子不抓鸡，
只抓物品和机器。

（起重机）

身子长长似条龙，
从头到尾节节通，
一日千里不歇脚，
运输线上日夜忙。

（火车）

长空蜻蜓飞，
轰隆响如雷，
空中它架桥，
连接欧亚非。

（飞机）

一匹怪马，
两个圆脚，
踩它肚皮，
抓它双角。

（自行车）

红眼睛，
绿眼睛，
站在路口当哨兵，
红眼睁开脚步停，
绿眼睁开才放行。

（交通红绿灯）

小铁驴，
脾气好，

不踢人来不乱咬，
屁股后头常冒烟，
一边跑来一边叫。

（摩托车）

又像箱柜又像房，
六只磨盘房下藏，
物资交流它搬运，
客来匆匆又客住。

（卡车）

日夜奔跑真勤劳，
大街小巷各处到，
所到之处多整洁，
干净文明市容好。

（清洁车）

背负铁骨长皮带，
身穿红衣好气派，
警报一响忙出动，
各种车辆都让开。

（消防车）

地底下面一长廊，
石头水泥来筑墙，
一阵响声机车过，
现代交通美名扬。

（地铁）

不着地，
不腾空，
一座高楼立水中。

（轮船）

远看像城墙，
近看一排房，
日行千万里，
装人又装粮。

(火车)

不是水，哗哗流，
不是泉，喷个够，
海底地下有它在，
建设祖国跑前头。

(石油)

自然·生活

绿布衫，黄马褂，
万般宝物怀中藏，
牛亲它，羊吻它，
万类生物全靠它。

（打一自然物）

(田野)

天样大，
地样阔，
见缝隙，
便钻过。

（打一自然现象）

(光)

空中有只鸟，
要用线牵牢，

风吹它不怕，
只怕雨来浇。

（打一玩具）

（风筝）

这个胖娃娃，
两人和它耍，
跑到谁跟前，
照头打一下。

（打一体育用品）

（乒乓球）

它们同族兄弟，
排行不分先后，
要问哪儿最多，
水果蔬菜糙米。

（打一药品）

（维生素）

你哭它也哭，
你笑它也笑，
正面看得见，
背后寻不到。

（打一生活用品）

（镜子）

驼背哥哥，
牙齿多多，
爬越毛山，
慢慢驶过。

（打一生活用品）

（梳子）

一间小房子，
住满了兄弟，
摸一下头皮，
立刻惹火起。

（打一生活用品）

（柴火）

两兄弟，
一样高，
做好菜，
它先尝。

（打一生活用品）

（筷子）

一个老汉，
肩上挑担，
办事公正，
从不偏袒。

（打一称量工具）

（天平称）

一物三口，
有腿无手，
谁要没它，
难出家门。

（打一服饰）

（裤子）

一户几口人，
各有各的门，
谁要开错门，

就会笑死人。

（打一服饰用品）

（纽扣）

小小一间房，
开启一扇窗，
唱歌又演戏，
天天翻花样。

（打一家用电器）

（电视机）

时而落在山腰，
时而挂在树梢，
时而像个圆盘，
时而像把镰刀。

（打一星体）

（月亮）

老师不说话，
肚里学问大，
若是不认字，
可去请教它。

（打一工具书）

（字典）

一天过去，
脱件衣裳，
一年过去，
全身光光。

（打一印刷品）

（年历）

说巧真是巧，
有毛不是鸟，

无翅空中飞，
没脚地上跳。

（打一体育用品）

（羽毛球）

小小一间房，
有门却没窗，
天天送宾客，
上上下下忙。

（打一建筑设施）

（电梯）

有头不长发，
有脑会思考，
你把问题提，
回答全不差。

（打一办公用品）

（电脑）

两个好朋友，
过年门旁站，
爱说吉祥话，
都穿红衣裳。

（打一节日用品）

（春联）

有个小孩脾气暴，
发起火来不得了，
嘭啪一声蹦上天，
身上衣服全不要。

（打一节日用品）

（礼花）

胸怀特宽大，

江河能容下，
日日有涨落，
风起掀浪花。

（打一自然物）

（海）

远望好像绿海洋，
风儿吹过起波浪，
这里没有鱼和虾，
牛羊成群马儿壮。

（打一地理面貌）

（草原）

悬崖挂幅大白布，
千手万脚捉不住，
远听千军万马吼，
近看银泉飞下谷。

（打一自然物）

（瀑布）

一物生得巧，
总在人之上，
日里一肚毛，
夜里空肚熬。

（打一服饰）

（帽子）

站着一尺高，
坐着一尺宽，
我若不说它，
你要猜到晚。

（打一度量器具）

（尺）

你就是我，
我就是你，
叫我我答应，
叫你你不应。

（打一物品）

（照片）

买时花钱不多，
用时值钱真多，
以为下边多，
实际上边多。

（打一计算工具）

（算盘）

一个桶，
没有底，
十个大汉抬不起。

（打一生活设施）

（井）

小矮人，
穿白裙，
黑地上面走，
越走身越矮。

（打一学习用品）

（粉笔）

它一言，
我一语，
它说千百句，
我跟千百句，
我说的，

就是它说的。

（打一学习活动）

（读书）

铁路对应有两行，
两行路程一样长，
只见一辆火车过，
两行铁轨变一行。

（打一服饰用品）

（拉链）

不是橘子不是蛋，
用手一推就会转，
虽然它的个子小，
载着大河和大山。

（打一教学仪器）

（地球仪）

高山不见一颗树，
平地不见半寸土，
五湖四海没有人，
世界各国在眼前。

（打一印刷品）

（地图）

十个人，两个筐，
来回奔跑运瓜忙，
明明知道筐没底，
偏要把瓜往里装。

（打一体育用品）

（篮球）

两只小船，

一左一右，
你追我赶，
一前一后。

（打一服饰用品）

（鞋）

有风它不动，
它动就是风，
夏天离不了，
冬天柜中放。

（打一生活用品）

（扇子）

身体不大肚量大，
密密层层并排站，
古今中外聚一堂，
文化知识都收下。

（打一家具用品）

（书架）

一个秀才头发长，
上工先跳黑泥塘，
干起活来头朝下，
千言万语留纸上。

（打一生活用品）

（毛笔）

一人站在田中央，
不吃不喝不搭腔，
狂风暴雨都不怕，
三伏天气晒太阳。

（打一农用物品）

（稻草）

田边有头大铁牛，
喝起水来不抬头，
这边刚刚喝下去，
那边哗哗往外流。

（打一水利设备）

（抽水机）

一面明镜大，
嵌在丛山洼，
预防天捣乱，
旱涝护庄稼。

（打一水利设施）

（水库）

千根绳，
万根线，
落后水里看不见。

（打一自然现象）

（雨）

既像轻纱又像烟，
飘飘荡荡在眼前，
想要抓它很困难，
太阳一出就不见。

（打一自然现象）

（雾）

你停它也停，
你走它也走，
和你是朋友，
就是不开口。

（打一物理现象）

（影子）

身子圆圆像小桶，
辛辛苦苦来劳动，
喷云吐雾本领大，
害虫遇它把命送。

（打一农用器具）

（喷雾器）

半个小矮人，
有名又有姓，
重大问题出，
请它来作证。

（打一文化用品）

（印章）

四四方方一块田，
一边有水一边干，
一条乌龙来戏水，
黑云盖了半边天。

（打一古代文具）

（砚台）

身薄体轻白净，
中国古代发明，
传播文化知识，
深受人类欢迎。

（打一文化用品）

（纸）

有厚还有薄，
有长还有方，
打开看一看，

知识里面藏。

（打一文化用品）

（书）

是画不能挂，
有人却不大，
少年小朋友，
人人喜爱它。

（打一儿童读物）

（连环画）

有位才子不说话，
满腹文字和图画，
无论天下大小事，
要知详情可问它。

（打一印刷品）

（报纸）

远看山有色，
近听水无声，
春去花常在，
人来鸟不惊。

（打一艺术品）

（画）

看也看不到，
摸也摸不着，
等到溜走了，
再也捉不到。

（打一天文术语）

（时间）

黑糊糊清楚，

亮堂堂模糊，
话音听得到，
摸摸没有人。

（打一艺术形式）

（电影）

在家清清白白，
出门脸上化妆，
走过千山万水，
剖开肚子说话。

（打一通信用品）

（信）

食　品

平日不思，
中秋想你，
有方有圆，
又甜又蜜。

（月饼）

一群滚圆小胖胖，
细皮白肉真健康，
白沙滩上打个滚，
清水池中走一趟。

（元宵）

一只黑鞋子，
黑帮黑底子，
挂破鞋口子，

露出白衬子。

（西瓜子）

我家有个小胖胖，
石头缝里脱衣裳，
冷水盆里打个滚，
热水池里吐芳香。

（米饭）

前面来了一群鹅，
扑通扑通跳下河，
等到湖水涨三次，
一股脑儿赶上坡。

（水饺）

两个瘦子细又长，
扭在一起跳池塘，
有人拿棒来救起，
瘦子一下变黄胖。

（油条）

本来一大片，
变成千条线，
是线不缝衣，
只在锅里见。

（面条）

生在青山枝婆婆，
离别家乡罐中躲，
宾客来了请出我，
边吃边喝话儿多。

（茶叶）

席间用它酬宾朋，

出门用它来饯行，
阵前用它可壮胆，
客到用它来洗尘。

（酒）

将军戴顶铁帽，
脾气可算火暴，
见了宾客脱帽，
开口尽是唾沫。

（啤酒）

出生在水中，
偏偏怕水冲，
若是水一到，
马上无影踪。

（食盐）

像糖又像盐，
不咸又不甜，
烧菜放一点，
味道格外鲜。

（味精）

薄薄皮儿做春卷，
又不咸来又不甜，
吃千吃万吃不饱，
朵朵白云上了天。

（香烟）

白又方，嫩又香，
能做菜，能煮汤，
豆子是它爹和娘，
它和爹娘不一样。

（豆腐）

三角小楼房，
珍珠包红娘，
想吃红娘肉，
解带脱衣裳。

（粽子）

又白又方，
又软又香，
烧菜做汤，
很有营养。

（豆腐）

外面是个白罐罐，
里面装着黄团团，
要想吃它很容易，
轻轻一敲它便开。

（鸡蛋）

13. 歇后语

——增添生活情趣让你在喜笑怒骂中妙趣横生

歇后语，是人们在对社会、人生的思考中，感悟出来的哲理。它以别具一格的句法格式，自成一体，多带有幽默、讥讽、调侃的情调。在生活的语言中和撰写的文章中，巧妙地应用歇后语，可以使语言委婉、通俗，还能在嘻笑怒骂中妙趣横生。

A

矮个子跟着高个子走路——多跑几步

释义　个子矮的人腿短，走路没个子高的人快，要赶上个子高的人多走几步才能跟上。用以比喻基础不好的人，只有花大力气才能赶上基础好的。

矮子看戏——人家叫好，他也叫好

释义　矮个子的人看戏，站在人群外时，看不到场中演的内容，别人喊好时，也跟着叫好。形容没有主见，随声附和。

按着葫芦浮起瓢——顾此失彼

释义　葫芦与瓢在水中都是漂浮的，用手同时按葫芦与瓢于水中很困难。指顾了这个，顾不了那个，比喻无法全面照顾。

按住电铃不抬手——老是想

释义　比喻人总是在想念和思考。

案板底下放风筝——飞不起来

释义　比喻人受到限制，有才能施展不开。

矮子里选将军——短中取长

释义　本指从矮个子里挑选身材魁梧的，转指在差的里面勉强挑选比较好的。

按着葫芦抠子儿——挖一个，少一个

释义　抠出葫芦子儿比较困难，但只要认真去抠，抠一个，少一个，总是能把子儿全部抠出来的。比喻只要认真干，总会把事情干完、干好。

B

八仙过海——各显神通

释义　八仙：传说中的汉钟离、张果老、吕洞宾、李铁拐、韩湘子、曹国舅、蓝采和、何仙姑八位仙人。神通：超常的本事。比喻各自都施展出自己的本领，或各有各的一套好办法。

八月十五的月亮——正大光明

释义　农历八月十五即中秋节，月亮正好在这天夜晚又大又明亮；比喻人胸怀坦荡，言行正派。

板上敲钉子——稳扎稳打

释义　在板上钉钉子的时候，不能用力过猛，过猛会敲弯钉子，所以敲的时候要稳当。比喻做事情时稳稳当当，有计划有步骤地进行。

板上钉钉——打定了

释义　板，指木板。钉子钉到木板里，木板与木板之间就会稳定。比喻做事情有必定成功的把握。又作“板上钉钉——没跑了”；“板上钉钉——牢靠”。

八擒孟获——多此一举

释义　《三国演义》中，诸葛亮出兵南方，七次抓到蛮人首领孟获，七次释放，终于使孟获心悦诚服地投降。七擒孟获已经够了，八擒，就凭空多出了一回。比喻某些举动是多余的，没有必要。

百年松树，五月芭蕉——粗枝大叶

释义　百年的松树枝干粗大，五月的芭蕉叶子很大。比喻做事情不认真，不负责，马马虎虎，粗心大意。

拜年的话——好听

释义　春节拜年的时候，大家都拣吉利话说，比喻尽说些使人

听了感到舒服的话。

八字没有一撇——早着哩

释义　“八”字有两画，一撇，一捺，先写一撇，后写一捺，现在连一撇都还没写好，这个字哪能算写好？比喻事情离既定的目标和成功还有很大的距离。

百灵鸟遇上鹦鹉——会唱的碰上会说的

释义　比喻能说会道的人都聚到一块儿。

被窝里听广播——自得其乐

释义　指自己寻找乐趣，自己享受。

鞭炮两头点——想(响)到一块了

释义　“想”与“响”谐音。比喻想法不谋而合。

冰糖煮黄连——同甘共苦

释义　冰糖是甜的，黄连苦，合在一起煮，有甜有苦。比喻有福同享，有难同当。

C

踩着银桥上金桥——越走光景越好

释义　比喻人的事业、生活等更上一层楼，越来越辉煌。

裁缝的尺子——量人不量己

释义　只知道别人的缺点，犯错误，却看不见自己的缺点。

锤砸铁砧——响当当

释义　锤：铁制的打击工具。铁砧，用铁制成的砸东西时垫在下面的器具。锤砸到铁砧上时发出“当当”的响声。响当当，双关，本指锤击声，转指某人的本领很好，远近闻名。

长虫吃扁担——直杠一条

释义　长虫，就是蛇，因为它长得像虫，而且又很长，所以又有

此称。扁担是直的，蛇吞下了扁担，身体就无法弯曲，像一条直杠。直杠，双关，本指蛇身被撑得像条直杠子，转而比喻人固执己见，或者说话直来直去。

草船借箭——满载而归

释义 《三国演义》中，诸葛亮答应周瑜三天三夜内造出十万支箭，于是，他利用大雾天气，假装袭击曹军，曹操不敢派兵迎战，便用弓箭射击诸葛亮的草船，结果诸葛亮满载曹军射来的箭回到江东。向周瑜交差。比喻收获很大。

草帽烂了边边——顶好

释义 草帽，一种用草编织起来的帽子，由帽顶和帽边组成。草帽的边烂掉了，帽顶还是好的。顶，谐音，最的意思。比喻某人或某事最好。

醋煮的咸鸭子——身子烂了嘴还硬

释义 咸鸭子本来是很硬，用醋煮了以后，鸭肉就烂了，但鸭嘴还是很硬。比喻语言强硬，至死不肯改变，顽固不化。

长线放远风筝——下过大工夫

释义 指为实现某个目标付出艰苦的努力。

吃了秤砣——铁了心

释义 词义双关，既指钢铁，又比喻坚决。形容人下定了最大的决心。

穿起来的螃蟹——横行不了啦

释义 横行:语义双关，既指(螃蟹)横着爬，又指蛮横。讥讽坏人或恶势力胡作非为的日子已经结束了。

床底下支张弓——暗箭伤人

释义 比喻暗中伤人，或阴谋害人。

春天的蜜蜂——闲不住

释义 比喻人勤奋，不愿意闲着。

D

搭在弦上的箭——一触即发

释义　稍稍一不小心，箭就会发射出去。

打雷不下雨——虚张声势

释义　按照常识，打雷之后就会下雨，所以人们听到雷声以后，就会防雨。但打雷之后，又不下雨，人们会被虚惊一场。比喻故意用一些手段迷惑对方。比喻时刻都隐伏着危险，马上就会有严重的事情发生。

打破沙锅——问到底

释义　沙锅用陶土和沙烧成，一打破就从上裂到底。指追问问题也一定要问到底，搞清真相。

打蛇随棍上——因势乘便

释义　指顺着事情的发展而作临时性的决定。事变，决定也就相应改变。

大姑娘上轿——头一回

释义　比喻以前未做过的事。

当面剥葱——一层一层来

释义　比喻做事情要由表及里按一定的顺序一步一步来办。

碟子里盛水——一眼看到底

释义　比喻看事情或者看人一眼就能看明白，看到本质。

打好的鱼网——心眼儿多

释义　打好，就是结好。鱼网结好以后，就有许多网眼。眼，双关，本指鱼网的网眼，转而指人的心眼。这条歇后语比喻一个人很有心计。

钉锅匠摆手——不含糊

释义　比喻很明确、不马虎、不示弱和有本事等。

肚子里安电灯——心里亮堂堂

释义　比喻心里完全明白是怎么回事。绝对欺骗不了。

E

额头上挂钥匙——开开眼界

释义　比喻看到美好或珍奇的事物，可以增加知识，增长见识。

F

放出笼子的鸟——远走高飞

释义　比喻一旦有机会就去很远的地方，再也不回来。

放炮不点捻儿——咋想的

释义　比喻这个想法是如何想出来的，或怎么认为的。

放牛的拾柴禾——捎带

释义　放牛的在野外放牛，看到路上有柴禾，顺便也捡起来。因放牛的主要工作是放牛，拾柴禾只是业余的，所以称为捎带。比喻干一件事情时，顺便做点别的事。

放出去的风筝——越飞越高

释义　比喻事物越来越有发展。

飞机上摆手——高着儿

释义　比喻手段高明或办法绝妙。

G

姑娘绣花——耐心

释义　比喻有耐性，不急躁。也指做事细心、认真，能长时间守住一个地方、做一件事而不厌烦。

谷子地里点玉米——高出一截儿

释义　本指玉米高出谷子很多，转指某人或事物比一般程度高出一部分。

关二爷当木匠——大刀阔斧

释义　比喻办事果断有魄力，力度大。

过河遇着摆渡人——巧了

释义　想过河的人需要摆渡人用渡船送他过河。他正好遇到摆渡人，说明很碰巧。比喻一个人想干某事，恰好遇到某种机会。又作“过河遇着船——碰巧啦”。

鸽子带风铃——虚张声势

释义　风铃，佛殿、宝塔、房屋等檐下挂的铃，风吹时会摇动发出响声。鸽子本来只是一只小鸟，却带上大的建筑物上的风铃，比喻故意装出声势浩大的样子，以迷惑对方。

高粱地里套绿豆——高低不齐

释义　套，一种种植物的方法，就是在一种植物地里的空隙处再加种上一种植物。高粱秆很高，绿豆藤很矮，两种植物看上去就高低不齐。比喻一帮人的水平不一样。

甘蔗水加蜜糖——甜上甜

释义　甘蔗水的味道本来就已经很甜，里面再加上蜜糖，就更加甜了，所以是甜上加甜。比喻生活越来越甜蜜.越来越美满。

高杆顶上敲瓷瓶——站得高，响(想)得远

释义　高杆子顶距地面很高，所以人站在上面很高，又因为高

杆顶的位置高，上面的声音也就传得很远。响，谐音“想”。这条歇后语比喻有些人眼界开阔，目光长远。

H

火车头没灯——前途无亮(量)

释义　亮，谐音“量”。火车头没有灯，就不能照亮前面的路途。这条歇后语用谐音的手段，比喻人的未来会有很好的发展。

好汉上梁山——逼的

释义　《水许》中许多好汉落草梁山，其中很多人都是由于被当时各种各样的原因所逼。比喻由于外界的形势，最终导致某人不得不做某件事情。

J

江河里行船——看风使舵

释义　比喻人在社会生活中丧失原则和人格，随时变化立场。

叫花子看戏——穷开心

释义　叫花子很穷，但他们看戏时也会很开心。比喻自己寻找乐趣，开开心。

叫花子拨算盘——穷有穷打算

释义　叫花子，乞丐。拨算盘是算账，安排生活的内容，叫花子很穷，但他也要算计着过日子，比喻在条件极差的情况下安排计划。

姜太公钓鱼——愿者上钩

释义　姜太公，指周初的姜尚(子牙)，他曾在渭水边用无饵的

鱼钩钓鱼,被周文王请去做军师。比喻有些人心甘情愿地上当受骗,又作"太公钓鱼——愿者上钩"。

架上的葫芦——挂着

释义　葫芦没有摘下来以前,是挂在架上的。比喻把问题或事情暂时先放到一边,不忙着解决。

进了港湾的船——遇不到风浪了

释义　港湾是用来停船舶的地方,因为港湾里风浪很小,所以船停在里面很安全。比喻再也不会遇到什么挫折和危险。

鸡毛堵着耳朵——装聋做哑

释义　用鸡毛堵着耳朵,表示他什么也没听到,也就不需要说话,比喻某人故意不牵涉某事。

鸡窝里捉鸡——没跑

释义　鸡在鸡窝里的时候,只有一个鸡窝门可以进出。所以人很容易就捉住鸡。鸡也无处可逃。比喻办某件事很有把握。

进坟地吹口哨——自己给自己壮胆

释义　走进坟地里,心里很害怕,就吹口哨,为自己壮胆。比喻使自己的胆量增加。

江里的浪花——不是吹的

释义　指不是说大话所能办到的,指确实具有能力。

脚上绑铃当——走到哪里就响到哪里

释义　比喻人走到哪里,就在哪里扬名,具有博学的知识,或个人的特长。

九毛加一毛——时髦

释义　形容人的装饰、衣着或其他事物能跟上时代,走在时代前沿。

L

榔头敲钢板——丁当响

释义　形容声音非常响亮。

雷公打豆腐——一物降一物

释义　原指一种东西制伏另一种东西，实指某人、某物专有另一人、另一物来制伏。

刘备借荆州——有借无还

释义　《三国演义》讲：刘备在最初的时候曾向东吴暂借荆州立足，后来刘备力量强大以后也没有归还。比喻借各种理由把别人的东西占为己有，拒不归还，又作"刘备借荆州——只借不还。"

癞蛤蟆吃骰子——肚子点子

释义　骰(tóu)子，色子(shǎi zi)，一种游戏用具，用骨头、木头等制成的立体小方块，六面分别刻着从一至六点。癞蛤蟆吃了骰子以后，骰子上面的点全在肚子里面。比喻人的办法多，主意多。

M

煤球放在石灰里——黑白分明

释义　黑色的煤球放在白色的石灰里，正是黑白分明。比喻对是非、好坏、善恶分辨得很清楚。

卖了麦子买笼屉——不蒸(争)馒头蒸(争)口气

释义　笼屉：竹、木、铁等材料制成的炊具，用来蒸熟食物。把麦子卖了，就没有做馒头的原料，却买回笼屉，那就只能蒸空气了。这里"蒸"字谐音"争"字，比喻发愤图强，不甘落后。

梅兰芳唱霸王别姬——拿手好戏

释义　梅兰芳：我国著名京剧演员。名澜，字畹华，是“四大名旦”之首。《霸王别姬》是京剧传统剧目，由梅兰芳、杨小楼编演，讲的是楚汉相争时项羽被困垓下，虞姬自刎的故事，是梅兰芳最擅演的一出戏。这里比喻最擅长的本领。

棉花里裹着针——软里硬

释义　比喻人表面上软弱，实际上刚强。

N

暖壶里装开水——里热外冷

释义　暖壶里面是热水，外壶却是冷的，正是里热外冷，这里用其双关义，指内心很有热情而不轻易表现出来。

捏着鼻子吃冲菜——忍气吞声

释义　冲菜：一种经过腌制的蔬菜，气味较大。忍气：受了气勉强忍耐，吞声：不敢出声。比喻受了气勉强忍耐，把话吞在肚里不敢说出来。

拿着鸡毛当令箭——小题大做

释义　令箭：古时发布命令的凭证。形状有时近似鸡毛，这里比喻把小事当成大事来处理。

O

藕丝炒韭菜——青青(清)白白

释义　藕丝是白色的，韭菜是青绿色的，在一起炒，是青青白白，这里的“青”字谐音“清”字，形容干净纯洁，没有污点。

P

跑了和尚——庙在(妙哉)

释义　和尚跑了庙还在,这里的“庙在”谐音“妙哉”。妙哉:即十分好,十分神奇、巧妙的意思。

皮裤套棉裤——必定有缘故

释义　指事情的发生一定有它的原因。

Q

敲锣卖糖——各干一行

释义　比喻各人干各人的事,互不干涉。

浅碟子盛水——一眼看透

释义　浅碟子里盛的水很浅,一眼就能看到碟子底,这里用其双关义,比喻对某件事,很容易或很快就有一个透彻的了解。

骑驴看唱本——走着瞧

释义　一边骑驴,一边看唱本,正是走着瞧,比喻在事物发展的过程中看分晓。

骑着骆驼舞门扇——阔刀大马

释义　门扇即门板,通常是骑着马,舞大刀,这里的骆驼,门扇比马、大刀都大一号,所以是“阔刀大马”。这里比喻办事气魄大。

旗杆上绑鸡毛——好大的掸(胆)子

释义　掸子即鸡毛掸,旗杆上绑鸡毛,这个掸子太大,这是一种想象。“掸”字谐音“胆”字,这里用其双关义,比喻胆量大。

砌墙的砖头——后来居上

释义　砌墙时,后砌的砖放在先砌的上面,所以是后来居上。

这里比喻后起的可以超过原来的或指青年人可以超过老年人。

《千字文》缝褂子——内外皆诗(湿)

释义 《千字文》,旧时私塾中用作启蒙教材的识字课本,由一千个不同的字构成,四字一句,对仗押韵,近似诗体。这里“诗”字谐音“湿”字,比喻从里到外都湿透了。

R

染坊里吹笛子——有声有色

释义 比喻说话、表演等非常生动。

人到矮檐下——不得不低头

释义 矮檐即低矮的屋檐。这里比喻迫于某种形势或在某种条件限制下,做不得已的事。有时是为丧失气节辩护。

S

塞翁失马——安知非福

释义 《淮南子·人间训》里记载,住在边塞上的一个老翁丢了一匹马,别人来安慰他,他说:“怎么知道这不是件好事呢?”几个月后这匹马果然回来,还带来了另外一匹好马。这里通常比喻虽然暂时吃亏或受挫折,却因此得到好处;或坏事可以变成好事。

属窗户纸的——一点就透

释义 窗户纸很薄,略用力一摁就破了,这里用双关义,比喻经过三言两语的启发,就全明白了。

受旱的苦瓜——熟得早

释义 苦瓜,即癞瓜,略有苦味,可以做菜吃。遭到干旱的苦

瓜成熟得很快。这里通常用来比喻经过困苦生活磨炼的孩子成长得快，懂事早。

三九天穿裙子——美丽冻（动）人

释义　三九天指冬季最冷的一段时间，这时穿裙子，虽然美丽，但穿的人会受冻。这里的"冻"字谐音"动"字，比喻人非常美丽。

三个手指拾田螺——十拿九稳

释义　用三个手指捏田螺，十分稳当。比喻对某事很有把握。又作"三个手指拾田螺——没跑"，"三个手指捏田螺——笃定了"。

三月间扇扇子——满面春风

释义　形容一脸高兴的表情。

舌头舔鼻子——够不着

释义　指有很大差距，实现不了。

榛子落地——熟透了

释义　指植物的果实完全长成，泛指生物体发育到完备的阶段，也指人与人之间很了解，很熟悉。

手心的皱纹——清清楚楚

释义　形容对人或事很了解。

孙猴子跳出水帘洞——好戏在后头

释义　水帘洞：《西游记》一回说是花果山中一座隐蔽在瀑布后的石洞，孙悟空及其猴群最初栖息、活动的地方。整部《西游记》主要是说孙悟空跳出水帘洞以后发生的事。指精彩的情节还在后面。

十个铜钱少一个——九文（久闻）

释义　旧时一个铜钱又叫做"一文"，十个铜钱少一个，正是九文钱，这里"九文"谐音"久闻"，比喻很早就听到过。

十字路口的告示——众所周知

释义　告示：旧时官府的布告。在十字路口贴告示，来自四面八方的人都看得见。比喻大家全都知道。又作"十字路口贴告

示——尽人皆知”。

T

脱了毛的牙刷——有板有眼

释义　牙刷脱了毛，剩下板和洞眼，所以说是有板有眼。板眼，本指音乐和戏曲中的节拍，每小节中最强的拍子叫板，其余的拍子叫眼。这里用其双关义，比喻有条理和层次。

偷来的锣鼓——打不得

释义　偷来的锣鼓，一敲打就会被别人发现，所以不能打。比喻要瞒住某事不能让人知道。

铁拐李的葫芦——不知卖的什么药

释义　比喻不知道人心里想什么，有什么打算。

铁打房梁磨绣针——功到自然成

释义　指世上无难事，只要工夫下到了，再难办到的事情也能办成功。

W

五更天赶路——越走越亮

释义　五更：从黄昏到拂晓一夜之间分为五更，即一更、二更、三更、四更、五更。天在五更之时越来越亮，这里比喻有了奔头。

王麻子的剪刀——货真价实

释义　王麻子的剪刀是名牌货，所以是货真价实的产品，这里比喻人或事物确实的，不骗人。

碗底的豆子——粒粒(历历)在目

释义　豆子在碗底，一粒粒看得很清楚，所以是“粒粒在目”，

这里“粒粒”谐音“历历”，清楚分明的意思。比喻从前的事到现在还清清楚楚地出现在眼前。

X

心字头上一把刀——忍了

释义 “心”字上面加一个“刀”字，正是“忍”字。这里比喻忍耐或委曲求全。

星星跟着月亮走——沾光

释义 星星的光不如月亮明亮，所以星星跟着月亮走是“沾光”，这里用其双关义，比喻凭借别人或某种事物而自己得到好处。

蝎子拉屎——毒(独)一粪(份)

释义 蝎子是有名的毒虫，它的粪便自然被想象成也是毒的。这里“毒”字谐音“独”字。“粪”字谐音“份”字。比喻独一无二，没有可以与之相比的。

胸口上挂钥匙——开心

释义 钥匙是用来开锁的，胸口上挂着钥匙，可以说成是“开心”，这里用其双关义，比喻①戏弄别人，使自己高兴。②心情快乐舒畅。

橡皮人——能软能硬

释义 比喻人能屈能伸，刚柔相济。

鞋底抹油——溜了

释义 比喻偷偷地走开。

写字不在行里——出了格

释义 比喻言语行动与众不同，超出常规。

新娶的媳妇——满面风光

释义 比喻幸福愉快的面容。

西瓜装在油篓里——又圆又滑

释义 比喻人很圆滑，会讨好各方。

溪水遇到了挡路石——绕道而行

释义　指不从正面通过，从侧面迂回过去。

媳妇回娘家——熟门熟路

释义　指对路途或情况等很熟悉。

喜鹊登枝喳喳叫——无喜心里乐三分

释义　民间传说听见喜鹊的叫声将有喜事来临，指心情愉快，即使没有喜事也很高兴。

戏台上的演员——装模作样

释义　比喻故意做出某种样子给别人看。

Y

一二三五六——没事(四)

释义　比喻没什么事情。

杨二郎的外甥——不爱舅(旧)

释义　传说杨二郎的妹妹华山三圣母与凡间的书生刘彦昌相爱结合，并有一子名叫沉香。杨二郎认为妹妹触犯天条，将三圣母压在华山之下。沉香长大后劈开华山，救出母亲。当然他首先打败了舅舅二郎神，所以他自然是不爱舅了。这里“舅”字谐音“旧”字。比喻不喜欢旧事物。

燕子衔泥——口紧

释义　燕子筑巢时，要用到泥土，所以衔泥时自然口很紧。这里用其双关义，比喻说话小心，不乱讲，不轻易透露情况或答应别人。

药铺里的甘草——少不了的一味(位)

释义　甘草：多年生草本植物，花蝶形，紫色。根有甜味，可入药。甘草是很常用的药材，一般的药方上都有甘草这一味药，这里“味”字谐音“位”字，比喻不可缺少的人。

Z

诸葛亮借东风——将计就计

释义 《三国演义》中写道，赤壁之战中，东吴要用火攻，需要东风，周瑜便让诸葛亮借东风，也准备等东风一来就杀掉诸葛亮，以免后患。但诸葛亮早已识破周瑜的想法，便将计就计，安排赵云保护自己，借完东风便逃之夭夭。这里比喻利用对方的计策，向对方使计，让他上当。

张飞吃豆芽——小菜一碟

释义 豆芽是小菜一碟，张飞吃起来，十分容易。这里用其双关义，指事情易如反掌，轻而易举。

炸麻花的碰上搓草绳的——绞上劲儿了

释义 炸麻花要把面条拧在一起，搓草绳的要把草搓成一股，都用到绞这个动作，所以说是绞上劲儿了。这里比喻意见相抵触拧着。

灶王爷上天——有一句，说一句

释义 旧时民间风俗，在阳历腊月廿三日或甘四日夜晚，每家举行送灶神上天的祭祀，希望他在玉帝面前说好话，祈求幸福。这里比喻讲实话，有什么说什么。

藏民穿皮袄——露一手，留一手

释义 藏族人穿外衣时，习惯穿一只袖子，将另一只胳膊露在外面。这里用其双关义，比喻不肯将全部本事拿出来。

14. 谚　语

——广为流传闪烁着人类智慧璀璨的光辉

谚语，多为我们的前辈在生产、生活、学习等实践中的经验俗语，信手得来，信口引用，独具灵验之效。这些广为流传的谚语也不失为至理名言，言语中都闪烁着人类集体智慧璀璨的光辉。相信大家从中也可以受到丰富的启迪。

谚　语

美丽的季节是秋天，宝贵的语言是谚语。

最干净的水是泉水，最精练的话是谚语。

牡丹是百花之王，谚语是智慧之光。

谚语是智慧的结晶。

太阳照亮世界，谚语启示人生。

宝刀不磨不锋利，说话没有谚语无力。

花草生自山中，谚语出自心中。

说　话

好绳要长，好话要短。

话在嘴里，属于自己；话一出口，人家所有。

嘴长人心短。

菜没盐无味，话没理无力。

理不短，嘴不软。

是话有因，是草有根。

会说惹人笑，不会说惹人跳。

语言可以把人们的心灵点亮。

说话不经思考，等于无的放矢。

没有考虑的话不要抢着说。

聪明的人想了才说，愚蠢的人说了才想。

经过考虑的片言只语，胜过大篇的无稽之谈。

杂草多的地方粮食少，空话多的地方智慧少。

不能同时坐两条船,不能同时讲两句话。

话是开心的钥匙。

一支蜡烛可以照亮毡房,一句话可以开人心窍。

笛子要吹到眼子上,话要说到点子上。

一人说话全有理,两人说话见高低。

话要想着说,不要抢着说。

慢慢熬出来的茶味道好,慢慢讲出来的话意思明。

话多了不甜,胶多了不粘。

狮舞三堂没人看,话讲三遍没人听。

有理说话,没理说横话。

办事最宝贵的是经验,说话最要紧的是根据。

话是开心的钥匙

喻义　通过言谈能够开导对方,沟通情感,打开对方的心扉、消除误会和不快。

东扯葫芦西扯瓢

喻义　意即说话没有正题,东拉西扯。

菜没盐无味,话没理无力

喻义　说话不讲理就不会产生力量,犹如炒菜不放盐一样淡而无味。

流言止于知者

喻义　毫无根据的流言飞语传到有头脑、有见识的人那里就停止了,不再流传。

丢了财可以捡回,丢了口不能收回

喻义　钱财丢了还可以找回来,话说错了却不能再收回。

说话要真,喝水要清

喻义　讲话时要讲真心话,犹如喝水时要喝清洁的水一样。意思即说话应真实可信。

大水没有杂音,贤人没有狂言

喻义　大水奔流时没有杂乱无章的声音;贤德的人讲话时不

会口出狂言。

一言既出，驷马难追

喻义　一句话说出口，即使是四匹马拉的车子也不能把它追回。比喻说出口后，就不能反悔，一定要兑现。

盐多了咸，话多了烦

喻义　说话次数太多，听者就会感到厌烦。意即说话要简明扼要。

看其面不如听其言，听其言不如观其行

喻义　与其看人的外表，还不如倾听他的言谈；与其倾听他的言谈，还不如观察他的行动。

东一榔头，西一棍子

喻义　意即说话没有头绪，东拉西扯。

葫芦牵着扁豆藤

喻义　说话不着边际，信口胡说。

要学老牛勤耕田，莫学鹦哥尽练嘴

喻义　人应该勤勤恳恳，踏踏实实地做事情，不要尽说空话。

说一千，道一万，两横一竖就靠"干"

喻义　说话太多也不会起任何作用，只有依靠实干才能出成绩。

说话只是叶子，行动才是果实

喻义　言谈话语再美丽也不过是徒有其表，付出行动才能得到实实在在的收获。

良言一句三冬暖，恶语伤人六月寒

喻义　美好的话语让人感到春天般的温暖，恶毒的语言却让人阵阵心寒。

只要挽起袖子来，困难就会躲起来

喻义　意即只要付出行动，就没有克服不了的困难。

有斧砍得倒树，有理说得倒人

喻义　有斧子才能将树砍倒，讲话有道理才能令人心悦诚服。

清水才能装进竹心,真话才能装进人心

喻义　竹心里容纳的都是清水,能够打动人心的话语必须是真话。

说的比谁都聪明,做的比谁都糊涂

喻义　意即做的不如说的好,只不过是言语上的巨人,行动上的矮子。

言顾行,行顾言

喻义　说话的时候要考虑能否付出行动,行动的时候要顾及是否符合言语,意即言行一致。

思　考

三思而行,行而再思。

愚蠢的人天天感到无聊,聪明的人时时都在思考。

聪明的人不动脑筋就会一事无成。

思索,就是跟自己争论。

成事唯多远虑,败事皆因少想。

镜不擦不明,脑不用不灵。

条　件

红花还得绿叶扶。

河里没水撑不起船。

船无水难行,鸟无翅难飞。

巧妇难为无米之炊。

鲁班无木难造屋。

一个碗不响，两个碗丁当。

鱼离不开水，树离不开土。

学　习

刀要磨才锋利，人要学才聪明。

越学习，越会发现自己无知。

学习好比驾车登山，不前进就后退。

常问路的人不会迷失方向。

读书在于造就完善的人格。

一日不食则饥，一日不学则愚。

勤学的人，知识渊博；懒惰的人，浅薄无能。

平日下了苦工夫，用时才见真学问。

好学的人永远朝气蓬勃。

不怕天资懵懂，就怕学不勤奋。

书到用时方恨少

喻义　在具体实践中要运用到所学过的知识时，才发现平常读书太少。

花开在春天，学习在少年

喻义　春天是百花盛开的季节，少年时代是学习的最佳时期。

不学习觉得很满足，越学习越感到不足

喻义　人不学习就认识不到自己的缺点，容易自我陶醉、满足于现状；越是学习越能发现自己的不足，见解就会越深刻。

别为利益跑人前，别将学习落人后

喻义　不要因为物质利益而与人竞争，不要在学习方面被人落在后面，意思是努力学习。

聪明不学会失败,笨拙苦练也成功

温故而知新

喻义　学习过程中要不断温习以前学过的内容,才能了解和掌握新知识。

铁虽坚硬、不摩擦就生锈;人虽聪明,不学习就落后

喻义　人虽然聪明,不学习也会被抛在人后,犹如坚硬的钢铁不经过摩擦也会生锈。

书山有路勤为径,学海无涯苦作舟

喻义　学习的道路没有边际,没有捷径,只有勤奋刻苦才能成功。

学了不温习,雨过湿地皮

喻义　不温习已学知识就不能收到良好的学习效果,如同小雨下过只能淋湿地皮一样,毫无用处。

知　识

知识的根是苦的,它的果子是甜的。

天才在于学习,知识在于积累。

不懂装懂,永世饭桶。

没有知识的生活,就像没有香味的玫瑰花。

知识在于运用。

积累知识,胜过积累金银。

阳光照亮世界,知识照亮人生。

生活是知识的源泉,知识是生活的明灯。

智慧是穿不破的衣裳,知识是用不尽的宝藏。

无知就无力,知识就是力量。

水滴积聚成大海,知识积累成学问。

知识埋藏在谦虚的大海里。

心灵中的黑暗，只有知识才能驱散。

知识是万事万物的指路明灯。

世界上三件东西最宝贵：知识、粮食和友谊。

世界上唯一的财富是知识，世界上唯一的邪恶是愚昧无知。

拿华丽的服装装饰自己，不如用知识武装自己。

只有知识，才能指给你幸福之路。

人生中最大的贫困，莫过于知识的贫困。

汗水和丰收是最忠实的伙伴，勤学和知识是一对最美丽的情人。

有困难的地方需要力量，力量来源于知识。

知识是用之不尽的财富。

星星能使夜空绚烂夺目，知识能使人生丰富多彩。

友　情

单丝不成线，独木不成林

喻义　一根丝不能独立成线，一棵树不能构成森林。形容个人力量的微小，难成大事。

双木桥好走，单木桥难行

喻义　指在别人的帮助下，可以顺利达到目标。

人们的友谊和团结，比任何财富都宝贵

喻义　意思是友谊和团结最珍贵，胜过一切物质上的东西。

花香，蝴蝶愿意来落；人好，朋友愿意来往

喻义　意思是只有关系亲密的朋友才会提出宝贵的意见，激励自己上进。

朋友间说不得假话，眼珠里容不得灰渣

喻义　意思是朋友之间应该真心坦诚，来不得半点虚假。

以势交者,势尽则疏;以利合者,利尽则散

喻义　意思是为了某种利益与人交往,达到目的后交情就疏远了。指交友有所图谋,不付出真心者,友谊不能长久。

莫要见人就交友,莫要见钱就伸手

喻义　意思是钱财的获得要取之有道,交友之前更要仔细分辨其品质。

甘蔗越吃越甜,友谊越长越深

喻义　意思是友谊随着时间的增长而更加深厚,时间愈久,彼此之间的情感愈浓。

朋友易得,知己难求;交友越滥,知己越少

喻义　意思是结交普通朋友很容易,要得到真正的朋友非常困难,故交友应有严格标准。

没有朋友就无我,有了朋友要珍惜

喻义　意思是珍惜友谊,朋友之间互相帮助、互相支持。

亲戚是上帝安排的,朋友是自己挑选的。

财富不是朋友,朋友才是财富。

谁不懂得友谊,谁就不会生活。

智慧不凭年龄凭心灵,友谊不在一时在平时。

找朋友的最好方法,就是先去做别人的朋友。

炼铁需要硬火,交友需要诚心。

时　间

时光容易过,半点不由人。

时不可失,财不可舍。

时间足,果子熟。

枯木逢春犹再发，人无两度再少年。

水流东海不回头，误了青春枉发愁。

一寸光阴一寸金，寸金难买寸光阴。

机不可失，时不再来。

志士惜日短。

路从脚下起，事从今日做。

今日事今日毕，留到明天更着急。

冬去春又来，年华似水流。

时间好似河流水，只能流去不能回。

时间就是知识，时间就是力量，时间就是生命。

没有时时刻刻，就没有阳光的可贵。

最珍贵的财富是利用时间，最巨大的浪费是虚度流年。

等时间的人，就是浪费时间的人。

时间可以创造奇迹。

时间是一切财富中最宝贵的财富。

知道时间的价值，才会感到失掉时间的痛苦。

善于利用时间的人，永远有充裕的时间。

合理安排时间，等于节约时间。

要紧跟随时间的脚步，这样，幸运之神就会永远跟着你。

光阴似箭，日月如梭

喻义　比喻时间过得很快，转瞬即逝。

花有重开日，人无再少时

喻义　花落之后，来年春天还可以再度开放；少年时光过后就不会再有。

百事宜早不宜迟

喻义　无论什么事情都应提早准备，不要拖拉。

少年莫笑白头翁，花开能有几时红

喻义　鲜花不能永远鲜艳，少年总有一天也会变老，意思是时

光短暂。

犹豫是时间的盗贼

喻义　人在犹豫的时候，时间会悄悄溜走。意思是决定了的事就要马上去做，不应停留徘徊。

在时间上争分夺秒是上进，在金钱上斤斤计较是堕落

喻义　充分利用时间就能上进，对金钱斤斤计较则是堕落。

读　书

光阴给人经验，读书给人知识。

开卷有益。

读好书就是同许多高尚的人谈话。

巍巍的山峰离不开云雾，高明的人离不开读书。

读书须用心，一字值千金。

读万卷书，行万里路。

书到用时方恨少

喻义　在具体实践中要运用所学过的知识时，才发现平常读书太少。

宁可一本读一遍，不可十本翻一遍

喻义　读书应该求精，应该追求质量不是数量。

读书无窍，只有眼到、口到、心到和手到

喻义　读书没有窍门，只能多看、多读、多用心、多练习，别无他法。

人贵有志，有贵有恒

喻义　人贵有远大的志向，学习贵在有恒心毅力。

读书破万卷，下笔如有神

喻义　读过许多书以后，写文章犹如得到神助，不费吹灰之力就能完成。

一日不书，百事荒芜

喻义　一日不读书，许多事情都会变得生疏起来。

家有万金，不如藏书万卷

一本好书就是一个好的社会，使人高尚。

选择书籍，仅次于选择朋友。

书是时代的缩影，也是时代的生命。

生活没有书籍，就好像没有阳光；智慧没有书籍，就好像鸟儿没有翅膀。

一本好书，就像一艘船，带领人们从狭隘的地方驶向无限广阔的生活海洋。

书是昨天的记载，今天的镜子，明天的见证。

积　累

一锹挖不成井，一天盖不成罗马城。

积沙成塔，集腋成裘。

不积跬步，无以至千里；不积细流，无以成江河。

日日行，不怕千万里；常常做，不怕千万事。

困　难

哪里有困难，哪里就有力量。

没有爬不上的山，没有过不去的河。

万事开头难。

困难像弹簧，看你强不强；你强它就弱，你弱它就强。

钢铁怕火炼，困难怕志强。

山重水复疑无路，柳暗花明又一村。

理 想

没有理想的人，就像没有头脑一样。

大海的浪花靠轻风吹起，生活的浪花靠理想鼓起。

船的力量在帆桨，人的力量在理想。

一个没有远大理想的人，就像一只没有翅膀的鸟。

信念是前进的动力，理想是精神的支柱

喻义　坚定的信念能给人提供前进的动力，远大的理想是奋斗不息的精神支柱。

车到山前必有路，船到桥头自然直

喻义　无论什么难办的事情都可以找到解决的办法。

一个人没有理想，等于鸟没有翅膀

喻义　鸟没有翅膀就失去了飞翔的能力，人没有理想就失去了前进的动力。

有伟大理想的人，生活永远闪着光芒

喻义　为既定的理想、目标的实现而拼搏奋斗的人，会觉得生活里到处是希望，前途永远明亮。

不明方向，白天也会走错路

喻义　心中缺乏明确的方向和目标，可能要比别人多走许多弯路。

勤 奋

勤奋是智慧的双胞胎，懒惰是愚蠢的亲兄弟

喻义　意思是勤奋能够增加人的智慧，懒惰只能使人变得更

加愚蠢。

不怕事难，就怕手懒

喻义　无论事情多么困难，只要勤奋、不懒惰就能获得成功。

懒人的知己是瞌睡

喻义　意思是懒散的人都喜欢睡觉，无所事事。

只要功夫深，铁杵磨成针

喻义　只要痛下功夫，粗铁棒也能磨成细针。意思是不怕辛苦，肯付出努力，天大的难关也能攻克。

守着大河无水浇，守着青山无柴烧

喻义　对于懒散的人来说，即使处于有利的环境条件中，也不知加以利用。

三更灯火五更鸡，正是男儿读书时

喻义　古时指天还没有亮就起床读书，一直读到夜里很晚才停。意思是勤奋努力，起早摸黑地学习。

年幼贪玩，老来要饭

喻义　小时候不发愤图强，长大后将一事无成。

15. 脑筋急转弯

——遇难处异常思维迸发智慧之光

顾名思义，脑筋泛指思维、思路。转弯是指当前面有障碍物使车辆不能按照直线行驶时，要开往别的路线。急转弯通常是在有特殊情况时，需要很快地离开习惯思路，从别的路线走。

一般来说，脑筋急转弯就是指当思维遇到特殊的阻碍时，要很快地离开习惯的思路，从别的方面来思考问题。而现在是泛指一些不能用通常思路来回答的智力问答题。

有人未带任何保护设施，从10米高的地方跳下来居然无事，那人是谁？

(跳水运动员)

小梅的爸爸把电扇修好了。接了电源，为什么它还不转？

(停电)

什么样的火不会燃烧。

(怒火)

小东说她能不费力气从一棵大树上跨过去，为什么？

(那树是砍倒的)

小亮今天考试稳拿第一，为什么？

(补考的只有他一人)

谁说话的声音传得最远？

(打电话的人)

人们最不喜欢穿什么鞋？

(小鞋)

什么事必须从头做起？

(理发)

什么军的人数最少？

(冠军)

世界上的人分为几种？

(两种，男的和女的)

池塘里有20条鱼，死了5条，还有几条？

(20条)

什么戏人人都演过？

(游戏)

小妹妹才5岁，为什么却已经当了爸爸？

(在玩过家家)

一场大雨，忙着耕种庄稼的农民纷纷躲避，却仍有一人不走为

什么？

（因为那是一个稻草人）

有一个人走在沙滩上，回头却看不见自己的脚印，为什么？

（因为他倒着走）

抬头能看见月亮，低头你能看见月亮吗？

（能，看见月亮在水中倒影）

小红考了100分，为什么还挨了父亲揍？

（语文、数学两门总共100分）

夜黑风高的晚上，小李遇见一个鬼，那鬼吓得落荒而逃，为什么？

（因为小李遇见的是胆小鬼）

什么树不浇水，也不会枯死？

（画上的树）

什么花没有枝？

（雪花）

什么人只有一只右眼？

（任何人都只有一只右眼）

有一句话，可以回答所有问题是什么？

（不知道）

中国人都会写哪种外国字？

（阿拉伯数字）

什么东西制造期和有效日期是同一天？

（每天的日报）

有一个人每天都不停地在20层楼里上下，但他一点也不累，为什么？

（开电梯的）

一头公牛加一头母牛，猜三个字？

（两头牛）

什么水要按计划发放？

（薪水）

什么扇子不能用手扇？

（电扇）

什么帽子没有人能戴？

（螺丝帽）

什么东西别人花了钱，却得不到，而你没花钱却得到了？

（别人寄给你的信）

有一种棋只有两种棋子，你知道是什么棋类吗？

（围棋，只有两种黑白棋子）

能不晕车的最好办法是什么？

（步行）

人跑步的时候，两只手有什么不同？

（一前一后）

开口说话就要付钱的地方是哪里？

（电话亭）

唯一被允许做假并且做假得越高明越能受到称赞的人，是什么人？

（魔术师）

“国歌”共有几个字？

（“国歌”共有两个字）

有一头牛朝西走，又左转 90 度往前走，请问此时牛尾巴朝哪里？

（朝下）

造什么飞机不会花钱？

（纸飞机）

一只凶猛的狮子饿了，大勇从它面前走过，居然平安无事，是什么原因？

（狮子在笼子里）

一只蚂蚁居然从四川爬到了北京,可能吗?

(蚂蚁在地图上爬)

最不听话的人是谁?

(聋子)

书店买不到的书是什么书?

(秘书)

在中国哪个地方的东西最不便宜?

(贵州)

什么是以牙还牙?

(镶牙、拔牙)

有一种药你不用上药店买就能吃到,是什么药?

(后悔药)

一年四季都盛开的花是什么花?

(塑料花)

你在学校学到的知识越多,什么就会越少?

(你不知道的东西越少)

什么房间里不能住人?

(厕所)

什么布是用剪子剪不断的?

(瀑布)

什么地方的路最窄?

(冤家路窄)

小明的妈妈有三个孩子,老大叫大毛,老二叫二毛,老三叫什么呢?

(小明)

铁放在外面会生锈,那金子呢?

(会被偷走)

偷什么是不犯法的?

(偷笑不犯法)

白人、黑人和黄种人，身上哪一部分颜色是完全相同的？

（血）

什么东西打碎了还会完好如初？

（水）

什么打破了，大家都叫好呢？

（世界纪录）

什么狗身上湿淋淋的？

（落水狗）

你的阿姨有个姐姐。但你不叫她阿姨，她是谁？

（妈妈）

什么东西见者有份？

（阳光）

什么人既漂亮又能干？

（秀才）

小王拿着块石头向玻璃砸去，玻璃却没碎。为什么？

（没砸着）

新的东西会变成什么？

（旧东西）

早晨醒来，每个人都做的第一件事是什么？

（睁开眼睛）

有个字，我们每个人都会念错，那是什么字？

（“错”字）

人行走的时候，左右脚的动作有什么不同？

（一前一后）

能容纳所有景物的球是什么球？

（眼球）

上课的时候，同学们都坐着上课，但小李上每一节课都站着。为什么？

（小李是老师）

谁的脑子里记的东西最多？

（电脑）

早晨，当你朝西走时，阳光照在你的左脸还是右脸？

（背后）

什么船从来不下水？

（宇宙飞船）

聪明的人比一般的人多个什么？

（心眼）

什么人敢在皇帝头上胡作非为？

（理发师）

什么东西很像你的左耳朵？

（右耳朵）

三个人共撑一把伞在路上走，却没有淋湿，为什么？

（因为没有下雨）

世界上什么东西最大？

（眼皮，只要把眼睛一闭，全世界都被它遮住了。）

如果我有2个头，3条腿，6只眼睛，你猜我是什么人？

（吹牛的人）

请问中国最大的海关是哪一个？

（哇塞！原来如此！！）

世界上什么地方最高？

（心，心比天高）

请问中国最大的村庄是哪一个？

（石家庄）

没有人类及动物居住的地球是什么呢？

（地球仪）

有一个小伙子使劲地踏着自行车，一小时后，自行车还在原地。这是怎么一回事？

（他在健身房里踏健身的自行车）

平时吃完饭都是爸爸洗碗，可今天爸爸为什么吃完饭却不洗碗？

（今天在饭馆里吃饭）

王老汉带着8只羊去集市上卖，卖得20元钱，回来时他又带回了8只羊，为什么？

（他卖的是羊毛）

哪种话不是人说的，但人人都爱听？

（神话）

贪玩的为什么总是小孩儿？

（这里因为长大以后，玩的时间就少了）

他并不富有，却整天坐着汽车兜风，并且口袋里装满了钱，他是谁？

（公共汽车售票员）

4个人围坐在桌子边玩牌，没有其他人在场，这4个人却全都输了。这是为什么？

（他们都在独自玩电脑扑克游戏）

什么东西越黑看得越清楚？

（星星）

世界大多是当局者迷，旁观者清，请问什么事情刚好相反？

（魔术表演）

老李对自己的东西一向非常珍惜，可有一次他把新东西借给别人，别人还他时是旧的，他却不介意，为什么？

（他借出去的是钱，新旧一样。）

我不会轻功，但一只脚踩在鸡蛋上，鸡蛋却不会破，这是为什么？

（另一只脚踩在地上）

小王走路从来脚不沾地，这是为什么？

（因为他穿着鞋）

什么是大家都不想得到的？

（病）

小明和小丽是同班同学，也住在同一条街。她们总是一起上学，

可是每天一出家门就有一个向左走，一个向右走，这是怎么回事？

（她们两家的门是相对的）

5个小朋友在游泳池游泳，游了一阵，大勇数了数，发现少了一个，忙向老师报告，老师却说没有少，是什么原因？

（大勇忘了数自己）

一辆客车发生交通事故，车上的人全都受了伤，大勇却平安无事，是什么原因呢？

（大勇没在车上）

到什么地方能找到一个和你一模一样的人？

（照镜子）

冰冰站在桥上，为什么桥下却没有水，也没有船？

（她站在天桥上）

什么山没有人能够登上山顶？

（书山）

什么车不受交通规则的限制，可以横冲直撞。

（游乐场中的碰碰车）

一年中你睡觉时间最长的是哪一天？

（12月份的最后一天——一觉两年）

小明虽然在泥泞的道路上步行了一个小时，但他的鞋子却一点儿也没弄脏，为什么？

（小明把鞋脱下来提着走）

蚊子绝不叮哪一种动物？

（它自己）

小军被从3000米的高空掉下来的东西砸了好几百下，却一点儿也没有受伤，为什么？

（因为砸他的是雨点儿）

什么人整天生活在屋顶上？

（西藏人，因为他们生活在世界“屋脊”上。）

电和闪电的最大区别是什么？

（一个收费，一个不收费。）

什么东西的制造期和有效期是同一天？

李先生有一个只有一只右手的儿子，但他却很高兴，为什么？

（如果李先生的儿子有两只右手，就惨了。）

当哥伦布一只脚迈上新大陆后，紧接着做了什么？

（迈另一只脚）

老高骑车骑了10公里，但四周景物却毫无变化，为什么？

（因为他骑的是健身车）

两瓶花中，一瓶是鲜花，一瓶是假花，请说出哪一瓶是鲜花？

（有蝴蝶在上面飞舞的是鲜花）

明明在街上玩皮球，不慎把皮球落入一个洞中，该洞又窄又深，没有人能够进入洞中取出皮球，你能替他想出一个办法吗？

（明明只要往洞里灌水，皮球浮起来，他便可以取出皮球了。）

桌上点了12根蜡烛，被风吹灭了3根，不久又吹灭了2根，请问最后还剩下几根？

（剩5根，另外7根烧完了。）

什么马不会跑？

（木马）

小小与一辆飞驰而来的汽车相撞，汽车被撞坏了，他却安然无事，为什么？

（相撞的是玩具车）

什么东西人们都不喜欢吃？

（当然是亏啦，谁愿意吃亏。）

有一种水果，没有吃它的时候是绿色，吃下去是红色，吐出来是黑色，请问是什么水果？

（西瓜）

什么样的果不能吃？

（恶果）

小胖上课很爱打瞌睡，究竟怎样才能让他不打瞌睡呢？

（下课）

全世界只有一个人能准确地说出自己头发数量，他是谁？

（三毛）

大部分伟人出生在什么地方？

（产床上）

一次考试中竟然出现了三份完全雷同的答卷，而监考老师却不感到奇怪，为什么？

（那三份是白卷）

地上有一张五十元的钱，陈东先看见，却被阿姨抢先捡到，请问这五十元钱应该属于谁？

（失主）

盒子里有四块蛋糕，有四个小朋友都分到一块，但盒子里还留一块，为什么？

（其中一个小朋友连盒子一起拿走了）

小亮骑上马背，马就跑了起来，十五分钟后，马停下了，小亮还在他上马的地方，这是为什么？

（小亮是在游乐场里骑电动马）

晶晶很怕打针，但今天医生给他打针时，他觉得屁股不痛了，为什么？

（因为打在手臂上）

小明为什么整天目中无人？

（因为他是盲人）

从来没见过面的爷爷是谁？

（老天爷）

世界上哪一种鸭蛋不能吃？

（比赛成绩的鸭蛋（零分））

球赛还没有开始，大家却都知道了比分，为什么？

（0比0）

什么球使人们常常说起，却又没有踢过它，拍过它，抛过它？

（地球）

什么东西加上10个还是10个，减去10个，还是10个？

（手套）

小兰的爸爸是天文学家，可对有些星的知识却不如小兰知道得多，是什么？

（歌星的知识）

哥哥买了3袋米，弟弟买了2袋米，回家后他们把米放在1只大袋里，现在他们有几袋米？

（1袋米）

鸡和兔同放一个笼子里，头49个，腿100条，请问共几只兔子几只鸡？

（一只兔子，48只鸡）

为什么现代人越来越言而无信？

（打电话很方便，当然不用再写信了。）

有个农妇每天在母鸡下的蛋上写上时间，可是在一个月后，她怎么也弄不清这些鸡蛋的生产日期了，为什么？

（农妇每天都在蛋上写下"今天"两个字）

从前有一座遍地是黄金的山，它是什么山？

（旧金山）

家住上海的王大伯一直想去北京玩一趟，请问他至少要花多少钱？

（想"是不用花一分钱的。）

穷人和富人在什么地方没区别？

（浴室）

下雨天，3个人冒雨在街上走，为什么只淋湿了一个人？

（这是一个怀着双胞胎的孕妇）

一只苍蝇突然掉在顾客的汤里，谁会比服务员和顾客更倒霉呢？

（苍蝇）

一天小红问小华家有没有鱼，小华说：“我家有 6 条无头鱼，8 条半截鱼，9 条无尾鱼，你猜猜他说的是多少条鱼？”

（没有鱼，因为“6”字去头，“8”字去半，“9”字去尾，都是“0”。）

一名警察见了小偷拔腿就跑，为什么？

（想要快点抓住小偷）

什么样的官不能发号施令，还得老向别人陪笑？

（新郎官）

什么东西能加不能减？

（年龄）

一个人既不买票又没月票，售票员为什么还让他从起点坐到终点？

（因为他是这辆汽车的司机）

文文过生日，王博给他送一件礼物，为什么文文一脚把礼物踢开呢？

（王博送的足球）

哪一种动物，你打了它却流了你自己的血。

（蚊子）

一天里，时钟的长短针有多少次完全叠合？

（一次也不能完全叠合，因为它们的长度不同。）

陈晓说：“我有一瓶威力无比的万溶胶，任何东西一遇见它顷刻之间便会完全溶化。”他说的话有什么破绽吗？

（有，这种万溶胶用什么容器装呢？）

什么东西将一间屋子装满，人又能在其中活动自如？

（空气和光）

三个头，六只耳朵，八条腿，一条尾巴，四只脚朝天，四只脚踩

地，这是什么怪物？

（两个人抬一头猪）

小明捉了一只鸟，但不想马上把它带回家，四周又没有可能绑住小鸟的东西，附近有一个干涸的井口，小明便把小鸟放进井里，你认为小明的方法可行吗？为什么？

（可行，因为鸟不能像直升飞机那样直接向上飞。）

有一位老大爷，家住十二层的住宅楼里，可他每天出出进进，却从不乘电梯，为什么？

（因为他住在一楼，当然不用去乘电梯。）

你拿着一盒火柴，走进一间黑屋，屋里有一盏煤气灯，一只蜡烛，你先点燃哪一个？

（火柴）

有天小董上完物理课后，突然想效法牛顿，就走到苹果树下，这时正好掉下一颗苹果砸到小董的头，你猜小董怎么说？

（他说这个苹果熟了。）

有样东西是属于你的，可别人用的时候，却从不征求你的意见，这是什么？

（你的名字）

一个人有一个，全国 12 亿人只有 12 个，这个东西是什么？

（12 生肖）

人为什么要生两只耳朵？

（兼听则明）

什么门永远也不能打开，永远也不能关上？

（球门）

你能用头顶住一个足球，一个小时都不让足球掉下来吗？

（能，把气放掉即可。）

我出生的年份，无论你从哪个方向看，它都是一样，你知道是哪一年吗？

（1961 年或 1691 年(倒看正看都一样)。）

当你对一件事忍无可忍时,你会怎么处理?

(赶快走上厕所)

老王天天掉头发,什么办法都用了,只有一种办法使他永远不掉头发,是何办法?

(剃光)

什么山不用脚上?

(书山)

什么样的强者千万别当?

(强盗)

什么书中的毛病最多?

(医学书)

受欺骗后的自我感觉是什么?

(自己笨)

什么东西谁也不想要,可又总要买,为什么?

(教训)

春节发什么大家最高兴?

(发财)

16. 寓　言

——经典有趣凸显其深刻教育意义

寓言起源于民间口头创作，以后为文人作家所采用，发展成为文学创作中的一种体裁。中国先秦寓言很丰富，如《愚公移山》、《滥竽充数》、《狐假虎威》等寓言大都存在于《孟子》、《庄子》、《韩非子》、《吕氏春秋》和《战国策》中。古希腊有《伊索寓言》等。

寓言按通常的理解，就是指那些有教育意义的经典故事，一般都讲给成长中的孩子们听的。回想起我们成长的每一步，有什么东西会在脑海中留下最为深刻的印象呢？各人可能会有不同的答案，但显然不可能有人跳出来说，是长辈们单调而乏味的说教。很多家长面临着这样的困惑，怎么样才能使孩子不觉得厌烦，能够带着兴趣去听取父母的经验之谈，去阅读那些前人先辈的教诲，养成端正的品行，不至于在未来走上岔道呢？此时，寓言的意义在这里凸显出来。

鹰和屎壳郎

有一只鹰追一只兔子，兔子无处求救。可巧有只屎壳郎在旁边，兔子见了，便去求救。屎壳郎叫兔子不要害怕。屎壳郎看见鹰飞到跟前。便向鹰恳求，不要抓走求救于他的兔子。鹰瞧不起小小的屎壳郎，当着他的面把兔子吃掉了。屎壳郎记住这回的侮辱，从此总是盯着鹰巢，只要鹰一产卵，他就飞上去，把卵推出来打碎。鹰到处躲避，后来逃到宙斯那里，恳求给他一个安全的地方孵化小鹰。宙斯让鹰在他的衣兜里产卵。屎壳郎见了，就滚了一个粪蛋，飞到宙斯跟前，把它扔到他的衣兜里。宙斯想把粪蛋抖掉，就站了起来，无意间把鹰卵也抖掉了。据说从此以后，凡是屎壳郎出现的时节，鹰是不孵化小鹰的。

点悟　做人不要小瞧任何人，因为谁也不是懦弱到连自己受了侮辱也不能报复的。

狐狸和豹

有一只狐狸和一只豹子争论谁美。豹子夸耀自己身上斑驳的花纹，狐狸却回答说："我比你美得多，我所装饰的不是身体，而是心灵。"

点悟　智慧的美胜过形体的美。

渔夫们的苦恼

有一天，渔夫们起网，觉得网很沉，以为收获一定很多。哪知拉到岸上，鱼不多，网里是一块大石头。他们心里很懊丧，捕获少倒还无所谓，难受的是，结果和他们的预期正好相反。他们当中的一个老人说道："朋友们，别难过。痛苦本是欢乐的姐妹。我们刚才高兴过了，现在该苦恼苦恼了。"

点悟 不要因挫折而苦恼，要笑对挫折。

狐狸和伐木人

有一只狐狸要躲避猎人，看见一个伐木人，便请求伐木人把他藏起来。伐木人叫狐狸到他的小屋里去躲着。过了不久，猎人赶到了，问伐木人看见狐狸打这里经过没有。伐木人一面嘴里说没看见，一面打手势，暗示狐狸藏在什么地方。但是，猎人没有注意到他的手势，却相信了他的话。狐狸见猎人走了，便从屋里出来，不打招呼就要走。伐木人责备狐狸，说他保全了性命，连一点谢意都不表示。狐狸回答说："假如你的手势和你的话是一致的，我就该感谢你了。"

点悟 这故事对于那些嘴里说要行好事、实际上做坏事的人是值得反思的。

狮子和公牛

有只狮子打算杀死一头大公牛，决定施展诡计。狮子邀请公牛说:“我杀了一只绵羊，如果你愿意，朋友，今天我们一块儿会餐。”狮子想趁公牛躺着的时候把他吃掉。公牛到了狮子那儿，看见瓦锅很多，铁叉很大，却不见什么地方有绵羊，就走开了。狮子责问公牛为什么走开。公牛说:“狮子，我不是无缘无故走开的，我已经看出你准备的一切不像是要吃羊，而是要吃牛。”

点悟 意思是说坏人的伎俩再高明也是瞒不过聪明人的。

北风和太阳

有一天，北风和太阳争论谁的威力大。他们议定，谁能剥去行人身上的衣裳，就算谁胜利。北风开始猛烈地刮，行人把衣裳裹紧，北风就刮得更猛。后来，行人冷得厉害，又加上了更多的衣裳。北风终于刮累了，就让位给太阳。太阳先温和地晒，行人脱掉了添加的衣裳;太阳越晒越猛，行人热得难受，就把衣裳脱光，跳到附近的河里洗澡去了。

点悟 这个故事的意思是指说服往往比压服更有效。

猫和老鼠

一所住宅里有许多老鼠。猫知道了，便到那里去，想把老鼠一只只抓来吃。老鼠不断受害，都钻进洞里。猫再也抓不到他们，就决定用计策把他们引出来。猫于是爬上一个木头橛子，吊在那里装死。有只老鼠探出头来，看见猫，对猫说："朋友，你即使变成皮囊，我也不会到你跟前去。"

点悟 意思是说聪明人吃过别人一次亏，就不会再上他的当。

医生和病人

有个医生给人治病。病人死了，他对送殡的说："这人如果戒了酒，灌了肠，就不至于丧命了。"一个在场的人回答说："高明的医生，你不该现在说这话，现在已经没用了；你该在他用得着这些话的时候规劝他。"

点悟 朋友有困难，应及时帮助；事情已经绝望了，就不能再说空话。

母亲和她的女儿们

有一位妇人有两个女儿，一个嫁给种菜人，另一个嫁给陶工。一天，她到种菜人家里去，和女儿谈家常，问她生活怎么样。女儿

回答说："别的都好，妈妈。为了浇灌土地，使蔬菜产量相应增加，你为我们求雨吧！"母亲从这个女儿家里出来，又到陶工家里去。两口子招待她，女儿对她说："别的都好，妈妈。为了让坯子快点干，你为我们求天晴，让太阳再暖一点！"母亲于是说道："你望天晴，你姐姐却盼下雨，我为你们哪一个祈求呢？"

点悟 同时做两件相反的事，当然是最为难的。

狮子和熊

有一天，一头狮子和一头熊为争夺一只小鹿而打起来。他们打得很凶，经过长时间的搏斗，都头晕眼花，累得半死，倒在地上。一只狐狸在周围转来转去，看见他们两败俱伤，小鹿躺在他们中间，就从中间跑过去，把小鹿抢走了。狮子和熊眼睁睁地望着狐狸，却站不起来，同声说道："我们真倒霉，替狐狸辛苦了一场！"

点悟 有些人辛辛苦苦，有些人坐享其成，这是不必奇怪的。

买　驴

有个人想买驴，要牵去试一试，就把他牵到自家的驴中间，让他站在槽前。这驴不与别的驴在一起，单单走去站在一头好吃懒做的驴旁边。于是，买驴人不满意，就牵去还给原来的主人。主人问，这样试可靠吗？买驴人回答说："不必再试了，依我看，挑选什么样的朋友，自己就是什么样的东西。"

点悟　意思是说谁喜欢什么样的朋友，谁就是什么样的人。

捕鸟人和眼镜蛇

有个捕鸟人拿着树胶和粘竿去捕鸟。他看见一只鸫鸟落在大树上，想要捉他，便把粘竿接长，聚精会神，目不转睛地望着高空。他这样仰着头，无意中踩着了一条躺在他脚前的眼镜蛇，蛇回头咬了他一口。捕鸟人临死时自言自语地说："我真不幸，我一心想捉别人，没想到自己会被人捉住，送了命。"

点悟　意思是说想陷害别人的人，自己往往会先遭到不幸。

骆驼和宙斯

有头牛炫耀自己的角，被一头骆驼听见了，非常羡慕，也想要两只角。他便走到宙斯面前，请求给他两只角。骆驼已经有庞大的身体，仍不知足，还想要更多的东西，宙斯听了非常气愤，不仅没有让他长角，反而把他的耳朵去掉了一截。

点悟　如果你贪得无厌，看见别人的东西就眼红，那么你就会不知不觉连自己的东西也失掉了。

野猪和狐狸

有头野猪在树上磨牙。狐狸见了感到惊讶，问他为什么要在

没有猎人或危险的时候磨牙。野猪回答说:“我这样做不是没有道理的,一旦危险临头,就来不及磨了,那时就可以使用磨好了的牙。”

点悟 应防患于未然。

口渴的冠鸟

有一只冠鸟口渴,来到一只水罐旁边,使劲推它,但水罐立得很稳,推不倒。冠鸟想起了他惯用的手法,把石子投在水罐里,罐底石子增多,水面逐渐上升。这样,冠鸟便喝到水,解了渴。

点悟 力气是敌不过智慧的。

狗和牛皮

有几只狗饿坏了,看见一些牛皮泡在河里。他们够不到它们,一致决定把河水喝干。结果他们离开够到牛皮还早着呢,水已经喝得把他们的肚子都快涨破了。

点悟 不要痴心地去做难以做到的事情。

两个壶

一条河上漂下来两个壶,一个是陶制的,一个是铜的。陶壶对

铜壶说:“请你离开一点,不要靠近我。只要你轻轻碰我一碰,我就要给碰碎了。我怎么也不愿意靠近你。”

点悟　意思是说只有两个人彼此相当,才能成为好朋友。

天鹅和鹅

有人在市场上买了一只鹅和一只天鹅。他喂鹅是为了做菜吃,养天鹅是为了听他唱歌。到了杀鹅的时候,厨子夜里去捉鹅,很黑,他分不出鹅和天鹅,错把天鹅当作鹅捉来了。天鹅看到要死了,马上唱了起来,从而让人从他的声音认出是他,靠歌声保住了自己的性命。

点悟　意思是说及时的行动是最宝贵的。

鹰和鸡

一天早晨,一只老鹰怡然自得地飞上天空,在高处漫游,向发出闪光的地方飞行。接着,又从云层高处突然下降,落脚在低矮的鸡棚上,歇一歇他的“鸟中之王”的翅膀。你或许要说,鹰应该找个比较庄严堂皇的栖息的地方;然而,你知道,王者自有他们独特的“兴之所至”:说不定他有意要给可怜的鸡棚增光,说不定是找不到适合身份的歇息的地方(又没有角状的橡树,又没有花岗石的悬崖)。得了,我也说不出个所以然来。这鸟中之王就那么待在鸡棚上,一动也不动,除非是从这个换到那个,又从那个换到另一个鸡棚上。一只普普通通的鸡把这一切看在眼里,他对他的同伴提出

不服气的意见道：

“老鹰凭什么让人那么尊敬他呢？他那飞行的样子呀，啊呀呀；当然啰，那就是他的本来面目嘛！这可没有什么了不起，我也能飞，也能躲在鸡棚上，一点不含糊。将来，我们可要放聪明点儿，不要把老鹰看得那么地位崇高了。他的腿比较短，他的眼睛比较小，他就跟其他的禽鸟一个样儿，而且，现在我们看明白了，他飞得跟我们一样低。”

被他的啰啰唆唆的话搅得烦了，鹰这样回答道：

“你说得对，然而还有另外一面：鹰有时候的确飞得比鸡棚还要低，可是鸡啊，却从来不以一飞冲天闻名。”

点悟 当你批评比你强的人时，不要徒费心思吹毛求疵，而要看到他们的伟大、坚强和聪明的地方，如果可能，还要向他们学习，学习他们的各种本领。

马和骑师

有个骑师对他的马进行了特殊训练，因此他可以随心所欲地使唤他，只要把马鞭子一扬，那马儿就乖乖地听他支配，而且骑师说的话，马儿句句明白。“给这样的马加上缰绳是多余的，”他认为说话就可以把马驾驭住了。他对自己的想法十分中意，有一天骑马出去时，就把缰绳解掉了。缰绳既然解除了，马儿就在原野上飞跑。虽然开头还不算太快，仰着头抖动着马鬃，他雄赳赳地高视阔步，仿佛要叫他的主人高兴似的。但当他知道什么束缚也没有的时候，我们的英勇的骏马就越发大胆了。他的眼睛里冒火，他的脑袋里充血，他再也听不见主人的斥责，愈来愈快地飞驰过无边的原野。

不幸的骑师，如今毫无办法控制他的马了，要想用笨拙而颤抖的手把缰绳重新套上已办不到了。完全无拘无束的马儿一路狂奔着，猛冲猛赶，连蹦带跳，竟把骑师摔下马来。像一阵旋风似的，马儿还是往前直冲，什么也看不见，什么方向也辨不出，一股劲儿冲下深谷，摔了个粉身碎骨。

啊，骑师，骑师，好不伤心惨目！

“我的可怜的好马呀，”他说道，“是我一手造成了你悲惨的灾难。如果我不冒失地解掉缰绳，我想你就会听我的话，就不会把我摔下来，我的朋友，你也就决不会落得这样凄惨的下场。”

点悟　不要过分的醉心于放任自由，如果是一点也不加以限制的自由，其害处与危险实在不少。

猿猴爱虎

有个猿猴小巧灵活，擅长攀树，爪子十分锋利。有只老虎，头上痒得难受，就要猿猴为它搔痒。猿猴不停地为老虎搔痒，竟在老虎头上搔出个洞来，老虎没有觉察到，只感到很舒服。猿猴边搔边取老虎的脑浆吃，而且还把脑浆的一部分送给老虎，说：“我找到一点儿荤腥，不敢独自吃掉，送给您吧。”老虎感激地说：“你可真忠诚啊！尊敬我竟忘了自己的口福。”老虎吃了仍什么也未觉察到。过了一会儿，老虎的脑浆被吃空了，疼痛难忍，才知道自己上了当，急忙追赶猿猴，而猿猴早已爬到高大的树上躲避起来，老虎腾跳一阵，根本捉不住猿猴，便大吼一声死去了。

小儿辩日

有一天，孔丘在路上遇到两个小孩子在争论不休。孔丘问他们争论什么问题，一个小孩儿说："我认为太阳刚出来时离人比较近，而到了中午，太阳就离我们远了。"另一个小孩儿却认为太阳刚出来时离我们远，而中午离我们近。第一个说话的那个小孩儿接着阐述自己的理由。他说："太阳刚出来时像车上的篷盖那样大，到了中午，就只有盘子、碗口那么大了，这不是由于离我们远的看起来就小，而离我们近的看起来就大吗？"另一个小孩儿则辩解道："太阳刚出来时还有些凉飕飕的，到了中午，就热得跟泡在热汤里一样了，这不是由于离我们远的就感到冷，离我们近的就感到热吗？"孔丘听了之后，一时不能判断谁是谁非。两个小孩儿笑着说："谁说你是知识最丰富的人呢？"

熟练的卖油翁

北宋时期，有个著名的射箭能手陈尧咨，练就了一手射箭的硬本领。

某一天，他在射箭场上练习射箭，射十枝箭，竟有八九枝射中目标。围观的人情不自禁地拍手叫好，陈尧咨非常得意。但观众中有一个卖油的老头儿却不以为然，只略略点头而已。陈尧咨见了很不高兴，于是问老人说："您会射箭吗？您看我射得怎样？"老人回答说："我不会射箭，不过你的箭法还算可以，但并没有什么奥妙之处，只不过是熟练罢了。"

陈尧咨听后，更不高兴了，他对老人说道："您怎敢小看我的射

箭本领！您难道有什么高明的本事吗？”老人耐心诚恳地说：“不是我轻看你的射法，我是根据自己的卖油经验，知道你射箭的本事也是靠熟练。”说罢，老人把一个装油的葫芦放在地上，又把一个铜钱盖在葫芦口上，然后用勺子舀起一勺油，高高地举起，朝钱眼儿倒下去。只见油像一根线一样穿过钱眼儿，流进葫芦里。勺里的油倒完了，铜钱上竟一点儿油星也没有沾上。围观的人看得目瞪口呆，无不拍手叫绝。老人对陈尧咨说：“我这也没有什么了不起的，只不过是熟练罢了。”陈尧咨连连点头称是。

铁杵磨成针

唐代大诗人李白有“诗仙”之称。传说他小时候聪明过人，可就是贪玩儿，不愿意读书。

有一天，他又从书房里逃出来了，跑到路边去玩。看见一个老婆婆端坐在一张矮凳上，对准磨刀石，一心一意地磨一根很粗的铁棒。李白暗暗吃惊，过去问道：“老婆婆，你这是干什么呢？”“磨针。”老婆婆说。“磨针？！”李白原是一个聪明的孩子，可他弄不明白铁杵怎能磨针呢，就把这个问题提了出来。老婆婆望望李白说：“孩子，你不明白吗？铁棒虽然粗，可是我天天磨，天天磨还怕它不变成针？”李白心想：“这位老婆婆说得对呀！做事情只要有恒心，天天做，什么都做得好的。读书，不也一样吗？不懂的就天天读，总会把它们读懂的。”于是他拔脚转身，再回到书房里，把那些读不明白的书本打了开来。

杯弓蛇影

有一天，晋朝有一位叫乐广的人请他的朋友在家里的大厅喝酒，他十分热情地摆上了许多菜。朋友很高兴，可是当他端起酒杯正准备一饮而尽的时候突然发现，自己的酒杯里有一条小蛇的影子在晃动。他心里很是恶心，可碍于情面，还是硬着头皮，把酒喝下去了。喝下之后，就感觉到不自在，匆匆告辞了。回到了家中，越想越难受。没过多久，就生起病来了。隔了几天，乐广听到那个朋友生病的消息，也得知了他得病的原因。乐广听了很是疑惑，心想："酒杯里怎么可能会有蛇呢！"于是，他就跑到那天喝酒的地方去察看。原因终于找出来了。原来，在大厅的墙上挂着一把漆了色的弓，那把弓的影子恰巧映落在那朋友放过酒杯的地方。于是乐广赶紧跑到那个朋友那里去，把这事解释给他听。这人明白了原因以后，病就立刻好了。

呆若木鸡

周宣王让纪省子为他驯养斗鸡，大概驯养了十天以后，有人问他："这鸡驯好了没有，能斗了吗？"纪省子说："不能。它现在虽然看上去精神奕奕，但是实质虚弱，神态骄傲，自恃意气。"十天以后，又有人问斗鸡的情况，他回答说："不能，这鸡倒不像从前那么骄傲了，但听到别的鸡叫还应和着叫，见到别的鸡的影子，它还走动。"十天以后，又有人问，纪省子答说："不能，它还意气强盛。"又过了十天以后，仍有人问，这次回答说："差不多了。有的鸡虽还在它旁边叫着，它已经没有什么反应了，看上去像木鸡一样静寂、淡漠，它

的德行可算是完美了。别的鸡没有敢跟它斗的，一见到它，回头就跑了。”

三人成虎

战国时期，魏国被赵国打败了，便和赵国订立了友好盟约，庞恭要随侍魏王的儿子到赵国的都城邯郸去作人质。临行之前，辞别魏王说：“现在有一个人跟您说集市上有老虎，大王相信吗？”魏王回答说：“当然不相信。”“有两个人说集市上有老虎，您相信吗？”魏王回答道：“我还是不信。”“要是三个人都说集市上有老虎，您相信吗？”魏王想了想，说：“那我相信。”庞恭说：“集市上本来没有老虎，这是很明白的，然而三个人都这样说，就变成真有老虎了。那么，现在邯郸距离魏国比从宫廷到集市远得多，非议我的人又远远不止三个，希望大王明察。”后来，庞恭随同魏王的儿子从邯郸回国，魏王果然听信谗言，不接见他。所谓“积毁销骨，众口铄金”，流言飞语具有很强的危害性。识破谣言的可靠方法就是深入调查研究，各方面的意见都听一听，根据事实来冷静分析，才能做出正确的判断。

伯乐卖马

从前有个人牵着一匹骏马去卖，整整在市场上站了三天，却连一个问价的人都没有。他很沮丧，想不通为什么自己的好马竟然没人问津。怎么办呢？有个聪明人就给他出主意，叫他去请伯乐替他的马宣传一下，不愁卖不出去。这个人一听，有道理，便来求伯乐说：“我有匹骏马想卖掉，可费了三天时间就是卖不掉。请您

去一下，也不要您干什么，就只需围着马走一圈，再回头看两眼，我给您一天的报酬。”伯乐应允了，如约去了马市，一看，果真是匹好马，就在这匹骏马旁站了一会儿，左瞧瞧右看看，还摸了两下，走的时候又回转身瞥了几眼。不一会儿，这匹马便以高出十倍的价格被人买走了。

点石成金

有个家境非常贫困的人，他一生虔诚供奉吕洞宾的神位，每日鼎立膜拜，从未间断。吕祖被他的虔诚所感动，一日，忽然降临到他家。见他一贫如洗，不胜怜悯，于是伸一手指指着庭院里的大石头，只见金光灿灿，大石头顿时变成黄金。吕洞宾问道：“把这块黄金赠给你，你要是不要？”那人倒头便拜，头如捣蒜，说道：“不要，不要。”吕祖心中大喜，说：“你如此至诚，看来倒可以传授给你修身养性的真道。说吧，你想学些什么呢？”那人一听，苦着脸地说了真话：“不，神仙，我可不要学什么真道。我心里是想要你这手指头，这样就能想什么时候变金子就什么时候变金子啦。那我可就大富，想有什么就有什么啦！”吕洞宾气得一句话都说不出来，拂袖而去。

吃不着葡萄

一天，有只狐狸这天出门玩，玩得太疯了，又渴又饿，差点都要瘫倒在地，走不动了，希望能找到点东西吃。它东张西望，终于看见不远处有个葡萄架，架子上挂着一串串的葡萄。它兴奋极了，赶紧奔了过去，想摘串下来吃。可是，架子太高了，它抬起胳膊摘不

到，跳了两下也摘不到，还差得远呢。对了，旁边有个小凳，搬过来站在上面。天啊，还是摘不到呢。这下狐狸绝望了，看来它是注定吃不上那串葡萄了，心里头好难过好难过哟。怎么想怎么不甘心，怎么想怎么舍不得走。可这也不是个办法呀，它只能摇摇头，叹口气，自言自语地说道："瞧那葡萄那么青，怕还是酸的吧。吃不到不是更好嘛，省得一会儿被酸个半死。"虽然这么说，但眼睛还忍不住往那葡萄上瞥，艰难地抬步走了。跑出去好远，还回头张望着。

点悟 意思是有些人总能为自己的失败找到理由。

不龟手的药方

从前，有个宋国人，炼出一种能使手不会冻裂的药，他家靠着这种药，世世代代漂绵絮过活。有人听到了这回事，愿意出一百斤金子的代价，向他买这药方。他召集了全族的人商量，说道："我们家世世代代做漂绵絮的工作，收入不过才几斤金子。而现在卖掉药方，一下子可以得到一百斤金子，这事儿多好呀。我看还是卖给他吧！"全族的人也都很赞同，于是就把药方给卖了。那人得了药方，就去说服吴王。刚好越国来侵犯吴国，吴王便派这人统兵迎战。那时正是冬天，他带兵和越人在水上开仗，士兵们涂了那不龟手的药，手脚一点儿也没有冻裂，因此打了胜仗，大破越军。吴王于是封赏给他很多土地，做了大官。"

截竿入城

从前，有一个鲁国人，他很早就来到城门外，准备进城办事。

因为他给亲戚带了一根长竹竿,所以到了城门口,他就犯难了。进城门时,他竖着竿子,直直有几个人那么高,远远超过城门的高度,他根本进不去。这人摇摇头想了想,就放倒竹竿,横起来抱着朝里走,可城门压根没这么宽,他又被挡住了。这个可怜的人看横着进不去,竖着也进不去,简直绝望极了。他累得气喘吁吁,抓耳挠腮,无计可施。过一会儿来了个老者,老者是个好心人,看这小伙子在城门口急得都快哭出来了,就上前询问到底是怎么一回事,准备帮帮他。听完这个小伙子的叙述,老者觉得他的行为好笑极了,便告诉他说:“我虽然说不上是圣人,可见过的事情总比你多,你为什么不将竹竿锯成两截呢?这样一准能进得去!”这人一听,有道理呀,千恩万谢的,很快借来了锯子。他从中间锯断了长竹竿,随后,带着两截短竹竿,轻易地进了城门。老者在后面捻着胡子,笑着,得意地走开了。

唇亡齿寒

晋献公灵机一动,叫荀息把屈地产的良马和垂棘的美玉,献给虞国,向虞公借路攻打虢国。虞公见了美玉、良马,十分眼红,便想答应。他的臣子宫之奇劝阻他说:“千万答应不得。虞和虢的关系,就好像车子跟车轮旁的夹木一样紧密,车子要靠夹木,夹木也要靠车子,否则就不稳固了。虞虢两国的形势正是这样。古人有句话说得好,‘唇亡齿寒’。虢国没有被灭掉,是靠了虞国;虞国没有被灭掉,也是靠了虢国。如果咱们借路给晋国去攻打虢国,那么虢国在这天的清早灭亡,虞国在当天的晚上就会接着亡了。怎么能把路借给他们呢?”虞公不听这番忠告,还是把路借给了晋国。荀息攻打虢国,很快把它灭掉。还兵之后,使兴兵攻打虞国,顺势也把它灭掉了。荀息捧着美玉,牵着良马,把这两件宝物还给献

公。献公很得意地说:“美玉倒还是这一块,但马的年龄却老些了。”

点悟　如果两方面关系密切,一方受到打击,另一方也会不得安宁。

画龙点睛

梁武帝特别崇尚佛教,让人在各地装饰佛寺,佛寺里的壁画大多是由梁代的大画家张僧繇画的。有一次,张僧繇在金陵安乐寺院画了四条白龙,但仿佛都没画完似的,每条都不点上眼睛。有人很奇怪地问他为什么这么做,他神秘地说:“这可是个秘密呀!如果我画了眼睛啊,龙马上就会飞腾上天。”这个秘密立刻一传十十传百,大家都知道了,人们以为他在吹牛,越发要他画上。张僧繇被纠缠得实在没办法,他便给其中的两条龙点上眼睛。不一会儿,雷电交加,击开墙壁,两条龙腾云驾雾,飞上天空,把众人惊得目瞪口呆。而两个未点睛的龙则仍旧保留在墙壁上。

点悟　对写作文来说,在关键地方用神来之笔点明要旨,可以使内容生动传神有力。

楚人治狐

楚国的狐狸特别多,多得成灾,人们想方设法却始终捕杀不了。有个人出主意说:“虎是兽中之王。天下禽兽见了它全都害怕得失魂落魄,趴伏在地听候命令。”依照他的建议,人们制作了许多

老虎的模型，上面蒙上真的虎皮，耸立在窗户下。这招果然灵，很多人家里再也不闹狐狸了。因为狐狸再狡猾，它也难辨真伪呀。往往走到窗户处，还没有进入家门，就被虎的模型吓得倒到地上，哀号着逃掉了。猪喜欢跑到野外去晒太阳，把庄稼地拱得一塌糊涂，很令楚国人烦恼。他们从整治狐狸上获得启发，就把老虎模型往池边、草丛这些地方到处安放。再有猪来到地里，他们就手持棍棒堵在要道口，同时大声呵斥，猪受惊就往草丛中逃，正好撞上虎模型，便吓得跑回大道，结果正好被抓住。楚国人于是得意非凡，以为只要像虎的东西所有禽兽都会害怕。这时候，又有一种长得像马的野兽出来危害人，人们于是又想到虎模型，准备将其披在身上吓野兽。有人劝阻道："这是骏啊，它能吃虎豹，还怕你虎模型？肯定不成！"有胆大的人偏不信，就去做。没想到刚一上去，才和骏接触，就被一爪抓住，咬破脑壳，当场惨死。

井底之蛙

在一个小岛上，有只青蛙住在一口淤塞废弃多年的井里，许多年来都自得其乐，很是开心，没觉得一点儿不如意的。一天，它又跳上井栏玩乐，忽然看见一只大海鳖从不远处爬过来了，就连忙叫住大海鳖，说："嘿，朋友，停一停，停一停！咱们聊聊吧，你到哪里去呀？你看我这个地方怎么样，可是块宝地呀。瞧我多快活，高兴的时候就跳到井口来观赏观赏周围的风光，回到井底呢，水只没到我的面额和夹肢窝。我可不怕水淹，井里的那些小蝌蚪、小虫子什么的，谁能比我有本事呢！老兄，不信的话你过来看看嘛。"大海鳖爬在井口，左脚正要往井里伸，右膝却被井栏绊住，它犹豫了一下，就往回退却，随后便对青蛙描绘海的情景，说："青蛙老弟，我还是要到海里去！海呀，无边无际，水天茫茫，用千里万里也不能衡量

它的大，用千丈万丈也不能测量它的深。大禹时代，十年九涝，海水不见增加；汤商年代，八年七旱，海水不见减少。海水永远就是这个模样，不因为时间的短暂和长久、不因为水的多与少而有丝毫改变。住在这样的地方，才是最快乐的日子呢！”青蛙听罢，怅然若失，半天说不出话来。

点悟 这故事适用于那些没有见过世面的人。

举人不避亲仇

晋平公找来祁黄羊，问道：“南阳县缺个县令，你看谁可以胜任这个职务呢？”祁黄羊回答说：“我看，解狐可以。”平公惊奇地问道：“解狐？他不是你的仇人吗？”祁黄羊回答道：“大王问我谁可以胜任这个职务，并没有问谁是我的仇人。”晋平公听了，点了点头，说：“好啊。”于是就委任解狐为南阳县令。解狐励精图治，百姓交口称赞。过了不久，平公又问祁黄羊说：“现在朝廷缺少尉官，你看，谁可以去担任？”祁黄羊回答：“我觉得祁午可以胜任。”平公奇怪地问：“祁午不是你的儿子吗？”祁黄羊说：“大王问我谁可以胜任尉官，没有问祁午是不是我的儿子。”晋平公说：“好。”于是又任用了祁午。祁午力能胜任，举国上下，一片赞扬。

点悟 祁黄羊非常高明啊！外举不避自己的仇敌，内举不避亲子之嫌，可说他是真正的大公无私啊。

刻舟求剑

从前有个人要搭船过江，一不小心，他的一口宝剑从船边落到江里去了。人家都劝他赶紧下去找，那人却笑着摆了摆手，在船边落下剑的地方刻了个记号，并且自鸣得意地说："我的剑就是从这里落下去的，待会儿船停以后就从这里跳下去找就能找到了，何必非得现在呢。"船靠了岸以后，他就不慌不忙地脱下衣服，按照这个记号的位置跳了下去，在水底寻找起他的宝剑来。可是，附近的江底都寻遍了，还是不见剑的踪迹。这个人万分沮丧地爬了上来。有人得知了这件事情，就笑着对他说："船已经航行了不少路，而剑落在江底是不会跟着船走的，你这样找剑，岂不太愚蠢了吗？"那人这才若有所悟。

点悟　意思是固执而不知变化则是愚蠢可笑的，会吃亏的。

老马识途

春天来了，管仲和隅朋跟随齐恒公去讨伐孤竹国。战争拖了很长时间，一直到冬天才结束。部队返回时，在山里面绕来绕去，迷失了方向。大家正一筹莫展的时候，管仲出主意道："老马有辨认道路的丰富经验，可以利用它来带路嘛。"于是，他们挑了几匹老马，走在前面，大军在后面跟随着，真的踏上了归途。兴高采烈地走了一段，行至一荒山野岭，人马都渴了，却又找不到水喝。隅朋又说："蚂蚁冬天居住在向阳的山坡，夏天居住在背阴的山坡。它们总是在水源上面筑窝，一寸多高的蚁穴下面大约七八尺深应该

是会有水的。”于是士兵们便朝蚁穴下面挖掘，果然在土层里挖出了水。

点悟　宇宙间或自然界的许多物象往往是互相联系的，人们只要勤于探索，善于观察，积累经验，熟悉情况，就能在工作中起到引导作用。

螳螂搏轮

齐庄公闲着无事，便出外打猎，车子停下来歇息了一会儿。想重新上路的时候，齐庄公突然看见一只昆虫举起脚来，仿佛要和车轮搏斗，拦住车子似的。庄公便问他的赶车人说：“这是什么虫子啊？”赶车人回答道：“这叫螳螂。这种虫子呀，光知道前进而不知道后退，不自量力，轻视敌人。您看，它这不是还想跟咱们的车轮作战嘛，怎么可能呢。”庄公则不这么看，他思索了一会儿，说道：“这虫子看上去是有点儿傻，但它那无所畏惧的精神却是很了不得的。如果作为人，那必定是天下最勇猛的武士了！我们不应当轻视它，相反，应该尊重它。”于是，就命令车夫把车子退回去，以避开那只螳螂。军队里的武勇兵卒们听说了这件事，个个都知道自己应该怎样竭尽全力为国效力了。

望梅止渴

据说三国时期的一个夏天，曹操带兵攻打张绣。途中到了一处荒山野岭，方圆数十里之内没有一户人家，也找不到一处水源。行军打仗，粮草和水源是最重要的，这会儿，兵士们都渴得心急火

燎，嘴唇裂得一道口子一道口子的，有的还渗出血来。太阳很大，有些可怜的缺水的士兵连站都站不稳了，两眼发花，眼看就走不出这座山岭了。曹操见此情景，自然是焦急万分，难道这么多人就要困死在这里嘛。怎么办，怎么办？突然，他灵机一动，想到一个好主意。于是曹操对手下说："这座山岭我们以前行兵的时候来过，前面啊，有一大片梅林，结满了青梅，又甜又酸，可以解渴呢。再走不远就到了！"这个消息很快就传了出去，兵士们一听，脑海中就浮现出青梅的样子，嘴里立刻涌出口水，顿时精神抖擞。

曹操趁此机会赶紧整顿队伍，继续前进，终于带领大军走出了这片大荒原，赶到了目的地。

点悟　望梅止渴常常是用来形容那些从不切实际的空想中得到安慰的人。

鸬鹚就擒

某人在鱼塘里养了许多鱼，一群鸬鹚经常来偷他的鱼吃，搞得他很伤脑筋。有人给他出了个点子，扎了一个穿着蓑衣、戴着斗笠、拿着竹竿的草人，插在鱼塘里，用来吓唬鸬鹚。那些鸬鹚初时只在上面绕圈子飞，不敢立刻下来，后来渐渐看清了底细，便飞下来啄鱼。时间一长，它们还经常停留在草人的斗笠上，安然自得，悠哉游哉，一点也不害怕。这人看到这种情况，某日就偷偷地拿走了草人，自己披上蓑衣、戴上斗笠，站在鱼塘中。鸬鹚不明事理，还照旧飞下来啄鱼吃，又照旧停留在斗笠上。那人随即伸手抓住了它的脚，鸬鹚怎么也逃不得了。

鲁人好钓

有个鲁国人特别喜好钓鱼。为了钓鱼，他用黄金打造钓钩，外面还镶嵌上银丝和翠绿色的玉石，看上去光灿灿的，甭提有多华贵了。钓绳则用的是又细又结实的丝线，不像一般人那样只有普通的线绳。他又特意买回桂花等香料，将蚯蚓拌上香料，浸泡了又浸泡，直到老远就能闻到一股浓郁的香味时，才拿来作钓饵。一切都准备好了，这个鲁国人便来到附近鱼儿最多的大河旁，寻到一个最佳位置，开始垂钓了。他的持竿姿势和找的地点都没错，可几天下来，就是没有钓到多少鱼，不像别的垂友一钓就是半篓一篓的。这个人很不理解地询问缘由，别人告诉他："能不能钓到鱼，不在于你的钓具装饰得多么美。事情做得好不好，当务之急不在于你说得有多么好，而是要有过硬的本领。"

点悟 要取得好成绩，最可靠的是实力。

逃命的鹿

有一天，一头美丽的长角鹿渴得要命，来到一处清澈的泉水边喝水。她喝了清凉的泉水觉得很舒畅，便端详起自己在水中的影子来。鹿儿孤芳自赏，为自己端庄美丽的犄角而扬扬自得，但当她看到自己的细腿时，就觉得难为情了，闷闷不乐起来。

正在这时，一头狮子突然向她扑过来。鹿儿吓得掉头就跑，她的细腿很有力量，跑起来很快，一会儿就把狮子拉下好远好远。可是，狮子穷追不舍，到了丛林地带，鹿儿不慎被树枝绊住了犄角，怎

么也跑不动了，结果狮子冲过来一把就把鹿给捉住了。

临死时，鹿自言自语地说："这究竟是怎么回事？本以为丢人现眼的腿，在危急的时刻可以救我，而我沾沾自喜的角，却在我即将逃脱危险的时候使我丧命。"

点悟 意思是不能光看表面现象，更不能根据自己的好恶判断是非。

农妇与行人

很久很久以前，村子里有一位农妇养成了用鼻子判断过往行人贫富的习惯。她家住在村口，行人往往向农妇打听该怎样走才能到达目的地。

如果农妇的鼻子认为问路人是个富人的话，那她马上就会点头哈腰，满脸堆笑地给问路人仔细地指点，生怕他走错了路，然后她就会索要一笔很可观的问路钱。

如果是一个穷人的话，农妇理都不想理，仍然继续干她手中的活，只有等到那人苦苦哀求后，农妇才用手一指，就算是告诉他怎么走啦。

神的使者普罗米修斯知道了老妇人的所作所为。一天，普罗米修斯装扮成一个穷人来向农妇问路，农妇看到普罗米修斯穿得破破烂烂就断然拒绝了。普罗米修斯受到这样的待遇，一点儿也不生气，十分礼貌地说："妇人，既然你喜欢用鼻子来判断身份，那好，我就送你一只鼻子吧。"从此，农妇就有了一只又尖又挺的大鼻子。

点悟 意思是不要以貌取人。

两只青蛙

有两只青蛙是邻居，开始都住在村里小路旁边的一个水洼里。

后来，村子渐渐发达起来，过往的车马也渐渐地多了起来。住在这里的两只青蛙总是担心雨天或夜晚来往的车马无意中跑到水洼里，破坏了他们宁静的生活，于是，其中的一只就搬到了一个远离道路的池塘里。

过了几天，池塘里的青蛙来劝小水洼中的青蛙也搬过去住。

池塘的青蛙说：“喂，那边池塘可美了，水又绿，蚊蝇也不少，你也搬过去吧，咱们又可以做伴了，那该多好啊！”

水洼的青蛙说：“谢谢你的好意，可是，我已经习惯了这儿的生活，到那幽远的地方，还能看到这繁华的景象吗？”

不久，一辆马车飞驰而过，水洼里的青蛙来不及躲闪，被轧死了。

点悟 有些人在不良的习惯中混日子，在他们还没有醒悟前，就死掉了。

青蛙的选择

两只青蛙一块儿住在一个小池塘里，后来池塘干涸了，两只青蛙只好开始四处奔波，去寻找新的家园。

两只青蛙走啊，走啊，终于来到一口水井的旁边。看到清澈的井水，他们非常兴奋。一只青蛙不假思索地就要跳到井里去，而另一只青蛙却把他拦住了，被阻拦的青蛙有些扫兴地喊道：“干嘛呀！

我们好不容易才找了个有水的地方，还不赶快跳进去痛痛快快地洗个澡。”

另一只青蛙赶紧说：“兄弟，你头脑清醒一点，你想想这井又小又深，万一井水枯竭了，咱们怎么上得来呢？到那时，不就要活活等死吗！”

第一只青蛙听了，明白自己刚才太鲁莽了，只图一时痛快，而没考虑后果。于是，他俩又开始了新的寻找。不久，他们就找到了一大片美丽的湖泊。

点悟 在处理事情时，只有头脑冷静，进行理智地分析，才能取得成功。

龟兔赛跑

兔子和乌龟本来是很要好的小伙伴，经常在一起玩。可是，有一天，兔子对乌龟取笑道：“乌龟呀，你们天生就是不求上进的家伙，你爸爸慢吞吞的，你也慢吞吞的，这真叫有其父必有其子。”乌龟羞红了脸，兔子却唠叨个不停，惹得乌龟勃然大怒地说：“兔子，你别夸口，要不咱俩赛一程。”兔子仰天哈哈大笑：“好个不识轻重的乌龟，凭你也敢跟我赛跑？我看你还是找蜗牛去比吧！”

“兔子，兔子别得意，咱们要比就比长跑，来个动物马拉松，谁先跑到对面山顶谁就赢。”

比赛开始了，引来许多的动物看热闹。随着发令枪一声响，兔子一路当先，很快就把乌龟撇下很远。而乌龟则慢慢吞吞地爬，连兔子都看得心急，心想不如干脆睡一觉，于是兔子倒头呼呼大睡，一会儿醒过来一瞧，乌龟还在后面远着呢！兔子索性又躺下来大睡。

乌龟知道自己速度慢，但为了给乌龟家族争口气，他毫不气馁，一步一步地向前爬着，累得满头大汗，爬呀爬，爬呀爬，乌龟爬过平地爬山坡，终于爬到了山顶。动物们都为乌龟欢呼，欢呼声吓了兔子一身冷汗，他赶紧爬起来就跑，等他跑到终点时，乌龟早已胜了。

点悟　意思是说奋发图强，坚持不懈地努力，往往能胜过比自身条件优越的人。

寒鸦和鸽子

有一天，寒鸦外出寻找食物，他看见一个庭院里住着一群鸽子，食物很多，就非常羡慕。寒鸦机灵一动，就把浑身上下的羽毛全部染白，混到鸽笼里，跟鸽子们一道分享食物。

起初，寒鸦一声不吭，鸽子们以为他是自己的伙伴，就让他呆在鸽笼里。但时间一长，寒鸦一不留神，发出了唧唧呱呱的声音，这下可惨了，鸽子立即听出这位不速之客是寒鸦，大家一齐用嘴啄他，把他轰出了庭院。

寒鸦在鸽子那里再也弄不到吃的，只好又回到自己的同类当中。谁知道寒鸦们见了他，觉得他身上的羽毛颜色与众不同，不认他，就把他赶走，不让他跟他们住在一起。这只寒鸦本想得到两边的好处，结果连一处也没得着。

点悟　意思是说有些人当两面派，结果两边不讨好。

蚂蚁和蝈蝈

冬日里，太阳十分温暖，蚂蚁们忙进忙出，正在翻晒他们在夏天里收集起来的麦子，以备下雪天充饥。这时，有一只饿得要死的蝈蝈路过蚂蚁的洞口，看到他们有那么多储备的粮食，就可怜兮兮地请求说："蚂蚁大哥，可怜可怜我吧！我快饿死了，随便给我点什么填填肚子吧！"

蚂蚁很想教训这个懒惰的家伙，问他说："亲爱的歌唱家，你干吗不在夏天储备一点粮食呢？"

蝈蝈回答说："我那时候一刻闲工夫都没有，我整天忙着一展我美丽的歌喉。"

于是，蚂蚁嘲笑歌唱家说："要是你整个夏天光知道唱歌，那么到了冬天，你只有空着肚子跳舞了。"

点悟 意思是说凡事如果不事先准备，到头来必定难于应付。

马和骑兵

从前，有一个骑兵非常爱护他的战马，他把马看得比自己的生命还要宝贵，每天细心地喂他干草和麦子，还给他刷洗皮毛。

整个战争期间，由于骑兵的悉心照顾，马儿长得膘肥体壮，成为骑兵遇到一切紧急状况的得力助手。可是，等到战争结束了，骑兵待马一点儿也不好，每天让他干苦活，还让他拉很重的木头，干完活儿也只给他吃很少的糠。马儿瘦得只剩下了皮包骨头。

后来，战争又爆发了，骑兵又得骑马打仗了。骑兵给马装上鞍

辔，然后自己穿上沉重的铠甲，跨上马去。他还没有坐稳，马儿已经支持不住了，倒了下来。骑兵站了起来，忍不住破口大骂。马儿对骑兵说："主人，你自己走着上战场吧！你把我从一匹马变成了一头驴子，现在你别指望我一下子能从一头驴子重新变成一匹马。"

点悟　需要朋友时才利用朋友的人，一定会遭到报应的。

石头汤

一天，风雨大作。一个沿街乞讨的穷人又冷又饿，来到一户富人家门口躲雨。仆人看到了，走出来对他呵斥说："走开！别站在这里妨碍我们。"穷人可怜巴巴地说："大哥，你行行好，让我进去在你们的火炉旁边把衣服烤干吧！"仆人心想，这人怪可怜的，也不破费自己什么，就让他进去了。

穷人进了富人的下房，在火炉边烤干了衣服，与仆人拉起家常来。穷人又求厨子借他一口锅，他好煮锅石头汤补身子。

厨子一听，感到很奇怪，说："石头汤？我从来没见过，今天倒要看看你是怎么做的。"他给穷人在火上架了一口锅。穷人舀了一些水放入锅中，又从怀里掏出一块石头放进水里。

不一会儿，水煮沸了，厨子说："你得放点盐呀。"他说着就给了穷人一些盐，又找来一些调料，最后还找来一些青菜和肉末给穷人。不一会儿，穷人的一锅美味可口的石头汤就煮成了。

点悟　只要我们不垂头丧气，想办法充分利用自己已有的条件，最后就一定能成功。

生病的狮子

在一个深山老林里，有只威望很高的狮子，已经不能再凭力气去捕获食物了，他想凭心计智取。他钻进一个山洞里，躺下装病，并且让大家知道他病了。野兽们纷纷前去探望他。狮子就把单身前往的野兽捉住吃掉，许多野兽就这样失踪了。

有只机敏的狐狸看穿了狮子的诡计，他来到狮子那里，站在洞外，离开相当的距离，向他问安。狮子装作有气无力地回答说："谢谢你，在这个时候还来关心我，请你进来坐坐，陪我聊聊天吧！"

狐狸机智地回答道："不，谢谢了，假如我没有发现你这里进洞的足迹要比出来的多得多，我也会进去的。可是眼下我把一切都看明白了。我会把你这里发生的事都告诉野兽们，那时就再没有人来看你了。你就在洞里等死吧！"

点悟　意思是要从别人的教训中汲取经验。

蚊子与狮子

一天，一只蚊子飞到万兽之王狮子面前，叫道："狮子，我一点都不怕你，虽然你是兽类的大王，但也不见得比我厉害。你的本领吗？用脚爪抓，用牙齿咬，哈！那是女人们吵架的时候才用的手段。你别小瞧我，我可比你强多啦，不信，那好，咱们就来较量较量，到底谁厉害！"

狮子一看是只蚊子，根本就没打算理睬。蚊子生气了，吹着喇叭冲了过来，朝狮子脸上扑过去，专找鼻子周围没有毛的地方猛

叮。狮子气得张牙舞爪，用爪子把自己的脸都抓破了，可就是抓不到这只小蚊子。

蚊子战胜了狮子，十分得意，吹着喇叭，唱着凯歌飞走了。可是正当蚊子欢天喜地地四处飞舞时，却一头撞进了蜘蛛网，没折腾几下，就动弹不了啦。蚊子临死的时候，叹息说："真悲惨啊！世上最强大的动物都被我打败了，却丧生在小小的蜘蛛手里。"

点悟　人各有所长，也各有所短，以己之长克人之短，也得提防别人以他之长克你之短，因此千万不要骄傲自满。

狐狸请客

一天，一只狐狸请一只鹤吃饭，他什么也没准备，只有用豆子做的汤，盛在一个浅平阔大的大碟子中。狐狸很容易舔到，吃得十分舒服，但鹤每低头喝一口汤，汤都从他的长嘴中漏了出来。狐狸看到鹤吃不着东西的苦恼样子，觉得十分好玩。鹤受到这样的待遇，感到受了侮辱，也想捉弄狐狸一次作为回报。

第二天，轮到鹤回请狐狸吃饭。鹤把所有的食物装进一个大肚子细颈壶，然后摆在狐狸面前。壶颈细长，鹤很容易就能把嘴伸进去，舒舒服服地享用壶里的美味，而狐狸馋坏了，却连一点滋味尝不到，遭到了上次鹤受到的同样的困窘。这样鹤以自己的待客之道惩罚了狐狸。

点悟　意思是你怎样待别人，别人就会怎样待你。

恶 狗

有一条狗，不管遇到什么人，总是悄悄地跑过去，跟在那人后面，趁其不备，猛地咬上一口就逃跑。狗的主人为了使人们提高警惕，防止受到他的袭击，就在他的脖子上挂了一个铃铛。从此，无论狗走到哪里，都咬不到别人。

渐渐地，狗对自己脖子上的铃铛感兴趣起来，他每天就叮当叮当地满街乱跑。一条老猎狗看不过去了，就对他说："你干嘛这样到处出自己的洋相呢？简直丢尽我们的脸。你要清楚，你脖子上挂的这个小铃铛，决不是什么有功绩的奖章，恰恰相反，倒是一个不体面的标志呀！它是通知所有的人，让大家躲开你这条粗鲁而没有礼貌的狗罢了！"

点悟 意思是有些人臭名远扬，往往还自以为是出风头。

马和驴子

有一匹马，常常为自己身上的华丽装饰感到又骄傲又神气。有一天，他在路上遇到一头驴子，驴子载着很重的东西，一路上走得很慢。马神气十足地说："你这蠢笨的东西，我简直忍不住要踢你一脚了。"驴子只得忍气吞声，默默地祈求众神主持公道，伸张正义。

过了一些天，那匹马患了气喘病，再也不得宠了，就被主人赶到农场里干重活。一天，马拉着装满肥料的大车上地里去。驴子看见了，忍不住嘲笑地说："啊！神气活现的家伙，如今你的风光到

哪里去啦？你自己也已经落到不久前你看不起的地位了。”

点悟 天有不测风云，人有旦夕祸福。面对不可测知的命运，人应谦卑顺眼，不要为目前的顺利而轻狂，也不要取笑别人身处逆境的痛苦。

17. 传　说

——富于传奇表达人们对历史的愿望与要求

传说起源很早，它是在流传过程中不断得到再创造，是一种集体的文学创作。传说生动形象地表达了人们对历史事件的理解和认识，在一定程度上反映了人们的要求与愿望。传说大多带有传奇性，对人物的塑造多采用白描手法，后来又多经文人加工整理。中国的传说大多散见于史书、民歌、民间故事中。

委婉语和揭底话

朱元璋出身贫寒，小时候给有钱人打过工、放过牛，一度无奈还出家为僧。但他胸怀大志，苦熬打拼，终于成为明朝开国皇帝。

传说一个小时候和朱元璋一块放牛的伙伴，得知了朱元璋当皇帝的消息，便去应天府(今南京)求见朱元璋，想讨点赏赐。朱元璋听到报告后，也很想见昔日的朋友，便当即召他进殿。

这位朋友一进大殿，急忙跪拜道："我主万岁，万万岁！曾记否，当年微臣随驾扫荡芦州府，打破罐州城。汤元帅在逃，拿住豆将军，红孩子当关，多亏菜将军。"

朱元璋听了，猛地一下子记起了和这个朋友过去偷豆子的事，却听他说得多么委婉啊！既和他一起叙旧，又顾全了他皇帝的面子，让他心里非常高兴。他禁不住想起当年在一起饥寒交迫、有福同享、有难同当的日子，心情激动不已，就立即封赏了这位老朋友为御林军总管的官职。

消息不径而走，另一位过去和朱元璋一块放牛的伙伴也赶紧来求见朱元璋。

一见面，他得意忘形，指手画脚地在金殿上说："你记得吗？从前咱们一起给有钱人放牛，有一天在芦花荡里，我们把偷来的豆子放在瓦罐里煮，还没等煮熟，大家就抢着吃，结果瓦罐打破了，撒了一地豆子，汤泼在泥地里。你急了，只顾从地上抓豆子吃，却也将红草叶子送进了嘴，苦死你了。还是我让你用青菜叶子放在手上拍了几下吞下去，这才把红草叶子……"

这位穷朋友还喋喋不休，唠叨个没完，可朱元璋却一句也听不下去了。他觉得这个人太不知趣，竟然当众揭自己老底，让他当皇帝的脸往哪儿搁。愤怒之下，喝令左右："哪里来的疯子，来人，将

此人推出去斩了!”

悖　论

古希腊的哲学家喜欢讲一个鳄鱼的故事。

一位母亲抱着孩子在河边上玩耍,突然从河里窜出一条大鳄鱼,从母亲手中抢走了她的孩子。

母亲着急地叫道:“还我的孩子!”

鳄鱼说:“你来回答我提出的一个问题。如果回答对了,我立刻就把孩子还给你。”

母亲恳切地说:“你快说,是什么问题?”

鳄鱼说:“你来回答,我会不会吃掉你的孩子?你可要好好想想,答对了我就还你孩子,答错了我就吃掉你的孩子。”

母亲认真想了想说:“你是要吃掉我的孩子。”

母亲出乎意料的回答,使鳄鱼愣住了。它自言自语地说:“如果我把孩子吃掉,就证明你说对了,说对了就应该把孩子还给你;如果我把孩子还你,又证明你说错了,说错了就应该吃掉孩子。哎呀!我到底应该吃掉呢,还是还给你?”

正当鳄鱼被母亲的回答搞晕了的时候,母亲夺过孩子,快步跑走了。

鳄鱼非常遗憾,它想如果母亲回答我不会吃掉她的孩子,那该有多好,我就可以美美地吃上一顿了。

点悟　在古希腊哲学家讲的这个故事中,出现了一个悖论,而这个悖论却救了孩子一条命!

拟联笑骂袁世凯

窃国大盗袁世凯(1859—1916)是一个阴一套阳一套的两面三刀人物。1898年戊戌变法期间,假装支持维新运动,暗地又向慈禧告密。1911年辛亥革命时,在帝国主义支持下,任内阁总理大臣,因重兵在手,一面威胁孙中山让位,一面挟制清帝退位,窃取中华民国临时大总统之职,后又立年号洪宪,准备即皇位,人民群众对其恨之入骨。

相传有人曾作一联讥骂袁世凯,联云:

一二三四五六七,

孝悌忠信礼义廉。

点悟 暗骂袁世凯是"忘(王)八无耻"。这里用的是楹联中漏字手法,暗寓其意,让人猜测。

城 隍

我国古代称有水的城壕为池,无水的城壕为隍。故道教把守护城池的神称为城隍。至迟在三国时就有这一称呼。北齐时已有城隍祠,宋以后奉祀城隍的习俗更为普遍。人们认为城隍管人间善恶,保一方平安,有些城隍庙门额上还悬一把大算盘,表示城隍的灵验,谁也逃脱不过他的精察细算。

某地一城隍庙有联曰:

你的算计特高,得一回,进一回,那晓满盘都是错;

我却模糊不过,有几件,记几件,从来结账总无差。

横额是：不由人算。

点悟　这幅对联的意思是告诫那些作恶的人，不要得寸进尺，错打算盘，我城隍爷是瞒不过的，算盘是由神掌握的，由不得人。

这些当然是迷信之说，不妨当作一种文化现象，听一听，笑一笑。而这幅对联中数词“一”和“几”的引用，才更显示了城隍爷能明察秋毫，谁也瞒哄不过。

巧隐数字

相传，广东状元伦文叙曾为一幅苏东坡所画的《百鸟归巢图》题诗。诗云：

天生一只又一只，
三四五六七八只。
凤凰何少鸟何多，
啄尽人间千万石。

点悟　这首诗的妙处就在于：明明是为《百鸟归巢图》题诗，却没有直接表达出“百”，而把“百”这一数字，隐含在诗句之中，让人自己去慢慢意味。第一句中“一只又一只”，是指“二”。第二句“三四五六七八只”，是用三个两两相乘的算式，即：三乘四等于十二，五乘六等于三十，七乘八等于五十六，三者相加，就是九十八。二加九十八，不多不少，正好一百。

官位与著作

相传，某县官为政清廉，但不懂官场应付，唯知伏首书案研求学问，埋头编著。年深日久，集子一册一册问世，但其官位却一年比一年低。有朋友戏赠一联曰：

七品八品九品愈趋而愈下，

一集二集三集日积而日多。

点悟 上联中七、八、九连用，描述了其官位一年低于一年；下联中一、二、三连用，描述了其著作日丰。简单地两句话，由于数字的连用，真实地刻划出这位县官的书呆子形象。

头名状元

相传，古代科举取士，笔试选中后，还要经过皇上面试——称为殿试，殿试取得了皇上欢心，才能点为状元。

一位书生过关斩将，取得了殿试资格。殿试时，皇上看见院中，雨密密麻麻地打在竹稍上，十分好看，便出了一条上联：

雨打凤尾千条线

这位书生揣摸着皇上的心理，随即对出：

日照龙鳞万点金

皇上高兴极了，立刻把这位书生点为头名状元。

徐文长赋诗惊太守

那年春天,桃红柳绿,风景宜人,正是外出踏青旅游的好季节。诗人徐文长坐着一条小船在西湖上赏景。船到湖心亭,徐文长缓步上岸。忽然听到一阵十分沉痛压抑的哭声从一只破旧的渔船中传来。

诗人循着哭声上前一看,原来是一位十多岁的女孩子蹲在船里掩面哭泣。诗人好言抚慰了这小女孩一番,仔细询问其中详情。小女孩这才抽抽搭搭地告诉了他原因。

原来小女孩早上随父亲出船捕鱼,不料遇上杭州太守坐着龙舟出来游西湖。两船相遇,小渔船来不及躲避,冲撞了大龙舟。

太守心里不悦,当下找了个碴子说小渔船蓄谋不轨,把小女孩的父亲捉住下狱了。

诗人听罢,不禁义愤填膺,马上带着小女孩乘船向大龙舟追去。不一会儿,就追上了太守的龙舟。徐文长站在船头示意停船。谁知那太守不仅不理,反而一摆尾巴向小船挤过来,差点儿把诗人挤下水去。即便如此,太守还不依不饶,他怒气冲冲地兴师问罪道:

“大胆刁民,竟敢冲撞官船,扰乱本官雅兴,你是什么人?”

诗人昂首挺胸站在船头,不慌不忙地说:

“我是个秀才。”

太守见诗人衣着寒酸,相貌平平,十分不起眼,就故意刁难道:

“老爷我素来爱才,既是个秀才冲撞本官,姑且饶你不死。但必须罚你作诗一首。”

诗人拖长声音说:

“作诗可以,不过我有个条件——”

“什么条件？你还敢提条件？”

“条件很简单，我作了诗，你就把刚才抓去的那个渔民放出来！”

诗人理直气壮地说。

那太守这才知道诗人是为渔夫鸣冤而来的。他倒想趁此机会看看面前这个穷秀才到底有几斤几两，满口答应了诗人的要求。

诗人拿起笔来，略一思索，便开始写诗。起首一个“天”，接着又是一个“天”字，第三个字还是“天”……他一口气写了七个“天”字。

那太守一见不觉哈哈大笑。

“大胆狂生，原本不会作诗，却也来糊弄本官，我今天到底要看你怎样收场！”

诗人并不理会，继续往下写，不一会儿就成诗一首：

天天天天天天天，
天子新丧才半年。
山川草木皆含泪，
太守西湖独放船。

听到这里，太守大吃一惊，才想起皇帝去世不久，朝廷有令不得妄兴游乐。也知道了眼前这位秀才的厉害，马上把渔民给放了。

点悟　徐文长疾恶如仇，抓住皇帝新丧禁止游乐这一点，果断赋诗，便击败了太守。现出了貌视凶残的太守的纸老虎原型。

边孝先自我解嘲

在中国历史上，有一位学识出众，又语言幽默的老先生，他叫边孝先。

当时，很多年轻人都很敬佩他，愿意拜他为师。他也就以教书为业，收了几百个徒弟在家里设馆教学。

边孝先虽然为人幽默，但在学业上从来不马虎，对学生十分严厉，甚至到了苛责的程度。

学生在学习中出了哪怕是一点差错，他就会毫不客气的大加斥责，因此大家都很怕他。而且他自己也总是以身作则，凡是要求学生做到的，他都率先做到，为人师表、品行高洁，当地人知道他教学有方，纷纷把子弟送到他那儿去读书。

他的学生越来越多，以至于他自己都有点儿管不过来了。

有一次，因为头天晚上批阅学生作业太多，第二天上课时边孝先十分困乏，精神老是不能集中。

他怕在课堂上打盹影响不好，就安排好学生自己到房里睡觉去了。

学生们等了老半天也不见先生来教课，就偷偷跑到先生房里去看，结果发现边孝先在睡觉。

古时候大白天睡觉是一种偷懒的行为。学生们见一向严谨的老师也有懈怠的时候，心里十分高兴，决定借机取笑于他。

有一个特别调皮的学生信口编了两句顺口溜，即兴"边孝先，腹便便。懒读书，但欲眠。"意思是：边老师，肚子大。懒得读书，只想睡觉。

谁知边孝先只是一时犯困，打个盹也就过去了。他一觉醒来听到学生在嘲笑自己，不觉十分恼怒，当即躺在床上随口吟道：

"边为姓，孝为字。腹便便，五经笥。但欲眠，思经事。寐与周公通梦，静与孔子通意。师而可嘲，出何典记？"

这句话翻译成白话就是：

边是我的姓，孝是我的字，我那肥大的肚子是装满了五经的箱子。我白天睡觉，是在考虑同五经有关的事。我在睡梦中和周公交谈，在静思中同孔子取得一致。连老师都可以嘲笑，哪本书上记

载过这样的事？

那个编顺口溜的学生听了，羞得满脸通红，一句话也答不上来。

点悟 老师也是一种引导学生学习的职业，对老师不能求全责备，过分苛责。面对学生的嘲笑，边孝先却没有暴跳如雷，而是“以其人之道还治其人之身”，巧妙地回答了学生的诘难，可谓明智之师！

露锋芒贾谊招挫

汉朝时孝文帝即位后，便重用了诗词通经闻名四海的贾谊。这一年贾谊才二十多岁，英姿勃发，少年得志，更是锋芒毕露。每次孝文帝召集群臣议事时，朝臣们难以解决的问题，贾谊往往是轻松自如地解决了。

孝文帝觉得贾谊才华出众，心中大喜，在当年就让贾谊坐上了侍中大夫的宝座。贾谊也不辜负皇帝的期望，他认为汉朝已经天下大治，于是就大力提出“改正朔，易服色，法制度，定官名，兴礼乐”。

他还自作主张，草撰了新的礼仪法规，认为汉代的颜色应以黄为上，还自行设定官名，把由秦朝传下来的制度全都更改了。

孝文帝刚刚即位，见贾谊独述己见，倍加赞赏。但朝廷纲纪却不是说改就能改的。

大臣周勃、灌婴，东阳侯张相如，御史大夫冯敬时等贵族都因此而怨恨贾谊，常常在文帝面前说他的坏话。

他们总结了贾谊的一系列失误，说他“年少初学，未欲擅权，纷乱诸事”。

孝文帝被这些话塞满了耳朵，再回过头来看贾谊的所作所为，也觉得他太张狂了点儿。从此，孝文帝对贾谊逐渐疏远。

贾谊在政治上开始走下坡路，他被遣往长沙任长沙王的陪读太傅。

过了一年多，终于得到皇帝召见。

贾谊信心百倍地上京，以为有了复出的机会。

谁知孝文帝根本没有向贾谊咨询治国之策。性情荒诞、迷信佛道的皇帝只是向他询问了一些鬼怪神魔之类的东西。

贾谊满怀信心就此落空，心情十分沉闷，怏怏不乐地又回到了长沙。

诗人李商隐为此作诗叹道：

“可怜夜半虚前席，不问苍生问鬼神。”

随后贾谊又担任了梁怀王的太傅。

梁怀王是“文帝之少子，帝甚爱之”。文帝同时又封淮南厉王子等四人为列侯。贾谊认为不妥，数次上疏反对，认为诸侯封地广阔，势力强大将会给国家带来大的祸患。

由于他的观点太尖锐，而且矛头直指诸位王子，文帝不仅没有采纳，反而认为他太过分而愈加厌恶他。

不幸的事一桩接着一桩。过了几年梁怀王在学骑马时，不小心坠马而死。

作为王子的老师，贾谊对此负有不可推卸的责任。

忠心耿耿的贾谊没想到自己忠心事主反而落得如此下场，同时又万分悔恨自己没有尽到责任，天天在王府哭泣不止。

长期的抑郁和自责终于摧垮了这位少年才子。33岁那年，他在寂寞悲哀的氛围中死去。

点悟 少年贾谊本来才高八斗，学富五车，才思敏捷，受到皇帝赏识也属当然。

然而贾谊毕竟太年轻，成功之日看不到周围潜伏的巨大威胁，仍然一身锐气不图自保。

“木秀于林，风必摧之；堆出于岸，流必湍之；行高于人，众必非之。”贾谊成了众矢之的，力尽而寡助，最后落了个少年身死的悲惨结局。

处世要随和，不可自命清高，这是立身处世最有用的救命法宝。韬光养晦虽然并无助人生积极进取，但从躲避敌害来说却有着深刻的道理。

深受皇帝信任和重用，本是一件可喜可贺的好事，但由于他年少气盛，却不知藏巧露拙，而是锋芒毕露。这锋芒如自己头上的角，你自己不去磨平它，终究会被别人折断。

为人处世真智慧

战国时期的扁鹊精通医术，尤其擅长诊脉和针灸。

有一天，扁鹊到一个村子巡诊，正遇到一群人抬着一个壮年人准备下葬，原来这个壮年人刚刚得了一场急病死了。

医生的职业道德驱使扁鹊俯下身来，他仔细地看了看死者的瞳孔，又伸手在他胸口处摸了一下，然后站起身来，对那些哭丧的人们说：

“大家都不要哭了，这个人还有救呢！”

人们听了，既喜出望外，又满腹狐疑，莫名其妙的望着这位陌生人。

只见扁鹊不慌不忙地掏出石针在病人穴位上扎了几针，然后又用艾蒿给病人薰了几个穴位。

果然，过了不久，那个病人眼皮动了动，发出一声轻微的叹息声。扁鹊见病人已经苏醒过来，就不再多说，只是留下几剂药方就

抽身走了。

那位病人在服用了扁鹊的汤药后终于捡回一条性命，从此，扁鹊起死回生的口碑也越传越远。

蔡国的蔡恒公听说后，便召见了扁鹊。扁鹊一见到蔡恒公，寒暄几句后，便直言不讳道："大王，据我观察，现在你已经染上了一种疾病，如果不及时治疗，恐怕有后患啊！"

蔡恒公对扁鹊的金玉良言根本不当回事，笑道："你是开玩笑吧？我一日三餐饮食正常，处理国事游刃有余，精力充沛，怎么会有疾病呢？"

扁鹊觉得蔡恒公听不进自己的肺腑之言，只好告辞了。过些日子，扁鹊又主动拜访蔡恒公，劝他治病，但蔡恒公仍是置之不理。

又过了段时间，蔡恒公觉得身体不适，疼痛难忍，便差人请扁鹊入宫。谁知这次扁鹊把蔡恒公上下打量了一番后，啥话不说一句，调头就走了。蔡恒公觉得奇怪了，派人追上扁鹊问个究竟。扁鹊十分痛心，说道："我第一次见到大王的时候，他的疾病仅在皮肉之间，服汤药就可以治愈。第二次见到大王时，他的病已经到了肺腑之中，这时用针灸就可以根治。这次我看到大王的病已蔓延到了膏肓之间，汤药和针灸都不能奏效了，即使神仙下凡也难啊！"

果然没过多久，蔡恒公的病情恶化，不治而亡了。

点悟　世上万事万物的发展变化都有一个过程，如果一开始就抓住病根进行医治，就不会发展到难以收拾的地步。所以说，上面这个故事也道出了为人处世的真智慧。

钻木取火

原始人群到氏族公社初期人类生活是怎样进化的，我国古代

也有许多传说。传说中有一些大人物，这些人往往既是首领，又是一个发明家。这种传说多半是古人根据古时代的原始人生活想象出来的。

原始人的工具十分简单，周围又有许多猛兽，随时随地会遭到他们的伤害。后来，他们看到鸟儿在树上做窝，野兽爬不上去，不能伤害他们。原始人就学着鸟儿的样，在树上做起窝来，也就是在树上造一座小屋，这样就安全得多了。后来的人把这叫做“构木为巢”。是谁发明的呢？当然是大家一起摸索出来的。但是在传说中，却把这件事说成有一个人教大家这样做的，他的名字叫做“有巢氏”。

开天辟地

我们人类的祖先，究竟是从哪里来的？古时候流传着一个盘古开天地的神话，说的是在天地开辟之前，宇宙不过是混混沌沌的一团气，里面没有光，没有声音。这时候，出了一个盘古氏，用大斧把这一团混沌劈了开来。轻的气往上浮，就成了天；重的气往下沉，就成了地。

以后，天每天高出一丈，地每天加厚一丈，盘古氏本人也每天长高了一丈。这样过了一万八千年，天就很高很高，地就很厚很厚，盘古氏当然也成了顶天立地的巨人。后来，盘古氏死了，他的身体的各个部分就变成了太阳、月亮、星星、高山、河流、草木等。

这就是开天劈地的神话。

点悟　神话毕竟只是神话，现在谁也不会相信真有这样的事。但是人们喜欢这个神话，一谈起历史，常常说从“盘古开天地”起。这是因为它象征着人类征服自然的伟大气魄和丰富的创造力。

妈　祖

妈祖是我国福建、广东、台湾一带以及东南亚和海外华人崇拜的航海女神。相传,她是闽南地区一个姓林家的姑娘,从小水性就很好。

按照当地的习惯,只有家里的男人才能出海。林姑娘的四个兄弟经常出海捕鱼。一天,海上刮起了百年未遇的大风暴,海浪足有几百尺高。岸上的人们心惊胆颤,牵挂着出海的亲人。突然,林姑娘脸色苍白,双眼紧闭,倒在床上不醒人事。父母急坏了,又推又摇,终于把她弄醒了。林姑娘睁开眼后,一句话也不说只是又伤心又怨恨地望着父母。

风暴停下来了。几天后,林家兄弟回来了,但独不见了老四。他们边哭,边向父母诉说那个夜晚的遭遇:巨浪掀翻了他们的船,正当四兄弟陷入危急之时,一个姑娘踏浪而来。大哥、二哥、三哥都被救出来了,但在救四弟时,那姑娘却突然不见了。四弟被海浪吞没了。

林家父母明白了。那天女儿不是发病,而是她的魂魄出体外,救援海上的亲人了。他们悔恨极了,要是不叫醒女儿,最小的儿子就不会死了。

后来,林姑娘升天做了神仙,专门保佑航海人的平安。人们为她修了庙,叫“妈祖庙”。

阿凡提智斗皇帝

从前,新疆有个阿凡提,是个聪明机智的人。他常骑着毛驴帮

别人干活，还给人们讲故事和笑话，而且十有八九句是讽刺皇帝的。

皇帝听说阿凡提骂他，气得派人把阿凡提捉到京城，关了起来。皇帝听说阿凡提很聪明，准备在杀他之前，考一考他究竟聪明不聪明。

这天，皇帝来到牢房，问阿凡提："人们都说你很聪明，我来问你，你能知道你会活到哪一天吗？"阿凡提掐着手指算了算，伤心地说："唉！我只能活到今天了！"

皇帝一听笑着说："哇，你果真聪明！"阿凡提说："我不光能算出自己活到哪一天，还能算出别人活到哪一天呢？"皇帝问："你能算出我活到哪一天吗？"阿凡提又扳着手指算了半天，高兴地说："啊，我算出来了，你只能比我多活一天呐！"

皇帝一听，慌了神，怀疑地问："你今天死，那明天就该轮到我死了吗？"阿凡提笑笑说："对，不信，你就试试吧！"

皇帝最怕死了。他当即就放了阿凡提，并且给了他很多钱，嘱咐他吃好睡好，活到一万年。

吉恩的明天

外国有个少年，名叫吉恩。他不喜欢读书，经常打架，还偷别人的东西，最后被学校开除了。吉恩的父母也很讨厌他，所以吉恩整天在外边游荡，成了流浪儿。

一天，吉恩走到一家饭店门口，看见门上贴着一幅招牌，上面写着：明天吃饭不要钱。吉恩一看，心里很高兴，激动地等待第二天的到来。

第二天一早，饭馆刚开门，吉恩就第一个冲进来。他坐下来，大声招呼店员："来一盘牛肉，一杯好酒，啊不，是两杯……"

店员见吉恩穿得又破又脏，走到他眼前问："你带了足够的钱吗？"吉恩一听，迷惑地问，吃饭还要钱吗？店员听了，笑着说："小家伙，你再到外面看一看吧！"

吉恩走出店门，门上的招牌还在，上面仍然是那几个字：明天吃饭不要钱，吉恩拍着脑袋，自言自语地嘟囔说："噢，这个'明天'原来是永远不会来的！"他突然明白过来了，决定回家去，好好上学，不再做流浪儿了。

点悟　明日复明日，明日何其多。我生待明日，万事成蹉跎。

四大奇人显神通

传说有一个国家，叫"太平国"，那里的人民安居乐业，过着幸福的生活。

有一年，靠近城东的地方，经常有一只吃人的老虎出没。城东住着一个奇人，只要他一咳嗽，别人就跟着咳嗽。他找到老虎，冲着它就开始咳嗽。老虎也跟着咳嗽，竟然咳死了。这件事在城里被传开了，人们都很仰慕他。

住在城西的一个奇人，不以为然，因为他会打嗝。他决定去找会咳嗽的奇人比本领。一进城，他就看见城南会打哈欠的奇人在摆擂台。他跳上台去，对着他打起嗝来。结果，会打哈欠的奇人败下阵来。在下面看比赛的城北奇人，也忍不住跳上台来，"阿嚏"一声，一个喷嚏打出去，就把会打嗝的奇人打翻在地……

四个奇人谁也不服谁，整天打来打去，搅得城里很乱。

邻国看见太平国不太平，就派兵前来攻打。在敌人的侵略面前，四个奇人清醒过来了，他们团结一致，把敌人团团围住，施展各自的本领。这一下，可热闹啦！只见那些敌人不是咳嗽，就是打

嗝；不是打哈欠，就是打喷嚏。一会儿工夫，敌人一个个累得瘫倒在地，被抓了俘虏。

顾况钉鞋

顾况小时候聪明好学，周围的人都夸奖他。渐渐地，他有些骄傲了，读书也不怎么用心了。

一天，顾况不想读书，从学堂里溜出来玩。他玩得太疯了，把鞋上的鞋钉弄松了，掉了好几颗。没办法，他只好到修鞋铺去修。修鞋师傅见他是个少年书生，就有心考考他。他笑着对顾况说："我看你是个读书人，我这儿有一个上联，你要是能对出下联，这修鞋的钱我就不要啦。要是你对不出来，可得给我双倍的钱，怎么样呢?"顾况听了，满不在乎地说："那你就说上联吧。"

修鞋师傅边修鞋，边吟道："铁钉钉鞋，钉钉停停，停停钉钉，牢；"顾况一听，心里想：这也叫对联，这么俗气！可这三个"钉"字连在一起，还真不好对呢！想来想去，急得头上冒出了汗。这时，隔壁油漆店里走过来一个伙计。他一手拿刷，一手拿盘，说道："树漆漆盘，漆漆歇歇，歇歇漆漆，亮。"顾况听了，禁不住拍手叫好。"真是一个好下联，以俗对俗啊!"

这以后，顾况时刻记住这个教训，发愤读书，成为唐朝有名的大诗人。

田忌赛马

有一天，齐王要田忌和他赛马，规定每个人从自己的上、中、下三等马中各选一匹来比赛；并约定，每有一匹马取胜可获千两黄

金，每有一匹马落后要付千两黄金。

当时，齐王的每一等次的马比田忌同样等次的马都要强。因而，如果田忌用自己的上等马与齐王的上等马比，用自己的中等马与齐王的中等马比，用自己的下等马与齐王的上等马比，则田忌要输三次，因而要输黄金三千两。但是结果，田忌没有输，反而赢了一千两黄金。

这是怎么回事呢？

原来，在赛马之前，田忌的谋士孙膑给他出了一个主意，让田忌用自己的下等马去与齐王的上等马比。田忌的下等马当然会输，但是上等马和中等马都赢了。因而田忌不仅没有输掉黄金三千两，还赢了黄金一千两。

点悟 这个故事表明，在有双方参加的竞赛中，策略是很重要的，采用的策略适当，就可能在似乎一定会失败的情况下取得胜利的结果。

丁谓施工

传说宋真宗在位时，皇宫曾起火。一夜之间，大片的宫室楼台殿阁亭榭变成了废墟，为了修复这些宫殿，宋真宗派当时的晋国公丁谓主持修缮工程。当时，要完成这项重大的建筑工程，面临着三个大问题：第一，需要把大量的废墟垃圾清理掉；第二，要运来大批木材和石料；第三，要运来大量新土。不论是运走垃圾还是运来建筑材料和新土，都涉及大量的运输问题，如果安排不妥，施工场地会杂乱无章，正常的交通和生活秩序会受到严重影响。

丁谓研究了工程之后，制订了这样的施工方案：首先，从施工现场向外挖了若干条大深沟，把挖出来的土作为施工需要的新土

备用。于是就地解决了新土问题；第二步，从城外把水引入所挖的大沟中，于是可以利用木排及船只运送木材石料，解决了木材石料的运输问题。最后，等到材料运输任务完成之后，再把沟中的水排掉，把工地上的垃圾填入沟内，使沟重新变为平地。

简单归纳起来，就是这样一个过程：挖沟（取土）→引水入沟（水道运输）→填沟（处理垃圾）。

按照这个施工的方案，不仅节约了许多时间和经费，而且使工地秩序井然，使城内的交通和生活秩序不受施工太大的影响，因而确实是很科学的施工方案。

点悟 丁谓的施工方案在当时来说是很了不起的，这个方案实际上就是现在人们所说的统筹兼顾。

元旦的由来

元旦为一年之始，但在我国古代却有多种叫法。《书·舜典》中叫元日，晋代傅玄的《朝会赋》中叫元正，庾阐的《扬都赋》中叫元辰，《隋书·音枭志》说北齐时叫元春，唐德宗李适的诗中则叫元朔。元旦一词正式出现，约始于南朝，梁《雅枭歌》中就有“四气新元旦，万寿初今朝”之句。

在我国历史上，元旦的日期也不都一致。夏朝为正月初一，商朝为十二月初一，周朝为十一月初一，秦始皇统一中国后，以十月初一为元旦。以后历代相沿，成为每年第一个传统节日。宋代吴自牧《梦梁录》中说：“正月朔日，谓之元旦，俗呼为新年。一发节序，此为之首”。

辛亥革命以后，孙中山先生宣布中国启用《太阳历》，但夏历也同时使用，只把岁首改称“旧年”或“阴历年”。1949 年 9 月 21 日，

中国人民政治协商会议以后第一次全体会议在北平召开，决定我国采用世界通用的公元纪年，把阳历的1月1日定为“元旦”，人民群众叫做“阳历年”。为了区别开来，同时就把阴历的正月初一改名“春节”。所以现在的春节就不再叫“元旦”。

写春联

除夕之夜，许多家庭都要贴春联，这是我国的传统风俗习惯。所谓春联，就是写有关春节的吉语。它是用结构相同，字数相等，词性相对，平仄相拗的一对句子或句子成分来表达相反、相似或相关意思的一种修辞手法。这是中华民族艺苑中一朵绚丽多彩的奇葩。

春联的渊源，可追溯到两千多年前战国时期的“桃符”。那时每逢过年，人们总是用两块桃木板刻上神荼、郁垒二位神像，挂在门旁，以驱鬼避邪。这是因为相传在东海度朔山上有一棵大桃树，树下有神荼、郁垒二神，能避百鬼。但有史可究的最早文字春联是“新年纳余庆，嘉节号长春”一联。相传这是后蜀主孟昶自题于卧室门旁桃符上的联语。从此，过春节贴联语便成了宋代的一种普遍习俗。王安石的《元日诗》有句：“千门万户曈曈日，总把新桃换旧符”，便是明证。而有关当时名流撰写春联的记载，更是屡见不鲜。

改用红纸书写春联，据《簪之楼杂说》记载，始于明朝。因为明太祖朱元璋不仅自己酷爱对联，而且也要别人喜欢。在明朝初年的一个除夕，他传旨文武百官和平民百姓，每户都要张贴春联一副。圣旨传出后，他又在京都金陵（今南京市）微服察访。只见大街小巷家家户户都贴上了红光闪耀的春联，心中好不欢喜。但走到城市口，朱元璋见有户人家未贴春联，进门一问才知道姓苗的这

户人家因无人会写字，又请不到别人代写，正在为这事发愁。朱元璋听了，便笑着说：“我给你们写一幅吧！”于是他根据户主阉猪这一职业，在主人铺开的红纸上挥笔写下“双手劈开生死路，一刀割断是非根”这幅对联。

此后，各朝仿效流传下来，除夕，家家户户都要贴红纸春联，争奇斗胜，给隆重的节日更添加了喜庆的色彩。

贴福字

每逢新春佳节，人们喜欢在房门、箱柜贴上大大小小的“福”字，讨个吉利，寄托人们对美好生活的向往。有些人家还故意把福字倒贴，表示福到了，这是“迎春接福”的传统习俗。贴“福”字由来已久，约有千余年，旧社会年年贴福福不到，只有到了新中国成立以后，政通人和，民富国强，真正的幸福才逐渐化为现实。

剪纸花

春节时，民间有剪纸装饰的习惯，剪一些吉祥如意和象征美好的图案贴在醒目的物品上或窗扇上，以示祝贺。剪纸分单色和套色，题材丰富多彩，从古代仕女、戏曲人物、神话故事、花鸟虫鱼、风景名胜，到娃娃戏月、山乡风情、社会风貌皆可成材。北方剪纸粗犷豪放，淳朴稳重，南方剪纸偏重秀丽多姿，纤巧婉约。据说宋英宗皇后高妃娘娘就是因她剪纸出名而选进宫的。郭沫若赋诗说：“曾见北国之窗花，其味天真而浑厚；今见南方之刻纸，玲珑剔透得本有。一剪之巧奇神功，美在民间永不朽。”

过除夕

“一夜连双岁，五更分二年”。过年是我国一年中欢乐气氛最为浓郁的传统节日。除夕达旦不眠谓之守岁。古代诗人守岁常感时光难留，写诗抒怀。白居易诗句：“一杯新岁酒，两句故人诗。杨柳初黄日，髭须半白时”就是除夕写的。苏轼守岁诗：“儿童强不睡，相守夜喧哗，坐久灯将尽，起看北斗斜，明年岂无年，心事恐蹉跎。努力尽今夕，少年尤可夸。”即使在年末之夜，还想努力工作。有些名人的除夕夜是过得非常有意义的。我国古代天文学家张衡认为除夕夜观察天象是一年中最重要的一夜，他一生中的除夕大都在观察天象中度过的。明代航海家郑和“七下西洋”，共 28 年，一生中就有 24 年除夕在海上度过。现代文学家鲁迅每年除夕都要抄录许多碑帖，或吟诗赠，或谈论文学及国家大事，他过除夕没有“换岁之感”。自 1983 年起，除夕之夜观看春节联欢晚会，全国人民共度良宵。

春节吃饺子

春节，即农历正月初一，也包括正月初一以后的几天。每逢春节，家家户户吃饺子，已成为我国流传已久的习俗。子时一到，鞭炮齐鸣，花灯竞放之时，全家一齐吃饺子，取“更岁交子”之意。“初一饺子、初二面、初三盒子往家转”。正月初一过年吃饺子觥筹交错，是头等快乐的事。

我国吃饺子至少已有 1400 多年的历史。古时候的饺子，叫做馄饨，但与现在的馄饨不同。据《广雅》一书记载：“……馄饨，形如

偃月，天下之通食也。”偃月，是半月形，正是现在饺子的形状。这种偃月形如馄饨，原亦称作粉角，北方人读“角”作“矫”（音饺），于是，饺子的名称便诞生了。

除文字记载外，我们还可以看到1300年前完整的唐代饺子，它是从新疆吐鲁番县的唐墓出土的，出土时，一只饺子和四只馄饨一起被放在一个木碗中，可见至少在唐代，饺子已传入我国的边远地区了。

我国北方的一些地区，过去还有的把饺子称作“扁食”或“煮饽饽”。《燕京岁时记》中曾谈到过节吃饺子的情况：“每届初一，无论贫穷富贵，皆以白面做角而食之，谓之‘煮饽饽’……”有的还做四只车轮状的水饺，给赶车使牲畜的男人吃。祈望在新的一年平平安安的春种秋收。北方人吃饺子是有深刻含义的。

话说端午节

提起吃粽子，人们就会联想到屈原。屈原，楚国人，他博闻强记，有政治才能，因为奸臣的谗言，被楚怀王流放江南，忧愁难诉，报国无门，遂于农历五月五日投汨罗江而死。人们为了纪念他，便在这一天竞渡龙舟，象征当时划船救屈原的情景，把粽子投入水中，以祭奠屈原的英魂。

据民俗学家考证，端午节其实与屈原无关。在中国礼俗中，五月被称为“恶月”、“凶月”，五月初五两五相重，更是不吉利的日子。为了驱邪消灾，才有端午的种种习俗。

我国许多地方在端午这一天，要用红、黄、蓝、白、黑五色丝线合成的细索，系在臂上，称为“长命缕”、“续命缕”，以示避邪。北方一带，各家都要将蓍莆、艾草插于门旁，认为可以除病消灾。有的地方据说端午饮了雄黄酒，还可以“祛毒虫”。可不是吗，《白蛇传》

故事里，白娘，就是在端午喝了雄黄酒而显出蛇身的。未满周岁的儿童，这一天应回外婆家，叫做“躲午”。还有些地方，人民都要在这一天走出家门，熙游避灾。清代以后，又流传挂钟馗像的习俗。钟馗是传说中捉鬼的能手，挂钟馗像，也是为“以逐祟恶”。

任何一种习俗，都可以从生产、生活中寻找根源。农历五月，气候温热，疫疾多有流行，对卫生条件差、医药水平低的古人来说，五月的确是个百病丛生、时疫流行的“恶月”。种种端午习俗正寄寓着人们对健康、安宁生活的无限渴望。而将屈原的故事附会到端午节上，尽管没有考证的依据，却鲜明地反映出一个民族的道德情感倾向。因为屈原的动人传说，端午节就具备了更多历史的、社会的、教育的价值。随着社会发展，喝雄黄酒、插艾草蓦甫等习俗会逐步成为历史，但屈原的故事，将使端午节魅力永存。

炎黄子孙的由来

我国人民素有“炎黄子孙”之称，这个称呼是怎样来的呢？炎，指炎帝，姓姜，号烈山氏、历山氏，亦称神农氏；黄，指黄帝，姓公孙，后改姬姓，号轩辕氏、有熊氏。两者均为中国古代传说中的人物，是羌人及狄人的部落首领。炎帝原居姜水流域，进入中原地区后与黄帝族在阪泉（今河北涿鹿）大战，为黄帝所败。不久，炎黄合并，合力战胜以蚩尤为首的九黎族（类人）。经过长期斗争融合，各部落逐渐形成以炎黄族为主的部落群体，成为中华民族共同的祖先。后世各族人民均称“炎黄子孙”。

清明节

清明是二十四节气之一，在公历每年4月5日前后。清明节是中国民间传统节日，中国的汉族和壮族、朝鲜族、苗族等少数民族都过清明节。在清明的前一天（也有是在前两天）禁止生火煮食，只吃零食，这一天便叫做“寒食”。清明当天为先人扫墓，给祖先坟墓除草添土。宋代以后，寒食禁火习俗逐渐消失，但清明扫墓仍普遍流行民间。

此外，人们在清明节还有踏青春游的习俗。

中秋节

关于月亮，自古以来就有许多像嫦娥奔月一样美丽的传说，也有赏月、拜月的风俗习尚。后来，人们将每年农历八月十五日月圆的这一天定为节日，也因为它正值秋季正中，故称中秋，又称团圆节。

以往，一些地方的妇女要在晚间祭月，祭月用的供品是各种月饼和切成花篮状的西瓜等，形状都是圆形，象征着合家团圆。祭拜后，全家人围坐在院中，一起吃月饼、饮桂花酒、赏月。

如今，中秋节成为人们团聚和娱乐的节日。

黄帝和皇帝

“黄帝”与“皇帝”是两个不同的概念。

黄帝是一个人，传说是中原各族的共同祖先，姓姬，号轩辕氏、有熊氏。据传说，黄帝生下来相貌堂堂，他前额高隆，眉宇间如悬日月。《中华上下五千年》一书中写到：他（黄帝）不到两个月就会说话，聪明无比，几岁时就能言善辩，口若悬河。做了华族部落首领之后，打败了另一部落的首领炎帝以及为炎帝报仇的蚩尤等人，使炎黄两族成为一体，中原获得了统一，人民过上了安定的生活。

皇帝，是封建社会最高统治者的称号，在我国始于秦始皇。秦始皇名嬴政，他在公元前221年消灭了六国，统一了中国，建立起中国历史上第一个封建中央集权制国家。他自以为“德兼三皇，功高五帝”，所以号称“皇帝”。因为是第一个皇帝，故称“始皇帝”。秦始皇江山万年不变的幻想破灭了，但“皇帝”这封建最高统治者的称号却被以后历代封建君主沿用下来，一直到辛亥革命推翻了清王朝，才宣告结束。

江郎为何才尽

江郎即江淹，字文通，南朝考城（兰考）人。少时家贫，以打柴度日。因发愤苦读，加之才思横溢，深得乡里赏识。其诗、赋精工幽丽，情景交融，为后人所称道。可是后来江淹官运亨通，就不再创作了。他初仕宋、齐梁天监元年，官至金紫光禄大夫，封为醴陵侯。一生所著，仅有醴陵集二卷。

江淹为何才尽？相传他在为宣城太守离职途中，一路游山玩水，访花问柳，放荡不羁。一天来到冶亭，感到极为困顿，美馔佳肴懒得品尝，便下榻入睡，神情恍惚中，猛见一自称郭璞的老者，鹤发童颜，步履矫健，步至他前。不待江淹开口，老人便声色俱厉地对他说：“我有笔在你处已多年，现在该还给我啦！”江淹只好将五彩笔奉还给他。江淹被惊得目瞪口呆，醒来却是“南柯一梦”。但自

此后，便才思枯竭，再没写出像样的诗赋。这一传说，当然是无稽之谈，但作为历史典故，"江郎才尽"流传至今。

江淹晚年，迷恋仕途，向往高官厚禄，沉缅于荣华富贵之中，疏远了黎民百姓，失却了青年时代的好学精神，这才是"江郎才尽"的真正原因。

氏族与姓氏

氏族，亦称"氏族公社"。它是以血缘关系结合起来的、自然形成的人类共同体，是原始社会的社会组织和经济组织的基本单位。

到旧石器时代晚期，随着生产的逐步发展，原始人居住地相对固定下来，人和人之间的生产联系更加密切了，这样就产生了氏族。氏族在其发展过程中，先后经历了母系氏族和父系氏族两个阶段，母系氏族时期是氏族制度的全盛时期，父系氏族出现后，氏族制度就逐渐衰落下去，原始社会也就到了末期。

一个氏族，一般只有几十个人。每个氏族常常采用一种动物、植物或无生物作为本族的名称，这种族名就是我国姓氏的最早来源。例如，"姜"这个姓，就是起源于一个用"羊"作为名称的氏族。

当时，妇女在氏族的生产中起主要作用。在氏族内部，子女只知生母，不知生父，氏族成员的血统关系只能按照母亲方面来确定，因此，下一代就跟从母亲取姓，而且姓多数带有"女"字部首，如姚、姜、嫪、嬴等。随着社会生产力的发展，以母系为中心的氏族逐渐为好几个以父系为中心的氏族所代替。由于排除了群婚制，在对偶家庭中，子女既能确定生母，也能确定生父。于是，氏族成员的血统关系就转变为从父亲方面来确定。这些父系氏族各自取了一个特定的称号，这就是"氏"的产生。

"姓"和"氏"原来是有分别的。原始的姓是母系氏族社会的标

志，女子称姓，男子称氏，氏是姓的分支和繁衍。在我国，周代以前，姓、氏还有着严格的区别；到汉代以后，姓、氏就逐渐混用，通称为姓了。

提到姓氏，大家都知道有一个《百家姓》。其实《百家姓》只是汉族姓氏的一部分，它载有408个单姓，76个复姓。由宋朝初年钱塘一个老儒编成，用作旧时私塾的识字课本和儿童启蒙读物。由于宋朝的皇帝姓“赵”，“赵”姓便成为国姓；钱塘属浙江，当时占据浙江的是越王钱俶，孙是他的正妃的姓，李是南唐后主的姓，于是“赵钱孙李”便为头一句。有人以为“赵”姓最多，故排列在首，这是误解。其实，我国人数最多的姓是张，现在总数有一亿之多。

据统计，我国历史记载中前前后后出现过的姓氏有6363个，其中单姓3730个，复姓两个字的2498个，三个字的127个，四个字的6个，五个字的2个。真是洋洋大观。就是这些姓氏，组成了中华民族姓氏这个大家庭。

悬梁刺股

“悬梁”是汉朝人孙敬的故事。他是信都（今河北冀县）人，字文宝，勤奋学习的精神确是少有。在他来说，读书是一种嗜好，是日常生活中最重要的事情。他经常关着门，独自不停地阅读，人们称他“闭户先生”。他往往到了十分疲倦的时候，还不肯休息。有时实在太累，一边读，一边打起瞌睡来，他就对自己很生气，用一根绳子，一头系在梁上，一头结着头发，让头颈正直地吊住，然后读书。这样，如果打瞌睡，就会扯痛头发，立刻惊醒。这就是孙敬“悬头读书”的故事，也就是“悬梁”的故事。

再说“刺股”。那是战国时苏秦的故事。苏秦是洛阳人，字季子，为了想做大官，也曾拼命读书。虽然读书的目的不算端正，但

是苦学的精神,却也难得。晚上读书读得疲倦了,老打瞌睡,他也想了一个办法:拿着一把锥子,一瞌睡,就猛刺一下大腿。痛了,也就睡不着了,便继续读下去。这就是苏秦"引锥刺股"的故事。

点悟 两个故事合起来,就成了"悬梁刺股"这句成语,它用来形容好学勤读的刻苦精神。

王安石写作

王安石和苏轼是好朋友。一天,苏轼去看王安石,王安石刚巧外出。苏轼看到王安石的书桌上摊着一张纸,纸上写着两句诗:"西风昨夜过园林,吹落黄花满地金。"很显然这是王安石未曾写完的诗句。苏轼想,黄花就是菊花,而菊花是不会被西风吹落的。王安石这样写真是太粗心了。于是提起笔来在纸上续写了三、四两句:"秋花不比春花落,说与诗人仔细吟。"

后来,苏轼调任黄州团练副使,亲眼见到黄州的菊花却是能被风吹落的。王安石的"吹落黄花满地金"原来没有什么错。苏轼不禁对王安石的学识渊博暗暗钦佩。

李白·杜甫·白居易

李白、杜甫、白居易是中国诗坛上三位著名的大诗人。

这三位大诗人都有着同样的仕途遭遇和宏大的人生抱负,却怀才不遇;他们都不怕得罪权贵,不贪图荣华富贵;同时,又都是誉满古今中外的文人。

但是,他们也都有各自很鲜明的特点。

李白幼年生活富裕，轻财好施，以“青莲居士”自号，以示清高，这铸就了他藐视权贵、视功名利禄如粪土的潇洒飘逸性格。出身于大商人家庭的李白，有机会遍游名山大川，大自然的陶冶，使得李白形成了思绪纵横驰骋、想象丰富的浪漫主义诗风，对后世的影响非常深远，被誉为“诗仙”。《望庐山瀑布》、《蜀道难》、《梦游天姥吟留别》都是他传世的著名诗篇。由于他嗜酒如命，又常大醉后挥笔成诗，也有“酒仙”的称誉。传说李白舞得一手好剑法，又有“剑仙”的美名。

与李白相比，杜甫的处境要困窘得多。正因如此，他比李白能更深地体察人民的疾苦，这也是形成他的现实主义诗风的主要原因。杜甫生活在唐朝由兴盛走向衰败的过程中，时局动荡不安，长达八年的“安史之乱”使杜甫饱经了国破家亡的境遇，更深刻地认识到社会尖锐的矛盾冲突。这种心灵最深处的感触便化为流传千古的不朽诗作，如：《三吏》（《石壕吏》、《潼关吏》、《新安吏》）、《三别》（《新婚别》、《无家别》、《垂老别》）。在诗中，可以感受到诗人对祖国深沉而痛楚的爱。他的诗，犹如一部历史，形象地记录下唐代由盛到衰的变迁，所以后人称他的诗为“诗史”，而把这位一生穷困潦倒、忧国忧民的诗人誉为“诗圣”。

白居易是三人中唯一一个有政绩的。他在京师任职时，上书论事，不怕得罪权贵，甚至当面指责皇帝过失，被贬为地方官。他做过一些兴修水利、发展农业的实事。长期的官场生活，使白居易深刻地认识到统治阶级的腐朽堕落和官场的污浊黑暗。他同情百姓的疾苦，对统治者进行无情的揭露和讽刺，成为继杜甫之后的又一位伟大的现实主义诗人。白居易也是一位改革家，他提出了一整套进步的诗歌理论，如“文章合为时而著，诗歌合为事而作”，意思是文学必须反映现实，要达到教育目的。相传白居易做诗时感情很投入，与诗中人物共悲欢，如着了魔似的，后世因此有“诗魔”的赞誉。

纪晓岚的一字诗

乾隆皇帝下江南，纪昀随行。纪昀，字晓岚，博览群书，文思敏捷，颇得乾隆垂爱。一路上，乾隆经常出一些难题命纪晓岚答对。每次，纪晓岚都能巧妙地完成。

一天，他俩登上长江岸边的一座酒楼，欣赏江景。乾隆忽然心血来潮，要纪晓岚即景做一首绝句，诗中必须包括十个一字。

纪晓岚唯唯领命。他走近临江的窗户。放眼望去，但见秋雨如丝，江面上雾影蒙蒙，往来的船只很少，不远处，岸边泊着一条小船，一个渔人戴笠披蓑，正在垂钓。纪晓岚略一沉思，便念出了两句诗："一蓑一笠一渔舟，一个渔翁一钓钩"。乾隆见纪晓岚两句诗中便用了五个一字，不觉颔首微笑，表示赞许。

谁知纪晓岚只做了前两句，后面两句却做不出来了。他捻须皱眉，苦思冥想，搜索枯肠，终难在下面两句中再安上五个一字。乾隆见他做不出来，不觉把桌子一拍，笑道："今天也难倒你啦！"说罢，又哈哈大笑。纪晓岚连忙跪下，道："启禀圣上，臣有了。"乾隆住了笑，忙道："快讲来！"只见纪晓岚不慌不忙地念道："一拍一呼还一笑，一人独占一江秋！"原来纪晓岚就从乾隆刚才哈哈大笑的动作中，触景生情，信手拈来，得出了这两句诗，圆满地完成了乾隆苛刻的命题。

袁世凯称帝丑闻

中华民国建立，袁世凯攫取了大总统宝座，但意犹未足，总想当皇帝。袁世凯满脑袋封建迷信思想，不知道自己究竟是不是"真

龙天子”，好长时间犹豫不决。

一天中午，袁世凯合身午睡，蒙眬中觉得口渴，喊了声：“倒茶来！”一侍女闻声将茶端来，袁世凯又翻身入了梦乡，侍女不敢打搅，欲赶紧退出，不小心将茶杯摔碎。侍女深知此杯系袁世凯的心爱之物，恐受重罚。慌忙向一小谋士求救。小谋士考虑袁世凯称帝心切，计上心来，吩咐侍女如何回话，万无一失。

袁世凯醒来知道了自己心爱的茶杯摔碎，很生气，马上传唤侍女问话。侍女战战兢兢跪在袁世凯面前回禀说：“奴婢听大总统要茶，赶快将茶奉上，不料看见您的床上卧着一条龙，奴婢吓得不知所措，失手茶杯掉在了地上，摔碎了宝杯，该死，该死！”袁世凯听后哈哈大笑，转怒为喜，挥手让侍女退下，没给任何处罚。袁世凯从此自认为是“真龙天子”，做皇帝的心更切了，立即改元称帝。不久，全国人民讨袁，袁世凯忧惧而死。

蔡锷妙对得风筝

讨伐袁世凯的蔡锷将军小时候有一次和小朋友们一起放风筝，谁知一阵狂风，把断了线的风筝吹到了知府衙内，小朋友们都自认倒霉，不敢到官家去要求物归原主。只有蔡锷勇敢地说：“官大压不死人，有理走遍天下。”于是他领着小朋友们上门去找风筝。

知府果然不是好对付的，对着蔡锷的合理要求，他环顾左右而言他，出了个对联的上联：“童子六七人，无如尔狡。”这个上联是一语双关的，一是说蔡锷上门索讨是无理的、狡猾的；二是考考蔡锷是否对得出下联。

蔡锷人小志气高，眉头一皱，计上心来，对出下联为：“太守二千石，唯有公……”剩下一个字不说了，这叫“引而不发，跃如也。”知府见蔡锷对得工稳，又看重人家对他自己的评价，催着要蔡锷说

出下联的最后一个字。蔡锷一字一顿地说："你把风筝还给我，当续个'廉'字；若不还，理应续个'贪'字。"

蔡锷的下联是针锋相对的：一是表示要求物归原主是理所当然的，二是下联对得工稳巧妙，三是待机而动，看知府的行动给予适当的评价。

看着蔡锷聪明伶俐的样子，听着蔡锷对答如流的话语，知府不禁高兴地哈哈大笑，自然，断了线的风筝找到了归路。

18. 未　来

——开天辟地科学家描绘人类精彩新生活

前面我们已经了解一些太空的未来景象，如未来太空奇观、到太空旅游等。在这里我们还要向大家介绍未来学家、科学家对未来的科学分析和积极导向，以及他们所描绘的未来发生的种种变化。

地球能养活多少人

人口问题越来越引起世界许多国家的重视。据联合国预计，未来的世界人口将稳定在116亿。对于与日俱增的人口，地球是否能养活得起呢？

乐观派经济学家认为，地球能够养活的人口要比未来地球上的人口多得不可比拟，个别人甚至断定地球可以养活500亿人口，并且到了那时，人类照样拥有“公园的树荫和圣诞节的烧鹅”。

但是，生态学家却不赞成这种观点，他们认为经济学家没有考虑地球上的人类正在以迅猛的速度毁灭自然资源这一事实，他们认为地球人口以100亿左右为合适，这是能使人类吃得较好，并且维持合理健康而不算奢侈生活的人口限度。

还有些生态学家着重从生物圈能提供的食物量，计算了地球能养活多少人的极限。地球上的植物每年大约能生产165万亿千克有机物质，折合能量276亿亿千焦，假定平均每人每天消费9200千焦，由此推算，地球可以养活8000亿人口。但是实际上，人类大约只能利用植物总生产量的1%，这就是说，地球只能养活80亿人口。

当然，人类为了增加食物，会采取种种努力，但是，如果世界人口按目前的增长速度发展下去，任何先进的科学技术也无法使人类避免饥饿的威胁，食物短缺的压力必将与日俱增，人们不能不为此忧虑。

大海成为人类的第二故乡

据许多科学家考查证实，地球的生命来自海洋。事实上，要是没有海洋，没有海洋里那些溶解着多种化合物的水，恐怕我们的地球至今仍是一片荒凉和死寂，就像我们看到的月球那样。可见，把海洋誉为生命的摇篮一点也不过分。

现在，当人类在陆地上生存发展了几百万年后，人类的数量越来越多，生存的空间变得越来越小，赖以生存的各种物质也越来越缺乏，于是返回老家——海洋的呼声愈来愈高。当然，进化是不可能走回头路的。人类所要做的是利用自己创造出来的技术，去海洋里扩展生活空间。

人们已经开始忙碌了，在海上建屋架桥、凿洞、旅游了，也已经到海底去考察、去作业，甚至去居住了。海洋是陆地面积的 2.5 倍，它的空间更是巨大，人们已充分地认识到了这点，决心去那里开辟人类生活的另一个空间。

点悟　海洋是生命的摇篮，也是人类的第二故乡。

地下城市

提起“地下城市”，人们会想起现在的一些“地下室”，在感觉上往往会与黑暗阴冷相联系。其实，这种感觉和未来的“地下城市”是毫无联系的。科学家运用各种现代化科学技术手段，提高地下空间的舒适度，使人们进入地下城市后，有一个舒适明快的感觉。地下建筑内设有空气循环系统，地面上的空气可以送入地下，地下

的污浊空气可以排到地面。有些地下建筑白天几乎可以接近自然光线，因为地面上安装了大量的透镜和反射镜，阳光通过透镜和反射镜可以照亮地下的街道、楼房和商店。

未来的“地下城市”将是高度舒适化、国际化、信息化、电气化的智能型建筑空间，室内备有各种现代化设施，办公人员可以使用电子手段来进行文字和数据处理、通信、存贮和检索，可以通过可视电话与地上任何地方进行通话，使用时不仅可以听到对方的声音，而且还可以看到对方的容貌。

在地下电子化住宅中，人们可以享受到充足的阳光和新鲜的空气。无需出门，就能与社会上进行各种信息交流，运用电视医疗系统，病人在家就可以得到治疗。地下住宅的居民可以在家庭的电视屏幕上了解世界各地的天气预报、体育节目、经济新闻以及多种信息的文字和图像。“地下城市”中的人们通过卫星地面接收站，利用建筑内装有的共用天线插座，可以直接收看全球各地的电视节目和广播节目，做到足不出户而尽知天下事。

在未来的“地下城市’里，街道宽敞，交通方便，这里不仅有商店、医院、工厂、学校，而且还有广场、公园、花坛、草坪，白天阳光明媚，入夜灯火通明，温暖如春，真是一处令人向往的“地下人间”。

未来利用地下空间的规模将越来越大，21 世纪将会出现很多多层次，多功能的地下摩天大楼和地下不夜城，统称为“地下城市”。

美国明尼苏达大学在校内建造了一幢试验性地下摩天大楼，楼的总高度为 110 米，露出地面的部分仅 20 米。建筑物内安装了照明和加热设备，地下部分是实验室和办公室。大楼的天窗耸立在建筑的中心部位，阳光通过天窗由电脑自动调节照进楼内，地下呈现一片光明。

海上城市

海洋占地球表面积的71%,蕴藏着丰富的自然资源。随着生产的发展和生活的提高,以及科学技术的进步,对资源需求量日益增加,海洋开发已成为当今世界开发利用自然资源的重要方向之一。随着陆地资源的枯竭及陆地空间占有率的加大,人类社会将向海面和海底发展,“海洋城市”的出现只是时间问题了。

日本已建成了一座神户人工岛海上城市,位于神户以南3千米、水深12米的海面上。该岛长3千米、宽2千米,面积约6平方千米。岛的中心区建有可供4500户2万人居住的中高层住宅,拥有商业网、中小学、医院、邮电局等设施,还修建了3个公园、1座体育馆和1个可以同时停泊28艘万吨巨轮的深水码头。

日本人对海上城市有这样的设想。

未来的某一天,日本东京湾海面上将出现一座海上城市。这座海上城市预选地有两处,一处在伊豆大岛海面的天室达西浅滩,另一处在胜浦海面,这两处海面水深均为100～200米,距东京均150千米。由于距东京较近,乘一种叫SES的特殊船只(时速为185千米)只需40分钟,而货船可采用一种装卸全自动化的货柜船,这种船时速为50千米。

这座海上城市是一座边长为5千米的正方形四层建筑物,面积25万平方米,建筑面积9900万平方米,建筑物高20米。支撑这座海上大厦的是1万根钢柱,每边100根,每隔50米1根。这座海上城市具有什么功能呢?它拥有一个未来最新的机场。根据美国宇航局长期开发计划,未来将会有相当于13倍音速的极超音速飞机问世,这种飞机将横跨太平洋飞抵日本,海上城市将接受这种新型飞机的到来。海上机场建在海面上,不存在噪声公害问题。

海上城市为20米高的四层建筑，它是一座巨大的人工岛。它的底层是城市后勤的基础设施，负担水、电、通信以及物资集中分散等城市功能；第二层是居民区；第三层是商业区；最上层是机场及体育设施，有高尔夫球场、网球场以及棒球场。这座拥有百万人口的海上城市，每家每户都将拥有一台终端机，可以接收电信、电视、网络等多种信息。

海上城市下面是辽阔的海洋，它将变成“海洋牧场”和水产品加工厂。

这样巨大的工程在波涛汹涌的海面上能建成吗？

科学家将海上城市设计为“软体结构”，支撑这座巨大建筑物的钢柱呈桶状，它们由电子计算机控制，在海面上自由沉浮，仅以简单的基础固定在海底。

“软体结构”这种前所未有的崭新设计思想使结构物能抵御台风、海啸等加给海上城市的异常横向荷载。

总之，海上城市的建设已不存在不可突破的技术障碍，它是集工作、居住、娱乐一体化的最尖端的技术性城市。

沧海变桑田

我国古代晋朝有个叫葛洪的人，在他的著作《神仙传·麻姑》中写道：“麻姑自说云，接待以来，已见东海三为桑田。”意思是说：麻姑看见东海曾经三次由海洋变桑田，桑田变海洋。这里所说的桑田，意指陆地。虽然在葛洪的笔下这是神仙说的话，也许不足为凭，但从地质科学的发现来说，的确有凭有据，证明海洋和陆地是可以转换的。某一地质时代的海洋，现在可能已成为陆地；而某一地质时代的陆地，现在或许已是海洋。当然，这是从地质年代来说的，这种变迁少则几万年、几十万年，多则几百万年、几千万年甚至

上亿年。

现在地球上的陆地越来越不够用，有什么办法能迅速将海洋变为陆地吗？回答是肯定的。

许多国家为了增长陆地，采用了许多措施，如加固海堤、人工促淤、围海造地、改造洼地、建造人工岛等。位于长江口的崇明岛，解放初期的面积只有600多平方千米，现在已达1000多平方千米。上海金山石化总厂，也是在芦苇丛生的海滩上建造起来的。上海浦东国际机场的一半，是围海促淤得来的。至1996年，上海市已向海洋要地600多平方千米。

新加坡1965年独立时，面积仅572平方千米，至今，他们向大海索取了近50平方千米的土地，使国土面积增至620平方千米。摩纳哥是仅有1.9平方千米面积的袖珍小国，30年来，填海造地使面积增加了11.6%。荷兰有约1/3的土地仅高出海面1米，他们苦心经营，采取建造拦海大堤、抽水造地等办法，不仅保住了国土不受大自然的侵害，而且向大海夺得了70万公顷的土地。荷兰人自豪地说："上帝造海，荷兰人造陆！"

点悟　沧海变桑田已不仅是文人笔下所描绘的情景了，进程也在加速进行。

海流发电

2007年11月28日，我国首座海上风力发电站建成并正式投入运营，标志着中国海上风电发展取得突破。

何谓海流发电呢？

在海洋里也有奔腾着的"大河大江"。它们像陆上的河流一样，按比较固定的路径流动，叫海流。

是的，从道理上讲海流是可以利用来发电的。可是海流又宽又长，能量不集中，水轮机放到海洋里去真是"小巫见大巫"，很难在海流的推动下飞快地旋转。再说海洋那么深，机器也无法安装。

1979 年，美国政府拨款，请科学家们进行研究，结果提出了一个发电 1000 万千瓦的海流发电方案。可是，许多年过去了，这个方案的实施没有进一步的消息。

科学家们还提出了另外一种方案，叫做"科里奥利系统"。它是一个导流管和一个很大的挂轮，导流管收集海流的能量，推动转轮转动，像风车一样转动发电。1980 年，设计了一个直径 11 米的试验模型；1984 年，进行了第五次阶段试验，目前仍处在试验之中。

英国科学家法拉第对海流发电有过伟大设想。他提出，如果能够利用地磁使海流发出电来就更好了。现在科学家们认为，只要将一个 1/10 特的超导磁体放入流经我国海域的黑潮海流之中，海流便通过强磁场使磁力线受到切割而发出 1500 千瓦的电力来。

利用超导技术让海流发电的理想，在若干年后的海洋上很可能实现，让我们拭目以待。

发生哪些大事

《美国新闻与世界报道》杂志曾经预测过未来百余年将要发生的重要大事，有些预言在 20 世纪已实现，成为了过去；有些则让未来人在 100 年后再来看看现代人的这些预测，哪些会实现，哪些不会实现吧。

预计到 2010 年，从纽约到东京，如果搭乘超音速飞机只需要 45 分钟；

2020 年，全球各地区、各民族的语言障碍消除，电脑可为需求者瞬间翻译服务；

2030年，人类石油的时代结束，石油作为燃料既稀少又昂贵。届时使用的主要能源来自天然气、太阳能、风能和核能；

2035年，美国历史上首次出现死亡人数超过出生人数的记录；

2045年，移居到火星的人数将超过1万；

2050年，奥林匹克运动的意义下降，运动员的能力转向依靠生物工程设计和电脑训练方式，因此，体育比赛逐渐失去了竞争的意义；

2075年，世界人口达100亿；

2120年，由于地球大气层温度增高使海平面上升，洪水泛滥，很多沿海大城市被淹没，世界的一些发达城市已筑成坚固的防洪堤，那里的人可幸免于难。

新奇多彩的产业

未来的新产业奇妙多彩，有许多我们现在就已经看到了端倪。

1. 衣

“消费者自己设计时装”的时代即将到来，届时不是由时装设计师支配时装潮流，而是由消费者根据自己的生活方式设计自己的时装。

2. 食

营养过剩正在引起人们的注意，健康食品和自然食品开始走俏，仅饮用天然水一项就将开辟大约100亿美元的大市场。以中草药为特点的东方医学和中医重新受到重视，根据自然原理的健身方法，如气功和“食疗”等影响也逐渐扩大。

3. 住

过去人们一直认为城市文明同自然是对立的，今天人们开始把自然移入居住的空间。许多人家里有了观赏植物、宠物和鱼缸，把阳

光和自然风引进不朝阳的房间和地下室的装置也已经商品化。

4. 消闲农业

随着回归自然热的出现，消闲农业应运而生。带着家人和朋友利用闲暇去种田，以求在和大自然的接触中加深交流将成为时尚。

5. 多媒体产业

文化、艺术、教育等许多文化产业都有可能成为多媒体产业。在艺术领域，将出现超复制艺术，利用激光磁盘绘画，人们可以随时在显示屏上调出自己喜欢的图画。

6. 电子零售业

现在使用的有线电视广播，最终将被利用来接收和发送彩色活动图像的综合服务数字通信网。在家庭的显示终端上，可以很容易接收电影、录像、音乐、教育课程等服务项目。

7. 可控娱乐

测出人们在娱乐时的脑波变化，运用电子技术、机械电子装置去开发取得脑感轻松、欢快的消遣和娱乐。

8. 电脑产业

电子计算机越来越小型化，如果把手写输入、移动通信和移动电话的功能集于一身，那么手掌大小的超小型电子计算机就可以成为人的大脑的延伸，个人可以随时携带这个辅助大脑。

特别的房屋

据说，美国的建筑师已在科罗拉多的一处山顶上建造了一种非常合乎人们理想的住宅：它的设计是以便利为原则，墙壁是可以移动的，而不是固定式的砌墙，房间内的间隔大小可以随时按照自己的心意来调整。还有，只要轻轻一按电钮，就可调整室内的空气，或者改变室内灯光的明暗。

未来的房屋还会有许多特别的地方。

窗户还可以是变色的，这是在两层玻璃表面都涂有一层透明的金属薄膜电极，夹层中注满液晶，当两层玻璃间不通电时，玻璃呈透明状。一旦通电，原来透明的液晶便会变成乳白色，宛如拉上了一层白纱窗帘……

由于未来的人们工作时间缩短，生活将更为清闲，人们将会有更多的嗜好，就会需要更多空间来从事活动，那时的卧室只是晚上睡眠才会用得着。

家庭的娱乐也将变得多彩多姿，一切节目均可由电脑发出。一块墙板可以包括许多项目，换句话说，它既是资料中心，又是电视电影等娱乐设备，也是教学工具。

未来的厨房将不再是储藏食物和做饭的场所，它是现代化、多功能的作业中心。绝大部分的人，三餐至少有两餐在外面吃，在家里吃饭，也大部分是吃现成的食品，因此厨房用具将大为减少，微波炉是未来最典型的厨房用具。低能辐射食物保存法将使冰箱和冷藏柜被淘汰。厨房将与餐厅合二为一，其间装有电视和电脑等设备，这样，未来的厨房也将成为娱乐和电子作业中心。

为了保障入住居民健康，各种家用保健产品将登堂入室。从炉灶上配置的各种智能过滤器，到具有抗菌功能的房屋墙壁表面，以及自动吸尘地毯，一应俱全。

人身安全和财产保护将成为举手之劳。大门上已不再使用高强度的门锁，取而代之的是指纹或DNA识别系统。

你无需再费心分拣瓶瓶罐罐、旧报纸和其他可再生利用的物品了，你只需将所有废弃物投入户外回收系统，该装置将为住户垃圾分类并进行再生利用，而且家庭用水再生系统也会出现。

点悟 未来的住宅，真可谓是集高新技术于一体的智慧结晶。

未来医疗

到了2050年，或者更早一些时候，由于那时医疗过程中的大部分工作都已自动化了，而且病人获得了对自己的健康加以控制的手段，掌握治疗的将会是病人自己，而不是医生。他们甚至可能会在计算机的帮助下，命令主刀的机器人怎样为自己做手术呢！

未来，人们除了预防生病以外，对生了病的人会有哪些措施呢？还是让我们来看一看这一幕吧：

午夜时分，家里的人都进入了梦乡，但是，家庭机器人却还在工作，它严密监视着家庭成员的健康状况。机器人在一只戴在女孩手腕上的监视器的帮助下，察觉到了她的疾病，于是，机器人提醒她的家长，应该立即给她作检查，并且对她的疾病进行诊断，及时提出了治疗方案，然后和附近昼夜服务的药店通了电话，让他们将药品送来……

机器人更像人

根据1991年实施的世界机器人"人口"调查，现在全世界共有45万台机器人，其中日本有27万台，占总数的60%。日本有200多家机器人生产厂家，作为商品的机器人已有1000多个种类。

然而，至今绝大多数的机器人，几乎都是活跃在工厂里的产业用机器人，它们虽被称为"机器人"，但与人们熟知的"阿童木"以及科学幻想影片中的机器人迥然不同，称它们为"自动机械"似乎更名副其实。

新一代机器人的研究方向是，除了它的"机器"功能外，还要重

视“人”的形态，将功能型与人体型巧妙地“合二为一”，使机器人更加像“人”，成为类人机器人。

正在开发的新一代机器人可分为三类：

第一类是极限作业机器人。它们能上至高空，下至海底，深入原子反应堆内部，进入火灾现场，甚至去宇宙空间……从事人想干而不能干的各种作业。

第二类是劳务机器人。随着社会文明的进步，那些有危险的、机械的和不令人感兴趣的工作，可以让劳务机器人承当。

第三类是服务性机器人。例如，护理病人的机器人、清扫机器人、晚会服务机器人、会场排椅机器人等不胜枚举。它们正在取代人来处理日常生活中的琐碎事务。科学家以为人服务为目标，正在进行广泛的开发研究。

点悟 新一代机器人的主流向更像“人”的方向发展，是社会适应性的需要。既然机器人要和人成为“同事”，那么就有必要改变其“呆头呆脑”的“机器”形象；其次是技术问题，正因为今后的机器人要直接为人服务，直接进入日常生活领域，那么，其形态更加逼真地像“人”，无疑是最合理的选择。

附录　雄奇壮美

——让你知道大千世界更多知识

在这个每天都有辉煌、天天都在灿烂的大千世界里，我们想知道，而且应该知道的东西太多了。如果说前面介绍的所有内容是沧海一粟的话，那么这里我们所要介绍的内容只能起到抛砖引玉的作用。

声望最高的诺贝尔奖

每年12月10日(诺贝尔逝世纪念日),在瑞典斯德哥尔摩的音乐大厅都要举行隆重的颁奖仪式,所颁的是世界声望最高、赫赫有名的诺贝尔奖。

很多同学知道诺贝尔奖,还知道获得诺贝尔奖的精英榜上有5名华裔科学家,他们是得物理奖的杨振宁、李政道(1957年),丁肇中(1976年),得化学奖的李远哲(1986年)。如果再追问诺贝尔在科学发明方面有什么贡献及奖金建立的情况,可能就有不少同学说不上来了。诺贝尔(1833—1896),瑞典发明家。他的父亲是自学成才的发明家。俄国买下了他父亲发明的水雷,又雇佣他监督制造,1842年全家迁到俄国。他在少年时代学习方面的特点是:求知欲强烈,学习专心致志、勤奋,学习效率很高。他把艰难与忧患看成是英雄勇士用武之处,充分显示出他的坚强性格。在他17岁的时候,开始了长达两年的旅行,到过德国、法国、意大利和北美。

他在美国学习4年又回到俄国参与父亲研究炸药的工作。他说:我工作的地方就是我的家,而我无论在哪里都在工作。此后他在欧美各地的工作主要是发明炸药的新品种。

黑色炸药是中国的发明。现在需要开山筑路,要有威力更大的炸药。

诺贝尔发明了黄色炸药及其安全使用的雷管等,对开发美国西部及世界各地的矿山做出了贡献。可是,在一个误传他去世的消息后,有人评论他是“军火商”、“发战争横财的人”。诺贝尔难过地想,这评论与我造福人类从事的发明背道而驰,我不能让人这样评论我。这为日后立遗嘱中写入和平奖埋下了思想的种子。

诺贝尔去世前一年,写下了遗嘱。他一生在许多国家创办工

厂、投资,这时他已经是百万富翁了。根据他的遗嘱,用他的大部分财产作为基金,设置诺贝尔奖。奖励在物理学、化学、生理学或医学、文学、和平事业有杰出贡献的人。现在,以上领域得奖,已成为全世界范围最高成就最高荣誉的标志。

点悟 我们希望少年朋友们像诺贝尔少年时那样有着强烈的求知欲,专心致志刻苦学习,并在一生中勇敢地追求卓越。希望少年读者中能有诺贝尔奖的得主出现,为中华民族增光,为人类造福。

沃尔夫奖

沃尔夫奖是国际上享有诺贝尔奖那样崇高声誉的大奖。这是在1976年1月1日,R·沃尔夫(RicardoWolf)及其家族捐献1000万美元成立了沃尔夫基金会,其宗旨是为了促进全世界科学艺术发展。

沃尔夫是德国人,曾在德国研究化学,并获得博士学位。成功地发明了一种从熔炼废渣中回收铁的方法,从而成为百万富翁。他是沃尔夫基金会的倡导者和主要捐献者。基金会的理事会主席由以色列政府官员担任。评奖委员会的委员都是世界著名的科学家。沃尔夫基金会设有数学、物理、化学、医学、农业5项奖(1981年又增设艺术奖)。1978年开始颁发,每年颁发一次,每项奖的奖金为10万美元。沃尔夫数学奖的获得者都是蜚声中外的当代数学大师,他们的成就在相当程度上代表了当代数学的水平和发展方向。

尽管沃尔夫奖的奖金不及诺贝尔奖,但其权威性,国际性以及所享有的荣誉却都不亚于诺贝尔奖。

数学界的诺贝尔奖

1924 年,加拿大数学家菲尔兹(1863—1932)成功地组织召开了第七届国际数学家会议,大会节余了一笔费用。由于某种原因诺贝尔奖中没有数学奖。为了奖励那些在数学中作出重大贡献的数学家,他萌生了设置国际性数学奖的念头。1932 年 8 月 9 日,菲尔兹在多伦多去世了。遗嘱中表示自己留下的一大笔钱和第七届国际数学家会议节余的费用合并在一起转交给 1932 年在苏黎世召开的第九届国际数学家会议,作为设置奖金的基金。并表示不要用个人、机构的名称作为奖金的命名,而用“数学国际奖”来称呼。但鉴于菲尔兹在数学界的威望和出于对他的缅怀,第九届国际数学家会议一致通过以“菲尔兹奖”为国际数学家的最高奖赏。

菲尔兹奖每四年由国际数学家大会颁发一次,每次只奖给 2 至 4 名有卓越贡献的年龄不超过 40 岁的青年数学家。

第一次评奖是在 1936 年奥斯陆举行的第十届国际数学家会议上进行的。它是一枚金质奖章和 1500 美元的奖金,当时世界上并没有对菲尔兹奖有多大的重视,后来菲尔兹奖的地位与日俱增,今天菲尔兹奖被公认为数学界中的诺贝尔奖。

奥斯卡金像奖

在世界各国设立的电影奖中,美国的奥斯卡金像奖最引人瞩目。它历史悠久,规模宏大,不仅反映美国电影的发展进程和成就,而且还对其他国家电影艺术发生不可忽视的影响。

奥斯卡金像奖的正式名称为“电影艺术与科学学院奖”,1927

年设立，每年一次，在美国洛杉矶举行评选。

奥斯卡这个名称的来历说法不一，较为可信的一种说法是，1931年，电影艺术与科学学院图书馆的女管理员玛格丽特·赫里奇在仔细端详了金像奖奖杯之后，惊呼："啊！他看上去真像我的叔叔奥斯卡！"隔壁的新闻记者听后写道："艺术与科学学院的工作人员深情地称呼他们的金塑像为奥斯卡。"从此，这一别名不胫而走，而正式名称却被人们淡忘了。金塑像高34.29厘米，重3.87千克，由米高梅公司艺术指导，美术设计师德里克·奇博斯设计，雕塑家乔治·斯坦利制作。

奥斯卡金像奖从1929年开始，每年评选、颁发一次，从未间断过。前19届的评奖中只评选美国影片。从1947年的第20届起，在特别奖中设立了最佳外语片奖。金像奖的评选经过是十分严格的。获奖者名单分别装入密封的信封里要求高度保密，直到颁奖时刻由司仪当众拆封宣布。颁奖仪式基本在每年3月下旬到4月上旬这段时间举行。

奥斯卡金像奖可分为成就奖、特别奖和科学技术奖三大类。成就奖主要有最佳影片、最佳剧本、最佳导演、最佳表演(男、女主、配角奖)、最佳摄影，以及最佳的美工、音乐、剪辑、服装设计、化妆，还有最佳短片、纪录片、外国语影片等。特别奖有荣誉奖、欧文·撒尔伯格纪念奖、琼·赫肖尔特人道主义奖、科技成果奖和特别成就奖。上述众多奖项中，最具影响的是最佳影片奖，而最佳男、女主角奖属表演主奖，获奖者有"影帝"与"影后"之称，是男女演员们都十分希望得到的殊荣。

半个多世纪以来，奥斯卡金像奖不仅反映了美国电影艺术的发展进程和成就，而且对世界上许多国家的电影艺术有着不可忽视的影响，一直享有盛誉。

影视艺术中的蒙太奇

影视艺术的结构法则是蒙太奇。

蒙太奇是法文 montage 的译音，原意指建筑结构和装配，借用到影视中来，就是镜头的连接方法和组接关系。影视艺术的镜头与镜头、场面与场面，段落与段落，都是用蒙太奇连缀与组合的。影视蒙太奇结构与蒙太奇艺术的实现，需要参加该部艺术作品制作的所有艺术工作者的参与并合成。剧本作者编剧虽用文学形式表现，但必须用影视方式思考，摄影师拍摄镜头，剪辑师剪辑胶片，都要运用蒙太奇艺术。至于导演执导，更是通过场面调度协同各部门艺术工作者共同进行蒙太奇结构、实现蒙太奇艺术的。

蒙太奇可归纳为叙述性蒙太奇和表现性蒙太奇两大类。

叙述性蒙太奇表明镜头的连续关系，它又可分成以下几种结构形式：

连续蒙太奇　表现动作或线索的连续发展，是影视艺术最基本的叙述方式，它可以造成叙述上的连贯性。

反序蒙太奇　是采用倒序或插序而违反了常规顺序的蒙太奇，可以制造悬念。

平行蒙太奇　两条以上线索通过交替切换平行发展，可使戏剧冲突尖锐。

交叉蒙太奇　两条以上线索作交替切换最后重合，可造成激烈紧张的气氛。

复现蒙太奇　同一镜头多次重复出现，起强调作用。

表现性蒙太奇　通过不同镜头运动所显示的呼应对比、譬喻暗示意义再产生出新的含义来，具体有以下几种形式：

对比蒙太奇　通过场面的强烈对比强化表现内容，使之泾渭

分明。

隐喻蒙太奇　让两个以上镜头并列，使后一个镜头成为前一个镜头含义的揭示，可揭示画面潜在的含义。

联想蒙太奇　用插入一组画面的结构方式引发观众联想，丰富拓展主题。

抒情蒙太奇　让两个以上镜头并列，使之达到抒情目的，可强化作者主体意识。

情绪蒙太奇　借用闪回（分成片断夹杂在情节发展之中的回忆）、幻觉、梦境，以及潜意识等主观感觉表现人物情绪，可表现人物的内心乃至揭示其隐情。

影视特技镜头

在影视剧中，我们常常可以看到剧中人物满头大汗、身上有伤疤以及中弹流血等镜头。它们是怎样做成的呢？下面向读者介绍一些例子。

满头大汗　在演员脸上或身上要求出汗的部位，用喷壶喷上点水即可。如需要大汗珠，再滴上几滴甘油。

泪流满面　多数情况下，演员进入角色，会真的流泪。如果不能流泪，就用眼药水或纯净水滴在眼内，或闻有刺激性的气体使演员流泪。

嘴唇干燥　影视剧中有演员口干舌燥，嘴唇泛起白泡的镜头，这是用特殊胶水把几层江米纸粘在嘴唇上做成的。

刀疤枪伤　只要在假伤口处画上一笔浓浓的火棉胶，干后就会使皮肤收缩，给人以伤疤的感觉。

牙齿残缺　用黑色或褐色的特殊涂料涂在牙齿上，拍摄下来的图像就好像这个牙齿残缺了。

口吐鲜血　把蜂蜜加上可以食用的红颜料含在口中,需要时喷出即可。若不小心咽下肚,味道也很香甜可口。

中弹流血　先用海绵吸进配好的红颜料,再捏在演员的手掌中。一开枪,中弹者把海绵向中弹部位一按,"血"就流出来了。

健美运动的起源

同学们都喜欢欣赏健美比赛。运动员们健美的体型,健壮的肌肉,给我们以美的享受。然而,你知道健美运动的起源吗?

19世纪末,德国体育家先道在伦敦音乐厅,曾作了一次轰动社会的表演,他那发达的肌肉竟使数千名观众为之倾倒。先道开创了健美运动的先河。

20世纪20年代,美国的一位医学博士从理论上肯定了健美运动的作用。从本世纪30年代起,在一些欧美国家,健美表演逐渐演变成一项竞技比赛——健美比赛,并扩展到世界各地。40年代初,加拿大的韦德兄弟周游90多个国家和地区,宣传健美运动。经过许多人的艰苦努力,健美运动终于得到世界范围内的承认。1946年国际健美协会成立,并商定和推行国际性的健美组织、规则、奖励等事项。现在,已经有135个国家参加了国际健美协会。

30年代初,这项运动传到我国,深受人们欢迎。不久,我国健美运动的开山人赵竹光在上海成立了第一个健美运动组织。从那时到现在,我国的健美健儿已在一系列的国际健美比赛中大显身手,并荣获奖牌。

马拉松比赛

公元前490年在希腊首都雅典近郊的一个小城——马拉松，波斯军队与希腊军队展开了一场恶战。当希腊军队向斯巴达求援遭到拒绝后，由司令官米太雅得统帅临时征集的一万人的重装涉兵和邻邦普拉提亚的援军，在马拉松平原迎击敌人。由于雅典军队士气高昂，不畏强敌，英勇作战，以少胜多，一战告捷大获全胜。这就是历史上著名的马拉松战役。雅典官兵为了把这一胜利喜讯告诉给雅典城中的父老乡亲。司令官米太雅得随即派一名擅长长跑的战士菲迪皮茨返回雅典城报捷。当时菲迪皮茨虽多处受伤，但他仍以惊人的毅力于3小时内飞奔到雅典广场中心，跑完了全程42公里195米，对盼望已久的人们说了声："我们得救了！"说罢倒地而死。后来希腊人在每年的奥林匹亚盛会中都要举行长跑这一活动，来纪念这位民族英雄，勉励后人强烈的爱国激情。其活动演变到今天世界奥林匹克运动中专门设立了马拉松长跑项目，这是世界人民对这位英雄的最诚挚的怀念，也是后人锻炼意志、陶冶情操最佳运动项目之一。当时菲迪皮茨以强烈的爱国精神，勇敢地创造了前无古人，后无来者的世界长跑，今天已成为老少皆宜的健身国际运动。

马拉松比赛开始仅限于男子参加，1981年国际田联将女子马拉松跑列为正式比赛项目，1984年国际奥委会也将马拉松跑列入第23届奥运会正式比赛项目。目前中国女子马拉松水平已居亚洲领先地位，并在国际上占有一席之地。

奥林匹克运动会

奥林匹克运动会是由国际奥林匹克委员会举办的多项目的世界综合性运动会，每 4 年举行一次。

奥林匹克运动会起源于古希腊，因举办地点在奥林匹亚而得名。古希腊分为不少城邦，各城邦经常举行运动会。这些运动会既为了祭神，带有浓厚的宗教色彩；又因城邦间不断征战，需要强健的体魄，而使运动会具有军事锻炼的性质。但另一方面，如战争发生在奥运会举办期间，交战双方都必须宣布停战。从这个意义上讲，奥运会又象征着和平。

公元前 776 年举行了第一届古代奥林匹克运动会，到公元 393 年，古代奥运会一共举行了 293 次。罗马帝国入侵希腊后，由于罗马皇帝逊奥多西信奉基督教、禁止一切异教活动，因此废止了奥运会，并烧毁了建筑物；以后又遭地震，古代奥运会遗址遂湮没地下。随着近代体育的兴起，希腊人希望恢复古代奥运会。1859 年—1889 年，希腊人曾举办过 4 届奥运会。1888 年，法国人顾拜旦提出了恢复奥林匹克运动会的建议，得到许多国家的响应。终于在 1896 年，在希腊举行了第一届近代奥林匹克运动会。此后，每 4 年举行一次，这 4 年的周期称为“奥林匹亚特”。运动会如因故不能举行，奥运会的届数仍照算。但于 1924 年始办的冬季奥林匹克运动会则按实际举办次数计算。

奥林匹克竞赛活动

奥林匹克竞赛活动的宗旨，主要是激发青少年儿童对科学的

兴趣。通过竞赛达到使大多数青少年儿童在智力上有所发展，在能力上有所提高的目标；在普及活动的基础上，为少数优秀的青少年和儿童脱颖而出，成为优秀人才创造机遇的条件。

目前，在全国开展的奥林匹克竞赛主要有五项学科：数学、物理学、化学、信息学、生物学。

竞赛的主办单位是各有关全国性学会。如数学竞赛，是由中国数学会主办。主办单位是职责是制定本学科竞赛的章程，负责本学科竞赛的组织、命题、成绩认定、奖励和惩处、选定承办单位、工作人员聘任、上报竞赛成绩等工作。

茅盾文学奖

1981 年 3 月 27 日，中国文学艺术界联合会名誉主席、中国作家协会主席茅盾在京逝世，3 月 14 日，病危中的茅盾给中国作家协会书记处写了一封信，信中说：“为了繁荣长篇小说的创作，我将我的稿费 25 万元捐献给作协，作为设立一个长篇小说奖金的基金，以奖励每年最优秀的长篇小说。我自知病将不起，我衷心地祝愿中国社会主义文学事业繁荣昌盛！”4 月 24 日，中国作家协会召开了主席团扩大会议，选举巴金为作协代理主席，并成立了茅盾文学奖金委员会，中国作协主席团全体成员担任委员，巴金任主任委员。同年 10 月 13 日，作协召开了第三届主席团第五次会议，确定了如下事项：①首届评选范围限定在 1977 年～1981 年出版的长篇小说；②获奖作品的数额限在 5 部～7 部；③授奖大会定于 1982 年 4 季度在北京举行。

1982 年 12 月 15 日，首届茅盾文学奖授奖大会在北京人民大会堂举行。获奖作品是：《许茂和他的女儿们》（周克芹）、《东方》（魏巍）、《李自成》（第二卷）（姚雪垠）、《将军吟》（莫应丰）、《冬天里

的春天》(李国文)、《芙蓉镇》(古华)共6部作品。大会决定:本奖每3年评选一次,参与此次评定而未获奖的作品,在下届或将来历届评选中仍可获奖。1985年举行了第二届茅盾文学奖评选活动。获奖作品是:《沉重的翅膀》(张洁)、《黄河东流去》(李准)、《钟鼓楼》(刘心武)。获第三届茅盾文学奖的作品有《平凡的世界》(路遥)、《穆斯林的葬礼》(霍达)等。

联合国的成立

在美国纽约东河之滨,有一块方圆100多英亩的地方。它不属于美国,也不属于任何一个国家,而是一块"国际领土"。这就是联合国总部所在地。这里飘扬着近200面不同的国旗。主旗杆上是浅蓝色的联合国旗帜,上面有联合国的徽记(中间是一幅世界地图,四周环绕着橄榄枝)。

联合国是在第二次世界大战期间着手建立的。早在1941年12月4日,苏联(现已解体)同波兰签订的友好互相宣言中,首次提出了建立国际组织的问题。1942年1月1日,针对法西斯国家的侵略,苏、美、英、中等26个国家签订了"联合国家共同宣言",这里第一次出现了"联合国"的名称。不过当时"联合国"还不是一个国际组织,而是针对法西斯国家进行战争的各国的总称。

建立联合国的第一个步骤,是1943年10月30日在莫斯科签订的"中苏美英四国关于普遍安全的宣言"。这个宣言中规定,为了维持国际和平与安全,"有必要在尽快可行的日期,根据一切爱好和平国家主权平等的原则,建立一个普遍性的国际组织,这些爱好和平的国家无论大小,均得加入为会员国"。

1944年8月21日到10月7日,苏美英三国和美英中三国在美国敦巴顿橡树园分别举行会议,根据中苏美英四国关于普遍安

全的宣言的精神，草拟战后国际和平组织章程。会议一致通过了“关于建立普遍性国际组织的建议案”，并且建议这个国际组织取名为“联合国”。

敦巴顿橡树园会议为联合国的成立做了很重要的准备工作，它规划出联合国宪章的基本轮廓。但是，这次会议上也还有一些问题没有得到完全解决，其中最主要的是安全理事会的表决程序问题。这些问题直到1945年2月苏、美、英三国首脑克里米亚会议时，才在各大国间达成协议。克里米亚会议通过了一项体现五大国一致原则的安全理事会表决程序，作为敦巴顿橡树园会议建议案的一部分。这个五大国（中、法、苏、美、英）一致原则，保障了各大国必须在维护世界和平方面采取一致行动。

克里米亚会议还决定，由苏、美、英、中四国发起邀请“联合国家共同宣言”的签字国，在旧金山举行会议，以敦巴顿橡树园会议建议案为基础，讨论制定联合国宪章。1945年4月25日，旧金山会议正式召开，出席这次会议的国家共计有50个（中国代表团中包括中国共产党的代表董必武）。这50个国家和波兰，按宪章规定均为联合国的创始会员国（由于美英的阻挠，波兰代表当时未能出席旧金山会议）。

经过两个月的讨论，旧金山会议在1945年6月25日一致通过了联合国宪章。6月26日，出席会议的各国代表都在联合国宪章上签了字。会后，参加会议的各国议会先后批准了这个宪章。1945年10月24日，五大国和其他多数签字国都交存了批准书，联合国宪章从这一天起开始生效。后来，这一天被规定为“联合国日”。

国家政体名称

在当今世界的220多个国家和地区中，政体名称各种各样，标

有国家称谓的有以下 11 种：

共和国 指国家代表机关和国家元首由选举产生。像法兰西共和国等。

王国 指以国王为国家元首的君主立宪制国家。如英国国名为“大不列颠及北爱尔兰联合王国”、荷兰王国等，全球共有 16 个王国。

公国 是君主立宪制的一种形式。例如安道尔公国，列支敦士登公国等。

大公国 也是君主立宪制的一种形式。只不过君主称号为“大公”，诸如卢森堡大公国等。

联邦 由若干个较小的成员组成的统一国家。如瑞士联邦、缅甸联邦等。有的国家称之为“联盟”。

合众国 是联邦制的一种形式。像美利坚合众国、墨西哥合众国等，属于此种政体者，目前全世界仅有这两个国家。

民众国 是共和国的一种特殊形式。其禁止一切政党活动，也是没有政党的国家。当今世界上仅有阿拉伯利比亚人民社会主义民众国一个。

酋长国 以部落酋长为首的国家，像阿拉伯联合酋长国等。

教皇国 以教皇为国家元首，并执掌一切权利的国家。如梵蒂冈教皇国等。

苏丹国 一切执行权利归苏丹的国家。如阿曼苏丹国、文莱苏丹国等。

联邦共和国 集联邦与共和两大特点为一身的国家。比如科摩罗伊斯兰联邦共和国等。

世界上还有一部分国家，由于政体的特殊性，没有标明国家的属性。如日本国、不丹国、巴林国、卡尔国等。

圣诞节

圣诞节相传是耶稣诞生的纪念日，通常在公历12月25日。圣诞节是欧美各国公元纪年的主要节日之一，这一天每个教堂都要举行专门仪式，讲述耶稣诞生的故事，许多教区设立婴儿室或表现耶稣诞生的场景。罗马天主教堂用午夜弥撒来除旧迎新。

圣诞节是社交和家庭团聚的节日。虽然圣诞节在各地都被认为是一个宴请、庆祝、互赠礼物的时节，可是每个国家又各有其庆祝这一节日的传统习俗。

圣诞节习俗随着地域和种族的不同而有所变化。可是，在大多数地区的家中和公共场所都装饰有常青树树枝，圣诞树，彩灯，还装饰以耀眼夺目的金属小片或金属丝等。圣诞节前是商人们一年中最为忙碌的时节，商店里布置得琳琅满目，货品一应俱全。人们互赠圣诞贺卡，并争相为家人和朋友选购礼品。小孩子们都盼望着圣诞老人的来临。他们在圣诞节前夜（12月24日晚）挂起袜子，盼望能装满想要的礼物；而圣诞节的早晨高兴地发现一夜之间礼物已经赠给了他们。这天下午，家人们团聚，交换礼物，并分享传统的圣诞晚宴。

世界各国的国庆节

国庆节是一个国家最隆重的政治性节日。但是，各国国庆节的名称以及日期的确定都不尽相同。

从名称上说，在世界一百多个国家中，称“国庆节”或“国庆日”的有中国、法国等约40个国家；称“独立日”或“独立节”的有美国、

墨西哥、菲律宾、缅甸等约60个国家；称“共和日”或“共和国日”的有南斯拉夫、扎伊尔、冰岛等国家；称“革命节”的有原苏联、阿尔巴尼亚、匈牙利；称“联邦成立日”的有瑞士；称“联合日”的有坦桑尼亚；还有的直接以国名加上“日”的，如“澳大利亚日”和“巴基斯坦日”。

从日期的含义上说，全世界包括我国在内，约有30个国家以建国日为国庆节；有的是以宪法颁布日为国庆节，如联邦德国；有的以革命起义日为国庆节，如法国；有的以重大会议召开日期为国庆节，如美国；有的则以国家元首生日为国庆节，如日本、泰国、荷兰、丹麦、英国等国。有趣的是，这些国家随着国王、天皇或女王的更换而改变国庆节的日期。

一般一个国家只有一个国庆日，但是，尼泊尔、瑞典、古巴、乌干达、几内亚共和国和丹麦却有两个国庆节。在尼泊尔，一个是“国家民主日”(2月18日)，一个是国王的生日；在瑞典，一个是“国旗日”(6月6日)，一个是国王的生日；在古巴，一个是“解放日”(1月1日)，一个是“全国起义日”(7月26日)；在乌干达，一个是“独立日”(10月9日)，一个是“第二共和日”(1月25日)；在几内亚共和国，一个是“宣布共和日”(10月2日)，一个是“人民战胜侵略纪念日”(11月22日)；在丹麦，一个是“宪法日”(6月5日)，一个是女王生日。

世界上历史最悠久的国庆节是圣马力诺的国庆节。远在公元301年，圣马力诺就把9月3日定为自己的国庆节，至今已有1696年的历史。

到目前为止，尚未确定国庆节日期的国家有汤加、瑙鲁、安道尔和列支敦四个国家。

公元·世纪·年代·时期

公元:是以传说中耶酥诞生之年表示纪年起点的纪年方法。耶酥诞生之年为公元元年(即公元1年)。以前的称"公元前×年",简称"前×年";以后的称"公元×年",一般省去"公元"二字。历史事件发生在公元前还是公元后,必须区分清楚。尤其需要注意的是,对于发生在公元前的,务必写清"公元前"三字。

世纪:是纪年的单位,以一百年为一世纪。1—99年为公元一世纪;100—199年为公元二世纪,由此类推。如1993年,属20世纪。公元前亦仿此。如公元前594年,属公元前6世纪。

年代:是一种较为粗略的纪年单位,每世纪中以每10年为一年代。如20—29年为二十年代;30—39年为三十年代,以此类推。如476年,属五世纪七十年代,1640年则属17世纪四十年代。公元前的仿此。需要注意的是:每世纪的第一个和第二个10年,即1—9年,10—19年,一般不称"0年代"和"十年代",而称世纪初。如1901年、1917年,均称20世纪初。

时期:是一种比年代更为笼统的纪年单位,每一世纪往往又分为几个时期。一般有以下几种形式:前期、后期;前半期、后半期;前半叶、后半叶;早期、中期、晚期;初期、中期、末期;初叶、中叶、末叶。对于一个具体的年代,往往又有年代初、年代中期、年代末的说法。这种计年单位,一般没有明确规定,只有习惯用法。

年号纪年与干支纪年

年号纪年　年号是封建皇帝纪元的名号。我国自西汉武帝创

造年号“建元”始，史籍就多以“年号”纪年。至清末溥仪的年号“宣统”止，我国历史上共使用过 910 个年号。年号一般为二字，也有用四字的，如光武帝的年号“建武中元”。明清以前的皇帝曾多次改元，往往一个帝王不止用一个年号，如汉武帝在位 54 年，就曾先后用建元、元光、元朔等十一个年号；唐高宗在位 33 年，有年号 14 个。到明清时，一个皇帝只使用一个年号，形成一世一元制，习惯上以年号作为该皇帝的供称，人们可以用年号来称呼皇帝了。如明太祖在位 31 年，年号“洪武”是为朱洪武；清圣祖在位 61 年，年号“康熙”是为康熙皇帝。历史事件的年代与年号有密切关系。如“贞观之治”，正是唐太宗的年号叫“贞观”，从公元 627 年到 649 年之间。

干支纪年 干支是取天干（甲、乙、丙、丁、戊、己、庚、辛、壬、癸）与地支（子、丑、寅、卯、辰、巳、午、未、申、酉、戌、亥）的合称。以 10 干同 12 支循环相配，可成从甲乙始，到癸亥止共 60 组，常叫“60 甲子”。每组表示一个年代，60 年一轮回，周而复始，循环使用。了解干支纪年，对于“辛亥革命”、“戊戌变法”、“甲午战争”等历史事件，就会理解发生在一定年代的事件，而不会茫然不知何所指。干支纪年，始于东汉，现今夏历纪年仍用干支。

黄埔军校

黄埔军校的全称是“黄埔陆军军官学校”。1924 年 5 月由孙中山在中国共产党的倡导和共产国际的帮助下，为培养军事骨干，在广州黄埔建立，并由他兼任军校总理，蒋介石任校长，李济深任副校长，廖仲恺任军校国民党党代表。黄埔军校学习列宁创建红军的经验，设立党代表和政治部，直属于国民党中央执行委员会。下设教授、教练、管理、军需、军医各部，后又增设教育长、军法处和参

谋部，并以何应钦为军事总教官。共产党员周恩来曾任该校政治部主任。中国共产党还曾派恽代英、肖楚女、聂荣臻等到该校工作，并派了许多共产党员、共青团员去学习。

1924年10月、12月，以毕业生为骨干，建立了两个教导团，第一团以何应钦为团长，第二团以王懋功为团长。后来，教导团扩充为师。1925年8月组成国民党革命第一军，成为后来统一广东革命根据地和进行北伐战争的基本力量。但是，蒋介石利用职权，排斥异己，网罗党羽，培植个人势力，安排何应钦、戴季陶等控制军校实权，并成立反动组织“孙文主义学会”，同共产党组织的“青年军人联合会”相对抗。黄埔军校是国共合作的产物，它之所以成为革命的干部学校，是与周恩来等共产党人的政治工作分不开的。“四·一二”反革命政变后，黄埔军校变成了蒋介石集团的反革命的军事学校。

侵华战争的因果

鸦片战争（19世纪40年代）

原因：英国为了开辟国外市场，推销工业产品，掠夺廉价工业原料，极力想打开中国大门，无耻地向中国偷运鸦片而遭到禁止，借口发动侵华战争。

结果：1842年8月，清政府与英国签订《中英南京条约》，中国从封建社会一步一步地变成了一个半殖民地半封建社会。

第二次鸦片战争（19世纪50年代至60年代）

原因：英法等国为了进一步打开中国市场，扩大侵略利益，向清政府提出修改条约的要求，遭到拒绝，沙俄企图侵占中国东北和西北边疆。英、法借口“亚罗号事件”和“马神父事件”发动侵略战争。

结果：清政府被迫同俄、英、法、美等国签订了《中俄爱珲条

约》、《北京条约》、《天津条约》。中国丧失了 100 多万平方公里的领土和更多的主权，中国半殖民地程度进一步加深了。

中法战争（19 世纪 80 年代）

原因：世界资本主义开始向帝国主义过渡，加紧了对中国边疆的侵略。法国侵略越南，企图把越南作为侵略中国的基地。

结果：中越军民抗法战争的巨大的胜利沉重地打击了法国侵略者的气焰，但法国不战而胜，中国不败而败，清政府和法国签订《中法新约》，中国西南门户被打开。

甲午中日战争（19 世纪 90 年代）

原因：日本明治维新后，积极向外扩张，日本早有侵略朝鲜的野心，企图以朝鲜作为侵略中国的跳板。

结果：李鸿章经营 16 年的北洋水师全军覆没，1895 年 4 月清政府与日本签订《马关条约》，中国的领土台湾沦为日本殖民地，便利了日本进一步侵略中国，大大加深了中国社会半殖民地化。

八国联军战争（20 世纪初）

原因：英、法、俄、美、日、德、意、奥八个帝国主义国家，为镇压中国的义和团运动。

结果：1901 年 9 月，李鸿章代表清政府与八国代表签订了《辛丑条约》，义和团运动失败。巨额的赔款，主权的进一步丧失，清政府完全变成帝国主义统治中国的工具，使中国完全陷入了半殖民地半封建社会的深渊。

学习近代史要善于归纳、分析。归类整理，能使头绪纷繁的内容条理化；由因到果或由果到因地分析，能抓住问题的要害，便于记忆，掌握。

“中华”与“中国”的含义

“中华”一词，大约在魏晋时即以出现，南北朝时已普遍使用，是由“中国”和“华夏”复合而成的。

在古代，“中华”一词即有多种含义，论地域，主要指中原地区，后来引申为王朝直接管辖的郡县地区，进而发展为包括所有边疆；论民族，一般指汉人；“中华”又是文化概念，一般指古人所称“礼乐冠带”的中原文化；“中华”一词也用在政治领域，如朱元璋时提出的“驱逐胡虏，恢复中华”的口号，清末孙中山在同盟会政治纲领的“民族主义”中，借用了“驱除鞑虏，恢复中华”的口号。

“中国”一词，在西周（周成王）时已出现，西周初期，“中国”有三种含义：①天子所居之城，即京师，与四方诸侯相对举；②商周封域，与边方相对；③专指以洛阳为中心的地区，即最初的夏区，后来引申。由于周在克殷以前称其中心地带为“区夏”，也就是夏区，用在周所封诸侯，称为诸夏，因而也都是中国。

在古代，“中国”和“中华”一样也指汉族。再则，中国古代各朝都以“中国”为通称，但不以“中国”为国名，即“中国”为中华大地在古代的通称。

后来，“中国”的含义由专指中原发展为包括所有郡县，进而发展为包括所有边疆；由专指汉族，发展为包括中国各民族；由中华大地的通称，发展为作为主权国家的专称，到近代，发展为中国人等于中国所有人，所有各民族，以与外国人相对称。

华侨的由来

我国人民移居国外,历史悠久。但唐宋之前移居国外的华人并无固定的称呼。唐宋以后,多被居住国称为“唐人”,后来他们也自称“唐人”。明清时期,仍多称“唐人”、“唐山人”(“唐山”是华侨对祖国的一种习惯称呼),也有的称为“华人”、“中华人”等。清末以后,又有“华民”、“华工”等称谓。

“华”与“侨”,就其单词的含义来说是明确的。“华”是中国的古称,“侨”是客居、寄居之意。我国古代很早就把寄居的人,称为“侨人”或“侨士”。随着移居国外人数的激增,“华”、“侨”二字被联系在一起,用来称呼在国外客居或寄居的华人。1878 年,清驻美使臣陈兰彬在奏章中就把我国寓居国外的人称为“侨民”。从此,“侨民”便成了一种专称。1883 年,郑观应在给李鸿章的奏章中,使用了“华侨”一词。1904 年,清政府外务部又在一份奏请在海外设置领事馆的折子里提到“在海外设领。经费支出无多,而华侨受益甚大”。从此以后,“华侨”一词便普遍成为寄居海外的中国人的一种专称了。

开国大典

1949 年 10 月 1 日,是中华人民共和国举行开国大典的日子。那天中央人民政府举行了第一次会议,推选林伯渠为秘书长,任命周恩来为中央人民政府政务院总理兼外交部长,毛泽东为中央人民政府军事委员会主席,朱德、刘少奇、周恩来、彭德怀为副主席,朱德兼人民解放军总司令,沈钧儒为中央人民政府最高人民法院

院长，罗荣桓为中央人民政府最高人民检察署检察长。会议决定接受《中国人民政治协商会议共同纲领》为中央人民政府的施政方针。

下午3时，首都北京30万群众汇集天安门广场，隆重举行开国大典。中华人民共和国中央人民政府主席毛泽东同志庄严宣告：中华人民共和国中央人民政府成立了！并亲手升起第一面五星红旗。接着，举行了盛大的阅兵式。全国各地普天同庆，庆祝中国进入了新的历史发展时期。

国 旗

每天日出时刻，我们中华人民共和国的国旗——五星红旗都要在雄伟的天安门广场和朝阳一同冉冉升起。

这面国旗长5米，宽3.3米，是用绸料特制而成。旗面呈鲜艳的红色，象征着它是用千百万革命烈士的鲜血染成的。旗杆套则是雪白的，象征着纯洁、无瑕、洁白和高尚。旗面的左上方缀着五颗金黄色的正五角星，金黄色，表示我们民族的肤色。一颗大五角星象征着无产阶级的先锋队——中国共产党；四颗小五角星呈弧形排列在大星的右下方，每颗小五角星里都各有一个星角指向大五角星的中心点，象征着中国革命人民的大团结。

用来升国旗的旗杆高22米，周围用汉白玉栏杆围着，表示一种庄严和肃穆。

这面国旗的来历也不寻常。它的设计工作是在新中国建国前夕政协筹备会议的一个国旗审查小组专门领导下进行的。在《人民日报》于1949年7月14日到8月15日刊登了政协筹备会征求国旗图案的通知后，在一个月的时间里收到来稿近三千幅，其中还有朝鲜、印度尼西亚和美洲华侨的作品，经反复审定、筛选，由上海

曾联松设计的五星红旗图案于9月27日政协一届大会正式通过为中华人民共和国的国旗。

国歌的诞生

当你们唱起雄壮、激昂的国歌时，你们可曾知道，国歌——《义勇军进行曲》是怎样诞生的吗？

1935年，当日寇铁蹄肆虐，东北沦陷，华北告急，国难深重的时候，上海影界筹拍电影《风云儿女》。该片开拍时，主题歌歌词作者、戏剧家田汉请聂耳为这部影片的主题歌谱曲，聂耳高兴地接受了。但是，歌"词"还没有写出来，田汉就被上海的租界当局逮捕了，并被引渡给国民党的警察局。大家知道这个消息后，对于《风云儿女》的主题歌，一时不知该怎么办才好。

忽然喜事临门：田汉的家属竟把主题歌词送来了。原来是田汉在龙华监狱中，找机会在两个香烟纸盒的背面写了这首歌词，趁家属来狱中探视之便，设法交家属带了出来。

聂耳接到歌词时，正要动身绕道日本去苏联。他就立刻谱出歌曲初稿，给几个朋友试听，并征求意见。但因时间急迫，已来不及修改，只好带到日本去再创作。

《风云儿女》拍好后，就等主题歌谱好才能全部录音，大家焦急地等着聂耳的来信。

聂耳果然不负众望，去日后不几天就写好了主题歌《义勇军进行曲》的正式歌谱，寄给电通公司，公司收到后，立即合成录音。随着《风云儿女》影片的问世，《义勇军进行曲》就在广大群众中传唱开来。

这首歌曲节奏明快，铿锵有力，通俗易懂，集中体现了中国人民反抗压迫、抵御外侮的决心，对抗日救亡运动起了巨大的鼓舞作

用。可惜当年7月聂耳在日本溺水逝世，但是他的歌曲至今仍在鼓舞着中国人民奋勇前进。

《义勇军进行曲》于1982年被正式定为《中华人民共和国国歌》。

城市的别称

在中国地图册上，有许多小圆圈，有一个的，有两个套在一起的，它们分别表示居民相对集中的城镇和城市。在其旁边注上名称，即地名。许多城市除了它的正式名称外，还有别的名称，这些别称在地图上虽未标出，却是大家都知道的。

我国许多城市的别称都具有鲜明的地理特征。反映气候方面的有：春城昆明，日光城拉萨，火州吐鲁番，雨港基隆，冰城哈尔滨；反映地形、位置方面的有：山城重庆，江城武汉，泉城济南，榆城大理，葫芦城韶关，中心城兰州；与植物花果相关的有：榕城福州，蓉城成都，花城广州，香蕉城茂名，花果城南宁，樱花城大连，苹果城熊岳，刺桐城泉州；反映工农业生产特色的有：汽车城长春，石油城大庆，化工城吉林，丝绸城丹东，锦城成都；还有一些城市别称则反映其他特征，如英雄城南昌，金城兰州，羊城广州，龙城柳州等。

当代以中国人命名的科研成果

钱伟长法　中国著名力学家钱伟长，在力学史上第一次成功地用系统摄动法处理非线性方程，国际力学界将这种解法称为“钱伟长法”。

华——王方法　中国著名数学家华罗庚与数学家王元，1959

年后开拓了用代数数论方法研究多重积分近似计算的新领域，其研究成果被国际数学界称为“华——王方法”。

侯氏制碱法 中国已故著名化学家侯德榜，首创联合制碱法，被国际碱界称为“侯氏制碱法”。

王氏定理 西北大学教师王戌堂，在点集拓扑学研究方面成绩卓著。其中《关于序数方程》等三篇论文，引起美、日等国科学家的重视，他的有关定理被誉为“王氏定理”。

陈氏定理 中国著名数学家陈景润，于1972年把200多年人们未能解决的哥德巴赫猜想证明大大推进了一步，国际上把他的(1+2)称为“陈氏定理”。

侯氏定理 中国数学家侯振挺在概率论研究中，提出了有极高应用价值的“立过程唯一性准则”的一个“最小非负解法”，震惊了国际数学界，被称为“侯氏定理”。

修氏理论 中国女医学家修瑞娟在微循环研究中发现各级微动脉自律运动的相互关系和变化规律，她提出微循环对器官和组织灌注的新论点——海涛式灌注。这一论点被国际微循环学界称为“修氏理论”。

侯氏理论 中国西北大学教授侯伯宇与美国的乔玲博士等人合写了一篇论文，推导出一系列非定域守恒流的结果，揭示了守恒流的根源，填补了国际上的空白，其成果被国外学者称为“侯氏理论”。

吴氏理论 中国著名工程热物理学家吴仲华，50年代初在国际上首次提出“机轮机械三元流动理论”。世界上先进的飞机发动机设计，均使用了这一理论，被国际上定名为“吴氏理论”。

陈氏公式 中国华中工学院教授陈应天，1981年用自己创立的公式，精确计算出100多年来未获精确答案的世界难题——圆柱体外任意一点的径向引力。他的公式被世界著名物理学家、量子测量创始人库克教授称为“陈氏精确公式”。

蔡氏核区　中国著名生理学家蔡翘，在研究澳大利亚袋鼠中脑结构中，发现并详细描述了中脑内顶盖部一个神经连续关系，为生理学研究做出了重大贡献，被国际上称为“蔡氏核区”。

守则·规则·规范

公民和建设常识课中，有不少关于规定人的行为标准、规范的术语。它们的含义既十分相近，而又有细微的差别。我们在学习和使用时，要仔细体会，不要乱引乱用。

守则　是指大家必须共同遵守的规则。如《小学生守则》、《中学生守则》等。守则的突出特点是提纲挈领，简明扼要，在内容上一般是指大家在日常生活中必须遵守的。

规则　是指规定的供大家共同遵守的制度或章程。如《借书规则》、《交通规则》、《篮球比赛规则》等，一般是指对某项活动或行为而言的。

规定　是指对某一事物做出关于实施方式、方法或数量、质量等方面的决定。如 1989 年 7 月 5 日，新闻出版署发出《关于重申严禁淫秽出版物的规定》。

决定　是指对某件事做出的如何行动的主张。如 1982 年 3 月 8 日和 1983 年 9 月 2 日，第五届和第六届全国人大常委会分别通过了《关于严惩严重破坏经济犯罪的决定》和《关于严惩严重危害社会治安的犯罪分子的决定》。

规章　指规则章程。与规则、规定相通。

规范　是指约定俗成或明文规定的行为标准。如《中学生日常行为规范》。有时也指有关事物的标准。如汉字书写规范、语文规范等。

规约　是指经过互相协商规定下来的共同遵守的条款，也叫

公约、协约、协定、条约。如《卫生公约》、《护林公约》、《双十协定》等。

条例 由国家制定或批准的有关法律文件。如《中华人民共和国治安管理处罚条例》、《中国人民解放军文职干部暂行条例》等。

准则 就是议论行动所依据的原则,泛指一切要求人们必须共同遵守的道德、法律和规章制度。有的文件也直接用“准则”命名。如1990年2月29日,中共第十一届五中全会讨论通过了《关于党内政治生活的若干准则》。

此外,还有章程、意见、建议、规程、方案、命令,等等,也都和前面所说到的大同小异,属于同类。

古代·近代·现代·当代

古代——自有文学记载的文学开始,一直到1840年鸦片战争前的文学,统称为古代文学(也叫古典文学)。生活在这一时期的作家被称为古代作家,如屈原、李白、杜甫、陆游、蒲松龄、曹雪芹等。

近代——自鸦片战争爆发,中国沦为半殖民地半封建社会开始,一直到1919年伟大的“五四”运动,这一时期的文学统称为近代文学。生活在这一时期的作家被称为近代作家,如《官场现形记》的作者李宝嘉、《二十年目睹之怪现状的》作者吴趼人等。

现代——自“五四”运动开始,一直到1949年新中国成立,这一时期的文学被称为现代文学。主要创作生活在这一时期的作家称为现代作家,如鲁迅、朱自清、郁达夫等。

值得注意的是,对于那些创作生活横跨解放前后两个时期的作家,要视其创作成就大小,确定归属。如郭沫若、茅盾、老舍等作

家，虽然他们解放后仍有作品问世，但因代表作品产生于1949年之前，所以仍为现代作家。

当代——自中华人民共和国成立直到目前仍在继续发展的文学，被称为当代文学。主要创作生活在这一时期的作家被称为当代作家，如贺敬之、杨朔、贾平凹、贾大山等。

对于那些解放前虽已有作品发表，但主要成就在解放后的作家，应定为当代作家。如刘白羽、柳青、郭小川等。

传奇与传记

有人会这样认为，传奇和传记基本一样，只是传奇更具神秘色彩。其实不然。

传奇与传记是两种不同的文体。传奇原指唐、宋人用文言写的短篇小说，唐人传奇是在六朝志怪基础上发展起来的，但多取材于现实生活，反映社会矛盾，情节完整甚至奇特，描写生动细致，注意刻画人物，有很大的虚构性，是有意识创造出来的小说。它奠定了小说发展的基础，为小说的发展开辟了广阔前景。如唐代的《李娃传》、《会真记》等。明清两代在宋元南戏基础上形成的长篇戏曲，如汤显祖的《牡丹亭》、孔尚任的《桃花扇》等戏曲也称传奇。现在，常用传奇指情节离奇或人物行为超越寻常的故事。

传记写的是真人真事，也有的在具体史实上作适当的艺术加工。因此，它既有文学价值，又有历史资料价值。它既可以写人物一生，也可以写人物生平的片断；既可以一人一传，也可以数人合传。传记在我国古代就有辉煌成就，《史记》中的许多纪传，如《项羽本纪》、《刺客列传》等就是其中的典范作品。真实是传记文学的生命和灵魂，它的描写虽然允许必要的想象和艺术加工，但必须是真人真事。传记一般由别人代为记述，也有自述生平的“自传”。

前者如《岳飞传》、《居里夫人传》等；后者如司马迁的《太史公自序》、《彭德怀自述》等。

斧　正

“斧正”一词人们常用，但何谓“斧正”呢？

“斧正”是从成语“运斤成风”转化来的。“运斤成风”是个典故，故事的大意是：古时楚国有个人粉刷墙壁时，不小心鼻尖上沾了一点灰浆，那灰浆薄得像苍蝇翅膀一样，他请一个叫匠石的人用斧头给他砍下来。匠石毫不犹豫，把斧头挥动得像风一样（运斤成风，运：挥动。斤：一种斧子），这个楚国人直立不动，面不改色，等着匠石砍削，匠石把灰浆削得干干净净，竟然没有伤着楚人的鼻子。所以，后来人们就用“运斤成风”来比喻技艺的高超。

匠石能用斧子把楚人鼻尖上的灰点削得干干净净，但又不伤害楚人的鼻子，的确是胆大艺高，修改文章正需要这样高超的本领。因为，文章是作者精心构思、辛勤劳动的结晶，而且，不少文章往往是白璧微瑕，因此，修改时应像匠石那样，胆大心细地将缺点改正，又不伤害原文，这才是真正的技艺高超。

“斧正”中的“斧”，就是像匠石那样技艺高超地运用斧子；“正”就是改正（错误）的意思。人们用“斧正”作敬辞，用于请人修改文章，其用意是再恰当不过的了，既赞扬了对方修改文章水平的高超，又表明了自己谦虚的态度。

教师喻（誉）称

教师似园丁　辛勤耕耘在百花园中，用汗水心血浇灌祖国

花朵。

教师似蜡烛　从顶燃到底，发出自已的全部光和热，光彩照人。

教师似春蚕　春蚕到死丝方尽，吐尽银丝留赠他人御风寒。

教师似父母　是父亲，才这样严厉；是母亲，才这般慈爱。

教师似铺路石　为一代新人的崛起，默默地铺筑起飞的跑道。

教师似蜜蜂　采尽百花酿成蜜，用来营养新一代。

教师似人梯　让年轻一代蹬着自己的肩膀，攀登世界科学技术的高峰。

教师似渡船　把别人渡上大道、送上坦途，自己却在原地徘徊。

教师似一缕和煦的春风　无私地滋润万物，让光秃秃的枝杈吐叶含苞。

教师似地下的树根　一点一点吸收知识的水分，输送给嫩枝新蕾，让它们在阳光下争比妖娆。

夏令营

紧张忙碌的学习生活告一段落，七八月间你可以在另一课堂中度过一个轻松愉快的暑假，这个理想之地就是夏令营。夏令营是利用暑假组织少年儿童开展集体活动的一种形式，少年儿童在充满欢乐和友谊的夏令营里，可以受到锻炼、教育，并得到休息。陈云同志指出：夏令营是一种很好的形式。既可以使孩子们在假期过得愉快，又可以锻炼孩子们独立生活的能力和对集体的适应性，增强他们的体魄，开阔他们的眼界，丰富他们的课外知识。总之，“夏令营是一种有益的活动，对于提高我们民族素质很有好处，值得提倡。”

夏令营按内容分为：航空、航海、军事、地质、天文、生物、艺术、体育、外语等专题性的夏令营，也可以是综合性的夏令营，如科技夏令营等。夏令营的活动内容一般不受课堂教学的限制，内容可宽可窄，可多可少，富有伸缩性。

点悟　因此，夏令营活动不仅不会加重学生的学习负担，而且能调节学生的生活，更是一种积极的休息，有利于学生的身心健康发展。营里丰富的活动特别有利于培养学生的观察力、思维力、想象力、创造力、实际操作能力、人际交往能力和组织领导能力等。

人生智慧路标

人生之路有许多路标，紧要处有六个。

人生之路的第一个路标写着：耐力。除才智、闯劲和勇气外，你还必须以顽强的耐力对付生活中遇到的各种坎坷、障碍。

第二个路标上写着：体谅。对人体贴入微，宽宏大量，这种美德是无价之宝。

第三个路标是：独创。不满足于现状是建立一个新世界的必要条件，要紧的是："不满足"的内容。

第四个路标是：热情。这是通往成功之路的一个秘诀。

第五个路标是：自制。一个各方面都分散自己精力的人，是不会有什么创造性的。

人生之路的第六个路标上写着：正直。正直与廉洁相同，与始终不渝地坚持真理、忠实与信仰紧密相连，它是建设生活大厦的坚实基础。

高考防错夺高分丛书·高考数学易错点	35.00 元
高考防错夺高分丛书·高考物理易错点	29.00 元
高考防错夺高分丛书·高考化学易错点	30.00 元
高考防错夺高分丛书·高考语文易错点	18.50 元
高考防错夺高分丛书·高考历史易错点	19.00 元
高考防错夺高分丛书·高考地理易错点	14.00 元
黄冈高考文科综合阶段复习新题解	22.00 元
黄冈高考理科综合阶段复习新题解	24.00 元
高考语文识记宝典	19.00 元
高考语言运用宝典	16.00 元
初中现代文阅读得高分秘诀	9.00 元
十年成人高考数学试题详解	13.00 元
高中物理知识结构图解(第三次修订的彩色版)	12.00 元
初中物理知识结构集成	9.00 元
高考智取三关·数学	19.00 元
高考智取三关·物理	19.50 元
高考智取三关·化学	20.00 元
高考智取三关·生物	22.00 元
高考智取三关·理科综合	21.00 元
高考智取三关·语文	21.00 元
高考智取三关·英语	29.00 元
高考智取三关·政治	18.00 元
高考智取三关·历史	16.00 元
高考智取三关·地理	17.00 元
高考智取三关·文科综合	17.50 元

以上图书由全国各地新华书店经销。凡向本社邮购图书或音像制品,可通过邮局汇款,在汇单"附言"栏填写所购书目,邮购图书均可享受9折优惠。购书30元(按打折后实款计算)以上的免收邮挂费,购书不足30元的按邮局资费标准收取3元挂号费,邮寄费由我社承担。邮购地址:北京市丰台区晓月中路29号,邮政编码:100072,联系人:金友,电话:(010)83210681、83210682、83219215、83219217(传真)。